정치발전 담론: 세계화, 축복인가 저주인가?

Han S. Park

Globalization: Blessing or Curse?

Published by Sentia Publishing(December 1, 2022)

City Austin, TX, U.S.A

정치발전 담론: 세계화, 축복인가 저주인가

박 한 식 저

강경숙, 도영인, 이재봉 역

열린서원

역서에 대한 저자 인사

저의 주저 (*Globalization: Blessing or Curse?*)가 우리말로 번역되고 출판된다니 큰 보람을 느끼며 영광스럽게 생각합니다.

세계화란 인류 역사발전의 마지막 두 단계에서 볼 수 있는데, 인류의 역사는 여섯 단계(stages)를 거쳐서 발전해 왔습니다. 첫째는 사냥채집 단계, 둘째는 농업 단계, 셋째는 산업 단계, 넷째는 초산업 단계, 다섯째가 세계화 단계 그리고 여섯째가 역사의 종말 단계입니다. 다른 출판에서 제가 인류발전의 여섯 단계에 대한 언급을 한 적은 있지만 구체적인 이론과 설명을 한 책을 내놓지는 않았습니다.

첫째 단계는 원시인류가 사냥과 채집으로 생존했던 역사 이전의 단계입니다. 둘째 단계는 장기적이고 안정적인 식량 보급을 위해 농업에 힘쓰고 가축 등을 기르는 등 농축산업 기술의 발전에 힘쓰던 농업 단계 입니다. 농업 단계가 끝날 무렵 곡식을 내다 팔기 위해 시장이 생겼지만 시장경제와 문화는 산업혁명 이후에 일어났습니다. 셋째 단계는 산업 단계 입니다. 이 단계에서 제조업의 발달로 인한 산

업혁명의 출현은 인류에게 아주 큰 영향을 가져다주었는데, 대량생
산과 공업화로 인해 시장이 확장되어 시장문화가 생기고 이로 인해
산업사회가 탄생하게 됨으로써 중산계급과 문화가 생겼으며, 민주주
의 체제도 존재하고 발전하게 됩니다. 이후 넷째 단계에서 주로 서비
스업 및 금융업에 기반을 둔 초산업 사회가 도래하여 중산층은 붕괴
되고 이로 인해 민주주의의 존재 기반이 약해지는 상태입니다. 국가
는 주권을 통해 이를 제어하려 하지만, 기업들은 국가라는 주권의 벽
을 뚫고 세계로 시장개척에 나서는 것이 다섯 번째 세계화 단계입니
다. 세계화 단계는 산업경제가 확장되고 시장이 확대됨으로써 필연
적으로 나타났지만, 인류가 제어할 수 없을 만큼 세계화 자체의 자발
적인 폭발적 힘이 생기고, 국가도 제어할 수 없을 만큼 기업중심으로
더욱 퍼져 나가게 됩니다. 따라서 세계화 단계에서 주인공은 국가나
국민이 아니고 기업이며, 오로지 경제적 사익추구가 목적인 기업들
로 인해 세계화 단계가 심화하면서 민주주의나 사회주의는 결국 사
라지게 됩니다. 정치이념이나 전통, 발전관계도 소용없이 금전에 현
혹되어 인간 본연의 가치를 추구하지 못하는 단계에 이르게 되며,
결국 환경오염과 범죄, 기아, 전염병들이 난무하게 되고 인류는 멸망
의 문턱에 도착하게 되어 마지막 여섯 번째 역사의 종말 단계에 도달
하게 되는 것입니다.

　앨빈 토플러의 이론은 산업 단계에서 그쳤고 그 후에 세계화 단계
는 언급한 적이 없습니다. 세계화 단계에서는 산업사회와 초산업사
회를 지나 주권국가가 사라지고 모든 것이 경제적인 이해관계가 중

심인 금융사회로 변하게 됩니다. 이러한 세계화는 세 가지의 특성을 가지고 있습니다. 첫째로 보편타당하게 하나의 세계로 유기적으로 연결되어 있는 인류는 공동 운명을 가진다는 것입니다.

둘째로 인류가 위기에 봉착해 있다는 것입니다. 세계화의 궁극적 희생자는 사람입니다. 세계화 단계에서는 사람이 무시되고 비인간적인 존재로 전락하게 되며 그 영향을 피할 수 있는 사람은 지구상에 누구도 없습니다.

셋째로 세계화 단계를 헤어나지 못하면 인류는 멸망하게 되며 종말을 맞이하게 됩니다. 이 책에서 얘기하는 인류의 종말은 후쿠야마가 그의 책 (*The End of History and the Last Man*)에서 얘기했던 개념과는 정반대로 다른 것 입니다. 후쿠야마는 인류의 운명을 낙관적으로 봤지만 저는 인류가 멸망할 수밖에 없는 공동 운명에 처해있다고 봅니다. 세계화를 이대로 두면 결국 고차적인 자본주의가 붕괴되고, 생산산업이 소멸되며 금융경제로 전환되어 인류는 결국 멸망하게 됩니다. 따라서 이 공동운명을 헤쳐 나가기 위해서 새로운 역사를 설계하여 인류가 처해 있는 생존권을 영유하는 문제를 해결하지 못하면 인류의 파멸을 피할 수 없을 것입니다.

한 가지 더 말씀 드리고 싶은 것은, 이 책의 제목을 왜 세계화로, 그리고 부제를 '축복인가 저주인가'라고 하였는가 하는 것 입니다. 세계화의 문제라는 것은 이를테면 하느님이나 만물을 관장하는 존재나 자연 법칙, 또는 궁극적인 우주의 역사를 관장하는 주체가 노해서 세계화의 늪에 빠져 있는 인류에게 역사의 종말이라는 '저주'를 내릴 수 있다는 의미입니다. 인류는 세계화에서 벗어나지 못하고 전염병이나 전쟁, 식량 부족, 자연재해 및 기후변화 등 어느 것 하나라도 잘못되는 날에는 저주를 받아 종말을 맞이할 수 있습니다. 따라서 모든 인류는 지금 당장 지혜를 모아 세계화의 늪에서 벗어나야 하며, 어려운 시절을 많이 겪어 경험과 지혜가 풍부한 우리도 스스로 적임자임을 믿고 세계화를 극복해서 인류 역사의 마지막 단계가 '저주'가 아닌 축복으로 새로운 장을 열어야 합니다.

인류의 역사가 종말의 시점에 왔다는 것을 좀 더 분석적으로 보여주는 저의 책이 이제 우리말로 나오게 되어서 한없이 기쁘고 다행이라 생각합니다. 번역에 수고해 주신 이재봉 교수, 도영인 교수, 강경숙 교수에게 고마운 말씀 전합니다.

옮긴이의 말: 번역 과정과 용어에 관해

저는 맨 처음 박한식 선생님을 조선(북한)과 미국 사이의 '평화 중재자'로 알았습니다. 1994년 카터 대통령의 방북을 주선하셨다는 뉴스를 통해 선생님 성함을 듣게 됐거든요. 2018년 출간된 『선을 넘어 생각한다』를 읽으며 '북한 전문가'로 생각했습니다. 50여 차례 평양을 방문해 북한 실상을 직접 보고 들으며 연구하신 결과물이 매력적이었습니다.

2021년 출판된 선생님의 회고록 『평화에 미치다』를 읽으면서는 진정한 '평화학자' 겸 '평화운동가'라는 사실을 깨달으며 짜릿한 감동을 받았습니다. 선생님께서 평화에 미쳐 사시게 된 배경과 과정이 매우 감명 깊었지요. 제가 평화학자와 평화운동가를 자처해온 게 너무 왜소하고 부끄럽게 느껴졌습니다. 학문의 목적이자 학자의 소명은 사회문제를 발견하고 그 원인을 찾아 처방을 제시함으로써 문제를 해결하는 것이라고 강조하신 부분도 인상적이었습니다. 그런데 회고록을 통해 많은 가르침과 깨우침을 얻으면서도 아쉬움이 좀 생기더군요. 몇 군데 이견과 조그만 오류 때문이었습니다. 선생님께 조심스레 이메일을 보냈더니 즉각 전화를 주셨습니다. 곧 있을 출판기념회에서 저와 대담을 갖고 싶다는 것이었습니다. 저명한 원로학자가 한참 후배 교수의 비판을 조금이라도 불쾌해하기는커녕 크게 환영하시며, 저와 '학술 토론 같은 대담'을 원하신 거죠. 코로나19가 극성을 부리던 2021년 8월 삼인출판사와 건국대학교 인문학연구원이 공동 주최하는 화상 출판기념회에서 선생님과 대담을 갖게 됐습니다.

그 대담을 계기로 선생님과 자주 연락하면서 2022년 여름엔가 이 번역서의 영문원서에 관해 들었습니다. 한 권 보내주시겠다는 호의를 받아들이기 어려웠습니다. 정치발전이나 세계화 문제는 제가 크게 관심 갖지 않은 주제인데다 책값보다 비쌀 송료가 부담스러웠거든요. 그해 12월 초판 전자책을 이메일로 받은 데 이어, 2023년 2월 조지아의 선생님 댁을 방문해 수정판 종이책을 선물로 받았습니다. 6월 여름방학을 맞아 제대로 읽기 시작했습니다. 선생님이 '북한 전문가', '평화 중재자', '평화학자', '평화운동가' 이전에 '정치발전 이론가'라는 사실을 알게 됐습니다. 책에 빠져들지 않을 수 없더군요. 특히 뒷부분에서 다루는 인권과 평화 그리고 새로운 세계질서 등은 남들에게도 널리 알리고 싶었습니다. 번역해서 출판해야겠다는 마음을 먹은 거죠. 마침 선생님께서 2020년부터 2년간 매월 진행한 〈박한식 사랑방〉 화상강좌 내용을 2022년 『안보에서 평화로』라는 제목의 책으로 펴내실 때 제가 주선하며 추천사도 쓴 터였습니다. 밀린 일이 많은 데다 게으른 제가 혼자 번역하면 얼마나 오랜 시간이 걸릴지 몰라 함께 번역할 동료를 찾았습니다. 먼저 미국과 한국에서 사회복지학을 강의하다 박한식 회고록 『평화에 미치다』를 읽은 뒤 감동

받아 인터넷신문에 독후감을 발표하고 〈박한식 사랑방〉 강좌에도 열심히 참여한 도영인 교수가 선뜻 응해주었습니다. 원광대학교에서 특수교육학을 강의하며 정치발전 및 평화통일 문제에 관해 저와 오랫동안 토론해온 강경숙 교수도 기꺼이 동참하겠다더군요. 그래서 도 교수가 제1-6장을, 강 교수가 제7-11장을, 제가 제12-17장 및 책 앞뒤 부분을 번역했습니다.

세 사람의 번역이 절반쯤 이루어졌을 때 오류가 있는지 선생님께 검토를 부탁했습니다. 한글 번역원고를 이해하는 게 어렵다고 하시더군요. 미국에서 50년 이상 영어로 강의하고 글을 써오셨어도 한국어로 대화하는 데는 전혀 문제없는 분이 당신의 영문을 한글로 옮긴 게 어렵다는 것이었습니다. 소수의 전문가보다 다수의 일반인을 대상으로 글을 옮기는 게 더 바람직하다는 생각으로 전문용어를 쉽게 풀어쓰며 원문의 단어나 구절에 얽매이지 않기로 했습니다. 선생님의 양해를 얻어 직역보다 의역을 택한 거죠. 게다가 원문의 문장이 대체로 길기에 저자의 뜻이 훼손되거나 왜곡되지 않도록 조심하면서 번역 문장은 상대적으로 짧게 고치기로 했습니다.

원서 제목 Globalization: Blessing or Curse?의 'curse'를 흔히 '저주'로 번역하는데, 저는 '재앙'으로 옮기고 싶었습니다. '저주'는 "남에게 재앙이나 불행이 일어나도록 빌거나 바라는 것"이고, "저주를 내리다"거나 "저주를 받다"는 말에서처럼 신이나 하늘로부터 큰 벌을 받는다는 인상을 주는데, '재앙'은 "뜻하지 않게 생긴 불행한 변고"나 "천재지변에 따른 불행한 사고"를 뜻하고, "재앙을 당하다"거나 "재앙을 입다"는 말에서처럼 불의의 피해를 받는다는 생각이 들기 때문입니다. 세계화의 폐해가 크다는 데는 이견이 없지만, 그 폐해를 인간의 탐욕에 대한 신이나 하늘의 '처벌'이라기보다 추진 과정의 잘못이나 시행착오에 따른 '재난'으로 본 것이죠.

이러한 제 의견에 선생님은 한참 뒤에 '저주'가 더 낫겠다고 하시더군요. 꽤 오랫동안 고민하셨던 모양입니다. 초판 서문 끝부분에서 밝히듯, 아버지의 유교와 어머니의 불교 그리고 아내의 기독교를 모두 받아들인 종교인으로서 세계화의 폐해는 분명히 '신의 처벌'이라는 것입니다.

나아가 세계화에 대한 논의가 이미 사그라진 데다 이 책의 더 큰 주제가 '정치발전'이기에 번역서의 제목을 바꿀 필요가 있다는 제 의견은 선뜻 받아들이셨습니다. 마침 선생님이 꼭 40년 전인 1984년 아마 처음으로 출간한 영문 저서의 제목이 〈인간의 필요와 정치발전(Human Needs and Political Development)〉이거든요. 번역서 제목을 〈정치발전 담론: 세계화, 축복인가 저주인가〉로 정한 이유입니다. 이 책에서 정치발전에 관한 미국과 유럽 학자들의 기존 이론을 비판하며 새로운 대안을 제시하지만, 학술적이고 딱딱한 '이론'이라는 말보다 이야기를 주고받는 따스한 '담론'을 내세우면서 말입니다.

당연히 이 책에 'development'라는 단어가 많이 나오는데, 정치나 경제 분야에서는 대개 '발전'으로 쓰지만 사회복지와 인권 분야에서는 흔히 '발달'로 사용하는 경향이 큽니다. 도영인 교수는 어떤 분야에서든 '발달'이라는 용어가 "더 포용적이고 유동성 있는 표현"이라며 번역서 제목에도 '정치 발달'이라 쓰자고 제안하더군요. 그러나 오류가 아닌데도 오랫동안 습관적으로 써온 표현을 바꾸는 것은 어색할 것 같아, 'political development'는 '정치 발전'으로 쓰되, 'development'는 문맥에 따라 발달, 개발, 발전 등으로 번역하기로 했습니다.

'needs'라는 용어를 옮기는 데도 논의가 필요했습니다. 대체로 욕구, 욕망, 요구, 수요 등으로 번역되는데, 특히 심리학이나 사회복지학 분야에서는 예외 없이 '욕구'라는 용어를 쓰는 것 같습니다. 저자 박한식 선생님도 서문을 통해 1960년대 말 미네소타 대학에서 공부할 때 "에이브라함 매슬로우(Abraham Maslow)의 저작에 매료되었다"고 하셨는데, '매슬로우의 욕구 이론(Maslow's hierarchy of needs)'은 거의 모든 분야에 널리 알려져 있습니다. '다섯 가지 인간의 기본욕구(five basic human needs)'와 함께 말이죠. 그런데 박한식 선생님은 이 책에서 발전이론을 설명하며 'needs and wants'라는 문구를 자주 사용하십니다. 저는 'needs'는 '필요한(necessary)' 것에 가깝고, 'wants'는 '원하고 바라는(want)' 것에 가깝다는 생각으로, 'needs and wants'를 '필요와 욕구'로 번역했습니다. 도영인 교수는 한국 교과서에서 'needs'를 '욕구'로 번역하고 심지어 '니즈'라고 쓰는 경우도 흔하기에 오해나 혼란을 피하기 위해 '욕구'로 통일해 썼고요.

2023년 말까지 세 사람이 1차 번역을 마쳤지만, 전체 윤문을 맡기로 한 제가 여러 사정으로 일을 진전시키지 못했습니다. 그 사이

박한식 선생님은 이 영문원서의 주요 내용을 바탕으로 진행한 〈박한식 사랑방〉 2차 강좌 내용을 책으로 묶어 냈습니다. 2024년 2월 〈열린서원〉에서 출간된 『인권과 통일』입니다. 그 책의 출판도 제가 주도하며 추천사를 썼는데, 이 번역과 출판 작업을 더 이상 미룰 수 없게 된 거죠.

이 글을 쓰고 있는 2024년 4월 중순, 박한식 선생님은 건강이 좋지 않아 다시 병원에 계시느라 통화하기 곤란하고, 강경숙 교수는 4월 10일 총선에서 국회의원으로 당선돼 몹시 바빠 저자와 번역자들이 더 이상 함께 소통하기 어렵군요. 번역 용어를 문맥에 관계없이 완전 통일하는 것보다 내용에 따라 조금씩 다르게 쓰는 것도 괜찮다는 생각으로 원고를 출판사에 넘깁니다. 박한식 선생님의 저서를 이미 두 권이나 출판하고 앞으로도 수고해주실 〈열린서원〉의 이명권 대표와 송경자 편집실장에게 감사드립니다.

2024년 4월 19일, 이재봉

수정판에 대한 저자의 말

2016년 이 책 초판 발간 이후 5년 동안, 한때 세계질서를 뒷받침한 지배적 이념들이 약화하거나 사라지는 징후를 보여주는 증거가 충분해졌다. 이를 설명하며, 새로운 세계질서를 형성하기 위한 폭넓은 지침의 윤곽을 그려보고자 16장을 새로 포함했다. 여기서 나는 인권주의에 바탕을 둔 이념이 세계 평화와 조화를 추구하는데 지도 원리가 될 수 있다는 생각을 낙관적으로 제시한다.

2022년 박한식

차례

제 1 부

제 2 부

제 3 부

서문

이 책을 쓰게 된 동기는 내 생애에서 겪었던 몇 가지 획기적 경험에서 찾을 수 있다. 첫째 그리고 가장 중요한 경험은 어릴 때 마오쩌둥의 중국 탄생으로 이끌었던 국공내전 동안 전쟁으로 파괴된 중국 동북지역에서 살아남고, 뒤이어 한국전쟁 중 끔찍한 상황에서 살았던 것이다. 이렇게 어릴 때의 경험에서 그치지 않는 물음이 생겼다. 우리는 왜 서로 죽이지 않으면서 함께 살 수 없을까?

이는 불가피한 질문으로 이어진다. 인류는 21세기 그리고 이후까지 살아남을까? 그렇지 못할 수 있다. 만약 사회변화 과정이 현 상황이 지속되는 것을 막지 못한다면, 인류는 최후를 맞을 수 있고, 22세기의 도래를 축하하지 못하게 되기 쉽다.

이 행성에 살고 있는 우리는 인간의 생존 자체를 위협하는 많은 치명적 문제에 직면해있다. 우리의 "세계적 죄악" 가운데 어느 하나 또는 몇 가지는 우리가 알 듯 역사의 종말로 이끌 수 있다. 몇 가지만 예를 들면, 환경오염과 불균형, 대량파괴무기의 축적과 확산, 기능장애를 겪어온 정치기관과 사회조직의 지속적 퇴보, 사회 구성원을 서로 무관하도록 강요하는 도덕과 문화의 붕괴, 정치제도의 모든 계층에서 일어나는 분배의 불공정을 들 수 있다. 인류는 멸종과 생존 사이의 궁극적 선택에 직면해있다. 만약 우리가 현재의 과정을 선택하게 된다면 결말은 간단하다. 우리가 요즘 경험하고 있듯, 역사 진화의 흐름에 쉽게 표류할 것이다. 그러나 인류의 불행한 운명에 관해 무엇인가 하기 원한다면, 우리는 최대한 긴박감을 갖고 많은 일을 해야 한다. 이 책은 이토록 절박한 요청에 응하는 것이다!

그러나 이 책은 종말 이야기를 말하자는 것도 아니고, 규범적 가치를 규정하자는 것도 아니다. 이 책은 세계화 과정과 연관된 인간과 사회 그리고 정치적 문제들의 본질을 과학적이고 경험적으로 식별하고 설명하며 예측해보려는 엄밀한 시도다. 이러한 분석은 당연히 특정한 지구적 인간 문제들의 근본 원인에 초점을 맞추도록 하는 일련의 규범적 처방으로 나아갈 것이다.

사실 이 책은 단순히 내 지식을 확실하게 전달하는 것이라기보다 내 인생 여정과 지적 영혼 탐구를 직접적으로 반영한 것이다. 나는 1905-1945년 일본의 조선 식민통치 기간 일본의 억압을 피해 중국으로 이주한 부모에게서 태어났다. 중국에서 나는 일본 식민 착취의 끔찍한 정책을 직접 경험했다. 중국 국공내전 중엔 죽창, 도끼, 낫 같은 초보적 무기에 죽거나 사형 당한 잔혹하고 야만적인 모습도 직접 보았다. 그러한 이미지는 나에게 인간의 무력함과 인위적 고통에 대한 예리한 감각을 지니게 했다. 1950-1953년 일어난 한국전쟁은 아직도 제대로 종결되지 않고 있는데, 전쟁 3년 동안 목격한 무자비한 파괴와 살육은 사악한 정치 세력과 야만적 정권의 예측할 수 없는 권력에 맞서는 개인의 무기력함에 대해 더 큰 좌절감을 안겨주었다. 그러한 내 어린 시절은 무고한 인간들에 대한 대량 살육과 되돌릴 수 없을 정도의 생활환경 파괴를 초래하는 군사적 충돌에 대한 엄청난 두려움에 휩싸였다.

나는 1965년 한국 유학생으로 돈도 많이 갖지 않고 재정 지원도 없이 미국에 왔다. 그 후 경제적으로나 사회적으로 어려운 때 '기회의 땅'에 오기 전부터 교제하던 한국 동료 유학생과 결혼했는데, 그 시절은 나에게 인생에 대한 훨씬 깊고 넓은 시각을 열어주었다. 1967년 미네소타대학교에서 박사학위 과정을 밟기 위해 미네아폴리스와 세인트폴의 쌍둥이 도시로 옮겼다. 그곳의 엄청나게 풍부한 지적 환경을 즐기며 야심찬 젊은 학생으로서의 내 꿈을 이루었다. 나는 금세 사회학의 돈 마틴데일(Don Martindale), 아놀드 로즈 (Arnold Rose), 그레고리 스톤(Gregory Stone), 철학의 허버트 피글(Herbert Feigl), 메이 브로드벡(May Broadbeck), 정치학의 멀포드 시블리(Mulford Sibly), 로버트 홀트(Robert Holt), 에드윈 포글맨(Edwin Fogelman) 같은 지적 거인들에 압도당했다. 그들이 많은 영역에서 제공한 훌륭한 세미나들에 동참했던 것보다 나에게 더 큰 영감을 준 것은 오늘까지 없다. 그들은 내가 논리적으로 생각하고, 내 지적 호기심이 이끄는 어디서든 답을 찾도록 하며, 내 학문 지향이 어느 한 분야에 한정되지 않고 확장될 수 있도록 도와주었다. 나는 1967-1970년 미네소타대학교에서 공부하며 특히 막스 베버(Max Weber), 라인홀드 니버(Reinhold Niebuhr), 에이브라함 매슬로우(Abraham Maslow)의 저작에 매료되었다. 1970년부터 최남부 지역의 학자로서 나는 다이사쿠 이케다(Daisaku Ikeda), 요한 갈퉁(Johan Galtung), 글렌 페이지 (Glenn Paige)의 모범적 저작과 삶에 심오하게 고무되었다. 영감의 원천으로 마틴 루터 킹(Martin Luther King, Jr.)을 절대 빼놓을 수 없다. 나는 비폭력을 실천하는 젊은 학도이자 전쟁에 대한 양심적 거부자로서 마하트마 간디(Mahatma Gandhi)를 존경하며 성장했다. 킹에게선 신의 영역에 접할 수 있었다. 그가 단순히 영리하기만 했다면, 그의 39년에 걸친 인생에서 논리정연하게 표현하고 유창하게 웅변한 지혜의 모든 심오한 발견들은 없었을 것이다. 지혜와 지적 영감을 지닌 사람으로, 내가 적극적 평화의 영역을 탐구하는 데서 영감의 원천이었던 요한 갈퉁에게 감사하지 않을 수 없다. 그는 평화의 개념이 전쟁이나 갈등의 부재라는 부정적 개념뿐만 아니라 적극적 의미를 반드시 포함해야 한다는 심원한 사상으로 나를 사로잡았다.

그리고 내가 지난 45년 동안 미국에서 직접 만난 수많은 학생들이 있다. 1970년 조지아대학교 교수로 부임했을 때, 조지아는 최남부 지역의 많은 주처럼 노골적인 인종차별이 아닐지라도 인종적 편견이 여전히 만연한 장소라는 사실을 금세 깨달았다. 그러나 내 학생들은 나를 열린 마음으로 포용하고 자신들의 선생으로 받아들였다. 학생들뿐만 아니라 나를 격려해주며 내 학문 인생을 의미있고 적절하게 인도해준 무수한 사람들에게도 커다란 은혜를 받았다.

"그 밖의 중요한 사람들" 가운데 가장 중요한 내 가족에게도 기꺼이 감사한다. 부모님부터 시작해야 한다. 아버지는 농부이자 나에게 교육의 가치를 절대 손상시키지 말라고 가르쳐주신 유생(儒生)이었다. 어머니는 보통 교육만 받으셨는데, 깊은 산속 사찰에 다니던 독실한 불교도였다. 나는 거기서 모든 세대의 스님들과 많은 시간을 함께 보내는 기회를 갖고, 내 자신을 '비우는'게 얼마나 값진 것인지 배웠다. 기독교 가정에서 성장하고 인생과 사랑에 관해 잠재의식적 지식을 가진 젊은 여인과 사랑의 관계를 맺은 것은 큰 행운이었다. 유교도 아버지와 불교도 어머니, 그리고 기독교도 약혼녀 사이에서 나는 젊은이의 사고를 건전하게 발전시키는 데 해를 끼칠지 모를 종교적 신조의 역류에 쉽게 휩쓸릴 수 있었지만, 나는 그와 반대로 그러한 경험을 통해 그들 각각 경지의 절정에서 훌륭한 세계관이 수렴되는 것을 지켜볼 수 있었다.

이제, 여자친구였다가 약혼녀가 되고, 우리가 미국에 도착한 몇 달 뒤 1965년 워싱턴 디시에서 결혼해 50년 넘게 아내로 살아온 성원이 있다. 그녀는 약혼식에서 '1+1=1'이라 새겨진 반지를 나에게 선물하는 것으로 시작해 사랑하는 관계가 어떠해야 하는지 가르쳐주었다. '1+1=1'은 과학과 수학 지식 그리고 세속적 논리를 거부하지만 불변의 진리를 말해주었다. 아내는 그날부터 나에게 사랑은 어떠한 곤란과 역경도 극복할 수 있다는 진리를 불어넣어준 것이다.

나의 세 자녀들에 대한 얘기도 빼놓을 수 없다. 그들은 인간의 필요와 욕구가 어떻게 표출되고 추구되는지 가르쳐주고 보여주었다. 바로 그게 이 책에서 자세히 설명한 대로 내가 개발한 발전이론의 기준이 되었다.

  마지막으로 지난 반세기 동안 그들의 삶이 내 삶과 다양한 시점에서 교류했던 훌륭한 학생들이 있다. 그들의 선생으로서 나는 항상 다음과 같은 수백년 된 중국 격언에서 내 교육의 근본을 삼으려했다. "사람에게 물고기를 주면 하루 먹고 살지만, 물고기 잡는 법을 가르쳐주면 평생 먹고 살 것이다."

  그렇다. 이 책을 가능하게 만든 모든 사고와 개념 그리고 이론적 전제들에 대해 나에게 영감을 준 수많은 사람들과 그 밖의 중요한 사람들에게 철저하게 은혜를 입었다. 그러나 그들 중 어느 누구도 이 책에 곁들어진 어떠한 잘못이나 부족함에 책임이 전혀 없으며, 모든 책임은 오로지 나에게 있다.

                        2016년 10월

                              미국 조지아 애썬스에서 박한식

책의 구성

이 책은 3부 17장으로 구성되어 있다. 발전에 관한 모든 중요한 문제들을 적절하게 다루기 위해 크게 3부로 나누었다. 그리고 17장 모두 발전에 관해 큰 관점을 지니고 있다. 각 부와 장에 대해 아래에 간략하게 설명한다.

제 1 부
- 우선 사물을 분별하고 알기 위한 준비:
알기 (knowing)와 지식 (knowledge) -

제1부는 발전에 관해 본격적으로 공부하기 위한 인식적이고 지적인 단계를 다룬다. 우리는 발전이 무엇이며, 발전이 왜 어떻게 일어나고, 그 결과가 무엇인지 알기 원한다. 발전이나 그와 관련된 다른 것을 알려고 하기 전에, 우선 '알기'의 의미가 무엇인지 알아야 한다.

아는 것은 개념들 사이에 연결이 이루어질 때 무엇이 일어나는지 깨닫는 것이다. 그러면 개념은 무엇인가? 개념은 의미 있는 용어다. 그러면 의미는 무엇인가? 의미는 목적의식이 있는 행위이며, 행위는 항상 목표 지향적이다. 그러면 목표는 무엇이며 어디서 시작되는가?

인간 개인 차원에서 모든 사람의 공통적 목표는 항상 필요와 욕구를 충족시키는 것이라 생각한다. 이런 점에서 우리는 꼭 심리적 환원주의(reductionism, 還元主義)로 되돌아가지 않더라도, 인식과 행위의 단위는 인간이라는 것을 제시하는 방법론적 개인주의의 전제를 받아들일 것이다. 인간은 불가피하게 상대적이며 주관적이다. 그러므로 지식은 주관적이며, 객관적 지식은 없다. '정의(definition)'의 정의는 '주관적 의미부여(subjective meaning-giving)'다. 이러한 정의 덕분에 개념은 주관적이 된다. 지식의 힘은 그것이 객관적인지 또는 주관적인지에 따라 결정되는 게 아니라, 하나의 지식이 상호 주관적 합의를 어느 정도 공유하느냐에 따라 결정되는 것이다.

처음 제1장은 지식과 교육의 목적에 관한 질문을 다루며 시작한다. 제2장에서는 과학철학의 관점에서 이론 구성 작업의 난제들에 관해 논의한다. 여기서 발전의 개념을 정의하고 이론화하는 일련의 기준을 세울 것이다. 제3장에서는 여기서 제시한 기준을 적용해 발전 연구의 특성을 실제로 평가한다. 오늘날 발전 연구 분야에서 흔히 사용되는 사회정치 발전의 개념적 이론적 구성의 대부분은 미국과 서유럽에서 1950년대부터 1980년대까지 냉전시대 동안 세계정치가 대립된 상황에서 이루어졌다. 꼭 인식론적 경험주의에 집착하지 않더라도, 자신들의 이론을 진전시킨 그 이론가들은 그 시대의 산물이었다는 것이 확실하고, 그들이 진전시킨 이론들은 그들이 선택한 생명 세계의 '편견'을 드러내는 것이라고 예상할 수 있다. 그러므로 미국의 거의 모든 이론가들은 서양에 편중된 이론들에 책임이 있는데, 그들은 또한 과학적 조사에 대한 집착도 보여준다. 따라서 제3장에서는 이 이론들이 어떻게 기획되었으며, 사실과 달리, 어떻게 보편적으로 적용될 수 있고 과학적이라고 주장될 수 있는지 검토하는 것이다.

제 2 부
- 있는 그대로의 발전 (사실로서 존재하는 것) -

제2부는 이전에 세워진 발전의 기준보다 훨씬 더 일치하는 경험적 발전 패러다임 또는 이론을 다룬다. 앞에서 얘기한대로, '편중된' 발전 이론들을 검토한 후, 제4장에서 발전에 대해 더 설득력 있고 가치중립적인 이론화를 추구할 수 있는 대안으로 더 적절한 경로를 제안할 것이다. 여기서 나는 "인간을 중앙 무대로"라는 주제를 진전시킨다. 제5장에서는 인간 중심의 발전 패러다임이 진전된 이론 구성을 세우고자 한다. 제6장-제9장은 그 패러다임에서 신봉된 대로 다양한 발전 단계에 관해 자세히 설명한다. 제10장은 발전이 확장된 세계화의 의미 있는 정의를 제공한다.

제 3 부
- 전체적이고 개관적인 해결책을 찾아서 -

제3부는 규범적이거나 바람직한 발전 패러다임 또는 이론을 다룬다. 앞에서 농경사회에서부터 산업사회와 후기 산업사회 그리고 현재 지구촌에 이르기까지의 발전과정을 분석했는데, 이 경로를 따라 이루어진 발전의 역사적 진행은 인류를 자멸의 위기로 이끌었다고 결론지었다. 인간 실존 정체성의 완전한 상태로부터 인류 공동체의 붕괴에 이르기까지 심각한 문제들이 발생했다. 결국 기술적 탁월성에 기만적으로 축복받은 세상은 인류 역사의 종말을 불러올 수도 있다. 우리는 거기에 문제의 혹독함이 있다는 것을 인지해 수많은 해결방안을 제안하고 시도해왔다. 그러나 시간이 흐르면서 우리는 궁극적으로 더욱 악화했다. 이렇게 불길한 예측엔 몇 가지 이유가 있다.

무엇보다 먼저, 인과 분석들은 대부분의 개선 방안이 원인보다 징후 주변에서 맴돌기 일쑤이듯, 실제 근본 원인을 거의 다루지 않는다. 둘째, 대부분의 노력은 종합적이지 않고 단편적이었으며, 문제 자체를 완화하는 데 뚜렷한 성과를 거두기에는 너무 부족하고 취약했다. 적절한 진단을 위한 최우선 문제를 해결하기 위해 나는 발전이 인간의 필요와 욕구를 추구하는 과정이라는 생각에 바탕을 둔 경험적 발전 패러다임을 개발했다. 이에 제3부는 발전이 무엇인지 또는 어떠해야 하는지 내가 고려하는 개관적이거나 전체적인 발전 패러다임을 제공하는 것이다. 이렇게 규범적이거나 가치 있는 개념적 표출은 개인, 개인들의 상호관계, 그리고 사회나 공동체 등 인간 실존의 세 가지 범위에서 이루어질 것이다. 제11장은 개인 수준의 인간 발달을 다룬다. 제12장에서는 인권을 통한 인간 존엄성 문제 등 개인 상호관계 수준의 발전에 관해 얘기한다. 제13장과 제14장은 사회 또는 공동체 수준에서 주로 평화의 특성과 관련된 발전을 다룬다. 제15장은 공학적 힘으로서 의사소통 능력을 지닌 발전의 새로운 정의를 제공한다. 제16장은 세계화 이후의 특성을 탐구하기 위한 이 책 수정판에 추가된 새로운 장이다. 마지막 제17장은 사회공학을 위한 일련의 실행 가능하고 구체적인 정책을 추천하면서 이 책을 끝낸다.

PART 1

우선 사물을 분별하고 알기 위한 준비:
알기 (knowing)와 지식 (knowledge)

아는 것은 개념들 사이에 연결이 이루어질 때 무엇이 일어나는
지 깨닫는 것이다. 그러면 개념은 무엇인가? 개념은 의미 있는
용어다. 그러면 의미는 무엇인가? 의미는 목적의식이 있는 행위
이며, 행위는 항상 목표 지향적이다. 그러면 목표는 무엇이며 어
디서 시작되는가?

제 1 장

지식의 목적과 목적이 있는 지식: 존재론적 인식론

지식은 무엇인가? 지식은 앎의 체계이며 "안다"는 것은 "개념들"에 관여하는 "연계성"을 만드는 것이다. 그러므로 개념들은 논리적으로 상호연결된 의미가 있는 구성요소들이다. 이 점을 예로 들자면, 2 더하기 2 또는 2 곱하기 2는 4라는 수학적인 개념을 생각해 볼 수 있다. 이 경우에 각각 2와 4는 더하기와 곱하기의 논리의 도움으로 지식의 부분이 되는 단순한 사실이다. 모든 생각할 수 있는 개념은 잠정적으로 다른 모든 생각해 볼 수 있는 개념과 관련된다고 말하는 것이 문제 되지 않으므로, 가능한 연계 영역은 사실상 무제한이다. 이것은 지식은 본래 끝이 없고 제한받지 않으며, 오직 지식이 의도하는 목적에 의해서만 제한됨을 제시한다. 달리 말하자면, 지식의 목적만이 그 성격, 경계와 기능을 정의할 것이다. 이런 의미에서 지식은 지식인(인간)이 그 사람이 성취하고자 의도하는 바를 추구하는 일에 도움이 되도록 고안된 도구이다.

지식의 의미에 대하여 같은 결론에 도달하는 다른 방법은 지식추구를 인간 행동의 형태로서 바라보는 것이다. 모든 인간 행동은 목적 지향적이므로, 지식을 추구하는 사람이 무엇을 성취하고자 하는지 물어볼 필요가 있다. 그 대답은 다음 중 하나이거나 하나 이상일 수 있다 — 바람직한 삶을 위한 가치 처방, 사회적이고 정치적인 특정 질서 시스템의 정당화, 특정 믿음이나 규범에 대한 도덕적 정당성, 설명과 예측, 그리고 문제 해결, 사실 이러한 각각의 잠재적인 목적들은 지성사의 흐름에서 지식의 중심적인 목적으로서 부추김을 받았다. 지식의 성격과 구조는 지식이 추구되는 목적의 성격과 구조에 의해 결정될 것이라고 할 수 있다. 그렇다면 지식의 목적이 갖는 성격과 구조는 무엇이 결정하는가?

1. 지식의 사회학

"지식 사회학"은 지식의 성격은 시간의 구체적 역사적 영역에서 지식이 그 목적을 충족시킬 수 있는 방식으로 결정된다고 주장한다. 그러므로 목적달성의 수단으로서 느껴지는 지식에 대한 필요는 다시 지식 그 자체의 성격과 목적을 결정할 것이다. 우리는 다양한 역사적 조건에 대한 반응으로 지식이 갖는 일련의 다른 목적들이 지성사에 출현하는 것을 보아왔다.

고대 그리스에서는 많은 도시 국가들이 있었고, 그중 많은 수가 스파르타인과 아테네인들에게 정복되어 통합되었다. 그 도시 국가들이 끊임없는 갈등을 겪을 때, 플라톤과 아리스토텔레스 같은 철학자들은 바람직한 사회상을 묘사하는 생각과 규범을 적극적으로 처방하였다. 플라톤의 중대한 책, 『공화국』(*Republic*)은 누가 어떻게 지배해야 하는가의 면에서 이상적인 사회를 묘사한 것이었다. "철학자 왕"이라는 생각을 내놓음으로써, 플라톤은 지배자는 덕망이 있어야 하고, 지식이 덕의 원천이어야 한다는 논리를 폈다. 그러므로 지배자는 지식이 있는 자이어야 하고 철학자는 그런 지식의 소유자이다. 반면에 피지배자는 지식이 없고 그러므로 덕이 있을 수 없다. 덕이 없는 것은 자연스럽게 그들에게서 지배자 지위를 박탈한다. 그리하여 지식이 없는 사람들은 그들 자신의 복리를 위하여 지배를 받아야 한다.

플라톤에 의하면, 세상에는 세 가지 수준(영역)이 있다. 하나는 "역사"로 지칭되고, 역사적 기록에서 관찰되는 실상을 대변한다. 또 하나는 "법"의 도움으로 운영되는데 저능한 생활 상태를 나타내며, 이상적인 또 하나의 영역은 그가 쓴 『공화국』에 묘사된 "철학"에 의해 지배를 받는다. 이렇게 수직적으로 조직된 삶의 세계에서 지식(그리고 학문)의 역할은 주어진 사회에서 이상적인 관계를 명확하게 처방함으로써 삶의 질을 높이는 것이다. 아리스토텔레스는 노예제도를 정당화함에 있어서 노예들은 덕망 있는 주인들의 관대한 리더십에 복종함으로써 제일 잘 돌봐진다는 것 같은 주장을 했다. 아마도 최초인 정치제도 유형을 진전시키는데, 아리스토텔레스는 세 가지 정치제도를 나란히 놓았는데, 각각의 세트는 이상적인 형태와 잘못된 모양새를 띠었다. 첫 번째 세트는 덕망 있는 한 개인의 지배(왕정)와 잘못된 지배(독재), 몇몇 덕망 있는 사람의 지배(귀족지배)와 잘못된 소수독재(과두제), 그리고 민중을 위한 다수지배(정치형태)와 이기적이고 잘못된 방식의 다수지배(민주제)이다. 여기서 아리스토텔레스는 덕망 있는 제도와 그렇지 않은 것을 구별하는 시도를 했고 지식의 역할은 "선한" 형태의 통치를 처방하는 것이어야 한다고 했다.

규범적이고 처방적인 방향성을 띤 학문은 지성사에서 서구 전통에만 국한되지 않았다. 사실 엇비슷한 시점(기원전 2-5세기)에, 공자, 맹자 등 고대 중국학자들도 사회에서 이상적인 관계를 위한 그들만의 규범과 가치관들을 처방하였다. 예를 들면 유교의 "다섯 가지 기본적 규칙"은 생각할 수 있는 모든 형태의 사회적 상호작용을 지도하는 "적절한 인간관계"를 처방한다-- "정의"에 의해 규정되는 지배자와 피지배자 관계, "역할 분리"에 의거한 부부관계, "애정"에 의한 부모 자식 관계, "신뢰"에 의한 친구 관계, 그리고 "적절한 순서"에 따르는 노소간의 관계가 그것이다.

이러한 지침들은 유교 사회에서 오랫동안 적절한 행위를 위해 필요한 도덕적 필수사항으로서 여겨져 왔다. 끊임없이 피 흘리는 대결 상태에 있던 수많은 소왕국("전쟁에 휩싸인 백 개의 왕국들")이 있었다는 점에서 고대 중국 사상가들의 생활 상태는 그리스 철학자들과 비슷했다는 점을 주목해야 한다. 이런 격동적인 역사적 환경에서, 학문의 임무는 바람직한 사회를 위한 처방을 내리는 것이었다. 동서양 고대 사회에서, 분명 상호작용이 서로 없음에도 불구하고 비슷하게 불안정한 실상에 당면하여 같은 방식으로 대처했다는 것은 매우 흥미로운 일이다.

세상이 종파적(종교적)이고 임시적(세속적인)인 권위로 날카롭게 나뉘었던 중세기에는, 사상가들은 지성적인 관심을 두 개의 권위 중에서 누가 장악해야 하는가의 질문에 집중하였다. 성 어거스틴(기원 후 354-430년)은 그가 쓴 "두 도시(Two Cities)"의 조약문서에서 두 개의 별개 권위를 명확하게 묘사하였다. "신의 도시"는 "사람의 도시"를 적절한 질서의 문제로 감독하고 경영할 도덕적 권위와 책임을 갖는다. 어거스틴에서부터 토마스 아퀴나스(1225-1274년)까지 많은 사상가는 두 가지 권위 사이에 정의된 질서가 있다 했다. 그러므로 중세기에 지식의 역할은 자신이 선택하는 세계 질서를 위해 도덕적인 정당성을 명시하는 것이라고 말할 수 있다. 이 경우에, 선택을 위한 대안들은 그 두 개의 경쟁적인 권위들로 한정되었다. 5세기와 15세기 사이의 지성적인 혁신과 창조성에 대한 구조적인 한계는 "어둠의 시대"라는 이름을 얻었다. 여러 가지 이유로, 이 시기의 세계 질서는 재구성에 저항했다.

학문의 오랜 역할은 『군주론』(The Prince, 1515)에 묘사된 바와 같은 마키아벨리안적인 원칙의 도래로 끝이 났다. 『군주론』은 좀 더 근대적인 통치개념의 시작을 알렸고, 그로써 권력의 조작 또는 적용에 의한 권위가 유지되었다. 이 초기 근대시대는 짧았고 (적어도 서구에서는) 문명의 급격한 변화가 뒤따랐는데, 철학적인 개인주의(르네상스), 경제적인 방임주의 원칙(아담 스미스), 그리고 정치적인 사회계약 이론(존 로크)의 도래로 특징지어 졌다. 이런 각각의 이론의 발달은, 인간 불평등을 권력을 정당화하는 근거로 삼는 것을 끝장내면서, 정치적인 삶의 모든 영역에서 평등주의 운동의 출현에 공헌하였다. "철학자 왕"은 새로운 사상가층에 받아들여질 수 없었고, 어떤 사람이 신의 섭리를 해석할 더 많은 자격이 있고 그래서 지배해야 한다는 생각은 거부되었다. "힘은 정당하다"는 마키아벨리안적인 칙령은 학문 공동체 내에서 그 매력을 잃었다. 합법적인 권력에 대한 어떤 이론도 그 빈자리를 채우지 못했고, 누가 그리고 왜 지배해야 하는가에 관한 철학적인 혼돈을 남겼다.

이런 진공상태에서 이데올로기 시대가 시작했다. 이념은 지배자와 피지배자 사이의 합법적인 관계를 합리화하고 정당화시키기 위해 디자인된다. 가장 초기의 이념은 존 로크가 『정부의 두 가지 조약』(*Two Treaties of Government*, 1688)으로 일으킨 고전 자유주의였다. 그 후로 정치적인 이념은 지배 엘리트가 그들의 권력을 정당화하는 도구가 되었다. 이념은 또한, 정치적인 통합과 권력의 단결을 위한 수단으로 기능하였다. 초기 근대시대의 변덕스러운 정치적인 질서에 반대(저항)하는 고전 자유주의자들은 "최소의 정부가 최상의 정부다"라는 생각을 옹호하였고, 그리하여 정부 개입의 부재라는 면에서 시민의 자유가 주로 정의되었다. 정부는 필요악이라는 개념은 "최소의 정부" 원칙을 정당화한다. 여기서 정부의 권력은 국민과의 동의로 제한되고 제약을 받게 되고, 그래서 "사회계약"이론이라 한다. 이 원칙은 전체 사회의 복리는 그 부분을 이루는 총체적 복리와 동등하다는 경제적 자유기업의 방임주의 원칙에 의해 강화되었다. 이런 사상계열의 아버지인 아담 스미스는 그의 중대한 저서인 『국부론』(*The Wealth of Nation*, 1776)에서 부분이 전체를 돌보게 되는 자연적인 ("보이지 않는 손"에 의한) 균형화가 이루어진다고 전망했다.

고전 자유주의자들은 정부가 그들을 가능한 한 그냥 내버려 둘 때 모든 시민이 더 나을 것이라고 기대했다. 그러나 개인 이익의 증진으로부터 집단적인 선이 항상 결과하지 않는다는 것은 곧 분명해졌다. 아담 스미스가 자유주의 관점에 내 건 낙관적인 관점을 걸었던 "보이지 않는 손"은 존재하지 않거나 제 기능을 못 하는 것으로 나타났다. 개인 소유권이 허용되고 자유로운 기업 정신이 경제생활의 기본 원리가 되자마자, 부와 생활방식의 불평등이 따랐다. 이것은 사회경제적 지위와 저축 대비 소비에 대한 행동 성향에서의 차이점뿐만이 아니라, 부분적으로 인간의 신체적이고 정신적인 능력의 타고난 차이점 때문이었다. 여기서, 경제적 불평등과 계급 차이는 마르크스주의와 마르크스주의가 아닌 사회주의 운동에 길을 내어주는 피할 수 없는 결과가 되었다. 이것은 이념 시대를 활성화했고, 그 사이에 '정당한' 분배형태와 안정적인 사회정치적 질서를 진전시킨다는 주장을 하는 경쟁적인 이념은 급격하게 증가했다. 자유(자유주의자들)와 평등(사회주의자들)의 폭이 펼쳐진 가운데 기본 전제들은 크게 다른 지점들에 머물렀다. 서로 잘 맞지 않는 두 개의 이념 제도는 19세기와 초기 20세기를 정치 이념에 의해 규제받지 않는 시장으로 만들었다. 그 정치 이념들의 범위는 여러 형태의 무정부주의부터 다양한 자유주의, 마르크시즘과 사회주의, 그리고 지나친 형태의 국가주의와 민족중심주의에 이르렀다. 학문 공동체는 말다툼을 공식화하기에 바빴다.

그 결과는 두 개의 넓은 이념적 진영으로 나뉜 세계 질서이었고, 그 진영들은 20세기 중반에 냉전 정치를 창출하는데 책임이 있었다. 냉전 정치는 한 가지 특출한 성격을 보였는데 헤게모니 권력을 합법화할 뿐만이 아니라 각각의 권력에 대해 도덕적으로 정당화하는 정치 이념을 낳게 했다. 미국과 소련의 그 두 가지 헤게모니 권력은 세계권력 정치의 양극단 중심이 되었다.

자본주의 민주주의와 사회주의 공산주의라는 두 가지 대조적인 이데올로기는 이념적으로 서로 불화할 뿐만이 아니라 상호불신과 의심으로 갈라진 양극화 세계의 형성에 도움이 되었다. 각각 두 개의 초강대국은 도전받지 않는 제국이 되기 위한 열망을 진전하기 위해 상대를 누르는 최상의 패권을 추구하였다. 그들은 자주 더 작은 나라들이 속국으로 그들을 따르도록 강제하면서, 나머지 세계에 영향력을 확장하기 위해 경쟁했다. 더 큰 소련 블록을 형성하기 위해 이전의 동부 유럽국가들을 병합한 소련은 서부 유럽과 제3세계들로 침투하는 미국의 확장에 직면했다. 미국이 1970년대 중반에 베트남 전쟁에서 겪은 패배는 미국의 세계적 영향력의 쇠퇴에 대한 신호탄이었던 반면, 소련이 1979년과 1989년 사이에 아프가니스탄 군사침공을 포기한 건 그 지역에서의 소련의 영향력이 감소하는 것을 뜻했다. 결국, 소련 국내의 내면적인 파멸을 통해, 유럽에서의 사회주의 시스템의 몰락이 뒤따랐으며, 마침내 중국이 경제적 자본주의를 포용하기로 했을 때 제2세계 그 자체가 사라졌다. 그리하여 20세기가 저물어감에 따라 냉전 시대는 효과적으로 끝장이 났다. 그 뒤를 따른 건 지구 행성의 유일한 초강대국으로서 미국이 구축한 시대이었다. "악의 제국"의 폭발력은 신성한 의도에 의한 것이라는 억측으로 미국이 군림하기 시작했고, 미국의 세계적인 영향력의 행진은 성공할 운명이었다. 그 위험한 도그마는 나중에 이 책에서 논의될 것이다.

반세기 동안의 냉전 정치는 만연한 군사주의와 그 전례가 없는 군사적 증강이라는 유산을 남겼다. 군사주의 문화는 이념적으로 이분법적인 단순한 세계관과 글로벌 인간의 상호작용에서 영합적인 (zero-sum) 인간관계를 증진 시켰다.

군사주의 경제는 군산복합체를 무작정 키우면서, 끝이 보이지 않는 경쟁적인 무기 축적에 책임 있는 무기 경쟁을 연출하였다. 결국 인간 종족은 파괴와 죽음에 대한 공포에 희망없이 사로잡히게 되었다. 군사경쟁은 상대 진영을 멸살시키기 위해 군사적인 대비를 부추기는 의도가 있었으나, 궁극적으로 양측을 확실하게 끝장낸다는 것을 받아들이는 치명적 결과가 되었다.

이 시대에 양측 진영에서 믿는 제도는 반대 측으로부터의 선제공격의 결과로 멸살 된다는 공포에 의해 지배받고 있었다. 이러한 정치적이고 인식적인 분위기는 반대진영에서 결정하는 정책에 대한 커다란 걱정과 불확실성을 창출하였다. 이렇게 근심 걱정으로 이끄는 불확실성은 감소될 필요가 있었으므로, 불확실성의 축소는 냉전 시대 후반기 내내 학문(세계)에 도전이 되었다. 이것은 "행동 혁신"으로 일컬어지는 정치학과 사회학에서의 탄생이었다. "행동주의"의 인식학적 근거는 과학이었다.

2. 사회정치적 탐구에 있어서 과학과 과학적 혁신의 시대

인간 자멸에 대한 공포심을 줄이기 위한 설명과 예측에 대한 요청에 응함에서, 사회과학자들과 정치과학자들은 – 물리적 또는 자연적인(규범) 과학은 물질적 세계 현상의 많은 것을 설명하는데 성공한 바 – 자연과학의 선구자들로부터 개념, 이론, 방법론을 흉내 내는 일에 그들의 노력을 집중했다. 사회–정치과학자들은 "행동과학"을 불러옴으로써 이 시대의 도전에 응하였다. 데이비드 이스톤(David Easton)의 중대한 저서인 『정치제도』(*Political System*, 1951)가 소개된 이후의 세대에서 미국의 행동과학자들은 그들의 저력을 여러 중요한 분야에서 과시하였다. 그들은 "맨땅 집는" 실증주의자들과 숫자놀음 하는 이들의 과업뿐만이 아니라, 시스템 이론과 구조적 기능주의와 같은 개념적 틀을 세웠고, 여러 형태의 합리적 행동자 모델을 개발하였다. 이 학자들의 인내심 있는 노력은 과학 학술지와 연구 성과의 증식을 몰고 왔지만, 상식 영역을 진보시키거나 일반적인 지혜

영역을 풍성하게 하지 못했다. 대조적으로, 과학의 우상화와 행동주의 연구결과의 성장은 상식적인 수많은 관계를 의심하도록 하기에 성공했고, 그 결과로 상식과 전통적 지혜의 영역을 축소했다. 이 점은 이 책의 다음 장들에서 다시 보게 될 것이다.

과학 우상화가 주도했던 반세기가 지난 후, 사회학적 정치학적인 탐구는 학계를 마비시킨 믿음과 실천 장치에 힘없이 굴복하였다. 이 시대에, 학계는 전문화와 특수분야를 발달시키는 목적으로 분화되었고, 학제 간의 상호작용은 거의 없었다. 연구 활동가들은 사회 행동 과학이 본래 주관적임을 깨닫지 못한 채 "객관적인" 지식을 생산하는데 빠져 있었다. 내용물보다는 연구 방법론을 앞세우는 일은 학계를 역사적인 현실로부터 소외시켰고, 연구결과의 [현실적인] 적절성을 줄어들게 했다.

그러나 정치적 사회적 탐구에서 이 과학적 혁신을 지휘하는 동안, 사회과학자들은 정책을 설명하고 정책 행동을 예견하는 도전에 실패했다. 그리하여, 그들 스스로 진짜 문제를 다룰 수 없게 되었다. 그 사이에, 많은 양심적인 사람들이 진보적인 사회변화와 개발의 지속에 대해 비관적이게 되는 식으로 세상은 심각한 문제에 직면했다. 달리 말하면, 불확실성은 이제 그 시대에 편만한 감성이 아니었다. 그 대신, 몇 가지 예만 들어도, 환경 쇠퇴, 지구 온난화, (그중 많은 숫자가 소련의 붕괴가 일어날 때 설명되지 못했던) 대량 파괴 무기의 증식, 테러 행동의 광란, 식량부족, 자원이 가장 부족한 지역과 국가에서의 인구 폭발, 에이즈(HIV)와 같은 전염병, 글로벌 종파 전쟁, 심지어 집단학

살까지 여러 원인에서 오는 글로벌 문제들로부터 엄청난 위험이 확실해 졌다. 이제 더는 불확실하거나 가설적이 아니라 실제 사실인 이런 문제들로 전 세계는 전염되었다.

3. 학계를 되살리고 적합하게 하기:
문제 해결의 필수성

우리 삶 속의 이러한 환경 변화는 지적 지향의 설명과 예측을 통한 불확실성의 감소로부터 문제 해결의 긴박한 도전이라는 변화를 촉발했다. 만약 이런 도전을 제 때에 효과적인 방법으로 해결하지 못한다면 우리는 정말로 역사와 인류 그 자체의 종말을 보게 될지 모른다. 오늘날 지성적인 성향의 방향성을 안내해야만 하는 이런 암울한 긴박감에 처해있다. 현대의 문제들은 다음과 같은 공통적인 특성을 띠고 있다고 말할 수 있다.

보편성: 현시대 문제들은 특정 지역에만 국한되지 않고 모든 인류에게 공통적이다 — 그 문제들은 지구 온난화, 생태환경 악화, 대대적으로 파괴적인 전쟁, 그리고 지역적으로 전염되는 질병들로 분명하게 증명된 바와 같이, 경계를 넘고, 문화, 이념 혹은 제도적 특성들의 차이점을 무시한다.

긴박성: 그 문제들은 우리 종족의 존재 자체를 지금 여기에서 위협한다. 만약 이 문제들이 가까운 시기에 나아지지 않는다면 내일은 없을 것이다. 이전에 학계에 던져진 모든 도전과는 달리, 현시대의 문제해결은 미래로 무한정하게 미룰 수 없다. 지금 아니면 절대 안 된다.

인류 생존은 불안정한 현안문제이다: 이 책 서두에서 밝힌 것처럼, 역사의 방향을 달리 바꾸지 않는다면, 22세기가 도래할 때까지도 살지 못할지도 모른다. 정말로, 인류 종족은 공통된 운명을 나누고 있고, 현재 그 운명은 밝지 않다.

전체적인 접근 방식이 필수적임: 오늘날 우리가 경험하고 있는 문제들은 탈 학제적이고 학제 간 경계를 유지하면서 해결할 수 없다. 전문화는 산업혁명과 그 이전부터 주요한 추세를 이루었고, 지금은 우리 문제를 풀어내야 하고, 문제를 해결하는 것은 그만두고라도 우리 문제의 정의를 내리는 일조차 좀 더 전체적으로 바라보아야만 한다. 학자들은 문제 해결의 접근에 있어서 "과학"을 모방해 왔다. 정상 과학에서 이 방법이 가장 성공적인 접근법으로 증명되어 왔기 때문에, 부분적인 분석에 집중해 왔다. 이제 우리는 전체의 분리성과 부분의 분석보다는 전체와 각 부분의 상호연결성에 집중해야 한다. 과학은 이 지점까지 인류를 잘 보살폈고, 정말 이런 분석을 가능하게 했고, 과학이 없이는 전체를 고려하기 위한 지식기반을 가지지 못했을 것이다. 그러나 이제는 실제 세상과 글로벌 문제와 그 원인이 상호연결된 방식으로 우리의 집중을 옮겨야 할 시점이다.

4. 문제 해결의 단계들

사회적 상호작용 영역에서의 문제 해결은 차례대로 취해야 하는 일련의 단계가 필요하다. 이런 단계들은 신체적 질병을 다루는 전문 의료인들이 취하는 단계들과 동등하다. (1) 문제의 파악; (2) 문제에 대한 설명과 예측(진단과 질병에 대한 예상); (3) 정책의 추천(처방); (4) 정책 실행(치료); (5) 정책 평가(치유 효과 점검); (6) 필요하다면, 정책 변경(처방의 변경). 각각의 이 단계들을 간략하게 설명하겠다.

문제의 파악: 사회 속 문제의 정체성을 알기 위해, 먼저 건강한 사회(문제가 없는 사회)는 어떻게 생겼는지를 알아야 한다. 달리 말하자면, 문제나 비정상 상태를 파악하려면, 먼저 가장 중요한 첫 단계는 현실이 평가되는 표준으로 쓰이게 될 "건강" 상태를 아는 일이다. 이것은 이상적인 사회에 대한 비전 있는 인식의 구체성을 요구한다. 이일은 정상적인 도전이며 주관적인 일만으로 보일 수 있다. 그러나 사람들의 동의에 의한 바람직한 사회의 실상은 그렇게 주관적일 필요가 없다. 사실, 나는 이 책에서 엄청나게 보편적인 인간의 필요한 것과 원하는 것들이 존재하고, 이상적인 사회의 정의는 그런 인간이 필요로 하고 원하는 것의 충족에서 오는 인간의 행복이라는 면에서 정의해야 한다는 주장을 한다. 이 점은 뒤에 나오는 장들에서 자세히 설명될 것이다. 줄이자면, 그것을 향해 현재 상황이 조정되어야 하는 "좋은" 사회에 대한 인식이 있어야 한다. "이상적"이고 문제에서 해

방된 사회에 대한 개념화가 바람직한 사회변화 과정을 촉발하는 어떤 노력보다 선행해야 한다. 이것은 과학과 가치 중립적인 탐구라는 이름으로 학문에서 철저히 소외되어온 "규범적인" 관점을 요구할 것이다. 위에서 논의한 바와 같이, 행동과학 혁명의 이름으로 일반적으로 사회과학, 특히 정치학은 과학적인 형태의 탐구를 믿음으로써 규범적인 학문을 피해왔다. 문제 해결을 위한 이 새로운 시대에, 사회적 정치적 변화를 공부하는 주류 학문에 정상적인 탐구를 되돌려 놓아야 한다. 이 책에서 뒤에 나오는 장들에서 논의될 바와 같이, 발달(개발)의 개념은 본래 규범적인 개념이고 그런고로 이 개념을 규범적으로 정의해야 한다. 역사적으로 각각의 주요 정치적인 이념들과 그 아류들은 이상적인 사회를 그리기 위해 다양한 개념을 진전시켰다. 몇 가지만 예를 들자면 자유민주주의, 유토피아적 무정부주의자들, 마르크시스트와 마르크시즘이 아닌 사회주의, 다양한 공산주의, 다수민주주의, 참여 민주주의 등이 있다. 이 책에서 나는 사회발달은 모두 인간의 니즈(needs)와 욕구(wants)를 만족시키는 것에 관한 것이라고 주장할 것이다. 그러므로 발달은 인간 니즈와 욕구가 효과적으로 추구되고 결국 충족되는 과정으로서 실증적으로 보아야만 한다. 이런 주장은 너무 철학적이고 복잡하게 들릴 수 있지만 실제로 "좋은" 사회의 개념은 형이상학적인 주장에 내몰리면 안 된다. 오히려, 상식으로서 다루어져야 한다.

설명과 예측 (진단과 예상): 한번 문제가 밝혀지면, 문제를 만들어내는데 책임이 있는 원인을 확실히 하는 시도를 해야 한다. 이 과정은 설명이다. 설명은 문제를 생산해 낸 조건과 세력들을 발견하는 행동이다. 달리 말하자면, 설명은 "문제 생산자"가 문제의 원인으로서 밝혀지는 인지 과정이다. 냉전 시대에 행동 혁명이 도출해 내지 못한 원인-효과(결과) 분석 또는 원인 분석방법은 이제 다시 고려해야 한다. 원인적 설명의 성격과 그에 필요한 조건들을 지지하는데 좀 더 신중한 엄격함이 있어야 한다. 사회과학 철학에서 평상적으로 이해되는 바와 같이, 이 두 가지가 논리적으로 연계됨에 따라, 설명은 효과를 생산하는 필요하고도 충분한 "원인적인" 요소들을 끄집어내는 일을 수반한다. 원인적인 요소들은 논리적인 과정법을 통해 효과를 만드는 것으로 기대된다. 한 가지 주요 요소는 시간상으로 원인이 결과를 앞설 것이라는 사실이다. 그러나 두 가지 현상 사이의 정규적인 시간 간격이 있다고 해서 반드시 원인적 관계를 보이는 건 아니다. 낮이 항상 밤 이후에 오는 현상은 후자가 전자의 원인임을 의미하지 않는다. 분명한 패턴이 있음에도 불구하고, 밤이 낮을 만든다고 말해주는 연역적인 논리(이론)는 없다. 진정한 원인 설명은 실증적인 정규성, 시간의 흐름, 그리고 논리적인(연역적인) 가능성이라는 세 가지 방법론적인 조건이 필요하다. 결과가 실증적으로 실현되지 않았다는 점에서 예측은 설명의 지속 선상에서 이해되어야 한다.

정책의 추천: 문제가 밝혀지고 설명되면, 원인적 요소들을 조작함으로써 문제에 해당하는 사회변화 과정을 조직하려 시도하는 능력이

있게 될 것이다. 정책 추천은 문제의 원인과의 적합성에 의해 판단되어야 하고 또한 그 정책이 실행될 수 있는 정도에 의해 판단되어야한다. 정책이 문제의 근본 원인을 다루는지 아니면 단순히 증상을 다루는지는 중차대한 일이다. 예로, 고열과 고통의 증상을 보이는 환자를 다룸에 있어서, 아스피린으로 증상을 덮음으로써 그 조건이 치유될 수 없다. 무엇이든 그 증상을 만들어내는 원인을 다루어야 한다. 같은 이유로, 오늘날 큰 문제인 테러리즘을 통제하기 위해서, 세계의 정의롭지 못한 분배에 의한 상대적 박탈감 또는 힘센 국가들의 테러 후보자들을 향한 차별정책과 같은 가능한 근본 원인을 다루어야 한다. 그 대신, 경제적 제재나 군사적 공격이 테러리스트를 제압하기 위해 자주 사용된다. 이런 건 테러리즘 문제를 오직 악화시킬 것이다. 이 경우에 정책은 원인이 아니라 증상과 싸우기 위한 것이다. 정책을 결정하기 위한 다른 기준은 도덕적이고 윤리적인 실용성의 문제이다. 특정 종교적 혹은 종족적 연관 단체를 없애버리라는 추천은 사악하고 모욕적이기 때문에, 민족적이거나 종교 관련 단체를 테러리스트 성향과 연결하는 연구에 기반하여 테러리즘을 반격하는 정책을 추천할 수 없다. 특별한 정책이 성공적으로 실행될 가능성을 판별할 때 고려해야 할 수많은 도덕적이고 정치적인 사안들이 있다.

정책을 추천하는 귀찮은 일은 절대 쉽지도 안전하지도 않지만, 이 일은 연구자와 지성인들, 특히 대학교수들이 하는 기능이 되어야 한다. 교수의 역할에 대하여, 적어도 미국에서 교수들은 평생 교수직을 부여받는 특권이 있다는 사실에 주목해야 한다. 평생 교수직을 보장

받은 교수는 정치적인 견해로 인해 직장에서 해고되지 않는 보호를 받는다. 교수가 제안하는 정책이나 공적 사안에 관한 견해는 그 학자를 벌하기 원하는 지배 엘리트가 싫어할 수 있지만, 평생 교수직 제도는 그런 위협으로부터 교수들이 보호받도록 디자인되었다. 이런 특권은 같은 이유로 연방 정부 판사에게도 주어진다. 학계에서의 평생 교수직은 출판과 다른 "전문적" 성취를 보상하기 위해 사용될 때 (오히려, 남용될 때) 적절하게 이해되지 않고 있다는 점에 주목해야 한다. 만약 직업의 안정이 위협받는다는 두려움 때문에 정책 제안을 안 한다면, 교수의 평생직 제도를 유지하는 것은 정당하지 않다.

요약하자면, 지식의 목적은 문제 해결이고 문제 해결이라는 도전은 문제 파악으로 시작하는 일련의 과정을 수반한다는 것을 주장했다. 사회적 정치적 탐구의 궁극적인 목표는 눈에 띄는 실제 문제를 치유할 책임이 있는 다양한 단체와 개인들에게 정책을 개발하고 제안하는 것이어야 한다.

5. 예방과 해결로 가는 개요적인 접근

대안적 혹은 보완적인 접근으로서, 개요적인 접근방법은 학문의 기술적 영역에서 자기 [역할을 할] 자리를 찾았다. 정치제도나 사회 전체의 유기적 조직체가 회복된다는 면에서 이 접근법은 전체적이며 포괄적이다. 건강한 몸과 마찬가지로, 건강한 정치적 지역사회의 모든 부분은 몸 자체가 외부 요소에 의한 역경이나 기대하지 않은 혼란을 건강하게 잘 다룰 수 있는 식으로 통합되고 조정되어 있다. 이를 위해 이상적이고 건강한 지역사회 몸체의 개념과 성격을 군건하게 확립하는 일은 꼭 필요한 일이다. 여기서도, 점진적인 접근에서처럼, 건강한 사회에 대해 미리 정해진 개념이 있어야 한다. 그래도 이 경우엔, 그 개념은 규범적으로 정해지게 되어 있다. 이 책의 제3 부에서, 나는 그러한 개발에 관한 규범적인 개념의 건축구조에 대한 관점을 제시할 것이다.

제 2 장

"마음의 눈" 또는 발전에 관한 연구를 찾아

"무엇을 관찰할 것인가를 말해주는 것은 이론이다."
-알버트 아인슈타인

위에 쓰인 아인슈타인의 지혜로운 말에서, 우리가 관찰하고자 하는 것은 개발이며, 개발의 자산을 관찰하고 분석하기 위해 우리는 이론이 필요하다. 그러한 이론은 좋은 이론을 위한 다음 기준들을 가능한 한 많이 만족시켜야 한다: (1) 보편적인 적용능력, (2) 긴급하고 적합한 인간 문제를 다루는 일에서의 유용성, (3) 설명적이고 예측하는 힘.

이론이란 그것을 통해 기본적으로 복잡한 상징 시스템인 세상을 관찰하는 상징적인 렌즈이다. 이런 식으로, 이론이란 문제 해결의 목적이 가장 효과적으로 이루어지는 방식으로 사회적 정치적 문제들을 밝히고, 분석하고, 다루기 위해 쓰이는 도구이다. 상징적인 것 대신에 물리적인 현상을 다룰 때조차, 적절한 분석을 시작하기 위해 이론이 요구된다. 인간 마음 그 자체에 관여하는 상징적인 현상은 매우 복잡할 성싶고, 역동적이고 모든 것을 감싸는 이론이 필요한 것이 확실하다. 이론은 물리적인 눈과 유사한 것일 수 있다. 건강하게 기능하는 눈에 대한 요건들과 조건을 명확하게 개념화할 수 있듯이, 우리는 또한 마음의 눈을 위해 그러한 조건들을 분별할 수 있어야 한다.

1. 좋은 마음의 눈(이론)을 위한 기준들

인간 눈의 건강은 몇 가지 기준들로 진단될 수 있다. 먼저, 눈은 먼 곳과 함께 가까운 곳에 놓인 물체들을 분명하게 볼 수 있는가에 의해 판단된다. 원시안이거나 근시안인 눈은 부적절한 것으로 간주된다. 둘째, 넓은 영역을 볼 수 있는 능력(주변 비전)은 좋고 좀 더 바람직한 눈의 형태로 여겨진다. 셋째, 움직이는 물체를 좀 더 명확하게 볼 수 있는 눈은 좀 더 좋은 눈으로 생각된다. 야구 투수가 던진 공의 속도, 빠른 속도와 궤도를 정확하게 판단할 때, 우리는 타수가 "좋은 눈"을 가졌다고 말한다. 마지막으로, 좀 더 중요하고 중대성이 있는 대상을 판별할 수 있는 눈을 가졌을 때 그 눈은 잘 기능하는 눈으로 간주 된다.

눈과 같이 이론은 그 유용성만큼만 좋은 것이다. 어떤 이론도 구조적인 미, 개념의 풍부성 또는 그 저자의 명성 때문에 다른 이론보다 더 큰 본래의 가치가 있는 것은 아니다. 이론의 가치는 오직 문제를 해결하는 그 기능적인 유용성에 의해서만 결정하게 되어 있다. 그렇다면, 제1장에서 성립한 현시대 문제의 성격과 문제 해결의 도전성을 고려할 때, 새로운 이론을 분명하게 설명하거나 이미 존재하는 이론이 평가될 수 있는 기준들을 확실히 해 둘 수 있다. 위에 말한 신체적으로 좋은 눈의 기준과 상징적인 "마음의 눈"(이론)에 대한 기준 사이의 비유를 성립할 수 있다.

2. 인정할 수 있는 이론에 대한 기준들

1) 보편적인 적용성

우수한 이론은 보편적으로 적용할 수 있고 또한 거시적이면서 미시적인 현상들을 둘 다 보도록 도와줄 수 있다. 이론은 어디서 그리고 언제 문제가 생기든지 그 문제의 전체성을 포괄할 수 있어야 한다. 지구 온난화, 테러리즘, 무기 증식, 부당한 분배와 같은 글로벌 문제들을 다룸에 있어서, 우리는 보편적으로 받아들일 수 있는 정의, 진단과 치유법이 필요하다. 오늘날의 이론은 그 적용이 어느 정도 보편적인가에 의해 평가되어야 한다. 글로벌 문제들은 정의상 다양한 삶의 상황 속에 있는 다른 사람들에 의해 공유되므로, 불안감을 일으키는 문제들의 인과법칙을 발견하도록 디자인된 이론은 지역적이지 않고 좀 더 일반적으로 적용할 수 있어야 한다.

2) 적합도와 실용성

이론은 문제를 다루어야 할 만큼 충분히 의미가 있고 중차대한 문제들을 밝히기에 유용해야 한다. 이론이 유용하려면, 인간이 처한 조건들을 다루기에 적합해야 한다. 인류 생존을 위협하는 문제들의 예민한 성격으로 볼 때, 유용한 이론은 해결될 필요가 있는 문제를 깔끔하게 정립하도록 도움이 되어야 한다. 문제와 관련이 있는 이론을 통해서만 초점이 있고 의미 있는 관찰과 분석을 할 수 있다. 그러려면 이론은 엄격해야 하고, 인간이 처한 조건의 존재론적인 사인들을 직접 다룰 수 있어야 한다. 인간 눈에 대한 은유로 돌아가자면, 눈의 기능적인 중요성은 그 유용성에 있다. 이론이 만약 특정 문제를 해결한다는 궁극적인 목적과 의미 있는 관련이 없다면, 그 이론은 그 존재 이유(raison d'etre)를 잃게 된다는 것을 절대 잊지 말아야 한다.

실질적으로 말하자면, 현시대의 글로벌 사안들을 특징짓는 복잡성을 고려할 때, 이론이 완전히 적합하려면 학제적 상호성이 있어야 한다는 결론을 안전하게 내릴 수 있다. 상호학제적인 관점은 널리 볼 수 있는 비전에 비유될 수 있다. 이론이 칸막이해 놓은 지성적 학제의 고립 속에 갇혀 제한될 때, 실제상황을 전체적으로 다루는 능력을 잃는다. 그 어떤 글로벌 문제들도 사실상 상호-학제적이지 않은 것이 없다. 예로, 테러리즘은 심리학, 사회학, 경제, 이념, 신학, 그리고 정치학이 동시에 관여하는 문제이다. 모든 다른 생각할 수 있는 "실제 세상"의 문제들은 같은 식으로 상호학제적인 문제로 볼 수 있다.

오늘날 학구적인 활동을 담고 있는 학제는 시대에 뒤떨어지고 낡았다. 정치학, 사회학, 경제학, 심리학, 역사학, 철학과 같은 사회과학과 인문학의 전통적인 특정 학과에 스스로 국한 시키는 사람은, 치료하는 해결을 설명하고 처방하기는커녕, 단 하나의 현대적 글로벌 문제의 성격을 완전하게 설명할 수 없다. 현존하는 학과들은 산업개 발 세력에 의해 강제된 노동 분화와 역할 전문화 현상이 가져온 산물 이다. 산업 상품들은 가정 내 소비보다는 시장을 위해 의도된 것이므 로, 필요에 의한 경쟁에 노출되어 있다. 이러한 시장 경쟁은 산업계 가 대량생산을 통해 제조 비용을 줄이도록 만들고, 이것은 다시 기계 화와 노동의 분배를 필요하게 한다. 삶의 정황은 산업과 시장의 결합 을 중심으로 진화하므로, 산업사회의 기관들은 이러한 개발 패턴을 따르게 된다. 지성적인 학과의 분과도 지성적인 탐구 영역을 경제적 인 장치로 변환하면서, 역할 전문화와 노동의 분리를 촉진하도록 디 자인되었다.

이제 글로벌 사회는 산업화 시대를 넘어섰으므로, 우리는 지속적 인 산업확장이 다룰 수 없는 도전과 문제에 직면하고 있다. 사실, 맹 목적인 산업화는 해결보다는 문제를 더 심화시키는 원인이 될 것이 다. 현재의 글로벌 사회에서 해결해야 할 문제의 어마어마한 도전은 산업화 세력과 그 산물에 맡길 수 없다는 점에 있다. 이런 이유로 전 통적 학과의 산물인 그 어떤 패러다임이나 이론도 글로벌 관련성이 있는 문제를 다루는 일에 유용하지 않을 것 같다. 우리는 전통적인 학계의 경계를 넘어 위 조건들을 충족하는 패러다임과 이론을 형성 하기 위해 애써야만 한다.

3. 설명하고 예측하는 힘

이론은 또한 설명하는 힘이 있어야 한다. 설명이 없이, 문제의 원인이 확실해질 수 없고, 처방을 내리고 치유하는 것이 불가능하게 된다. 이론은 개념들 사이의 원인적 추론을 가능하게 하는 엄격한 내적인 논리를 사용해야 한다. 이런 의미에서, "원인적인" 이론만이 유일하게 합법적인 이론의 형태이다. 서술적인 이론 개념을 사용해서도 안 된다.

위에 언급한 바와 같이, 설명이란 원인과 결과의 연결이 명확하게 원인을 말하는 것이다. 이론 자체에 "만약 A면, B이다"라는 형식의 문장이 있어야 한다. 이론은 보통 법칙 체계로서 정의되므로, 우리가 사용하는 이론들은 "원인적" 법칙의 체계이어야만 한다.

마음의 눈이라는 은유법을 사용하자면, 움직이는 물체를 판별하는 능력은 이론의 설명적이고 예측적인 기능과 완벽한 비유가 된다고 말할 수 있다. 훌륭한 이론은 연구자가 원인성 – 시간을 두고 일어나는 대상의 움직임 – 을 확립할 수 있도록 인도해야 한다. 야구와 비유하는 경우에, 설명과 예측은 온도, 습도, 야구장의 위도와 같은 외부적인 요소들뿐만이 아니라 투수의 손에서 공을 쥐는 것, 공의 속도와 회전과 같은 모든 요소를 밝히는 일이 요구된다. 종속변수가 되는, 투수를 지나치는 공의 움직임이, 독립변수인 원인 요소와 연결될 때, 설명이 가능해 진다. 종속변수가 아직 시간상 실현되어야 한다는 사실 이외에, 설명으로서의 인식론적 구조에 있어서 예측도 마찬가지다.

　아래 그림에서처럼, 설명은 이미 확립된 이론, 전통적인 지혜, 또
는 상식에 의해서 원인적 사실과 거기서 나오는 결과 사이의 연관이
가능하게 되는 과정이다.

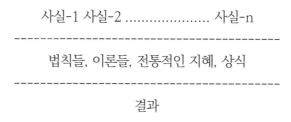

　그러므로 아무리 그 숫자가 많고 끝이 없다 해도, 사실들은 그 결
과를 만드는 원인이라고 생각할 수 없다. 원인성을 확립하는 건 이
론, 전통 지혜, 또는 받아들여진 상식이다. "독립변수"(원인들)가 아무
리 많다고 해도 그리고 아무리 많은 통계적 정규성이 발견된다 해도,
실증적인 보편화는 원인성을 확립하기에 절대로 충분하지 않다. 대
단한 정규성을 갖고, 밤은 낮 다음으로 그리고 낮은 밤 다음으로 오
지만, 그중 하나가 다른 것을 오게 하는 원인으로 작용한다고 말할
수 없다. 여기서, 이론의 유용성은 해결해야 할 문제를 밝히도록 안
내하고, 원인과 결과 간의 관계를 확립하도록 설명과 예측을 돕는 일
에 있다.

　요약하자면, 하나의 이론이 주어진 문제를 밝히고, 진단하고, 예
측하고, 처방하고, 치료할 수 있는 것이 그 이론의 품질을 결정할 것

이다. 이런 의미에서, 이론의 질은 항상 같다고 볼 수 없다. 오히려, 그 시대가 접한 지성적인 도전과 함께 변화할 것이다. 오늘날 우리의 지성적인 도전은 문제 해결에 있으므로, 학문이 갖는 바로 이 목적을 위해 유용한 이론(또는 이론들)을 발견하기 위해 애써야만 한다.

4. 무엇에 대해 이론화하는가?

일반 사회과학과 특히 정치학에서 심리적 혹은 환원주의적인 미시적 단위에서부터 거시 현상에 이르기까지 수많은 분석 단위들이 있다. 성격 유형, 인간 태도의 기질, 행동 특징과 같은 미시 단위의 인간 심리 속성이 정치학에서 광범위하게 사용되었다. 동시에, 혁명과 사회적 항쟁과 같은 거시적 현상이 그러하듯 사회적 관계와 제도는 분석의 단위가 될 수 있다. 이 책에서, 나는 정치제도 내에서의 "발달(개발)" 개념이 분석 단위가 되는 것을 제안하고 있다.

정치학과 사회변혁을 연구하는데 사용된 수많은 분석 단위와의 비교에서 발달이 왜 우수한 분석 단위가 되는가? 무엇보다도, 발달은 보편적으로 적용되는 개념이다. 모든 정치제도는 "발달"을 바람직한 목적으로 추구한다. 비록 발달을 보편적인 방식으로 개념화하려면 많은 일을 해야 하지만, 그 개념 자체는 다른 삶의 상황 속의 정치적이고 사회적인 역동성을 효과적으로 비교할 수 있도록 충분히 통상적이다. 발달의 목적은 의심할 바 없이 보편적이지만, 그 목적을 지향하는 다양한 경로나 접근이 있을 수 있다. 다음 장에서 들여다보겠지만, 발달의 목적을 달성하기 위한 전략적인 길이나 접근방법은 정말로 많다.

둘째, 모든 인간, 사회, 정치제도, 그리고 국제적 혹은 초국가적 공동체가 발달을 규범적으로 바람직한 것으로 규정한다는 의미에서, 발달의 개념은 규범적이다. 발달은 문화적이고 이념적인 차이점과 상관없이, 공통된 인간 열망과 병합되는 넓은 범위의 다양한 정의를 허용하는 개념이다.

셋째, 발달은 본래 다양한 접근을 통해 목적이 추구되는 과정임을 지칭한다. 그런고로, 발달이론은 널리 적용될 수 있는 설명적이고 예측적인 요소들을 가진다고 자연스럽게 기대할 수 있다. 마지막으로, 발달은 인간 존재적인 조건들에 직접 영향을 미친다. 그러므로 이 개념은 현시대 세상에서 글로벌 문제들을 다루고 이해하는데 광범위하게 관련이 있다.

5. 발달의 개념적이고 방법론적인 사안들

"정치 발전"이라는 용어가 비교 정치학과 사회과학 문헌 전체의 초점이 되는 것에 반해, 용어만큼 그 사용이 애매한 것도 드물다. 정말로, 발달이론이야말로 현대 정치 사회과학 분야에서 제일 발달 되지 못한 영역으로 남아있다고 말할 수조차 있다. 그 용어가 정확하게 무엇을 의미하는지, 얼마나 광범위하게(또는 축소되어) 정의되어야 하는지, 그리고 무슨 목적을 마음에 두어야 하는지(즉, 제3세계 대비 산업화한 서구 국가들에 대해 순수하게 서술적인 분석을 하기 위한 것인지, 아니면 정치 변화의 설명적 예측적 이론을 위한 것인지)에 대해 학계에서 열띤 논의가 계속되고 있다. 정말로, 이 시점에서 정치과학자들이 정치적인 변화로 일어난 다양한 문제들을 체계적으로 다루기 위한 시도로 그 용어를 중심적이고 조직적인 개념으로서 계속 사용해야 하는지를 많은 과학자가 의문시하는 지경에 다다랐다. 아마도, 그들은 정치 반전은 정확하고 의미 있는 방식으로 정의되기에는 너무 광범위한 용어이고, 그러므로 이론의 구심점으로 쓰는 것을 포기하고 그 대신 개발도상국이 직면한 좀 더 구체적이고 이론적으로 다룰만한 사안에 집중해야 한다고 주장한다.

이런 논의에 한 가지 입장을 택하기 전에, 이런 상황이 된 이유를 조사하고, 이 문제를 해결하기 위한 적절한 전략에 대한 이해를 얻도록 하겠다. 한편으로 계속되는 비난과 다른 한편으론 계속 증가하는 정치 발전이란 용어의 사용이 그 용어 자체에 암시된 역설적인 성질 때문인 걸로 지적하는 것으로 시작할 수 있겠다. 이 용어는 보편적으로 적용할 수 있는 것으로 보이지만, 일반화 수준이 높아서 거의 무제한으로 다양한 개념화를 가능하게 한다.

"정치 발전" 혹은 보편적으로 관찰할 수 있는 현상으로서의 정치 제도의 발달은 그것을 중심으로 과학적 이론을 구성할 수 있는 특별히 적절한 주제이다. 설명하고 예측하는 이론의 구성을 목표로 하는 사업으로서, 과학은 이론 구성의 단위가 보편적으로 관찰할 수 있는 것을 관념화할 것을 요구한다. 정치 발전의 의미에 대해 맞서는 견해들이 있지만 모든 사회는 계속 변화하고 "발달"은 사회변화의 형태라는 것을 부정할 사람은 거의 없을 것이다. 개념적 보편성이 요구된다는 것은 정치과학자들에 의해 점점 더 인정받고 있다. 이제 정치 발전 과목을 제공하는 대부분 대학은 특정한 제3세계 지역의 문제라기보다는 사회적 정치적 변화의 과정과 역동성이라는 면에서 발달을 정의하는 경향이 있다. 아시아, 아프리카, 그리고 라틴 아메리카의 문제들은 정치적 발달 과정의 비교연구를 위해 필요한 데이터를 제공할지 모르나, 통합, 안정성, 동원과 같은 사회변화의 공통적인 사안들은 그런 연구에서 비교의 바탕을 구성하고, 그럼으로써 그 연구에 보편적인 적용성과 설명하고 예측하는 역량을 부여한다.

그러나 정치 발전의 개념적인 보편성은 "조작적인 다양성 (operational diversity)"이라고 부를 수 있는 것으로 인해 문제를 안고 있다. 그렇게 광범위한 용어는 거의 제한 없이 다양한 정의들과 개념적인 계획들이 "정치 발전"이라는 용어 아래 포함되는 것을 허용한다. 그러나 이론적 구성으로서 "정치 발전"은 사회적 정치적 변화의 광범위한 과정을 포용하므로, 이론 실험의 목적으로, 다수의 수반되는 지표에 의해서만 표시되고 측정될 수 있다. 그런 지표 자체는 관찰되는 사회(혹은 사회들)의 성격과 사용되는 과정의 특별한 정의에 따라 다양하게 구성될 수 있으므로, 일련의 방법론적인 문제들이, 그런 이론의 구성에서, 특히 비교문화적 분석을 실행하는데 비교성 문제에 대해 나타난다.

다음에 오는 장들에서 이러한 방법론적인 문제들을 더 명확히 하기 위해 "정치 발전"이라는 용어의 사용을 조사할 것이다. 그러나 널리 사용되는 발달(개발) 개념과 이론들을 소개하기에 앞서, 발달이 정의될 수 있는 일련의 기준들을 소개할 것이다. 이런 기준들은 만약 과학자들이 그 기준들을 지킨다면, 발달 과정의 이론적 구성은 특정한 방법론적인 위험이 없는 그런 것이어야 한다.

6. 정치 발전을 정의하는 기준들

(그 어떤 것의) 정의도 정의한다는 것은 의미를 주관적으로 부여하는 일이다. 그럼에도, 만약 논리적이고 설득력이 있는 잘 숙고된 기준과 원칙에 의해 안내받았다면, 한 가지 정의는 다른 정의들보다 우수할 수 있다. 다음의 기준들은 그 개념을 과학적인 관점에서 조사함으로써 그리고 "발달" 그 자체의 언어적 의미 면에서 명시된 것들이다.

1) 이상적인 유형으로서의 정치 발전

비록 정의는 한 가지 용어에 주관적으로 주어진 의미라고 보통 주장되지만, 대개 학자들은 주관적인 의미부여가 그 자체로 닥치는 대로 혹은 임의로 정의하는데 충분한 근거가 되지 않는다고 동의할 것이다. 케플란(1964, p.72)이 간결하게 말하듯이, 그 용어와 정의하는

"서술들"이 각각 다른 것들을 대치할 수 있도록 정의되는 용어와 유사한 용어들을 제공해야 한다. 달리 말하자면 정의는 그 용어를 다른 것들과 구분하는 데 필요하고 충분한 특성들을 확인한다.

예를 들면 새는 두 다리가 있고, 털이 있고, 따스한 피가 있다는 등의 모든 모양새를 열거함으로써 정의될 수 있다. 그러나 단순히 다른 동물들도 가진 것 몇 개를 표시함으로써 새가 정의된다고 말할 수는 없다. 정체를 확인하는 특성들은 한 가지 그리고 오직 한 가지 용어를 정의하기에 충분히 광범위하고 정보를 주는 것이어야 한다. 우리가 설명적이고 예측적인 이론을 세우는 과정의 범위를 정하는 방식으로 정의될 필요가 있는, 정치 발전을 정의하는데 이리도 간단한 정의의 의미를 좀처럼 주의 깊게 고려하지 않고 있다. 그래도, 제3장에서 좀 더 논의될 것이나, 현대 발달[개발]이론들 대부분의 정의를 이루는 바탕은 "서구" 세상에서 관찰된 부분적인 묘사에 지나지 않는다. 좀 더 상세하게, 그 정의들은 보통 감정이입(Lerner, 1958), 성취 지향(McClelland, 1961), 세속주의(Parsons in Mitchell, 1967)와 같은 서구 사람의 성격 특성과 그와 관련되는 감성(Pye, 1963) 면에서, 아니면 관료제(Eisenstadt, 1963), 역할 구분(Riggs, 1964), 그리고 사회적 동원(Deutsche, 1961)과 같은, 경제적 선진 사회의 제도적인 특성에 대한 묘사를 구성한다.

이러한 정의들은 가치 판단적이고 서구 편향적이라고 마땅히 비판을 받아왔다. 더군다나, 선택된(즉, 서구) 사회의 특성 면에서 정치 발전을 정의하는데, 편견적인 개발의 정의(혹은 적어도 인식)가 모범적인 사회(혹은 사회들)을 뽑는 기준으로 무의식적으로 적용된다. 위에서 지적한 대로, 정치 발전에 대한 대부분의 현시대 연구들은 발달을 사회적 정치적 변화과정으로 보는 경향이 있다. 많은 "서구" 사회의 경제적인 성취가 이 과정을 최근에 시작한 국가의 몇 개 목적을 어떤 면에서 대변할지 모르나, "서구" 사회 전체가 저개발 국가들이 오로지 그들의 개발 노력에 집중하는 기본적인 이상을 대표하는지 의문이다. 홀스티(Holsti, 1975, p.829)는 더 나은 질의 삶에 대한 열망을 모두가 서구 형태의 경제적 정치적 활동을 통해 모든 서구 제도를 채택하기를 원한다고 가정하는 일과 자주 혼동하고 있다고 지적한다.

만약 [개발에 대한] 정의가 선택된 사회의 관찰에서 나오는 것이라면, 한 사회가 경제적으로 비교적 진보되었다는 사실은 그 정치제도가 정치적으로 발달한 사회에 수반하는 것을 관찰하는 이상적인 실험실이라는 걸 반드시 의미하지는 않는다. 경제적 그리고 정치적인 발달(개발) 사이의 원인적인 연결고리가 없는 가운데, 경제적 풍요라는 목적은 다양한 정치적 영역에서 성취될 수 있다는 것을 생각해 볼 수 있다. 그러므로 산업화한 서구의 경제적으로 진보된 사회만 제한적으로 관찰하는 것을 피해야 한다.

실증적으로 추출된 정치 발전의 정의 문제를 볼 때, 발달(개발)의 정의는 이상적인 유형으로서 설명해야 한다는 걸 단언해야 한다. 이상적인 유형의 정의는 실상을 정확하게 대표하려는 것이 아니라, 그 대신 이론적인 이유에서 가장 중요해 보이는 실상의 측면들을 중요시한다. 이런 의미에서, 이상적인 정의 유형은 고려되는 측면이 무엇

이든 비교의 바탕으로 사용된다. 이상적인 유형의 정의는 실제상황
이 비교될 수 있는 잣대로 사용된다. 이상형으로서의 개발의 정의를
개발 과정의 진정한 묘사라거나 대표하는 것으로 생각해선 절대로
안 되지만, 발달(개발)이론을 구성하는데 중요성이 있는 것으로 우선
느껴지는 과정의 측면을 강조하는 이론적 구성으로서 이해되어야 한
다. 이런 식으로, 아마도 우리는 서술적 실증적인 정의들의 특성으로
보이는 위에 언급된 약점들을 피할 수 있다.

2) 설명주제로서의 정치 발전

정의는 주관적인 의미부여로 볼 수 있으므로, 그 용어의 어떤 정
의도 독특한 definiens(그것으로 정의가 만들어지는 개념들)을 밝히는 성
공의 정도까지 정당화될 수 있다. 그러므로 특정한 한 가지 정의가
적어도 "주관적인 의미부여"의 면에서 다른 정의들보다 본래 우수하
지 않으면서, 정치 발전에 대한 많은 정의가 있을 수 있겠다. 그래서
선택의 근거가 필요하고 이 목적을 향해 유용성의 기준은 정의를 사
용하려는 의도가 그 구성요소를 결정하는데 주요한 고려사항이어야
한다고 제시할 수 있다.

만약 이론 설정이 사회과학 탐구의 목적임을 인정한다면, 사회과
학자들이 이 임무를 수행하는데 유용한 방식으로 개념들이 정의되어
야 한다는 말이 된다. 전에 언급된 바와 같이, 이론 정립은 한편으로
보편적으로 적용할 수 있는, 또 다른 한편으론 설명하고 예측하는 성
명서를 만들려는 일로 보일 수 있다. 이 장 다른 부분에서 이 두 가지

생각들이 언급되었지만, 정치 발전을 정의하기 위한 함의(含意) 사항을 보다 완전하게 설명하기 위해서 좀 더 철저한 논의가 필요한 듯하다.

보편적인 적용성의 문제가 실증적 이론 정립에서 긴요한 방법론적인 사안으로서 널리 인정받고 있다. 헌팅턴(Huntington, 1965) 같은 서구 학자들이 개발한 "이념적으로 편파적인" 개념에 저항하는 주장은 보편적 일반화에 대한 과학적 요구에 근거한다. 아마도 행동주의 시대에 서구 편파적이거나 문화적 편견을 가진 정의들이 증식하게 된 것은 바로 행동주의 그 자체의 전제 때문이다. 행동주의 지향의 사회적 실증주의는 관찰을 통한 사실적 지식을 추구한다고 주장한다. 그럼에도, 전에 언급했듯이, 이런 유형의 실증주의는 경제개발을 이룬 서구 산업사회의 면에서 정치 발전을 정의하는 것을 정당시했다. 이 사회들에서 관찰되는 것은 일반적으로 "발달한" 것으로 간주 되고 덜 풍요롭고 좀 더 농업적인 사회에서 관찰된 사회문화적 특성들은 "저 개발된" 것으로 부른다. 그런 견해들은 보편적인 적용성 요구를 지키지 않는다. 이런 의미에서 특정한 가치중립성이 정의의 기준으로 고려되어야 한다.

보편적 법칙을 정립하는 일과 함께, 보통 설명과 예측은 과학적 탐구의 중심 임무로 간주 된다. 적합한 설명은 실증적인 조건뿐만이 아니라 논리적인 조건들이 있어야 한다. 헴펠(Hempel)과 오펜하임(Oppenheim)이 제시하듯이, 설명은 explanandum(설명될 현상을 묘사하는 문장), explanans (그 현상을 설명하는 것으로 제시되는 문장), 그리고 explanandum을 explanans과 연결하는 논리적인 추론을 구성한다.

이 경우에 정치 발전의 정의는 추론적인 틀에 의해 그 조건들이 정치적 발달이라 불리는 현상의 원인이 되거나 그 현상들을 만들 것으로 기대되는 방식으로, 선행되는 조건들과 연결되는 explanandum이 된다. 그러므로 과학적인 분석을 위한 정치 발전의 실용적인 정의는, 정치 발전 현상에 구조를 줌에 있어, 그로부터 정치 발전의 원인적인 과정이 추론적으로 확인될 수 있는 조건들(explanans)을 확인하는 정의이다. 역사적 물질주의의 마르크스 이론과 월터 로스토우(Walter Rostow, 1952)의 경제성장 이론은 설명과 예측을 위해 정립된 이론들의 예이다. 각각의 발달 과정 단계를 정의하는 데 있어서, 이 저자들은 각 단계의 성취를 위해 필요하고 충분한 (즉, 원인적인) 조건들을 제시한다.

3) 유기체적인 개념으로서의 개발(발달)

"개발"이라는 용어는 생명체와 그 생명 과정들의 조직과 가장 흔하게 연관이 있다. 데일 비 해리스(Dale B. Harris, 1957)가 주장하듯이, 개발의 정의는 기본적으로 유기체 개념을 포함해야 한다. 만약 개발이 그렇게 살아있는 개념이라면, 개발을 형용하는 "정치적"이란 말도 비슷하게 생명체라는 면에서 정의되어야 한다.

살아있는 것은 부여된 목적과 강제된 속성보다는 본래의 목적과 성향이 있는 것이다. 정치적 제도나 사회제도와 같은 뗏목(raft) 같은 단위는 분명한 목적과 기능적인 필수사항을 가진 듯 보이는 데 반해, 이 목적들은 그것을 구성하는 인간들에 의해 그 단위에 할당되거나 강제되어 있다. 탈코트 파슨스(Talcott Partons)의 "기능적인 필수사항들"(Parsons, 1949)은 그런 할당된 목적의 전형적인 예이다. 그러므로 개발이 살아있는 단위와 연관된 개념이고 정치학을 인간 상호작용 연계망의 특정 부문으로 보는 한, "정치 발전"을 제도적인 필수라는 면에서 정의하면 안 되고 인간의 실제 상태와 관련이 있다는 면에서 정의해야 한다.

인간이 분석 단위가 될 필요가 있다고 말하는 건 반드시 심리학적인 환원주의를 지지하는 것이 아니다. 분명히, 정치 발전은 광범위한 유형의 사회변화를 포함한 거시적 수준의 과정이다. 그러나 이 사실은 정치 발전을 인간 속성 면에서 정의하고 변화하는 역동성 면에서 설명하는 것을 불가능하게 하지 않는다. 이렇게 제안하는 것은 사실 방법론적인 개인주의로 알려진 관점의 핵심이다. 이 경우에 개인이 분석 단위로 쓰이지만, 사회 전체의 설명은 분석의 목적으로 남는다. 다른 말로, 사회를 말하기 위해 개인을 보는 것이다. 부분을 전체와 연결하는 일에 원래 있기 마련인 고전적인 문제를 해결한다는 가식은 없다. 개인이 바꿀 수 없는 전체의 질이 나타나지 않는다는 의미에서 전체가 부분에 의해 설명될 수 있다고 간단히 가정하는 것일 뿐이다. 전체는 그 부분의 총체에 의해서 철저하게 설명된다. 이렇게 분명히 논의될만한 방법론적인 개인주의 관점은 어떤 종류의 귀납적인 사회연구에도 요구될 수 있다.

이에도 불구하고, 현재의 문헌은 정치시스템의 제도적인 구성을 definiens로 사용함으로써 정치 발전을 자주 정의한다. 비록 제도화는 근대 사회의 필수적인 성격일지 몰라도, 제도 그 자체는 본래의 목적이나 동기, 혹은 생애주기를 가진 "살아있는" 단위가 아니다. "성장이 없음" 혹은 사회변화의 "쇠퇴" 개념에 대한 많은 동정심 그리고 가정된 진보적 사회변화에 관해 널리 퍼진 의구심은 제도가 관찰의 단위로 사용될 때 인간 요소가 크게 무시된다는 사실에서 비롯된다. 예를 들어 관료제와 같은 제도는 본래부터 발달 되거나 발달되지 못한 게 아니다. 그 발달은 그 제도에 할당된 목적 —인간들에게 중요하기 때문에 인간들이 부여한 목적들- 을 얼마나 잘 해내는가에 의해서만 판단될 수 있다.

하나의 제도는 결정적으로 인간 욕구를 추구하기 위해 만들어진 인간의 발명품이기 때문에 다른 어떤 방식으로도 평가될 수 없다는 것을 강조해야 한다. 예들 들면, 대학의 제도적인 구조를 교육제도의 "발달" 상태를 결정하는 방법으로 평가하지는 않을 것이다. 개발이나 저개발을 설명하는 것은 제도가 무엇을 구성하는가가 아니라 무엇을 하는가이다. 그렇다면 제도가 무엇을 해야 하는가가 명확한 질문이 된다. 물론, 제도는 그 발명자인 인간이 제도를 디자인한 것을 해야 한다. 우리는 정부 제도에서 무엇을 기대하는가? 이것은 "정치적인 것" 그리고 "발달(개발)"을 정의하려는 우리의 시도에서 우리가 맞서야 하는 질문이고 그 대답은 제도가 추구하도록 만들어진 인간의 목적에 집중해야지, 제도 자체의 특성들에 집중해선 안 된다.

의심할 바 없이, 개발 운동들은 사회제도에 의해 영향을 받는다. 인간 발명품으로서의 제도는 그것이 생기는 독특한 사회문화적 환경에 의해 형성되고 특징 지어진다. 그러므로 다른 사회문화적 특징을 가진 다양한 사회들이 같은 목적을 추구하는 가운데, 이 목적달성에서 최대 효과를 얻기 위해 주어진 제도를 다른 형태로 만들 것으로 기대하는 것이 무리한 일은 아니다. 한 사회의 제도적인 합의는 목표 그 자체에 의해 이끌려가는 만큼이나 그 사회의 속성들에 의해 정해 진다. 예를 들면, 중국의 대가족제도는 서구에서 부부 중심 가족만큼 이나 사회화 기능을 수행할지 모른다. 그러나 대가족제도는 서구에서 다수의 세속적 기관을 필요로 하는 경제적 생산과 분배 그리고 교육적 진보와 같은 다양한 다른 기능을 수행하는 것으로 알려져 있다. 그러므로 각각의 개발 수준을 평가하기 위해 문화를 넘어 두 가지 가족제도를 비교하는 것은 가치 지향적일 뿐만이 아니라 의미 없는 일이다. 마찬가지로 산업화와 농산업이 같은 경제 기능(즉, 생산 기능)을 수행한다 해도, 주어진 사회적 맥락에서 생산이 농업이나 산업이 수행하는 유일한 기능이 아닐 수 있으므로 그 두 개의 제도를 비교문화적으로 비교할 수 없다. 그렇다면, 우리는 다른 사회들에서 같은 목적이 다른 제도적 수단으로 추구되는 한, 제도는 빈약한 비교 분석 단위를 제공한다고 결론지어야 한다.

4) 시간을 두고 하는 운동으로서의 개발(발달)

데일 해리스(Dale Harris, 1957, p.3)가 강하게 주장하듯이, 개발은 시간을 두고 일어난다. 좀 더 정확히 말하자면, 개발은 살아있는 구조의 바람직한 상태를 향해 시간을 두고 일어나는 운동으로서 생긴

다. 그렇다면, 개발은 다음과 같이 도식적으로 묘사될 수 있다:

$$S\text{-}1 \qquad S\text{-}2 \qquad S\text{-}3 \cdots\cdots\cdots S\text{-}n$$
$$M\text{-}1 \qquad M\text{-}2 \qquad M\text{-}3 \cdots\cdots\cdots M\text{-}n$$
$$T\text{-}1 \qquad T\text{-}2 \qquad T\text{-}3 \cdots\cdots\cdots T\text{-}n$$

(T-1에서 T-n은 움직임을 통해 (M-1에서 M-n까지) 점진적으로 성취되는 S-1에서 S-n까지의 상태변화를 위해 필요한 시간을 나타낸다.)

이런 개발구조는, 무엇보다도, 개발이론이 S-1와 S-n 사이에서 차례로 나타나는 움직임을 서술할 뿐만 아니라 설명하도록 설계되어야 한다는 것을 뜻한다. 이것은 개발이론은 같은 분석 단위에서 일어나는 변화의 과정을 설명해야 한다는 것을 의미한다. 주어진 시간에 다양한 분석 단위를 비교하는 것에서 나오고 그것을 목적으로 하는 이론이나 정의들은 개발 과정을 과학적으로 탐구하기에 적합하지 않을 것이다.

정치 발전에 대한 문헌을 조사하면서 우리는 최근까지 개발 현상을 서술하고 설명하려고 의도된 이론들 대부분은 다른 시점에 있는 같은 사회 내의 다른 수준의 발달을 비교하기보다는 주어진 시간에 다른 사회들을 비교하는 것에서 형성된 것임을 알 수 있다. 예를 들면, 아마도 가장 흔한 개발의 잣대인 경제성장은 인구당 국내총생산, 산업 생산의 비율 등과 같이 미심쩍은 측정들로 주로 비교문화적으로 비교되어왔다. 이 경우에 같은 사회 내의 경제 성장률 측정이 훨씬 더 의미 있는 듯하다.

그렇다면, 개발이론 정립의 규칙으로서, 같은 분석 단위 내에서의 변화량뿐만이 아니라 그 비율을 고려하는 것을 제안할 수 있겠다.

5) 단계 개념으로서의 개발(발달)

개발 과정에서의 움직임은 목적달성을 향한 점증적인 진보를 나타낸다. 이런 방식으로 움직임을 나타내는 한 가지 방법은 개발의 단계이론을 통해서이다. 특히 이론의 초점이 "정치적" 발달일 때 여러 이유로 이 방법이 정당한 것 같다.

순수하게 의미상의 관점에서, 발달의 움직임은 점진적이므로, 각 점증적인 단계를 순서 차례대로 정하는데 단계 개념은 유용하다. 더군다나, 정치 발전은 계속 진행되는 과정임을 염두에 두어야 한다. 한 사회가 정해진 정치 목적을 성취한다고 해서, 개발 과정이 완성되었다는 것을 의미하지 않는다. 목적 완성은 새로운 목적들에 길을 터줄 뿐이고, 발달 과정은 다시 시작한다. 여기서, 차례로 이루는 목적들이 정치 발전 과정을 구성하고 있는 목적들의 각 세트를 정하는데, 단계들이 사용될 수 있다는 점에서 단계이론이 유용할 수 있다.

그러나 불행히도, 정치 발전에 관련하는 이론들에서 단계이론이라고 불릴만한 이론은 많지 않다. 존 카우츠키(Kautsky, 1961)의 개발 유형과 에드워드 실스(Shils, 1962)의 이동하는 사회의 유형을 포함하여, 개발의 범위를 제시하는 몇 개 이론들이 있다. 엄격한 의미의 단계이론에서 로스토우(Rostow)의 경제성장 과정을 제외하는 가능성 말고는, 진정한 단계이론인 것으로 마르크시즘에 대적할 수 있는 현대 업적은 없다. 경제적 관심만 있었다는 근거에서 로스토우의 업적을 제외하면, 오르간스키(Organski, 1968)의 업적은 정치 발전 단계이론의 최상의 사례일 수 있다. 그러나 앞에서 본 것처럼, 그것도 실질적이고 방법론적인 문제가 많다. 단계이론은 단계들 사이의 명확한 경계를 유지해야 할 뿐 아니라, 각 완성단계에서 다음 단계로 넘어가기에 필요하고 충분한 조건들을 제공해야 한다. 달리 말하자면, 한 단계는 그 단계가 완전히 실현되었을 때 그다음 단계를 만들어 낼 수 있어야 한다. 유형화 목적을 위한 다른 시대의 유전적인 분류화나 개발 유형 분류체계는 둘 다 개발 단계이론을 구성하지 않는다. 마르크스 단계이론은 피할 수 없는 원인성 개념을 개발의 논리 속에 포함하는 반면, 오르간스키(Organski)의 단계들은 저자가 다음과 같이 인정하는 것처럼 더 크게 유동적이다:

> 여기 펼쳐지는 단계들에 대해 필수적인 것은 하나도 없다. 다만 세상의 많은 국가에서 개발이 산업화, 높은 생산성, 높은 생활 수준, 정치적 복잡성, 정치적 효율성, 그리고 국가에 대한 증가하는 의존성 등 같은 방향성을 지향한다는 건 놀랄만한 일이다(Organski, 1968, p.23).

비록 오르간스키가 펼친 (1) 원시적인 통일, (2) 산업화, (3) 복지국가, (4) 풍요라는 네 가지 단계들이 몇몇 서구 사회의 역사적인 성장패턴을 묘사하는 것으로 보이기는 해도, 과학적인 분석을 위해 우리가 필요로 하는 단계이론을 구성하지는 못한다. 무엇보다도, 오르간스키는 그의 이론을 경제개발이 정치 발전과 유사어로 쓰이는 서구 편향적인 정의에 근거하고 있다. 둘째로, 한 단계에서 다음 단계로 넘어가는 메카니즘을 설명하지 못한다. 셋째로, 변화과정이 차례대로 생긴다는 특성을 인정하지 않기로 선택함으로써, 진정한 단계이론을 구성하지 못한다. 마지막으로, 마르크스와 로스토우처럼, 그는 풍요 지점에 도달한 후에 개발된 사회에 생기는 일을 설명하지 못한다. 경제적 풍요는 정말로 모든 사회가 염원하는 것일지 모르지만, 풍요로운 생활은 사회와 문화의 변화를 멈추게 하지 않는다 ─북아메리카와 다른 탈산업화 사회에서 일어나고 있는 급격한 변화를 주목하자.

우리는 정치 발전을 개념화하고 정의하는 연구자가 부닥치는 몇 개 문제들을 논의하였다. 긴요한 정의 기준들을 과학철학과 의미론의 관점에서 밝혔다. 다음과 같이 요약하겠다:

* 정의의 필요조건을 충족시키기 위해, 정치 발전의 정의는 다른 모든 용어와 구별하는데 필요하고 충분한 독특한 형태를 확인해야 한다. 적합한 정의는 definiens와 definiendum이 서로 대체될 수 있는 것이다.

* 개발되었거나 저 개발된 것으로 정의된 사회 유형은, 사회의 성격이 관찰된 사회에 대해 실증적으로 추출한 묘사라기보다는 가정적-연역적인 구성으로 결정되어야 하는 웨버적인(Weberian) 의미에서 이상형이 될 필요가 있다.

* 과학적인 이론 구성의 최초 단계로서, 정의는 설명적-예측적인 원칙의 형성을 촉진할 필요가 있다. 개발에 대한 설명이 가능하기 위해, 발달의 단위는 목적 성취를 본래 지향하는 독립체이어야 한다. 그러므로 제도보다는 인간이 분석의 단위로 우선시될 수 있다.

* 과학적인 탐구는 법칙에 따르는 과업이므로, 정의는 보편적으로 적용할 수 있어야 한다. 모든 가능한 사회 환경에서 일어나는 바대로 발달 과정을 정의해야 한다.

* "발달"이란 용어는 살아있는 유기체에서 일어나는 구조적인 변화를 묘사하는 데에서 비롯되었고, 살아있는 시스템에 공통으로 적용되어왔다. 이는 기준 4에서처럼, 개발 이론에서 인간이 분석 단위이어야 하고 정치 발전의 정의는 인간적인 면에서 이뤄져야 함을 제시한다.

* "개발"이라는 용어는 시간을 걸쳐 일어나는 변화 형태를 함의한다. 그러므로 개발과정에 적합한 이론은 이러한 변화에 포함된 메카니즘을 설명할 수 있어야 한다. 이것은 정해진 시간에 다른 분석 단위를 비교문화적으로 비교하기보다는 같은 분석 단위를 시간을 두고 연구하는 종적인 분석방법이 필요하다.

* 시간을 두고 일어나는 발달변화는 특정 목적을 향해 점진적으로 진행되는 과정의 다양한 움직임을 포함한다. 이런 점진적인 것들은 원인적인 순서에서 최소한으로 연결된 범위나 유형이라기보다는, 과정 속의 단계들로 가장 잘 표현될 수 있다. 그러므

로 단계이론은 정치 발전을 설명하기 위해서 단계이론이 가장
적합한 접근방법으로 보이며, 개발(발달)의 정의는 이것을 허락
하는 것이어야 한다.
* 개발이론은 단계의 경계선을 잘 말해야 할 뿐 아니라 한 단계에
서 다른 단계로 옮겨가기 위한 조건들을 명확히 해야 한다. 이것
은 만약 개발이 순서대로 일어나는 변화 과정으로 묘사되려면
최소한으로 요구되는 사항이다.
* 법칙을 따르는 것이려면, 단계이론은 "개발된" 사회라고 부적절
하게 명명된 것을 좀 더 발달함의 [의미로] 설명해야 한다. 여기
서, 인간사회개발은 끝이 나게 돼 있지 않다는 가정하에, 직선적
인 진보이론보다 좀 더 강력한 것으로서 일종의 순환적인 이론
을 제시할 수 있겠다.

인정하건대, 위에 논의된 모든 기준을 맞추는 것은 어떤 정치 발
전 정의가 되었든 어려운 일이다. 그러나 적합한 용어의 개념화를 위
해 받아들일 수 있는 원칙들을 갖는 것은 그런 개념을 발달시키는데
뿐이 아니라 현재 있는 주도적인 정의들을 좀 더 가다듬고 평가하는
일에 도움이 될 것이다(Appendix).

참고문헌

정치 발전은 무엇인가?

Almond, C. (C. Powell과 공저, 1966, p105)
"정치구조의 증가한 구별과 전문화 그리고 정치 문화의 확장된 세속화."

Apter, D. (1968, p.2)
"선택에 영향을 미치는 과정... 근대화의 초점은 우리가 마음대로 사용할 성싶은 선택이 상식적일 수 있도록 도움을 준다."

Deutsch, K.W. (1961, p. 102)
"(개발과 동등하게 사용되는) 사회적 동원은 오래된 사회적, 경제적, 심리적으로 수반되는 것들의 주된 집합이 침식되거나 파괴되었고 사람들이 새로운 사회화와 행동 패턴을 받아들일 수 있게 되는 과정이다."

Diamant, A. (1966, p.92)
"정치제도가 새로운 타입의 목적과 요구사항들과 새로운 타입의 조직 창출을 성공적이면서 지속적으로 유지하는 증가된 역량을 획득하는 과정."

Dorsey, J. (1963, p. 320)
"사회제도 내의 에너지 전환 수준에서 일어나는 변화를 수반하여 생기는 권력구조와 과정들 속의 변화들, 그러한 전환 수준들이 주로 정치적, 사회적, 경제적 징후들에서 변화하는지, 혹은 이런 세 가지의 다양한 조합으로 변화하는지의 여부."

Eisenstadt, S.N. (1968, p. 184)
"근대 사회가 계속 변화하는 요구에 적용하고, 정책 결정의 면에서 그 요구들을 흡수하고, 지속적인 새로운 요구와 새 형태의 정치적 조직에 맞서 OWII 지속성을 보장하는 능력."

Goulet, D. (1968, p. 299)
"좋은 삶을 성취하는 결정적인 수단들."

Huntington, S. (1965, p. 387)
"정치적 조직과 절차들의 제도화."

Lerner, D. (1958, p.50)
"근대 사회는 합의에 의해 기능한다는 점에서 참여체(participant)이다."

Levy, M. (1965, p.65 in Masannat 1973)
"어떤 사회든 무생물 대비 살아있는 힘의 근원이 클수록 그리고 연장 사용에 의한 인간 노력이 배가하는 정도가 클수록 좀 더 개발된 사회로" 간주 한다.

Organski, A.F.K. (1968, p.7)
"국가 목적을 위해 그 국가의 인간과 물질 자원의 활용에서 증가하는 정부의 능력"

Pye, L. (1966)
"특정 수준의 공공질서를 유지하고, 상세한 범위의 집단적인 기획을 위해 자원을 동원하고, 국제적 헌신의 형태를 만들고 효율적으로 지지하는 능력."

Riggs, F. (1965 in LaPalombara, 1965, p. 122)
"제도적으로 구별된 영역의 점진적인 분리, 어느 사회에서나 수행되어야 하는 광범위하게 다양한 기능들을 위한 별개 구조의 차별화."

제 3 장

발전 이론에 관해 : 오도된 경로

제1장에서 소개된 지식 사회학의 지혜로 돌아가자면, 냉전 시대 삶의 환경이 개발학 영역의 학문 성격을 주관했다고 확인할 수 있다. 그 시대는 자본주의자 민주주의와 사회주의자 공산주의 속에 담긴 서로 맞지 않는 가치관과 믿음 체계에 근거한 양분화된 정치에 의해 지배됐다. 이 두 진영의 학문 공동체 사이에 상호작용은 사실상 없었다. 서로를 악마화하면서, 각 진영은 극심한 자기 정당성의 느낌을 발전시킨 "이념 중심주의(ideo-centrism)"에 의해 이끌려졌다. 개발학은 이 분리의 중심에 놓여 있었다. 그러나 모든 나라가 이 두 진영으로 분리된 것은 아니었다. 인도 같은 비동맹 국가들은 제 1세계란 라벨을 자본주의자 민주주의에, 제 2세계 라벨을 사회주의자 공산주의 시스템에 붙이고, 제 3세계를 구축했다. 이 두 세계는 각각의 세력

영역을 위한 "대리" 국가들을 만들려는 시도에서 각자의 패권 경쟁을 제 3세계로 확장했다. 그들 간의 경쟁 수단은 무기 경쟁에서부터 이념적이고 제도적인 분쟁에 이르기까지 다양하게 되었다. 이 대결에서 증상으로 나타난 건 소통과 학구적인 담화에 대한 서로의 관심의 부재이었다. 개발연구는 분열을 두고 각자 진화했다. 사회주의자 블록은 공식적인 이념과 이론적인 청사진과 불일치할 수 있는 어떤 지성적으로 창조적인 활동도 장려하지 않은 한편, 제 1세계의 학자들은 개발이론 진전에 어느 정도의 다양성을 보였다. 이 장에서, 일반적인 비교학문과 특히 개발학에서 증명된 이러한 이론적이고 개념적인 설명들을 조사할 것이다.

　냉전 시대가 고조되었던 1950년대와 1960년대 몇 십년 동안에, 대부분 미국에 중심을 두고, 개념적이고 이론적인 학문 활동의 활기찬 소동이 있었다. 그런 활동들은 세 가지 그룹이었다. 첫째 그룹은 전통적인 것은 후진적이고 미개발된 것이며 근대적인 것이 진보되고 발달된 것이라는 전통-근대 간의 이분법, 둘째로, 특정 기능에 근거하여, 근대와 전통을 나란히 놓는 구조적 기능주의, 그리고 세 번째 그룹으로 단계가 진보되었을수록 더 발달된 시스템이라고 말하는 개발의 단계이론들이었다.

1. "전통-근대" 이분법

특히 그 시대의 제도적인 변화를 분석하려는 목적으로, 냉전 시대의 비교 정치학을 개편하고 방향을 다시 설정하는 과정은 아주 자연스럽게 서구 사회를 비서구 사회와 구별하는 노력으로 시작되었다. 만약 산업화한 서구가 "근대적" 혹은 "발달한" 것이고 제 3세계가 그렇지 않다면, 이 두 개 시스템 타입을 연속선 상에 있는 극으로서 구별함으로써 시작해야 한다는 생각이었다. 그러면 "근대화"는 한 국가가 연속선 상에 있는 한 끝에서 다른 끝으로 옮겨가는 과정이 된다.

그래서 이것이 전통-근대 이분법 혹은 비슷한 변형(예를 들면, 지방-도시, 농업적-산업적, 서구적-비 서구적)을 만드는 목적을 가진 분류학적인 노력이 처음 생기게 했다. 이런 노력을 이론적으로 받쳐주는 것들은 대체로 탈코트 파슨스(Talcott Parsons)가 "패턴 변수(pattern variables)"라고 한 설명에서 나오는데, 이것은 상호제외시키는 가치 지향성과 특정 사회의 가치체제는 패턴 변수의 몇 가지 특정 면에서 하나나 다른 끝을 지향하는 경향이 있을 것이라는 주장을 의미한다 (Parsons, 1951, pp.24-112). 패턴 변수들은 근대 사회를 전통적인 사회들로부터 구별하는 목적이 있는 수많은 노력의 근거를 이루었다. 대부분의 이런 작업에서 어떤 형태나 다른 형태로 존재하는 기본적인 요소들은 다음과 같다: (1) 타고난 지위 대비 성취한 지위, (2) 여러 기능 대비 기능상으로 특정한 역할, (3) 특수한 가치 대비 보편적 가치, (4) 집단적 지향성 대비 자기 중심성, 그리고 (5) 감응

성 대비 정서적 중립성. 각각의 이분법에서, 앞에 오는 것은 전통사
회의 특성으로 그리고 후자는 근대 사회의 전형적 특성으로 받아들
여진다(각각에 대한 요약 설명을 보려면 Bill과 Hardgrave, 1973, p. 52를
참조하시오).

　이런 이분법적인 설계를 사용한 저자들은 많다. 서튼(Sutton, 1963)
은 "농업적-산업적" 이분법을 제안했다. 전자는 타고난 지위 규범,
낮은 공간적 그리고 지위의 이동성, 간단하고 안정적인 직업 시스템
(여러 기능), 그리고 다른 계층 제도로 특징지어진다. 대조적으로, 후
자 제도 유형에서 우리는 성취 규범, 높은 이동성, 크게 차별화되고
기능적으로 특정적인 직업 제도(계층에 근거한 "평등한" 성취 시스템)을
발견한다. 비슷하게, 릭스(Riggs, 1957)는 행정제도 분석을 위해, 양
극의 반대 개념인 agraria와 industria을 사용하여, 서튼의 모델을
확장했다. 릭스는 융합된, 회절된, 프리즘으로 분화된 사회개발 단계
와 관련시키면서 나중에 이 모델을 좀 더 역동적인 시스템으로 설명
한다는 점에 주목해야 한다. 이 장에서 설명이 따를 것이다. 와드
(Ward)와 러스토우(Rustow, 1964, p.67)는 전통적인 정치형태가
결핍하는 것으로 생각되는, 근대의 정치형태가 가진 특성들의 목록
을 제공한다.

　전형적으로, 전통적인 정치형태와 대조적으로, 근대 정치형태는
합리화된 권위, 차별화되고 통합된 구조, 대량 참여와 시스템에 대한
긍정적인 정서, 그리고 결과적으로, 많은 양의 입력을 처리하고 광범
위한 목적을 성취하는 능력으로 특징지어진다. 그렇다면, 근대화는

단계별로 일어나는 길고도 복잡한 과정이지만 궁극적으로 전통사회에서 사회적인 삶을 혁명화한다(Huntington, 1971, pp. 288-289).

전통-근대의 이분법에 대한 타당성과 실용성에 관해 많은 문제가 지적되었다. 러스토우(Rustow, 1967, p.12)는 근대성은 산업사회의 특성 면에서 긍정적으로 정의될 수 있지만, "전통사회"는 대부분 잔여적인 개념으로 남는다고 주목한다. 그 말은 전통적인 사회에 귀속되는 특징들은 많은 경우에 단순히 근대 사회에 속하는 논리적으로 반대되는 특징들이라는 말이다. 모든 혹은 어떤 소위 전통적인 사회들이 이런 특징들을 모두 보이는지 의심이 간다. 최소한, 역사는 전통사회들 가운데에 커다란 다양성이 있었다는 것을 보여준다.

이분법적인 정의가 갖는 두 번째의 중요한 문제는 무엇이 근대적이고 무엇이 서구적인지 구별하지 못한다는 것이다. 정말로, 근대성은 20세기의 서구 유럽과 북아메리카 사회의 특징들과 사실상 유사어이다. 현재의 이분법은 제 3세계 국가들로부터 서구 사회들을 실증적으로 구별한다. 보편적인 변화의 스펙트럼에 있는 양극을 정의하기 위해 이분법을 쓰는 학자들은 서구 사회의 성격이 새로 등장하는 모든 국가가 열망하는 목적이라는 것을 암시한다. 홀스티(Holsti, 1975, p.829)가 주목하듯이, 개발도상국에 대한 연구에서 모아진 증거는 이런 추론에 대부분 반대하는 주장을 한다.

더군다나, 변화과정의 암시적인 목적론적인 성격은 한 사회가 일단 근대화 혹은 서구화하면 변화가 멈춘다고 암시한다. 물론, 소위 "개발된" 사회에서 생기는 변화의 지속성은 이런 생각에 반대된다.

정말로, 개발의 목적론적인 개념은 순환성의 요소를 갖는데, 이전의 개발 개념 몇 가지는 개발된 사회의 특징을 설명하는 일에 필요하다. 이것은 앞의 장에서 확립한 이상형으로서의 발달(개발)을 정의하기 위한 기준을 명백하게 침해한다.

2. 구조적 기능주의와 "과도기적인 사회"

전통-근대 이분법은 제한된 유용성과 정확성을 갖는다는 깨달음이 커감에 따라, 학구적인 노력은 "전이하는" 제도 개념에 초점을 맞추기 시작했다. 이런 새로운 초점은 모든 사회는 근대적이고 전통적인 이상형의 속성을 둘 다 가지고 있다는 깨달음으로부터 나왔다. 그러나 탈코트 파슨(Talcott Parson)의 패턴 변수들과 기능 모델에 대한 황홀감은 그대로 남았다.

『개발 지역의 정치학』(*The Politics of Developing Areas*, 1960)에서 알몬드(Almond)는 "모든 정치적 제도가 공통으로 가진 네 가지 특성들"과 그에 의해 정치 제도들의 비교를 위한 근거를 구성하는 것이라는 면에서 그가 가정하는 것들을 말한다. 그는 그것에 의해 사회질서가 유지되는 합법적인 상호교류 패턴이라고 그가 정의하는 구조들을 모든 정치제도가 갖고 있다고 주장한다. 그렇다면, 시스템들은 구조적인 전문화의 정도와 행태라는 면에서 비교될 수 있다. 이 구조들은 특정 기능을 수행하는 것에서 존재 이유(raison d'etre)를 끌어내고, 비교하는 좀 더 큰 근거로서, 알몬드는 모든 제도에서 분명히 수행되는 특정 기능들이 있다고 상정한다. 입력과 출력의 측면에서(on the input and output side), 알몬드는 여덟 가지의 "보편적인 기능들"을 말하는데 다음과 같다. (1) 한 세대에서 다음 세대로 옮겨 가는 정치 문화를 포함하는 정치적 사회화, (2) 정치 역할을 하는 새로운 인물이 선출되고 훈련받는 정치적인 채용, (3) 요구사항들이 확인되고 사회로부터 결정권을 가진 엘리트에게 전이되는 이익의 명백함, (4) 그 엘리트가 실행하기 위해 경영 가능한 형태로 이런 요구사항들이 병합되는 이익의 집합, (5) 정치제도 내에서 그리고 정치제도와 그 환경 사이에서 정보가 전이되는 과정인 정치적인 소통이 있다. 출력의 측면에는 (6) 규칙 만들기, (7) 규칙 적용하기, (8) 보통 구상된 대로, 민주적 정치제도에서의 합법적이고, 행정적이고 사법적인 기능들과 일치하는 규칙 파기가 있다. 이외에, 알몬드는 얼마나 전문화되었든지 간에, 모든 구조는 어떤 면에서 그리고 어떤 정도까지 여러 기능을 할 것이라는 가정을 한다. 그리고 마지막으로, 어떤 제도도 완전히 "근대적"이거나 "전적으로 원시적"이거나 전통적인 제도가 아니라는 점에서, 모든 정치제도는 문화적인 의미에서 "혼합된" 것이다. 일반적으로, 명시된 구조에 의한 특정 기능들을 수행하는 가능성 면에서, 그리고 그 수행 스타일이 다르다는 말에서 비교는 이런 틀 안에서 표현된다. 개발은 이러한 기능들의 수행에서 증가하는 시스템의 효과성 증가로 표현된다(Almond & Coleman, 1960, p.59).

알몬드(Almond)가 처음 형성한 것에 가해진 비난은 수없이 많고

다면성을 가진다. 그중 무엇보다도 이런 비난들은 이 틀을 통해 증명되는 정의적인 명확성의 결여, 모델의 논리적 구조의 취약성, 그리고 어떤 개발 모델에서나 중심적이어야 하는 변화과정을 의미 있게 묘사하는 능력에 관한 질문들을 다룬다.

무엇보다도, 몇 가지 방식으로 이 구조에 정의의 명확성이 결핍된 것은 설명적인 장치로서의 잠재적인 가치를 심각하게 제한시킨다는 것에 주목해야 한다. 홀트와 리챠드슨(Holt and Richardson, 1970, pp. 34-35)은 알몬드가 그의 이론 틀에서 몇 가지 주요 구조를 상세히 정의하지 않고, 그가 정의하는 것들은 수행되는 기능 면에서 정의되는 경향이 있다고 주장한다. 그러한 이상, 그 관계성은 정의에 의한 사실이므로 실증적으로 시험 되어야 할 필요가 없으므로, 주어진 구조에 의한 주어진 기능의 수행에 관하여 가능성을 가진 이론은 있을 수 없다. 더군다나, 알몬드는 어디서도 기능이 무엇인지조차 명확하게 하지 않으며, 그의 여덟 가지 "보편적인" 기능들은 너무 엄청나게 일반화된 정의이어서 이러한 기능의 수행을 측정하기 위해 어떤 특정한 실증적인 지수들이 사용할 수 있는지 불확실하다(Mayer 1972, p.148). 실행에서의 효과성의 증가가 개발을 구성하는 것이므로, 개발을 설명하고자 한다면 실적을 평가할 어떤 기준을 가져야만 한다.

이러한 정의적인 문제들 이외에도, 보편적인 기능주의에 대한 가정을 사용하는 것으로 인해 알몬드 모델의 설명력 또한 제한된다. 특히, 그는 효과적인 실행이 정치 발전을 결과하는 다른 것들이 아니고 왜 이 여덟 가지 기능들이어야 하는지 절대로 명시하지 않는다(Bill and Hardgrave 1973, p.213). 그가 하는 첫 번째 가정에서, 알몬드는 시스템의 효과적인 수행을 위해 이 기능들이 분명히 충분하다는 것만을 말하고, 다른 어디에서도 그것들만의 실행이 시스템의 효과적인 기능을 위해 필요하고 충분하다고 주장하지 않는다. 메이어 (Mayer, 1972, p.143)는 위의 전자와 같은 "보편적인" 기능주의와 위의 후자 경우와 같은, 필수적인 분석 사이의 차이점들은 논리적이기보다는 의미적인 것으로 보인다고 주목하는 한편, 알몬드는 이 기능들의 부적절한 실행이 시스템 실패를 결과할 것으로 예측하거나, 시스템의 효과성에 공헌하는 다른 명시되지 않은 기능들의 가능성을 제외하지 않는다면, 제도적인 붕괴로 인한 부적절한 실행을 추론할 수 없다(Mayer 1972, p.148).

알몬드의 [이론적] 틀이 정말로 정치 변화를 설명하는지에 대한 의문들이 있다. 다른 발달 수준에 있는 다른 시스템들을 비교하기에는 적절한 듯하다. 그러나 그런 고정적인 의미에서 시스템 상태를 비교하는 것은 주어진 시스템에서 시간에 걸친 변화과정을 설명하기 위한 것이 아니다. 그러므로 이 모델의 개념적인 설계는 주어진 시스템에서 시간에 걸쳐 일어나는 변화를 나타내기에 잘 맞지 않는다. 기능적 실행의 "증가하는 효과성"과 "구조적인 차별화"는 이 공식에서 명확한 유일한 변화의 측면들이다. 위에 논의된 변수들로 정의적인 문제들을 무시하면서까지, 어떤 단일한 변화의 측면을 따라 일어나는 숫자적인 증가로서 발달을 정의하는 것은 발달에 따라 그 시스템의 성격에서 일어나는 질적인 변화를 소홀히 하는 것이다. 발달(개발)은 같은 기능을 좀 더 효과적으로 수행하는 그저 "더 많은 구조"의 진화를 넘어서 확인할 수 있는 중요한 변화들을 수반한다.

더군다나, 반드시 조화롭지 않은 여덟 가지 기능들 가운데 특정한 상호의존이 있다는 것을 상정하였기에, 알몬드는 이 상호의존의 성격을 명백하게 하지 못하고, 그러므로 한 가지 기능 수행에서의 증가가 다른 기능들의 실행을 해치지 않으리라고 예측할 수 없다. 달리 말하면, 한 가지 기능의 실행 증가가 사실상 다른 기능의 수행에서 감소를 초래함으로써 시스템의 효과성으로부터 손상되지 않는다는 것을 보여줄 수 없다면, 발달이 여덟 가지 기능 실행의 증가에서 결과한다고 모호하지 않게 주장할 수 없다. 그러므로 알몬드가 여덟 가지 기능 가운데 있는 상호의존성을 명시하지 못하는 건 그의 모델이 의미 있는 방식으로 변화과정을 다루는 능력을 제한시킨다.

비교 정치학: 『개발 접근』(Developmental Approach, 1966)에서, 알몬드는 그의 이전 이론 형성에 있던 이론적인 결핍사항 몇 가지를 수정하기 위한 시도를 나타내는 변화를 담아 크게 수정된 개발기능 모델을 제시한다. 아마도 가장 중요한 건 기능적 유형들을 확장하고 개발 변화의 역동성을 설명하는 역량과 그의 모델을 융합하기 위한 시도인데, 그들 사이의 일종의 관계성을 수립하려고 한 것이다. 특히, 알몬드는 정치 제도들은 세 가지 다른 "기능 수준" 면에서 평가되어야 한다고 주장하는데, 겉으로 보기에는 이것은 다양한 기능 유형들 가운데 있는 상호관계성 패턴의 산물이다. 한 가지 수준에서는 정치제도 실행을 그 환경과 관련하여 결정하는 (규정하고, 뽑아내고, 분

배하고 반응하는) 역량 기능들이 있다. 다른 수준에는 정치제도에 내재적이고 그 제도가 권위적인 결정들(출력들)로 요구사항(입력)을 충족시키는 능력을 포함하는 변환 기능들(이전에 형성된 입력-출력 기능들)이 있다. 세 번째 수준은 그 제도가 그 자신의 지속성을 확보하는 정치적 사회화와 채용 기능의 제도를 유지하고 적응하는 기능이다(Almond and Powell 1966, pp.28-30).

이 모델의 구축하에, 정치적 입력의 크기와 내용에서 특정한 환경적 조건들이 중요한 변화를 일으킬 때 정치 발전이 주도된다. 그러한 변화들은 현존하는 구조적이고 문화적인 정치제도의 구성이 새로운 요구를 만족할만하게 처리하지 못한다는 것이 분명해질 때 "중요한" 것으로 간주 된다. 그러한 상황에서는, 제도적인 역량에서 새로운 요구가 효과적으로 다루어질 수 있도록 필요한 증가가 일어나는 정도까지 정치제도가 구조적인 다변화와 문화적인 세속화를 겪을 때 정치 발전이 일어난다(Almond and Powell 1966, p.34).

현존하는 구조적이고 문화적인 패턴의 기능 역량에 대한 그러한 도전들은 알몬드가 주(州, state) 건설, 국가 건설, 참여와 분배의 "발달적인 도전들"로 정한 형태로 일어난다. 알몬드는 이 각각의 도전을 세 가지 수준의 정치제도 기능성에 영향을 미치는 면에서 정의한다. 마지막으로, 그는 이 특별한 순서에 대한 이론적인 필수사항을 주장하지 않지만, 그 발생의 차례를 상정한다. 간단히 이것이 서구 유럽의 정치제도에서 일어난 순서라는 것이다(Almond and Powell 1966, pp 36-37).

그의 모델의 논리적이고 개념적인 내용에 이러한 변화를 줌으로써, 알몬드는 제도 현상에 대한 비판을 표면상으로 대응했지만, 여전히 발달 과정의 역동성을 설명하지 못한다. 새로운 모델은 개발이란 구조적인 차별화와 문화적인 세속화를 통하여 좀 더 큰 역량을 얻는 것이라고 개발의 "무엇"과 "어떻게"를 언급한다. 이제 이 모델에서 뚜렷해진 많은 수의 개념들로 그의 개념적 틀의 정의적인 명확성이 다소 강해졌다. 그러나 이 모델은 이전에 형성된 것에 대한 비판을 끌어낸 많은 같은 문제들로 계속 몸살을 앓는다. 기능적 유형들을 확장했음에도 불구하고, 새로운 개념들조차 여전히 너무 높은 추상적인 수준에서 정의되어서 엄격하게 이론적인 맥락에서 보유되는 일부 풍부성과 복잡성을 속이지 않고 [측정이 가능하도록] 조작화 될 수 없다. 대부분 의미가 없는 이런 개념들을 실증적인 맥락에서 조작화 하는 것은 설정된 가설들을 공정하지 않게 실험하게 되는 것이다 (Flanigan and Fogelman 1967, p.82).

그래서 기능들 사이의 매우 일반적인 관계성을 제안하기 위해 세 가지 "기능의 수준"이라는 개념을 사용하는데, 긴요한 개념들이 [측정 가능하게] 조작화 될 수 없으므로 이 관계성들은 아직 실험될 수 없다. 차별화와 세속화 그리고 몇 개의 역량 기능들의 적응적 기능들 사이의 어떤 관계를 제안한 것은 정치 발전의 기능주의자 이론에 필요한 상호의존 패턴의 빈곤한 시작을 나타낼 뿐이다. 그의 이론 형성에 있는 약점을 알아차리며, 알몬드는 그러한 상세함의 이론적 필요성을 인정한다.

　정치제도 이론은 다양한 수준의 기능적 역량, 전환 기능, 시스템 유지와 적응 기능들 사이의 관계성을 발견하기 위해 디자인될 것이다(Almond and Powell 1966, pp.29-30). 차별화와 세속화는 높아진 역량을 이끈다는 그가 제안한 한 가지 관계성조차도 적어도 그 개념들이 너무 모호하게 정의되었을 때에는 타당성이 의심된다. 빌과 하드그레이브(Bill and Hardgrave 1973, p.73)는 고양된 역량들은 구조적인 차별화와 문화적 세속화에 의해 절대로 보장되지 않는다고 지적하였다. 새로운 구조적인 단위를 수반하는 통합이 없는 차별화는 사실 그 시스템의 역량을 축소할 수 있고, 문화적인 세속화는 시스템 구조가 이미 요구들로 지나치게 힘겨울 때 (참여 요구와 같은) 새로운 요구사항들을 만들어냄으로써 시스템 도전을 해결하기보다 더 나쁘게 만들 수도 있다. 그래서 개발을 역량 그 자체보다는 역량의 수단 면에서 정의하는 것은 정치 발전과 헌팅턴(Huntington, 1965)이 "정치적인 쇠퇴"로 이름 지은 것 사이의 구분을 모호하게 하는 것이다. 둘 다 차별화와 세속화 과정에서 나오는 그럴듯한 산물들이다. 그러나 알몬드는 이 점을 소홀히 하므로 주어진 상황 속에서 무엇이 일어날지를 예측하는 추가적인 기준을 제공하지 않는다.

　그래서 알몬드는 적어도 그의 개발 계획에 필요한 역동성을 주입하려고 했지만, 보편적 기능주의 패러다임에 본래 있는 논리적 문제들이 그러듯이, 그의 첫 번째 모델을 병들게 한 개념적인 문제들이 여기서 심각하게 해결되지 못한 채로 있다. 아마도 그의 모델이 가진 체험적인 가치는 고양되었으나, 이러한 방법론적인 딜레마가 해결될 때까지 바람직한 설명력은 실현될 수 없다.

데이비드 앱터(David Apter)의 근대화에 대한 작업은 개발이론에 대한 기능주의자 접근의 두 번째 예가 된다. 그러나 앱터가 "구조적인 필수사항들"이라는 아이디어를 사용하는 것과 전환하는 사회들에 대해 좀 더 실증적으로 기반하는 유형을 기획하는 것은 그가 사용하는 기능적 형태를 알몬드의 것과 구별시킨다. 그리고, 기대되는 것처럼, 그의 이론 틀 내에서 그가 하는 이론적인 제안들은 분석적인 중요성이 있는 것으로 간주 되는 발달 과정의 측면과 이 현상들이 개념화되는 방식 면에서 둘 다 알몬드의 제안들과는 다르다. 처음부터, 앱터는 그의 분석적인 관심을 사회발달 과정에 제한했다. 그는 첫째, 분열시키지 않으면서 혁신을 수용하고, 둘째로 유동성 있고 차별화되는 사회 구조가 있고, 셋째로 기술적으로 진보된 세상에서 사는데 필요한 기술과 지식을 제공하는 역량을 가진 사회 시스템이라는, 근대화의 시작에 대한 세 가지 전제조건을 나열했다(Apter 1965, p.67). 근대화를 일반적인 개발과 구별하는 것은 이 마지막 조건이다. 산업화는 결정적인 경제적 기술적인 근대화의 측면이다. 그러므로 근대화는 새로운 기능적 역할, 특히 "비산업 환경에 있는 산업형 역할"의 확장과 사용의 차별화와 통합에서 결과하는 사회 패턴이 계속 증가하는 복잡성으로 정의된다(Apter 1968, p.334).

이 과정을 분석하기 위해, 앱터는 위에 거론된 조건들을 충족하면, 근대화 과정을 위한 네 가지의 분석적으로 뚜렷한 대안적 시작점을 대표하는 전환 시스템의 분류체계를 제안하는 것으로 시작했다.

이러한 "이상형" 구성들은 한편으로 피라미드형 혹은 계층적 권위 구조를 갖는지, 그리고 다른 한편으론 그들의 정치적 행동들이 완성하는 (즉, 신성하거나 달리 "궁극적인") 목적 아니면 수단적인 (즉, 세속적인) 목적에 의해 인도되는지에 따라서 구별된다(Apter 1965, pp.19-24).

둘째로, 그 시스템이 스스로 단위로 유지하기 위해 무슨 활동들이 실행되어야 하는지 구체화하려고 시도했다. 비록 이 용어의 사용으로 그가 의미하려 한 것이 다른 사람들이 기능으로 지정했을 실행의 제도화로 보이나, 그는 이것들을 "기능적인 필수사항들"이라고 하기보다는 "구조적인 필수사항들"이라고 칭한다. 이 점을 예로 들기 위해, 앱터의 주된 구조적인 필수사항들은 첫째, 권위적인 결정 내리기, 그리고 둘째로 책임성이라는 것을 먼저 주목한다. 이 두 가지는 앱터가 "강제"와 "정보"라는 정부의 "기능적인 필수사항들"이라고 부르는 것들과 대강 일치한다. 그러므로 앱터의 패러다임에서, "기능적인 필수사항들"은 정치제도가 구조적인 필수사항들 목록에 함의된 기능들을 수행하는데 필요한 최소한의 도구들이다(Mayer 1972, pp. 157).

앱터는 나중에 (3) 강제와 처벌의 구조, (4) 자원 판별과 할당의 구조, (5) 정치적 채용과 배정을 포함하기 위해 구조적인 필수사항들의 목록을 증가시킨다(Apter 1968, p.29). 이것들은 그가 전에 만든 [이론] 형성에서 정부의 "의존적인 구조" 혹은 "분석적인 하위구조"로 나타났다(Apter 1965, pp. 245-247).

마지막으로, 이 개념의 틀 안에서, 앱터는 이 구조적인 필수사항들과 이러한 상호관계의 패턴 속에 있는 다른 점들 사이의 상호관계성에 대한 이론적인 제안을 끌어내려고 시도한다. 근대화는 사회 전반에 걸친 "근대" 역할의 확산을 포함하므로, 앱터는 각 제도유형이 그런 확장을 조성하는 상대적인 능력을 점검하는데, 이것을 하는 주된 방법은 "근대" 역할과 (또는) 계층의 더 큰 상승적 유동성을 제공하는 식으로 사회의 계층화에 영향을 미침으로써이다.

앱터 패러다임의 설명적인 유용성을 평가하는데, 메이어(Mayer, 1972, p.257)는 앱터의 유형은 규범적인 기준보다는 실증적인 것에 근거하기 때문에, 그의 기획은 그렇지 않다면 정치제도의 확실한 형태가 없고 이질적으로 될 뻔한 것을 조직하고 의미를 줄 수 있게 되었다고 주목했다. 각각의 시스템 유형에 정확한 개발의 산물 세트를 논리적으로 끌어낼 수 있는 정도까지, 그의 패러다임은 그로부터 개발이론을 구성해 낼 수 있는 실험 가능한 제안의 산출을 위해 믿음직한 근거를 나타내는 것이다. 사실, 앱터는 그의 "동원 시스템"과 "조화 시스템"의 특성들을 근대화 과정의 상세한 특정 단계들과 연결함으로써 그러한 과학적인 일반화를 만들어내려고 시도했다(Apter 1965, 19-68).

그러나 알몬드 모델을 제한시키는 여러 가지 같은 이유로 인해 그의 패러다임은 충분하게 설명하는 잠재성을 절대로 완전히 실현하지 않는다. 알몬드와 같이, 앱터는 설명하는 순서에 있는 긴요한 현상들을 너무 높은 수준의 일반화로 개념화하여서 [그 개념의] 조작화는 거의 불가능하다. 그러므로 시스템 유형과 근대화 현상 사이의 어떤 헐렁하게 정의된 관계들을 논리적으로 설명할 수 있을지 모르지만, 그는 일반화된 설명 순서에 있는 전제조건들과 개념들 사이의 조작적인 연결고리가 성립되지 않는다면 주어진 실증적인 전제조건들로부터 정확하게 정의된 결과를 예측할 수 없다.

그리고 알몬드와 마찬가지로, 앱터는 그의 구조적인 필수조건들 사이에 있는 관계성의 상세화에 충분히 주목하지 않는다. 한 가지 구조의 기능이 어떻게 다른 구조의 기능에 영향을 미치고 그 반대로도 영향을 미치는가? 그러한 관계들이 상세히 설명되지 않으면, 전체적인 제도의 성과를 절대로 의미 있게 평가할 수 없다. 만약 그 제도가 아직 존재한다면, 그룹으로서의 필수 구조들이 적절히 기능하고 있다고 말할 수 있을 뿐이다. 그러나 그런 결론은 분석적인 가치가 없고, 앱터가 사용하는 필수 분석을 단순히 반복하는 함의를 강조하는 것이다.

"구조적인 필수요건들"이라는 개념도 비록 앱터가 "보편적인 기능주의"와 연관된 그 문제들을 피하도록 한다 해도, 앱터의 패러다임에 특정한 논리적인 문제들을 만든다. 다른 어떤 것이 아니라, 앱터의 필수요건 세트야말로 하나의 제도가 그 자체를 유지할 수 있는 유일한 구조 세트라고 주장할만한 이론적인 정당성이 없다. 여기서 앱터가 주로 관심 두는 것은 근대화의 설명이므로, 나중에 그 모델이 가진 설명적인 잠재성이 성립되었을 때 그의 필수요건의 타당성을 가정하고 이 가정의 타당성을 실험하는 일은 합리적일 것이다. 그러나 메이어(Mayer 1972, p.158)는 적어도, 구조적인 필수요건들의 상정은 그러한 실험을 위한 조작화를 허락하기에 충분한 정밀성을 갖고 정의되어야 한다고 주장하였다. 이 면에서, 앱터의 필수요건들은 실증적인 유용성을 거의 제공하지 않는다.

구조적인 필수요건들을 가정한다 해도, 그것의 포함으로 앱터의 패러다임의 설명력은 좀처럼 향상되지 않는 것으로 보인다. 이 가정이 하는 것은 모든 함축된 필수요건 기능이 낸 전자의 성과(그리고 후자의 비 성과) 면에서 살아남지 못하는 제도들로부터 살아남는 제도들을 구별하는 게 전부이다. 정치과학자들은 일반적으로 유지된 제도들에만 관심이 있으므로, 분석적인 관점에서 볼 때 이러한 구별은 의미가 없다. 필수조건을 가정하는 것은 정치과학과 비교 정치학의 중심적인 분석적 관심사인 살아남는 제도들의 차이점들을 확인하고 설명하는 일에 아무 도움이 되지 못한다(Mayer 1972, p.158).

마지막으로, 앱터의 모델이 근대화 과정을 설명하는 능력을 제한하는 특정한 목적론적인 측면이 있다. 그보다 앞선 알몬드와 콜만(Coleman)과 같이 앱터는 목적의 면에서 근대화 과정을 나타낸다. 한 제도가 이전 상태에서 나중 상태로 움직이는 과정의 역동성에 대해 거의 언급하지 않으면서, 그 과정의 시작점들(예를 들면 그의 유형론)과 그 끝나는 지점 상태인 근대화된 사회를 묘사하는데 대부분의 관심이 주어진다는 것이다. 과정의 바람직한 결과의 요소들을 열거하는 것은 과정 그 자체를 설명하는 것이 아니다(Golembiewski et al. 1969, pp. 252-253). 정의적으로 개발 분석의 초점이 되는 것은 변화 과정이므로, 앱터의 모델은 이 중심적인 설명 목적을 실현하는 일에 거의 공헌하지 않는다.

　정치 발전으로의 기능적인 접근을 보이는 세 번째 예는 사회과학
연구위원회(Social Science Research Council, SSRC)의 작업에 내포되
어 있다. 본질적으로, 이 사회과학연구위원회는 다양한 발견들의 비
교와 통합을 위한 일반적인 근거를 유지하면서 연구자들의 탐구적
자유를 최대한 허용하기 위해 알몬드와 파월(Powell)의 모델이 가진
분석적인 한계성 몇 가지를 단순화시키고 풀어주었다.

　『정치 발전의 측면』(Aspects of Political Development, 19xx)에서,
루시엔 파이(Lucien Pye)는 SSRC가 활용한 접근법을 요약하였다. 간
단히 말하면, 정치 발전을 구조적 차별화 과정의 상호작용, 평등의
당위성, 그리고 정치제도의 통합적, 적응적, 그리고 대응적 능력들로
보는 것이다(Pye 1966, pp.45-47). 함께 개발의 징후를 만드는 이 세
가지 유형의 변수 면에서, 개발은 근대국가가 되는 과정에서 제도들
이 직면해야 하는 여섯 가지 위기 중 하나 또는 그 이상의 위기들에
대한 대응에서 일어난다. 이 위기들은 (1) 정체성 위기(즉, 국가 설립),
(2) 합법성 위기, (3) 침투 위기(지역 주 설립), (4) 통합 위기, (5) 참여
위기, 그리고 (6) 분배적 위기이다. 한 국가 발달의 특수한 패턴은 위
기들이 일어나는 순서와 그 위기들이 해결되는 방식에 달려있게 될
것이다(Pye 1966, pp.63-66).

　이 분석적 기획은 공식적인 모델이 아니라 단순히 연구에 대한 안
내로 의도되었으므로, 위에 사용된 같은 기준들로 비판하는 것은 어
렵다. 그러나 연구자들에게 줄 수 있는 안내의 정도는 알몬드의 모델

을 병들게 한 같은 개념적인 문제들에 의해 제한을 받는다. 명백한 [정의]조작적인 기준들이 결핍되었는데 그것은 다른 나라에 있는 다른 연구자들이 그들이 사용하는 조작적인 정의와 동등한 것을 평가할 근거가 없다는 의미이다. 따라서 어떤 발견이든 그 비교문화적인 타당성은 의심되어야 한다. 증후 요소들 사이의 관계는 불분명하고, 파이(Pye)가 고집하는, 개발을 민주화와 동등하게 보는 것은(Pye 1966, p.71) 그 기획을 민족 중심주의의 구름으로 뒤덮는다.

위에 언급된 연구들이 대개는 서술적이고 비공식적으로 설명하는 노력인 것에 불만족하여, 후레드 릭스(Fred Riggs)는 좀 더 일관적인 정치 변화 패러다임을 수립하려고 시도했다(Riggs, 1964). 국가 간의 비교를 어떤 법칙 같은 선언으로 구상하려고 모든 사람이 애쓰고 있을 시기에, 모든 전환적인 사회들은 "프리즘 사회(prismatic society)"로 명명된 단계를 거친다고 제안했을 때 그는 좀 더 구조화된 개발국의 개념을 발달시켰다. 프리즘 사회는 제도 기관들의 사회정치적 기능들이 산만하고 아직 통합되지 않은 사회이다. 그리하여, 한 국가의 발달 정도는 기관의 기능들이 합리화되고 전문화된 정도 면에서 묘사되고 비교될 수 있다. 릭스(Riggs)는 정치 발전을 "제도적으로 뚜렷한 영역들의 점진적인 분리, 그리고 어느 사회에서나 수행되어야 하는 널리 다양한 기능을 위한 별개 구조의 차별화"라고 정의한다 (Riggs in LaPalombara 1965, p.122). 그는 이것은 모든 사회가 안내받아야 하는 사회변화의 원칙이라고 제시한다. 그런고로, 이 공통적인 과정의 명백한 개념에 근거하여, 보편적 비교이론이 가능해야 한다. 앱터, 파이, 헌팅턴 그리고 디아몬트(Diamont)의 작업에서 보는 바와 같이, 이 "제도적 전문화" 개념을 비교적 탐구의 단위로 선택한 사람들이 많다.

그러나 릭스의 틀은 사건들의 한 가지 상태에서 다른 상태로 변화하기에 필요하고 충분한 조건들을 묘사하지 못하는 단점이 있다. 그러므로 설명적이고 예측적인 역량이 아직 성립되어야 하므로 그 가치는 분류학상의 유용성에 제한되어 있다. 개발에 대한 기능적 접근의 몇 가지 예를 논의했으므로, 이제 우리의 임무는 어떤 비평들이 세 가지 모두의 예에 공통적이고 어떤 문제들이 일반적으로 분석의 기능적 모드에 본질적이라고 할 수 있는지를 판별하는 것이어야 한다.

위에 암시된 한 가지 비평은 모든 저자가 정의한 기능들의 뚜렷한 민족 중심적인 특성이다. 알몬드와 콜만은 그들의 기능적인 유형들은 구조적인 전문화와 기능적인 차별화가 최대한도로 일어난 정치제도에서 나왔다고 인정한다(Almond and Coleman 1960, p.16). 앱터의 구조적인 필수사항들과 파이의 개발 징후들(그리고 위기들)은 비슷하게 파생된 것으로 보인다. 그러는 데서, 이 저자들은 앵글로-미국적 민주주의 패턴과 다른 맥락에서 대안적인 차별화 패턴이 진화할지 모르는 가능성을 사실상 부정한다(Golembiewski et al. 1969, p.254). 이런 의미에서 그들의 개념적인 기획들이 민족 중심적이고, 그래서 이론적인 유용성이 의심스러운 것이다.

두 번째로 언급되어야 하는 점은 이 모든 저자가 일반적인 정치 발전보다는 "근대화"를 다룬다는 것이다. 이것이 그들의 업적을 비난

하는 건 아니나, 그들 [연구에서 나온] 발견의 적용성을 특정한 역사
적 시대와 국제적 전제조건들에 제한시키므로 이 사실을 주목해야
한다. 즉, 그 발견들은 사회들이 근대 산업국가 상태를 향해 움직이
고 있다고 가정되는 국제적(비교적) 맥락에서 전환적 사회들의 근대
화를 설명할 뿐이다. 이런 가정은 인도의 내일은 미국의 오늘이 될
것으로 가정하는 일보다 더 타당하지 않다. 줄여서, 그들의 이론모델
은 논리적 관점에서 보편적으로 적용할 수 없고, 모든 "개발된" (즉
근대적인) 사회들의 발달을 설명할 수도 없다.

3. 개발의 단계이론들

모든 발표된 개발의 단계이론 가운데 가장 위대한 이론은 칼 마르
크스의 것이다. 그의 중대한 업적인 『자본론』(Das Kapital)과 일관되
게, 『공산당 선언』(Communist Manifesto, 1848)은 역사 진화를 피할
수 없고 도덕적인 변증법적인 과정으로 그리는 명백하게 정의되고,
질적으로 뚜렷한 역사적 발달 단계들을 진전시켰다. 봉건주의, 자본
주의, 그리고 사회주의를 통해 진보함으로써, 역사는 계급 없는 사회
의 완전한 단계에 도달할 것이다. 사회주의를 믿는 많은 신봉자는 그
이념의 버전들을 지지하였는데 특별히, 레닌, 스탈린, 마오쩌둥, 피
델 카스트로, 호치민, 그리고 좀 더 근래의 제 3세계 사회주의 경제
의 주창자들이다. 냉전 시대 동안 소련 진영은 이런 이념적 설득에

포섭되었고, 세계의 정치 경제적 시스템에 거대한 영향력을 초래했다.

마르크스주의 독트린의 확장에 대한 반응으로, 미국의 몇몇 학자들은 그들이 개발한 단계이론 버전을 제공했다. 잘 알려진 『경제 성장 단계들: 비공산주의 선언』(*The Stages of Economic Growth: Non-Communist Manifesto*, 1960)에서 로스토우(Rostow)는 발달의 다섯 단계 과정을 제안했다. 그는 자기 이론이 칼 마르크스이 이론을 확실히 대적하기를 원했다. 로스토우의 다섯 개 단계들은 다음과 같다:

1) "전통사회": 낮은 수준의 기술, 고정된, 노동 중심의 농업 경제로 특징됨
2) "도약의 전제조건들": 여기서, 과학적 발견들 (혹은 서구의 침투)는 기술적 진보로 해석됨
3) "도약": 투자 증가, 산업화와 농업의 상업화를 통해 자족하는 경제성장을 성취함
4) "성숙하려는 투지": 인구 성장에 의해 생긴 늘어난 수요를 초과하기 시작하는 산출
5) "대량 소비": 생산의 주된 부문이 내구성 있는 소비품 생산과 서비스 지향의 활동으로 전환함

이 모델의 약점은 전적으로 경제 발전의 이론이라는 것이다. 또한, 한 가지 역사적 경우(미국)에 크게 기반하므로 시간에 묶여있고 문화에 종속된다는 것이다.

오르간스키(Organski, 1965)의 정치 발전 단계들은 로스토우(Rostow)의 단계와 비슷하고 같은 비평들에 희생당한다. (1) 원시적인 통일, (2) 산업화, (3) 국가적 복지, (4) 풍요의 정치 단계들은 또다시 미국의 경우에서 추출된 경제성장 단계들이다. 이 두 개의 단계-지향적인 이론들은, 이 국가들의 가치 제도와 개발 노력의 역사적인 맥락이 미국과 나머지 산업화한 서구의 경우와 광범위하게 다르므로, 오늘날 세계의 다양한 시스템에 적용할 수 있는 능력이 제한된다.

4. 개발과 개인

전체 정치제도들의 발달을 묘사하려고 시도하는 거대이론들 이외에도, 근대화로의 사회 전환에 따르는 듯한 개인의 태도, 믿음 체계 그리고, 더 일반적인 세계관의 변화들에 초점을 두는 대여섯 개의 작업이 있다. 이 접근법이 행동주의자에게 매력적인 건 행동 패턴의 변화와 더 명백하게 직접 연결된다는 것이다. 정말, 이 접근은 개인적인 인간 행위자라는 기본 행동단위에 집중한다. 만약 개인 수준의 발달적인 변화가 이론 속에 정확하게 묘사될 수 있다면, 구조 기능주의자들을 사로잡은 더 광범위한 제도적 변화들을 이러한 개인 수준에서의 변화 면에서 설명할 수 있게 된다. 제도적인 변화들, 그리고 특히 구조 기능주의자들을 그리도 당혹하게 한 변화들의 다른 패턴들이, 표면상 보편적인 개인적 발달 패턴이 생긴 다른 제도적 매트릭스

면에서 설명될 수 있다.

비슷한 개인 수준의 개념적 틀을 통해 다른 사회들을 비교하려 한 가장 이른 시도 중 하나는 대니엘 러너(Daniel Lerner, 1958)의 작업이다. 여기서, 그는 몇 개의 중동국가들의 발달적인 역동성을 비교하고 설명하는 잣대로서 "공감 능력" 혹은 유동적인 인격의 개념을 사용했다. 개발은 인격 특성을 향한 개인들의 움직임으로 정의되었다. 러너(Lerner)와 그의 동료들은 터키, 이집트, 레바논, 시리아와 이란에서 비교연구를 했다. 그들은 비교문화적 분석 수준에서 과학적 이론 정립을 가능하게 하는, 이 국가들의 개인 삶의 상황 속에 정규성이 있다는 것을 발견했다. 비록 러너의 근대화 일반이론은 보편적인 타당성을 갖고 있지 않았지만, 그의 연구는 그 이론이 많은 상세한 입장과 가설들의 보편성을 확인하는데 유용할 것이라고 제시했다. 그러나 그의 가설들은 후속 연구에서 성공적으로 실험된 것이 거의 없다.

경제 발달과 근대화는 궁극적으로 사람들의 심리적 동기, 특히 성취욕구로 설명된다는 가정에서, 데이비드 맥클랜드(David McClelland)는 아동도서 내용을 비교함으로써 여러 나라의 발달을 비교문화적으로 평가하려고 시도했다. 이 도서들은 문화가 성취 지향적인 가치들 위에 세워진 정도의 측정에 사용되었다(McClelland, 1961). 여기서 다시 저자는 흥미로운 가설로서 성취지향성과 경제 발달 사이의 직접적인 관계가 제시될 수 있지만, 아직 입증된 이론으로 등극할 수 없다고 주장한다.

좀 더 야망이 있는 비교연구 프로젝트는 1963년에 『시민 문화』 (*The Civic Culture*)의 출간으로 정점을 이룬 버바와 알몬드(Verba and Almond)에 의해 진행되었다. "다섯 국가 연구"로도 알려진 이 프로젝트는 사회조사 방법으로 나타난 사람들의 정치적 인식과 태도 면에서 미국, 영국, 독일, 이탈리아와 멕시코를 비교하려 했다. 이 작업은 체계적인 비교연구에 대한 훨씬 더 심각한 시도를 대표하는 반면에, 이 연구의 소개는 국가를 비교하고 비교문화적인 비교 구분을 하는 의미와 타당성에 대해 상당한 논의와 토론을 불러일으켰다.

정치적 발달을 개인 성향 면에서 정의하는 이러한 그리고 다른 이론가들은 특정 문화들이 다른 문화들보다 더 "발달 되었고" 이 문화에 속하는 개인들은 다른 문화적 환경에 있는 사람들보다 더 발달한 것으로 가정된다는 것을 제시하는 것으로 보인다. 그들이 성취 지향성 (McClelland, 1963), 유동적인 성격(Lerner, 1958), 참여자 행동 (Verba, 1963), 연합적인 정서(Pye, 1962), 그리고 도구성(Apter, 1965)과 같은 문화적인 속성들을 개발의 특성인 것으로 명시하므로, 그들은 단순히 서구적 인간을 정의한다고 알려진 걸 묘사하는 것이다. 그러므로 이러한 개발 개념들은 보편적이고 가치 중립적이어야 한다고 기대되는 과학에 좀처럼 공헌할 수 없다.

5. 모델 만들기와 가설 실험

이 장에서 논의된 개발이론과 개념들은 서구의 정치 경험에 유리하도록 문화적 그리고 이념적으로 편견이 있다. 더군다나, 앞의 장에서 세운 바와 같은 이론을 위한 기준의 관점에서 엄청나게 부적절하다. 더 중요하게는, 문제 해결이라는 오늘날의 학문적 과제에 별로 유용하지 않다.

냉전의 끝은 자본주의자 민주주의의 역동성과 팽배한 시장 구조에 이끌려, 글로벌 시대의 시작을 불러왔다. 그 후로 사회변화의 속도는 전격적으로 가속화되었다. 21세기의 출발 이래, 세계는 정말로 경제, 정치, 사회 기관, 소통 그리고 사실상 모든 인간존재 영역의 통합된 연결망에 의해 분리할 수 없게 뒤섞여지게 되었다. 이 시기에, 글로벌 문제들은 가속화되었으나, 학문은 개발이론을 세우는데 거의 관심이 없이 대체로 비 이론적이었다. 정말로, 지성인들과 그들의 작업은 실제 세상 문제의 해결을 추구하는데 대체로 연관이 없게 되었다. 학문적 일과 관심의 전형적인 성격은 규범적인 (물리적인) 과학에서 실천되는 "과학적인 방법들"을 흉내 내고 발달시키도록 설계되었다. 과학적인 "이치"라는 개념은 그 타당성은 논란의 대상이 아니라는 "가정"과 동의어인 것으로 잘 못 간주 되었다. 그러나 가정은 항상 상대적이고 주관적인 반면에, 과학에서의 이치는 보편적으로 증명되고 진실한 속성이다. 요는 인간 행동에서의 합리성을 가정하는 일은 여전히 가정이라는 것이다. 이 가정은 실증적인 실험을 위한 수많은 가설로 이끌었으나, 문제 해결 면에서 내놓을 게 거의 없었다. 합리성 논문도 전망 이론(prospect theory)과 다른 변종의 합리적인 행위자 모델 같은 좀 더 정제된 개념적인 틀로 가는 길을 닦았다. 양적인 방법론을 통한 연구가 유행하게 되었고, "출판하든지 아니면 소멸하라"는 경구로 내몰린 학문적인 광신에 불을 붙였다. 그렇다, 이 탈냉전 시기 내내, 학자들은 꽤 다작의 출판을 했지만, 이 출판된 업적들이 실제 문제들을 정의하고, 설명하고, 완화하기에 얼마나 도움이 되었나? 학계 그 자체는 문제 해결의 어떤 측면과도 최소로 관여한다. 대신, 아카데미아는 어쩔 수 없이 상업화 문화와 실행 속으로 휩쓸려 왔고, 이 주제는 이 책에서 나중에 좀 더 논의될 것이다.

PART 2

있는 그대로의 발전(사실로서 존재하는 것)

제2부는 이전에 세워진 발전의 기준보다 훨씬 더 일치하는 경험적 발전 패러다임 또는 이론을 다룬다. 앞에서 얘기한대로, '편중된' 발전 이론들을 검토한 후, 제4장에서 발전에 대해 더 설득력 있고 가치중립적인 이론화를 추구할 수 있는 대안으로 더 적절한 경로를 제안할 것이다. 여기서 나는 "인간을 중앙 무대로"라는 주제를 진전시킨다. 제5장에서는 인간 중심의 발전 패러다임이 진전된 이론 구성을 세우고자 한다. 제6장-제9장은 그 패러다임에서 신봉된 대로 다양한 발전 단계에 관해 자세히 설명한다. 제10장은 발전이 확장된 세계화의 의미 있는 정의를 제공한다.

제 4 장

사람을 무대 중앙으로 다시 불러오기

이전 장에서 논의된 이론들과 개념적인 틀들은 대부분 냉전 시대 이후 몇 세기 동안에 출현했다. 대부분의 이 이론들은 미국이 이끈 서구 진영에서 발달 되었고, 그 결과로 이념적인 자유민주주의, 개인주의의 유대 기독교윤리, 자본주의의 자유경제 경쟁과 사적인 동기 부여, 성취 규범과 가치관, 그리고 과학주의를 위한 편견이 있었다. 일반적으로 개발이론들의 질은 한 편으로, 이념적이고 문화적인 편견들로, 다른 한편으론 과학과 수량화의 편견으로 심각하게 손상되었다. 서구 세계로부터의 냉전 시대 이론들은 서구적인 것은 발달 되고 근대화된 것이고 비서구적인 것은 저 개발되고 후진적이라는 편견 위에 성립되었다. 냉전 시대는 또한 과학의 가치가 최상의 우월성에 도달한 시대이었다. "과학적인 방법"이 학문에서 대체로 방법론적인 최고 수준인 것으로 간주 되었다.

1. 데이터 축적과 실증적인 일반화

　1960년대에 소개된 다양한 접근방법에 있는 끊이지 않은 문제들에도 불구하고, 과학적인 기대에 순응하는 것을 선택할 수밖에 없던 과학자들은 데이터 사용을 구성할 좀 더 적합한 개념적인 기획들보다 더 많은 데이터를 계속 주문하였다. 결과적으로, 비교적인 개발연구는 그 데이터가 실제적인 면에서 적합한지와 상관없이 아무 질적인 데이터라도 사용하였다. 이런 수요에 따르기 위해 연구자는 쉽사리 사용 가능한 숫자들을 축적하도록 내몰리게 되었다. 이론적인 주도권이 비례로 진전하지 않는데, 태도 조사 데이터를 퍼뜨리며 집합 데이터 축적으로 시작하는 수많은 데이터 은행들이 설립되었다.

　연구결과가 자주 보편적인 일반성을 가진 것처럼 보이게 하면서, 비교적인 개발연구에서 증가하는 대량의 데이터 사용은 점점 더 세련된 통계적 방법론 기술의 적용도 필요하게 했다. 그러나 개념적이고 이론적인 부적절성 때문에, 그런 연구는 좀처럼 타당하지 않거나 확신도 주지 못한다. 예를 들자면, 민주주의의 조건에 대한 몇 개의 실증적 연구들은 무엇이 민주제도들을 작동하게 만드는지에 대해 동의하는데 아주 많이 부족하였다. 이 연구들이 내놓는 일반화는 좀처럼 원인적인 설명을 못 하므로, 비교 국가적인 비교 데이터를 활용하는 이런 연구들의 타당성은 여전히 의심스럽다. 통계적 정규성이나 실증적인 일반화는 원인적으로 설명하지 못한다는 걸 알아야 한다. 오히려, 변수들 사이에 관찰된 관계성을 부여하는 것은 이론이다.

이런 타당성 문제에 있는 주요한 요소로서, 사회정치적 지표와 측정 수치가 가진 비교 국가적 비교성의 문제는 좀 더 깨어있는 연구자들로부터 더 큰 주목을 받았다. 예를 들면, 중요한 저서인 『비교적 사회탐구의 논리』(The Logic of Comparative Social Inquiry, 1970)에서, 튜네와 프제워스키(Teune and Przeworski)는 비교 가능성 문제를 제기함으로써 개념적인 수정을 할 수 있는 몇 가지 가능한 수단을 소개했다. 어떤 경우에는 "동등성" 수립과 "분석 수준 옮기기"로써, 사회 지표들의 비교성을 증진 시킬 수 있을지 모른다. 그러나 비교할 수 있는 분석과 측정 단위를 만드는 기초적인 문제는, 개념적이고 이론적인 면에서조차 기본적으로 해결되지 않고 남는다. 측정과 데이터의 신뢰성과 타당성에 관한 한, 비교의 일반화와 비교 국가적 일반화는 현재 지속적인 무용지물 상태라고 묘사해도 좋겠다.

비교 데이터를 여전히 쓰면서도 비교문화적인 비교능력을 회복하는 한 가지 제안은 역사적인 데이터의 "종적인" 분석법을 활용하는 것이다. 이것은 근본적으로 "시스템 내의 비교"이고 그로써 비교 시스템적으로 측정을 동등시하는데 내재한 많은 문제를 피한다. 이 기술이 가진 명백한 가능성에도 불구하고, 이것은 해결되지 않는 영역적 비교성 문제에 더하여 종적인 비교성의 문제를 내놓는다. 만약 다른 문화와 다양한 개발 수준에 있는 국가들 사이에 비교성 문제가 있다면, 같은 분석 단위 내에서 비교 시간적인 비교에도 같은 문제가 있을 수밖에 없다. 예를 들자면, 소통 수준의 비교에서, 텔레비전 숫자뿐이 아니라 사회적 연계망의 크기를 측정치로 사용할 수 있다. 그러나 과거에 주요했던 소통 수단들이 라디오와 신문이었고 소통 미디어로서 이것들이 가진 의미가 시간이 지남에 따라 변화했을 수 있다. 그러므로 비교할 근거가 거의 없다. 이 상황은 개발도상국을 소통에서의 상대적 성취수준 면에서 산업사회와 비교하는 것과 흡사하다.

앞의 장들에서, 냉전 시대 동안에 비교연구와 개발연구 분야에서 쓰인 수량화, 측정, 비교 가능한 지표들에 대해 많은 논의가 있었다. 정말로, 비교는 보통 우리가 사회적이고 정치적인 대상에 대해 많고 적음의 면에서 말하는 것을 가능하게 하는 일종의 양적이고 획일화된 일반화로 이끄는 과정으로 생각된다. 더 민주적인, 더 발달 된, 더 산업화한, 더 합리적인과 같은 용어가 평상적으로 사용되는 것을 주목하시라. 이것은 모든 국가와 다른 분석 단위들을 숫자적인 가치 시스템으로 축소되는 비교적인 (그런고로 경쟁적인) 관점으로 몰아넣는다. 이런 숫자적 가치들은 모든 사회적 복잡성 수준에서 치열하고 지속적인 사회적 그리고 개인적 경쟁을 동기화했다. 개인들은 (수입과 같은) 더 높은 숫자의 할당을 위해 그리고 국가들은 (GNP, 군사적 세력, 등과 같은) 다양한 숫자에 기반하는 계층 구조에서 우수한 지위를 위해 경쟁한다. 세계가 물리적이고 문화적인 의미에서 더 긴밀하게 상호작용을 하게 됨에 따라, 국가들은 공동으로 가치 있는 경제적 상품을 위해 좀 더 치열하게 경쟁한다.

세계 자원의 한계가 좀 더 절실히 느껴짐에 따라, 그러한 물자와 가치의 획득을 위한 경쟁이 더 강력해지고 사회적 갈등이 더 생길 것처럼 된다. 국제적일 뿐만이 아니라 사회적인 우수성은 오직 '누가 얼마나 가졌는가'에 의해서만 결정될 것이고, 그것은 공통적인 비교 기준이 정해질 때까지 알려지거나 동의 되지 않을 것이고, 이건 일전에 논의된 것처럼, 별로 유망하지 않은 전망이다.

게다가, 나는 수량적인 기준만으로 하는 보편적 비교 개념을 거부한다. 그런 비교는 삶의 조건의 질을 증진하는데 좋은 것 보다 해를 더 끼쳤다. 산업화 과정을 최대화하고 보편화하려는 공통된 욕망은 정말로 돌이킬 수 없는 도시화와 기계화 과정을 가속화 하였지만, 그것은 높은 대가로 이루어졌다. 광범위한 사회적 이탈과 대중적인 환멸이 전통사회 내의 급속한 근대화의 부산물로 너무 자주 나타났다. 정말로, 그 사회들은 경제적 "성과"를 상징하는 아파트 단지와 고층 굴뚝을 세우기에 충분히 부자가 되었지만, 그와 함께 그 유명한 산업화의 병리를 가져왔다. 많은 사회가 서로서로 매우 비슷하게 되었고, 더 많은 사회가 균일성에 접근하고 있거나(또는 적어도 똑같음을 열망하고) 있다. 전통문화의 독특성에 대한 기념비인 오랜 건물들은 고층건물들로 대치된다. 농부들은 그들의 땅을 떠나고 도시로 이주하기 위해 대가족 친인척과의 연결고리를 깨고 있다. 도시 중심에서 범죄율은 인구만큼 빨리 증가하는데, 이 두 가지 모두 농촌 이주자들의 쇄도로 힘을 입은 것이다. 더 많은 자동차와 공장들이 독성 있는 매연을 내뿜고 있다. 한때 사치스럽고 귀했던 물품들이 대량생산되고 어디든 사람들이 같은 싼 거래를 찾아 같은 서구식 쇼핑몰을 배회한다. 더욱 놀라운 것은, 현저하게 유사한 교과과정이 전 세계 학교들에 소개되고 있는데, 이 모든 것이 가까운 장래에 더욱 경쟁적이고 유사성을 띤 생활양식을 확실시하는 것이다. 이 패턴의 많은 부분이 대체로 도전받지 않은 "더 큰, 더 좋은"이라는 신화 때문이라고 할 수 있다.

문제가 되는 기풍들의 인간적이고 도덕적인 결과들에 대한 반응으로, 증가하는 숫자의 사회 비평가들이 "작은 것이 아름답다"라는 새로운 구원의 구호를 외치고 있다. 분명히 인본주의적인 이 운동은 좀 더 진보된 탈산업사회에서 동조자들을 끌어당긴다. 이 희망적인 운동에 어떤 결론적인 판단을 내리는 것은 아직 너무 성급하겠지만, 만약 "작다"는 개념이 오직 "크다"라는 수량적인 개념에 정반대되는 것으로만 이해된다면, 이 운동은 아마도 해결에 별로 도움이 되지 않을 것이다. 아마도 "옛 좋은 시절"이 지난 것을 한탄하는 사람들에게 약간의 심리적 만족감이나 준다거나, 아니면 사회적인 자기경영은 바람직할 뿐만이 아니라 가능하다고 주장하는 오래전의 상 시몬(Saint Simon), 훠리에(Fourier), 로버트 오웬(Robert Owen)과 같은 유토피아적 사상가들을 흥분시킬지 모른다. 그와 상관없이, "더 큰 것이 낫다"와 "작은 것이 아름답다"라는 증상들 사이의 공통성은 좋게 생각하는 기준으로서 크기에 의존한다는 점이다. 이런 의미에서, 이들은 기본적으로 다르지 않다.

2. "사과와 오렌지": 잘못된 은유법

질적 비교의 불가능성을 합리화하는데, 형태나 종류가 다른 대상들은 비교될 수 없다고 제시하려고 "사과 대 오렌지"의 은유법을 쓴다. 이 은유법을 따라, 모든 걸 양적으로 비교할 수 있게 하는 획일적인 질의 측면으로 축소하도록 우리 자신을 훈련했다. 우리는 모든 오렌지를 사과로 만들 수 있고, 더 나아가 미국은 거대하고 맛있는 다양성(사실상 완전한 사과)이 있는데, 저 개발된 종족사회들은 비교적 애처롭게 쪼그라들고, 비참하게 썩어빠진 작은 것이라고 믿도록 우리 자신을 속여왔다. 그래서 우리는 GNP, 산업 생산, 도시화와 같은 측정치로써 개발을 정의하는 걸 좀처럼 주저하지 않는다. 어떤 사람들은 선택적인 서구 사회들에서만 공통적인 특정한 태도나 행동의 특성 면에서 개발을 정의하기까지 한다.

우리가 사과를 먹을 때, 다른 모든 사람이 사과를 먹고 있고 먹어야 한다고 보고, 또한 우리가 가진 사과의 크기나 양에 따라, 우리가 다른 사람들보다 유복하다고 당연시하는 경향이 있다. 사과가 줄 수 있는 걸 우리에게 줄 수 있는 다른 과일들도 있다는 사실을 무시한다. 한심한 것은 "사과 먹지 않는" 사회들의 많은 사람이, 그들의 신체적 신진대사가 사과 소비에 대비되어 있지 않아도, "사과 먹는 사람들"이 가진 걸 성취하고 유지하기 위해 그들의 식습관을 바꿀 필요가 있다고 생각한다는 부정할 수 없는 사실이다. 더 나쁜 것은, 원래 사과 먹는 사람들에게조차 사과가 꼭 최상의 과일이 아니라는 걸

보고서도 사과를 계속 먹는다는 것이다.

탈산업사회에서뿐 아니라 덜 발달한 사회들에서 일어나고 있는 걸 관찰할 때 이 사과 먹기 비유법은 그다지 비합리적이지 않은 것으로 보일 수 있다. 제 3세계 국가들은 급속히 산업화해 왔고, 그들 중 많은 나라가 산업사회의 문턱 단계에 들어가고 있다. 그렇게 성공적인 제 3 세계 개발은 기술 이전, 풍부한 인적 그리고 자연적 자원, 제 3세계 국가들에 대한 탈산업사회들의 증가하는 경제적 의존이라는 세 가지 결정적인 요소 때문일 수 있다.

산업화하는 제 3세계 국가들의 사람들은 그들의 사회들을 경제적 합리성과 실용주의 방향으로 조정하면서, 그들의 가치 시스템에 심오한 변화를 겪었다. 전통적으로 기술 교육이 (어떤 공식적인 의미에서) 전무 했거나 낮게 여겨진 사회에서 기술 훈련은 바람직한 교육적 소비품이 되었다. 경제가 번창함에 따라, 훈련생들을 해외로 보내고 서구의 선진 기술을 전수하도록 외국 기술자와 선생들을 고용할 수 있게 되었다. 동시에 새로 생긴 기술을 적용하기 위해 자연 자원들을 활용하고, 국제시장에서 유리하게 경쟁하는 상품들을 생산하기 위해 비교적 저렴한 노동력을 착취하였다.

마지막으로 그리고 아마도 가장 중요하게, 개발된 산업사회들은 다국적 복합체 기업들이 세계 경제의 가장 큰 업적으로 나타남에 따라 자신의 경제구조에서 광범위한 변화를 겪었다. 다국적 기업들은 일반적인 세계 경제적 조건들과 특히 제 3세계 국가들에 변화를 가져왔다. 제 3세계 국가들은 다국적 기업들을 위해 막대한 산업 생산을

실행할 뿐 아니라, 가장 중요한 판매시장도 제공한다. 그러므로 제 3
세계 경제의 발전은 발달한 사회들의 지속적인 성장을 위한 바람직
한 요소로 보이는데, 이것은 모든 국가가 서로 좀 더 협력적인 경제
관계를 유지하도록 강요한다. 이 점에서, 주된 수혜자는 제 3세계이
고, 제 3세계는 조급하지만 불안하게 근대 사회의 열매를 수확한다.

그러나 특히 산업화와 기술적인 변혁의 형태로 생기는 제 3세계
국가들의 개발 변화들은 인간이 갑작스러운 식습관 변화 후에 생기
는 신체적인 장애와 비슷한 문화적이고 사회적인 일탈의 대가 없이
일어나지 않는다.

왜냐면 기술적 발달은 개인적이고 사회적인 많은 문제를 해결했
고 수많은 방식으로 생활조건의 향상에 공헌한 때문에, 이 산업화와
근대화의 비판이 편파적이라고 해석되지 않아야 한다. 기대수명의
연장과 유아 사망률 감소를 결과한 진보된 의료 기술에 의한 보건의
향상과, 읽기 능력 향상은 근대화와 기술적 혁신이 성취한 칭송받을
만한 예로 들 수 있다. 비난을 받아 마땅한 것은 무비판으로 문화적
"잣대"를 선호하여 전통적 가치 시스템을 거부하거나 바꾸면서, 문화
적 획일성, 유사성과 양적인 열망을 부추기는 경향이다. 또한, 비난할
일은 무자비한 경제적 경쟁과 사회적 투쟁을 초래하면서, 근대화가
모든 사람을 (서구 사회의 열매인) "사과"로 앞다투도록 하는 방식이다.

한층 더 비극적인 일은 서구와 개발도상 사회들에서 여러 지식인이
모두 채택한 비굴한 정신자세이다. 많은 지성인, 특히 비교학자들은
"사과는 오렌지와 비교될 수 없다"라고 오랫동안 결론지었고, 비교

과학을 유지하는 유일한 방법은 두 가지 열매에서 공통적인 걸 찾는 것이라고 결론지었다. 그들은 공통적인 지표 없이 사회들이 비교될 수 없다고 믿는다. 전에 논의되었듯이, 그런 지표를 정립하려면 아직 멀었다. 갈 길이 멀 뿐만이 아니라 장애물 투성이다. 어떤 한 가지 개념도 다른 사회문화적 맥락에서 같은 의미를 뜻할 수 없으므로 길이 막혀있다. 견실하고 풍부한 문헌들이 "의미론적인 경험주의"와 "인식론적 경험주의"마저 결론 내리는 이 다소 비관적인 결론을 지지한다. 한 가지 용어는, 그게 민주주의, 수입, 교육, 인권, 혹은 다른 어떤 사회적 언어이든, 유용한 개념이 되려면 "의미"가 주어질 필요가 있고, "의미"는 특정한 맥락에 있는 특색들을 참조해서만 주어질 수 있다. 이 조건은 사회적 개념들에 고유하므로, 물리적인 법칙을 형성하는데 물리 과학자가 사용하는 잘 정의된 종류의 개념들이 없다고 우리는 그냥 간단히 결론지어야 한다.

전에 내가 암시했듯이, 수량-의식적인 비교를 초월하는 제안을 한 건, 그런 비교가 쓸만한 비교를 해낼 성싶지 않기 때문이었다. 오히려, 내 주장은 사실상, 오렌지를 사과와 비교할 수 있고, 사과와 오렌지를 비교하는 일은 비교학에 추가적인 측면과 관점들을 제공할 것이라는 믿음 위에 있다. 오렌지를 사과와 비교할 수 없다고 말하는 사람들은 식료품 가게에서 오히려 정기적으로 사과를 오렌지와 비교하는 구매자들을 관찰할 필요가 있을 뿐이다. 짐작건대 그 구매자만큼 똑똑하고 추상적인 사고를 할 수 있는 우리가, 그런 논리를 그리도 널리 그렇게 일상적으로 쓰면서 유사한 비교 논리를 발달시킬 수 없다고 인정하는 것인가?

오늘날, 실제로 우리는 삶의 상황들을 비교국가적 그리고 비교문화적으로 의미 있게 비교하는 것이 가능하지 않다고 인정하는 우리를 볼 수 있다. 그럼에도 불구하고, 우리는 정교하게 짜인 글로벌 지역사회에 대한 사회학적인 이해를 깊이 하기 위해 보편적인 비교를 하기 원하는 커진 욕망 때문에 이런 비관적인 결론을 내리지 못하게 된다. 불행히도, 우리의 욕망만으로는 그런 노력의 가능성을 높이지 못할 것 같다. 우리는 현재의 개발 개념과 이론들이 진실하게 실제 삶의 상황 속에서 개발이 무엇인가를 그리는지 물어야 한다. 진짜 삶의 상황들이 개발학에서 분석의 진정한 초점들인가? 다음 장들에서, 필자는 이전에 활용된 것보다 좀 더 타당한 개발에 대한 묘사를 시도할 것이다.

3. 물건의 비교에서 사람의 비교로: 비교를 인간화하기

식품 가게 소비자의 이미지로 돌아가자면, 그 사람이 사과 대신에 오렌지를 사려고 선택할 때, 그 결정 뒤에 무슨 이유가 있을 것이다. 냉장고에 사과가 있다거나 신선하게 수확된 오렌지가 그 순간에 그에게 다가왔을 수 있다. 어쨌든, 그 소비자는 자신이나 가족들에게 주는 상대적인 의미 면에서 그 두 가지 과일을 비교할 것이고, 오렌지를 사는 결정은 사과보다 오렌지를 가치 있게 여긴다는 것을 가리킬 것이다. 여기서 그 비교는 가능한 선택들로 영향받는 인간 조건들 면에서 이루어진다. 그러므로 주어진 시간에 특정 선택자의 삶의 상황에 따라서, 똑같은 사과는 다른 가치가 있을지 모른다.

이처럼, 각각 그 돈의 기능적인 가치에 따라 일 달러짜리 지폐는 다른 사회에서 인간존재의 향상을 위해 다양한 범위의 상품과 서비스를 제공할 수 있다. 한 남성은 중국 농촌 이발소에서 일 달러로 머리를 자르고, 샴푸와 스타일링, 면도와 마사지, 심지어 구두 닦는 서비스까지 받을 수 있다. 같은 돈으로 미국에서는 한쪽 머리를 다듬거나 신발 한 짝을 닦기도 어려울 수 있다. 만약 같은 서비스가 미국에서 10달러가 든다면, 그 목적으로 중국에서 사용되는 일 달러는 미국에서의 10달러와 기능적으로 동등한 것으로 간주해야 한다.

비교 논리 문헌에서 동등성을 수립한다는 개념은 새로운 건 아니다. 여기서 새로이 강조되는 것은, 수단적인 돈의 방법이 아닌, 동등한 인간 상황이나 가치 대상을 비교 잣대로 쓰는 원칙을 말하는 것이다. 사과를 다른 사과와 비교하는 일은 특수 상황에 있는 사과 소비자에게 주는 상대적인 유용성 면에서 되어야 한다는 것을 말하는 것이다. 어떤 숫자의 대상들도 같은 인간의 목적을 이루게 할 수 있다. 더군다나, 어떤 한 가지 대상도 여러 가지 인간 목적들을 달성할 수 있다. 화가는 사과를 주로 그림 그리는 주제로 볼 수 있다. 그러므로 그 화가는 맛이나 크기보다는 사과의 색깔과 모양을 가치 있게 본다. 이 화가에게는 작은 사과가 큰 것보다 더 소중할 수 있다. 사과 그 자체의 대상에 본래의 의미가 없고, 보편적으로 항상 주어지는 사과의 의미도 없다. 이것은 물질적 자원의 어떤 단위도 주어진 문화적 맥락에서의 사용에 따르는 다양한 의미가 있을 수 있다는 걸 함의한다. 그 유용성 (양적인 유용성조차도) 다른 사회적 맥락으로 변경되지 않고 옮겨갈 수 없다. 이것은 더 큰 GNP를 가진 나라가 반드시 더 개발된 나라로 간주 되면 안 된다는 걸 의미한다. 이런 이유로, 이 지표들은 인간 삶의 조건의 질과 피상적으로만 관련됨으로, 사회적 경제적 특성들의 총 지표들로 국가들 서열을 세우는 비교연구들은 아주 크게 잘못된 것이다.

모든 사회제도와 우리가 착취하는 물질적 자원들은 인간을 돌보기 위함이고, 그들이 갖는 바로 그 존재 이유는 인간과의 관계와 유용성 속에 있음을 절대로 잊으면 안 된다. 사람들이 소외될 때, 삶의 질을 향상하지 못하므로, 그들의 자원과 제도들은 그들에게 의미 없게 된다. 사람들이 속하는 운전석에 그들을 앉히는 것보다 더 긴급한 일은 없다.

4. 베토벤과 피카소: 대상으로부터 소비자로

만약 누가 당신에게 베토벤이나 피카소 중 누가 더 훌륭한 예술가이냐고 묻는다면, 당신은 아마도 비교할 근거가 없으므로 그 질문은 의미가 없다고 답할 것이고, 당신이 맞을 것이다. 그러나 양적 분석을 해야만 한다는 생각에 사로잡힌 비교 분석가들이, 진정 그 예술가

들에 대해 중요한 것들을 빼놓고, 몸무게, 키, 머리 색, 엄지발가락
크기 등의 면에서 베토벤과 피카소를 바쁘게 비교하는 것을 막지는
못할 것이다. 비슷하게 개발연구 분석가들은 많은 나라에서 소득, 산
업화, 직업, 도시와 석유 소비에 대한 비교적인 기술서를 만들어냈
다. 상관관계, 회귀 계수, 그리고 수많은 다른 인상적인 수학적 함수
들을 발달시켰다. 그렇지만 이것들이 다른 사회에 대한 의미 있는 것
을 나타내지 못한다면 이런 성취들이 다 무슨 소용인가? 미국 지표
들의 값어치가 인도의 지표 수준으로 축소된다면 미국이 하나의 인
도가 된다고 가정하는 것은 개탄스러운 일이다. 개인에게 있는 모든
것이 소득, 직업, 공식 교육, 주거 장소, 등이라고 가정할 수 없다.

그러나 인본주의자 도발을 지지할 수는 있겠으나, 베토벤과 피카소
사이의 비교를 피하거나 부정하는 것은 비교 문제에 대한 해결책을
제공하지 않는다. 사회적 대상들, 특히 인간들이 베토벤 대 피카소의
경우와 유사한 질적인 다양성을 표출하는 한, 어떤 종류의 비교법이
필수적이고, 그 방법의 근원은 인식된 의미 속에 있을 것이다. 그러므
로 음악가에게는 베토벤이, 화가에게는 피카소가 더 위대한 것으로
여겨질 수 있다. 그러나 우리는 "사과와 오렌지"의 경우와 베토벤과
피카소의 경우 사이에 중대한 차이가 있다는 것을 잊으면 안 된다. 이
두 사람은 평균 사람의 성취를 크게 초과하는 위대한 성취자 이었다.
우리는 그 성공의 열매들이 그들 자신 속의 성취자로 보지 않고, 성공
의 열매는 그로 인해 인간 성취를 가능케 하는 수단으로 본다.

여기서, 나는 만약 비교되어야만 한다면, 인간들이 그들의 업적

면에서 비교되어야 한다고 말하겠다. 이 경우에 인간의 업적은 인기 나 물질적 소유에 의해서만 결정되어서는 안 된다. 오히려, 태도와 행동 형태에서 나오는 좀 더 손에 잡히는 업적들뿐만이 아니라 인간 의 태도와 행동의 변환을 나타내야 한다. 이것은 해결하기 쉬운 이슈 가 아니므로, 인간 성취를 측정하는 문제에 머무는 건 이 장의 범위 를 넘어선다. 인간의 성장패턴을 추적하기 위해 몇 가지 주요 시도가 이루어졌고 이 분야에서 더 많은 연구가 필요하다고 지적할 필요가 있을 뿐이다. 인식 발달 측정을 한 피아제(J. Piaget, 1952), 도덕적 발 달 단계를 제안한 콜버그(Kohlberg, 1969), 인간발달의 심리 사회적 이론을 내놓은 에릭슨(Erickson, 1950), 욕구 계층이론의 매슬로우 (Maslow, 1954)가 시도한 것이 적절한 시도들의 예들이다. 정말로, 대부분의 이러한 이론들에 의하면 베토벤과 피카소가 아마도 위대한 성취자로 보일 것이고, 수많은 다른 음악가들과 화가들은 훨씬 낮은 수준의 성취수준에서 평가될지도 모른다.

인간의 업적은 잠재성을 실현하는데 사용할 수 있는 자원들과 관 련하여 인간 잠재성의 달성으로 평가될 수 있다. 그러므로 베토벤의 업적은 물질적 자원들이 적절하게 제공되지 못했고 나중에 청각 상 실 장애가 있었기 때문에 더 훌륭하게 생각될 수 있다. 그렇다면, 한 사회의 개발 수준도 자원 가용성과 관련하여 잠재성이 실현된 정도 로 등급을 매길 수 있다.

적절한 인간 문제들의 해결이 정치학자들이 해야 할 가장 중요한 임무로 뽑힌 탈행동주의 사상이 명하는 바대로, 이 장은 "발달 상황"

을 비교하는 일은 물질적 혹은 제도적인 상황보다는 인간 상황 그 자체 면에서 해야 한다는 제안을 진전시킨다. 이것은 비교 사회연구 분야에서 주요한 경향을 비판적으로 평가하게 이끌었다. 부분적으로는 다소 독특한 사회적 개념과 행동과학의 독특한 성격 때문에, 모든 사회가 객관적으로 비교될 수 있는 공통적인 잣대(지표)를 만드는 일은 단순히 비현실적인 열망이라고 결론지었다. 게다가, 나는 보편적인 법칙을 생성하기 위한 양적인 연구들은 가능하지 않을뿐더러, 더 중요하게는, 도덕적으로 비인간적이라고 제안했다.

"비교"의 개념을 급진적으로 다시 개념화할 필요가 있다고 결론짓고, 나는 그 개념이 질적인 비교까지 포함하도록 확장될 수 있는 상세한 예를 보여주려고 시도했다. 그런 새로운 비교 개념은 인간과 사회의 문제들을 좀 더 밀접하게 다루기에 도움이 되고 전통적인 양적인 유형의 비교보다 좀 더 가능하다.

인정하는데, "질적인 비교"에서 [정의를] 조작하려면 많은 일을 할 필요가 있고 현재의 논의는 이 방향으로 많이 진전하지 못했다. 그러나 내가 좀 더 보편적으로 적용할 수 있고, 설명적이고, 과정법(process-laws)으로 예측하는 이론을 행해 가는 올바른 길에 삶의 상황을 비교하는 일이 자리하도록 도움이 되었다면 나는 만족한다. 그 기차가 얼마나 멀리 갈 것인가는 더 큰 노력과 연구에 달려있게 될 것이나, 올바른 트랙에 있는 기차는 원치 않는 방향으로 달리는 차선을 벗어난 기차보다 나은 것 같다.

5. 인간이 필요로 하는 것[니즈, needs]과 인간이 원하는 것 [wants]은 왜 안 되나?

이 책에서 이 지점에서 명백하게 해 둘 필요가 있는 말이 있다. 개발학의 위치를 확인하는 일에서, 대부분의 현존하는 연구들(3장과 이 장)이 규범적으로 틀리고 개발의 실증적인 현실을 묘사하는 일에서 부정확하다는 점에서 잘못되고 부정확하다는 딱지를 붙였다. 그것도 또한 규범적인 관점에서 틀릴 수 있겠지만, 맞고 정확할 수 있는 이론을 진전시키기 위해 이론화의 정확한 과정을 제공하겠다. 그런 후에, 올바르고 (그래야만 하는 개발) 정확하다고 주장할 수 있는 거대 개발이론이 이 이 책의 제3부에서 명시될 것이다. 이 장은 역사적으로 실제로 그랬던 대로의 개발에 대한 훨씬 더 정교한 정의가 "목적들"과 "전략적인 수단들"의 두 가지 별개 영역을 분석적으로 차별화함으로써 확인될 수 있다는 제안으로 결론지을 것인데, 이 경우에 목적은 인간이 필요로 하는 것(니즈, needs)과 원하는 것(wants)을 충족시키는 일이고 전략적인 수단이 개발이다. 개발은 경제성장, 제도적인 효과성, 특정 이념적 가치들과 문화들, 혹은 사회 구조적인 세련됨과 같은 일련의 개념들을 정의하는 것일 수 있겠지만, 이 모든 부수적인 것들을 인간의 니즈와 욕구를 충족시키는 일에 도움이 되는 전략적인 수단들로 볼 수 있다. 니즈/욕구를 만족시키는 일이 바로 언제나 모든 복잡한 사회 수준(즉, 개인, 그룹, 사회적 수준들)에서 하는 인간 행동의 목적이었다. 그러므로 합법적인 정의와 개발에 대한 설명은 보편적으로 타당하고 인간 역사 과정을 통틀어 관찰된 인간 행복의 직접적인 원천이 되는 그 니즈/욕구의 만족이라는, 인간존재의 궁극적인 목적을 중심으로 진화해야 한다. 보편적일 뿐만이 아니라 설명하고 예측할 수 있는 방식으로 구조화하는 식으로 인간의 니즈/욕구를 개념화함으로써, 우리는 이론의 기준 면에서 그리고 제2장에서 정립된 대로 발달(개발)을 정의하는 면에서 더 나은 개발이론을 발견할지 모른다. 그런 이론은 보편적일 뿐만이 아니라, 제3장에서 논의된 이론의 틀보다 더 큰 설명적/예측적인 잠재력을 행사할 수 있다. 더군다나, 니즈/욕구를 만족시키는 과정은 수량적으로 지속적인 과정이라기보다는, 질적인 전환 과정을 나타낸다는 점에서 인간 니즈/욕구의 요소들은 질적으로 서로 다르다. 그러므로 그 과정은 단선적이고 반드시 전진적일 수 없고 오히려 다른 단계들을 포함하는 과정이다. 농업사회, 산업도시 사회, 탈 산업사회, 세계 마을(global village) 단계들은 모두 질적으로 독특하다. 이런 이유로, 전 장에서 논의했듯이, 단순히 선택된 사회들의 과정들만 묘사한다는 사실을 제외하고, 로스토우(Rostow)와 오르간스키(Organski)의 "발달"의 단계이론들은 다른 이론들보다 우수할지 모른다. 마르크스주의자의 역사적 진화 단계이론은 설명력과 예측력이 있지만, 보편적으로 적용할 수 없고 보편적으로 타당하지 못하다. 우리는 가치 중립적이고 이 책의 앞부분에서 논의된 발달(개발)을 정의하는 기준을 만족시키는 이론을 분명히 정립하기 위해 매진해야 한다.

다음 장에서, 나는 개발 패러다임을 창조하기 위해 힘쓸 것이다.

인간의 니즈/욕구에 근거하는 패러다임은, 그렇게 되어야 한다는 식이 아니라, 개발 과정을 있는 그대로 묘사하고 설명한다는 사실을 분명히 하는 것은 중요하다. 개발되어야 한다는 방식으로 패러다임을 형성하는 상당한 임무는 이 책의 제3부에서 시도될 것이다.

제 5 장

인간의 필요와 욕구 추구: 발전의 진정한 과정

이 앞 장에서 인간의 니즈/욕구 개념은 좀 더 보편적이고, 설명적
-예측적 개발이론을 발달시키기 위해 탐구될 수 있을지 모른다고 제
안되었다. 이 장은 앞 장들에서 조사한 주요 개발이론들보다 좀 더
정확하게 역사적 사실을 담는 개발이론을 진전시키기 위해 이 개념
을 분해하도록 디자인하였다.

1. 인간이 필요로 하는 것[니즈, needs]과 인간이 원하는 것
   [욕구, wants]의 구조

점진적이고 양심적인 인간 니즈의 추구를 위해서, 사람은 긴급성

과 바람직함에 준거하여 인간 욕구들을 계층적으로 순서를 매길 듯 하다. 전에 암시되었듯이, 그런 질서 있는 접근은 목적 지향적인 행동 그 자체의 정의 속에 함의되었다. 어떤 목적들은 다른 것보다 더 급 하고, 이것들이 다른, 덜 긴급한 목적들보다 먼저 추구될 것으로 기 대할 수 있다. 선호 순서(preference ordering)라는 (Friedman, 1953) 개념은 이 생각에 대한 좀 더 공식적인 버전이다. 어떻든, 우리가 개 발 개념의 질적인 측면을 강조한다는 관점에서, 인간 니즈[와 욕구] 의 어떤 구조는 설명적이고 예측적인 이론을 정립하기 위해 가정되 어야만 한다.

인지적 발달의 심리적 관점들뿐이 아니라 매슬로우(Maslow)의 "인 간 욕구의 계층" 개념을 뒷받침하는 대부분의 기본적인 전제들을 따 르면서, 여기서 나는 인간 욕구의 네 가지 층을 이루는 계층 구조를 제안한다. 첫째로 생존, 둘째로 소속감, 셋째로 여가, 그리고 통제에 대한 [니즈와] 욕구들이 그것이다.

이 [니즈와] 욕구들은 전 단계가 충족될 때까지 한 가지 수준이 주 된 행동 동기로서 나타나지 않을 것이라는 점에서 계층적이다. 그러 므로 현재 불만족한 [니즈와] 욕구의 계층에서 가장 낮은 층에 의해 생태계는 지배당하고 그 행동은 조직된다. 이 네 가지 수준에 있는 각각의 인간 니즈/욕구가 좀 더 충분하게 설명될 것이고, 그렇게 하 는 가운데, 그것이 추구되는 점진적이고 진보적인 성격이 더 쉽게 분 명해질 것이다.

(1) 생존: 모든 살아있는 존재들은 살아있기를 원한다는 것은 자

명한 원리로 받아들여질 수 있다. 이 니즈는 그냥 생존하려는 의식적인 선택보다 많은 걸 구성한다. 모든 살아있는 것의 속성에 내재한 것으로 보고, 그러므로 본능으로 간주할 수 있다. 다른 모든 인간 욕구들의 출현은 먼저 생존 조건들을 충족시키는 일에 달려있다. 사람은 대부분 생존에 아주 높은 가치를 두므로, 렌스키(Lenski, 1966, p.37)가 주장하듯이, 생존을 촉진하는 그 무엇도 가치가 높게 된다. 매슬로우가 말하는 신체적 니즈와 안정성의 니즈는 필수적인 걸로 간주 되고, 이 [필요한] 니즈가 채워지지 않으면 다른 모든 덜 긴급한 욕구들보다 먼저 그 개인이 주목할 것을 요구한다.

만약 단순한 신체적인 생존이 인류의 유일한 욕망이었다면, 많은 사회적이고 정치적인 문제들을 없앨 수 있을지 모른다. 그러나 실제로, 인간들은 생존할 뿐이 아니라 "잘" 생존하기를 원한다. "잘" 생존하려는 욕망에서, 인간들은 추가적인 욕구들을 나타낸다.

(2) 소속하기: 일단 신체적 생존의 기회가 좋다고 믿어지면, 인간은 같이 정체성을 나눌 다른 사람들을 찾는다고 기대될 수 있다. 아리스토텔레스가 인간을 사회적 동물로 묘사한 이래, 많은 연구가 인간성의 육중한 사회적 지향성을 증명하였다. 이런 기질은 사랑과 정 또는 "연계하는 감수성"(Pye, 1965)이라고 칭할 수 있겠으나, 어떤 형태로 주관적으로 의미 있는 상호관계에 대한 욕망이 기본 인간 욕구로 존재하는데, 그것은 아주 어린 나이에 대개 사람들 행동에 영향을 미친다는 뜻이다.

(3) 여가: 원시적인 생존과 사회화의 기본 수준 유지를 둘 다 촉진

하는 일에 환경적 자원들이 필요하므로, 인간들은 이러한 필수적으로 필요한 물적 자원들을 추출하기 위한 환경에 대한 통제를 최대화하려고 욕망한다. 그러나 일단 인간들이 생존과 사회화를 확보하기 위해 충분한 자원들을 획득하면, 그들의 기질은 여유로운 삶의 양식을 위한 욕망을 지향하여 바뀐다. 여유로운 삶의 양식은 자유로운 시간을 요구할 뿐이 아니라 단순한 신체적 생존을 위해 필요한 이상의 물질적 상품의 소비를 포함한다. 좀 더 긴 주말, 자전거보다는 자동차 타기, 자동 식기 세척기, 뒷 마당의 수영장, 유급 휴가 확장을 원하는 욕망은 모두 여가를 원하는 인간 기질을 보이는 적절한 예들이다. 이러한 유형의 소비 패턴은 한 사람의 욕구가 지배하고, 생체적 신체적인 생존의 필수요건이나 사회적 열망에 대한 욕구 때문도 아니다.

(4) 통제: 인간이 여유로운 삶에 필요한 시간과 물질적 자원을 소유하면, 그 사람은 다른 사람들과 비교하여 월등한, 훌륭한 삶을 유지하기 위한 욕망으로 사로잡히게 될 것이다. 이 시점에서, 인간은 자신의 사회적 지위를 스스로 더 의식하게 되고, 혹은 적어도 그러한 고려사항들이 그의 동기부여 가운데 더 뚜렷하게 될 것이다. 주된 동기들이 생존하는 것인 사람에게는 지위에 관해 주관적으로 느끼는 상대적 박탈은 주변적인 중요성만 있겠으나, 지위를 의식하는 사람의 사회적 행동은 지역사회 내의 상대적 성취감으로 쉽사리 지배당한다. 높은 사회적 지위를 상징하는 물질적인 것들에 대한 소유욕은 그 사람의 행동들에서 명백하다.

사회적 통제나 자긍심에 대한 욕망과 관련된 이런 종류의 물질적 소비는, 베블렌(Veblen, 1899)이 "눈에 잘 띄는 소비"라고 이름한 것이다. 비록 비슷하게 물질적인 것들에 대한 욕망에서 나오지만, 농업사회의 농부들의 물질적 욕구는 생존 면에서 특징이 있는 반면, 경제적으로 진보된 산업사회의 소비자들은 자주 눈에 잘 띄는 소비자가 된다. 생존에 필요한 식료품과 같은 물품은 가용성과 관계없이 항상 요구되지만, 자긍심이나 다른 사람과 비교되는 우월감의 목적으로 찾는 다이아몬드는 그 가치를 주로 희소성에서 그리고 그 소유자에게 주어지는 사회적 지위를 얻는다는 것을 인식함으로써, 우리는 두 가지 종류의 물품들을 좀 더 쉽사리 구분할 수 있다. 후자는 사회적 혹은 대인 관계적인 가치를 얻는 수단이라기보다 그 자체로 가치가 있다.

이 "사회적 통제" 욕구는 고정액의 경쟁들로 이끈다. 사회적 지위는 상대적인 가치이며, 그래서 누군가가 그 지위를 얻는 것은 다른 사람들이 잃는 것을 필요하게 한다. 이런 의미에서 이 욕망은 도덕적으로 바람직하지 않지만, 실증적으로 부정할 수 없다고 말할 수 있다. 토마스 홉즈(Thomas Hobbes)가 관찰했듯이, 사람은 살인의 본능을 가진 아주 드문 동물이다. 더 나쁜 것은, 사람은 자주 그저 생존을 위해서가 아닌 영광을 위해 살인한다는 것이다. 환경을 통제하는 엄청난 능력으로, 현대인은 그 언제보다 한층 더 복잡한 사회정치적 문제들로 고통받는데, 이 문제들은 바로 정확하게 다른 인간들에 대한 통제를 확장하려는 욕구 때문에 생긴 것이다. 마틴데일(Martindale, 1962, p.42)이 관찰하듯이:

더 드물게는 자연의 풍요로움이야말로 사회에 긴장을 일으킨다. 곤경을 같이 살아낸 파트너들은 어려운 시기가 [파괴]하지 않는 것을 성공이 파괴한다는 것을 발견한다.

2. 인간이 필요로 하는 것[니즈, needs]/원하는 것[wants] 의 점진적인 진보

이 지점에서, 이 네 가지 공통적인 니즈/욕구들은 인간 욕구를 구성하는데 점진적인 단계들을 나타낸다는 중심적인 주제를 명확히 할 필요가 있다. 더욱이, 이 욕구들은 단순히 양적인 면뿐이 아니라 각 욕구의 질적인 성격 면에서도 서로 구별된다. 어느 한 가지 욕구를 만족시키는데 요구되는 것이 다른 어떤 욕구를 만족시키는데 필요한 것과 질적으로 다르다. 생존에 필요한 걸 넘어서는 추가적인 음식의 양이 새로 생기는 그 개인의 소속감 욕구를 만족시키지 못할 것이다.

이 과정의 성격은 아이가 유아기에서 젊은 성인기로 진보하는 것과 유사하다. 아기가 새로 태어날 때, 그 아기는 울 것이고, 그건 그 아이가 살기 위해 (울음을 울어서) 숨 쉬어야 한다는 것을 가르킨다. 유아로서, 어린아이는 생존을 위해 필요한 영양분을 본능적으로 찾는다. 그렇게, 이 첫 번째 단계는 가장 기본적인 인간 니즈인 생존을 나타낸다.

신생아는 음식과 안식처가 적절히 제공될 때 보통 (신체적 만족의 표시로) 잠을 잘 것이고, 그 니즈가 채워지지 않을 때 울음을 울 것이다.

일단 그 아이가 영유아기로 더 자라면, 그 아이는 다른 인간, 보통 엄마의 존재를 느끼려는 욕구를 표현한다. 이것은 소속 욕구가 처음 나타나는 단계인데, 그 아이는 음식과 편안한 물리적 환경만으로 온전히 만족하지 않으리라는 걸 의미한다. 곧 엄마와 같은 다른 사람의 존재를 욕구할 [필요로 할] 것이고 그룹 (처음에는 가족)에 속하려는 욕구를 표출할 것이다. 인간성장의 이 단계에서, 개인은 다른 인간과의 관계에서 정체성을 발달시키는 것을 추구한다.

아이가 신체적으로 편안하고 심리적으로 안정을 느낌에 따라, 장난감을 원하고 찾을 것이다. 아이가 장난감을 원하는 것에 관한 한 문화적인 예외가 없다고 보인다. 아이들 장난감이 해당하지 않고 부재 하는 사회는 절대로 없다! 아이에게 새 장난감을 주면 그걸 갖고 놀 시간이 좀 필요할 것이고, 그러므로 자유로운 시간에 대한 욕구는 분명해진다. 비록 한 아이가 처음에는 자기가 가진 장난감으로 만족할지 모르나, 이웃에 있는 다른 아이들과 가족 밖의 관계를 발달시키면서, 자기 것을 그 아이들의 장난감과 비교하기 시작하고 더 많은 그리고 더 나은 장난감들이 필요하다고 결론짓는다. 이것은 사회적 그리고 물질적인 가치들에 대한 경쟁이 생기는 (친구들 가운데 가장 많고 최상의 장난감들을 가지려는) 인간 욕구의 네 번째 단계와 일치한다. 이 단계에서, 그 아이의 행동이 경쟁적이고 전투적으로 되는 것조차 볼 수 있다. 아이들의 태도와 행동에서 이런 발달 패턴은 절대적으로 보편적이라고 본다.

   그러므로 이런 어린이의 발달 과정의 관찰을 보편적으로 적용할 수 있는 정도까지, 인간 욕구의 구조 또한 보편적이라고 간주 될 수 있겠다. 아동 발달과 보편적 인간 욕구 구조 사이의 유사성을 주장함에, 어린이들의 욕구가 성인 사회 구성원의 동기부여와 관련이 있는지 의문시할 수 있겠다. 우리는 오직 같은 세트의 니즈와 욕구를 추구하는 장치와 수단에서만 다르므로, 욕구 면에서 성인은 아동보다 훨씬 더 "성숙"하지 않다는 것이 내 믿음이다. 소속의 욕구를 만족시키기 위해 엄마의 존재를 요구하는 대신, 어른은 애인, 동료, 조합, 교회, 컨트리클럽, 정치 정당의 회원권을 추구할 수 있다. 어린아이의 장난감 대신에, 성인은 골프 클럽, 배, 스포츠카, 개인 비행기를 원할 수 있다. 정말로, 성인이 더는 더 많은 장난감을 가지려 하지 않는다는 건 더 많은 돈, 권력, 그리고 거의 모든 걸 다른 사람들보다 더 찾는 걸 멈추었다는 걸 의미하지 않는다. 이 점에서 아이와 어른 사이의 차이점은 장치와 도구들에 있다. 어린이가 가족의 울타리 밖으로 성장하면서, 훨씬 더 복잡하고 자주 적대적인 삶의 환경에 노출된다. 그러므로 가족과 장난감 같은 도구적인 수단은 심리적인 소속감과 여유로운 삶을 유지하는데 더는 충분하지 않다. 같은 방식으로, 사람의 준거 틀이 확장하면서, 사회적 경쟁은 더욱 격렬해지고, 그런 경쟁에서 이기는 일은 더 많은 자원과 더 큰 능력이 필요하다.

   사회계층 문헌의 근저를 이루는 가정들과 제안들은 인간 욕구의 진보적인 성격을 표출하는 다른 수단을 제공한다. 비록 계층화 기준이 어떤 건 특권에 의해, 다른 건 부에 의해, 그리고 직업-전공에 따라 다르기는 하지만, 미국에 있는 전국 의견 연구 센터(NORC, National Opinion Research Center)에 의한 직업 특권 지수를 포함하는 계층 지수들은 이 장에서 정립한 인간의 욕구 수준과 비슷하다. 보통 사회 계층의 밑바닥으로 분류되는 "비 기술노동자들"은 주로 생존으로 동기부여를 받는다. 에드워드(Edward)의 카테고리에 있는 "기술" 노동자들은 사회적으로 진보하려는 기대 속에서 경제적인 기회를 추구하는 사람들로서 개념화될 수 있다. 화이트칼라 계급은 다양한 취미와 여가 생활을 찾는 경향이 있는 사람들로 보일 수 있다. 마지막으로, 전문직과 경영인 계급들은 욕구 계층의 가장 높은 욕구인 자긍심과 사회적 통제를 추구하는 사람들이다. 만약 던컨과 블라우(Duncan and Blau, 1966)가 주장하듯이, 오늘날 흔한 사회계층지수가 서로 호환할 수 있고 또한 역사적으로 일관적이다면, 일반적으로 욕구 단계들이 계층 지수와 일치하는 것은 그에 의해 우리가 인간 욕구의 점진적인 계층적 성격을 입증하는 중요한 측면이 될 수 있겠다. 추가로, 만약 사람이 문화적이고 역사적인 배경과 무관하게 지위 향상을 지향한다면, 우리는 이것을 점진적인 니즈/욕구 구조가 보편적으로 적용 가능하다는 증거로 주장할 수 있다.

위에 논의된 전제들에 근거하여, 다른 유형의 인간 욕구를 추구하는 사회 구성원이 그 사회에서 차지하는 비율로 발달 수준을 측정할 수 있다. 여기엔 개발된, 개발 중인, 그리고 미개발된 사회들의 "이상형" 경우들이 있다. 미개발, 개발도상, 개발이라는 개발 단계들의 세 가지 명칭들은 다른 간접적이고 부정확할 수 있는 경제적, 사회적, 혹은 정치적인 지표들이 아닌, 사람들의 니즈/욕구 수준의 총체적인 면에서 인간 삶의 조건상태에 엄격하게 근거한다.

3. 기관들과 인간이 필요로 하는 것[니즈, needs]과
원하는 것[욕구, wants]

모든 종류의 기관들은 인간 니즈/욕구를
최적으로 추구하기 위해 디자인된 인간의 발명품이다.

헌팅턴(Huntington, 1965)이 발달뿐이 아니라 쇠퇴는 한 국가의 개발 노력에서 나올 수 있는 산물이라고 상정한 이래, [사회]제도화 개념은 이 발달과 쇠퇴의 두 산물을 구별하는데 중요한 개념이었다. 이 능력 없이 개발을 염원하는 시스템은 쇠퇴를 초래할 듯하다. 개발은 그 체재가 다양한 형태의 요구사항들에 대응하는 능력을 얻는 것만을 요구하지 않는다. 개발은 또한 이런 능력들이 이런 주문을 처리하는 정규적인 장치로서 제도화될 것을 필요로 한다. 이런 식으로, 대부분의 요구는 정규적인 절차들을 통해 처리될 수 있으므로, 정부는 커다란 주문량을 다룰 능력을 발달시킨다. 더군다나, 인구 가운데 안정감으로 이끌면서, 정부 역량에 대한 인기 있는 인식이 고양된다. 물론, 그냥 아무 능력이나 제도화되어야 하는 것이 아니라, 중요한 상세한 유형의 실질적인 요구사항에 대응하는 능력을 말한다. 자동차 통행을 통제하는 효율적인 장치가 있는 정부는 또한 그 차들을 작동시키는 충분한 휘발유를 보장할 수 있는 제도가 없이 지속할 수 없을 것이다. 그렇다면, 어떤 능력들이 개발되고 제도화되어야 하는지에 대해 생각할 필요가 있다.

우리의 패러다임의 맥락 속에서, 사회적 기관은 특정한 인간 욕구를 충족시키기 위해 규칙적이고 정규화된 장치를 제공하려고 의도된 인간의 발명품으로 간주 된다. 특정한 중요 욕구의 충족에 필요한 상품과 서비스를 제공하는 능력이 제도 기관들의 존재 이유(raison d'etre)이므로, 어떤 제도권 역량이 개발되고 제도화되어야 하는지를 실제로 결정하는 것은 욕구의 성격이다. 같은 방식으로, 인간 욕구의 성격이 변하는 데 대한 반응으로 제도들은 변한다고 기대할 수 있다. 이렇게 하는 것이 기관의 목적들을 달성하는 효율성을 유지하는 방식이다. 그러므로 한 사회에서 특정 기관들이 출현하는 순서는 그 구성원들의 욕구가 나타나는 순서와 병행하여야 한다.

한 사회 구성원들 가운데 가장 만연한 욕구가 생존 니즈(need)이거나, 좀 더 정확하게, 음식을 얻는 것일 때, 그 정권은 농산물 생산과 분배에 관련된 기관들의 개발에 주요 강조점을 줄 것으로 기대할 수 있다. 정책 수행을 위해 자원을 동원하는 정부의 노력은 처음에는 토지분배 같은 데 중심을 둘 것이다. 그런 정책은 새 정권에 대한 농촌 인구의 지원을 얻고 굳건히 하는 수단으로서 자주 사용된다. 이것이 정권을 잡기 전에 인기 있는 지원을 얻고 혁명 후에 그 지원의 기반을 유지한 중국의 공산당 전략의 일부이었다. 단순히 농촌 인구의 정치적 지원을 유지하는 목적을 위해서만이 아니라 나머지 사회의 생존 욕구도 충족시키는데 필요한 농산물의 안정된 공급력을 그 정권에 제공할 수 있는 안정된 농업부문을 확보하기 위해서도, 그런 프로그램들이 혁명 후 정권형성의 이른 단계에서 추구된다. 그 구성원의 가장 기본적인 니즈(needs)를 충족시킴으로써만 그 정권은 미약하게 소유하고 있는 정치적 권위를 유지하기를 바랄 수 있다.

그러나 꽤 자주, 농업생산을 재정립하는 것은 그 정권의 지속적인 공급력을 확보하기에 불충분하다. 농업 연구개발, 농업부문의 증가한 기계화와 최신 농업기술의 적용, 관개 프로그램과 같은 공공사업 프로젝트, 적절한 분배 구조에 필수적인 도로와 철도 건설과 같은 프로젝트 지향을 목표로 하는 관련 정책들이 출현하게 될 것이다. 이들은 새로 형성된 정권이 추구할 성싶은 몇 개의 정책들이고, 각각의 정책은 인구의 생존 필요성(니즈)를 만족시키는 목적으로 정부가 자원을 동원하는 예이다.

물론, 모든 나라가 농업의 자급자족에 필요한 자원들로 축복받은 건 아니다. 경작 가능한 땅의 양에 대한 인구 크기의 비율이 생존 수준의 자급자족을 하지 못하게 하는 나라들에서, 다른 국가에서 농산물을 획득하는 국가의 능력을 키우는 목적을 가진 기관들이 그 정권의 정책 결정에서 강조될 것이다. 이것은 작은 땅덩어리에 집중된 비교적 많은 인구 때문에 일본이 전통적으로 직면해온 상황이다. 제2차 세계 대전의 종전이 일본에서 정권 교체를 표시한 이래, 두 개의

2부 있는 그대로의 발전 (사실로서 존재하는 것) 135

역사적인 정권이 표출한 이 딜레마에 대한 다른 대응책이 교훈적일 수 있다. 메이지 정권(1968-1912) 아래, 일본은 아시아에서 최강 군사 강국이 되었고 이 힘을 한국과 만주의 종속에 사용했다. 그래서 군사력의 사용을 통한 영토 확장은 그 정권의 통제 아래 상당히 더 많은 땅을 가져왔고 일본국민의 생존 욕구의 충족을 보장하는 능력을 높였다. 동시에, 일본은 국제 무역에 점점 더 효과적으로 되었다. 서구의 갑작스러운 등장으로 인해 중국이 사실상 식민지 지위로 떨어지는 가운데, 일본은 국제 무역상의 평등에 기반하여 서구 국가들을 다루는 제도적인 수단들을 발달시켰다. 이 점에서, 농산물의 적절한 공급 능력을 계속 확보하기 위해 군사력과 교역 능력은 서로를 강화하는 장치로 작용했다. 제2차 세계 대전 이래, 일본 군대의 말살로, 무역능력과 관련된 기관들에 대한 강조가 더 증가했다. 그 결과로 일본은 수 세기 동안에 두 번째로 큰 제품 생산자이자 수출국으로 혜성같이 부상했고, 이것은 일본이 세계 제일의 농산물 수입국 중 하나가 되는데 필요한 자원들을 확보하도록 했다. 국내 농업의 상대적 박탈로 볼 때, 일본은 그 인구의 신체적 생존에 필요한 양을 훨씬 넘어서는 식품을 공급할 수 있는 능력이 있음을 증명했다. 일본은 국제 무역에서 효과적인 참여자로 작동하는 제도적인 능력을 개발함으로써 그렇게 했다.

  폭력적인 위협으로부터의 안전이 한 사회 국민의 의식적인 행동을 안내하는 중심적인 관심거리일 때, 그 정권의 반응은 경찰력의 형태로 국내 안전을, 그리고 효과적인 군사력의 형태로 외부적인 안전을 제도화하는 것을 포함해야 한다. 그런 욕구가 가진 초기의 강렬한 우선적 지위로 볼 때, 많은 신생 독립국들이 짧은 기간의 허약하고 불안정한 시민지배 후에 곧 군사지배 아래 놓인다는 것은 놀라운 일이 아니다. 그 군사의 존재 이유는 외부 위협으로부터 안전을 지키고, 경찰과 함께, 국내의 안정성을 확보하는 것이다. 그리하여 필수 생존에 대응할 수 없는 시민 정부가 남긴 공백은 그런 목적으로 정확하게 디자인된 기관들을 통제하는 사람들, 즉 군사 지도력으로 채워질 것이다.

그렇다면, 요약하면, 생존 욕구가 가장 두드러진 사회에서, 정부의 정책 결정과 제도적 발전이 군대와 법 집행, 그리고 경제의 농업 부문을 중심으로 이루는 것을 기대할 수 있다. 이런 종류의 조건들은 신생국 또는 좀 더 일반적으로, 새 정권의 인수를 경험한 나라에서 만연하다. 특히, 정권 변화가 광범위한 시민 그리고/또는 국제적인 폭력의 맥락에서 일어났을 때, 시민 폭력과 안정된 정권의 부재가 대중이 느끼는 위험과 결핍감을 증가시키므로 인구의 생존 욕구는 맨 앞으로 옮길 것이다. 생존을 보장하는 능력을 가장 잘 입증하는 경쟁적 정치 파벌이 가장 인기 있는 지원을 얻고, 그리하여 정치적 세력을 얻는 기회를 증진 시킬 것이다.

한 사회에서 필요한 물품과 서비스를 제공하는 제도적인 장치를 통해 생존 욕구의 충족을 타당하게 보장함에 따라, 그 사회의 인구가 표출하는 욕구는 소속감 수준으로 옮겨 갈 것이다. 사회에서 그런 욕구의 출현은 광범위하게 공동체적 느낌과 정권에 대한 약간의 분산된 충성심, 또는 단순히 정권이 제공한 눈에 띄는 보상의 기능으로서 기대될 수 있는 것을 넘는 충성심을 일으키는 목적의 활발한 다면적 사회화 프로그램을 요구한다. 사회화의 주요한 기관으로서, 가족, 종교 그룹, 대중미디어, 그리고 교육제도와 같은 기관들은, 그 정권이 정치적인 사회화 기관으로 만드는 방식으로 이 기관들의 세력을 이용하려고 시도함에 따라, 정부의 정책 결정의 초점이 될 것이다. 이념의 중요성이 가장 높이 도달하는 것은 이 단계에서이다. 이념은 정부가 그 정권과 정권의 목적을 지지하는 믿음 체계를 대중에게 주입하려고 시도하는 장치가 된다. 그리하여, 이 믿음 체계는 사회화의 다양한 대리인, 특히 대중미디어와 교육제도와 같이 정권이 직접 통제할 수 있는 다양한 사회화 기관에 의해 배포된다. 가족, 종교 그룹 그리고 다른 좀 더 주요한 그룹들은 개인적이고 친밀한 수준에서 소속 욕구를 다룬다. 그들은 개인에게 더 넓은 정치적 지역사회에 대한 좀 더 일반적인 (그리고 정치적으로 적절한) 애착심으로 해석될 수 있는 안정되고, 기본적인 소속감을 제공한다.

정권에게 가장 중요한 것은 이런 후자 종류의 애착이다. 이 애착심이 길러질 수 있는 정도까지, 결과된 널리 퍼진 충성심은 그 정권에게 정책 목적을 더 추구하는 일에 얼마간의 유연성을 허락한다. 정권에 대한 충성심은 그 정권이 제공할 수 있는 즉각적인 물질적 보상에만 전적으로 달려 있지 않다. 그러므로 인구가 만족하는 것을 좀 늦추는 것이 필요하게 하는 더 장기적인 정책들은 대중적 지지를 심각하게 떨어뜨릴 위험이 없이 추구될 수 있다.

그렇다면, 이념은 그런 충성심의 기반이 전파되는 제도적인 장치이다. 정권의 궁극적인 목적들이 상세하게 설명되고, 그것은 주어진 이념이 설명하는 이상적인 상태를 불러오는 효율성 면에서 현재의 정책들(그리고 그에 따른 어떤 희생들)의 정당화를 허용한다. 이념은 국민을 위한 공통적인 정치적 믿음 체계를 제공한다. 그것은 사회의 약속된 이상적인 미래 상태에서 뿐이 아니라 현재의 사회 속에서 차지하는 자리를 상세히 설명한다. 그러하니, 정치적 공동체를 위한 공통적인 기반이 사회 구성원들에게 내면화되고, 더 큰 사회에 대한 소속감이 이 공유된 정치적 믿음 체계의 기반 위에서 생겨난다.

미국의 경우는 초기의 탈 정권형성 시기에 나타나는 일종의 갈등들을 보여주고 또 이런 갈등들을 해결하는데 이념이 실행하는 역할에 대해 눈에 띄는 예를 제공한다. 식민지 미국에서 혁명 세력은 반대세력에 비교하여 다양하고 작았던 반면에, 혁명 시절 동안에 어느 정도의 이념적인 연대를 가까스로 달성하였다. 영국의 지배에서 식민지들을 해방한다는 명목으로, 통일된 세력으로서 영국과 맞서기 위해 혁명주의자들은 지역적인 식민지 간의 경쟁심을 버렸다.

그러나 일단 혁명이 끝나고 영국의 위협이 미국 해안에서 멀어지자, 연합규약에 공식화된 식민지들의 희박한 연대는 갑자기 하나로 뭉치게 하는 공동의 적이 없어진 국가에는 적절하지 못하게 되었다. 오래된 경쟁력과 논쟁이 점점 더 치열하게 재출현하였고, 열세 개 주(州)로 된 국가는 열세 개의 자주적 국가들로 헤쳐지는 위험에 놓였다. 헌법제정 회의는 주들의 연합을 위한 새로운 제도적인 기반을 세우기 위한 노력이었다. 새로운 헌법은 주들에게 얼마간의 자주성을 허락하는 가운데, 중앙 정부를 강화하는 공식적인 기반을 제공하였다. 첫 번째 열 개 개정들에 보장된 개인의 자유는 새로 형성된 정권에 대한 개인적 충성의 바탕이 되었다. 이 문헌들은, 〈연방주의자 논고〉에 담긴 이 정부의 우아한 방어로 보충되어, 미국의 정치적 이념을 대표하게 되었다. 이 안에 그 구조뿐이 아니라 정부의 목적들과 한계들이 정의되어 있고, 좀 더 광범위하게, 사회 속 인류의 성격에 대한 개념과 정부의 적절한 형태가 담겨 있다. 그렇게, 이 문헌들은 정부의 공식적인 근거뿐이 아니라 이 특별한 정부 형태가 시민의 지지를 받을 만한 가치가 있는 이유를 상세히 설명한다는 점에서 이념의 국가적 통합기능을 수행한다. 분열적인 차이점들을 극복함으로써 정치제도가 그 세력을 굳건히 하도록 외부의 공동 적들이 언제나 도움이 되는 현상은 오늘날 혼란 속의 중동 정권들에서 증명된다.

그러한 통합으로 이끄는 장치의 제도화가 성취되는 정도까지, 인구 속에 그다음 [단계의] 니즈(needs)가 나타날 것이라고 기대할 수 있다. 말하자면, 만약 정권이 시민 가운데 소속감과 정치적 공동체를 생성하고 유지하기에 성공한다면, 그 공동체 회원들은 곧 다음의 욕구 계층 단계인 여가로 옮겨갈 것이다. 여가 생활 스타일이 그런 소비를 즐길 자유시간뿐 아니라 생존에 필요한 것 이상의 물질적인 포함함에 따라, 소비 물품의 자동적인 대량생산을 증진하도록 의도된 제도들이 자리 잡게 될 것이다. 그러므로 산업화는 여가의 출현에 부수적으로 따라오는 필요불가결한 현대의 제도적인 부산물이 된다.

이런 필요들에 대한 정부의 반응은 첫 두 단계에서 형성된 정권의 성격에 따라 여러 모양새를 할 수 있다. 주가 경제를 통제하는 매우 중앙집권적인 정권 아래에서, 정부 기획기관들이 부추겨질 것이다. 이 조직기구들은 광범위한 정책지침들을 상세한 산출 프로그램으로 옮기는 임무를 수행한다. 다양한 산업들을 조정하고 그 가운데 자원을 분배하는 일은 인기 있는 여가 니즈를 충족시키는 물품과 서비스 면에서 최적의 보상을 성취하는 목적으로 실행된다. 시장경제에서, 생산의 어떤 심각한 붕괴를 방지하거나 몇 개의 경제부문으로의 자원분배가 망쳐지지 않도록 시장을 통제하는 기관들이 출현한다.

분명히 보편적인 산업 성장의 부산물은 도시화, 또는 도시 지역으로의 증가하는 인구 집중이다. 이 인구들을 위한 공공 서비스가 제공되어야 하므로, 인구 집중은 그 자체로 정부 기구들에 대한 필요성을 창출한다. 예를 들면, 농촌에서는 각 농가가 우물로 물 공급을 할 수 있는 반면에, 도시의 각 가정이 우물을 파는 것은 불가능하지는 않더라도, 실용적이지 않다. 그러므로 정부는 필요성과 편의성의 문제로서 그런 공공 서비스를 제공해야 한다. 물, 하수처리, 공중교통, 환경통제와 같은 일련의 공공 서비스들이 한 사회의 도시산업 부문의 성장에 필요한 보조물로서 요구될 것이다. 이런 서비스를 제공하는 제도적인 수단의 발달이 실패하면 산업부문의 성장과 효율성을 더디게 할 뿐 아니라, 여가 필요를 위해 정권이 대중의 기대 수준을 충족시키지 못함에 따라 정부의 안정성에 결국 부정적인 영향을 미치게 될 것이다.

산업화가 진전함에 따라, 증가하는 숫자의 사람들, 특히 도시의 산업 중심에 있는 사람들은 대중 소비자의 대열에 참여 (강요되기조차) 할 수 있을 것이다. 불행히도, 이 여가 단계의 생활 스타일을 성취하는 사람들은 산업 생활의 열매들로 계속 만족하지 못할 것이다. 곧 그들 가운데 다음 단계의 니즈인, 사회통제의 욕구가 나타날 것이다.

사회적인 존경을 찾는 사람들은 자기 자신을 남들과 비교하는 경향이 있다. 그들의 욕구는 그들이 다른 유명한 사회 구성원들보다 더 존경받고 있다는, 그들을 구별하는 지위를 "더" 갖는 것이다. 그들은 모든 것을 더 원하고, 가장 중요한 "모든 것"은 항상 돈이다. 정치적으로, 권력 혹은 한 그룹이 경쟁하는 그룹에 비해 상대적으로 가진 장점 같은 것이 가장 두드러진 목적들이 될 것이다. 이런 유형의 경쟁은 한 경쟁자의 수확은 다른 사람의 손실을 필요로 한다는 점에서 영합(zero-sum) 성격을 갖는다. 고로, 정권이 마주한 딜레마는 이 영역에서 모든 사람의 니즈를 동시에 충족시킬 수 없다는 것이다. 그러므로 갈등은 조정될 수 있을 뿐이고 완전히 해결될 수 없다.

이 단계에서, 그런 제로썸 갈등들을 처리하기 위해 디자인된 조직 기관들이 출현한다. 정당들은 정치에서 경쟁 채널로서 특별한 중요성을 얻는다. 이익집단들이 그 구성원들의 경쟁적인 이점을 고양하기 위해 제도적인 장치로서 출현한다. 노동조합들은 노동자들의 물질적 생활 스타일을 향상하기 위한 단순한 협상 단위에서 정당과 후보들의 성패를 선거에서 좌우할 수 있는 정치적 조직으로 발달한다. 줄이자면, 이 단계에서 상승하는 종류의 기관들은 정의상 모든 사람이 동시에 가질 수 없는 권력과 영향력을 추구하기 위해 디자인된 것들이다.

요약하면, 사회 구성원들은 조직기구들을 형성함으로써 그들의 니즈를 추구하며, 주어진 시간에 널리 퍼진 사회 기관들의 성격과 유형은 인간이 우세하게 필요로 하는 것들을 관찰함으로써 묘사될 수 있다. 신체적인 생존이 가장 긴박하게 필요한 것이 될 때, 식량 생산과 농업에 관련된 것뿐 아니라, 경찰과 군대에 관련하는 기관들이 주된 것으로 간주 된다. 사람들이 소속감을 위해 관계할 수 있는 그룹을 찾을 때 가족, 교회, 대중미디어 그리고 학교들이 중요한 기관들로 부상한다. 사람들이 생존을 위해 필요한 것보다 많은 소비를 욕구할 때 산업화, 도시화, 그리고 시장경제 구조가 문화적이고 사회적인 우위를 얻는다. 사람들이 사회적인 인정과 존경을 받기 위해 애쓸 때 정당과 이익집단들이 발달한다.

4. 태도, 행동, 인간이 필요로 하는 것(needs)/원하는 것(wants)

사람들이 특별한 성격의 기관들을 통해 구체적인 니즈를 추구함에 따라, 그들의 태도와 행동은 변화하는, 그러나 예측할 수 있는 방식의 패턴이 생길 것이다. 그러므로 만약 우리가 사람이 추구하는 니즈의 종류와 상호작용할 성싶은 기관의 유형을 구별할 수 있다면, 그 당시에 그 사람의 태도와 행동의 성향을 알아낼 수 있을지 모른다.

이제 우리가 인간 니즈의 유형과 제도화의 패턴 사이의 관계를 상정함에 따라, 훨씬 더 간단하게, 다양한 니즈가 초래하는 태도와 행동 결과를 상세히 말할 수 있다.

분명히, 어떤 사람의 최소한의 신체적 생존이 위협받을 때, 만약 그러한 부담이 더 나은 생존 기회를 확인한다면 그 사람에게 가해진 어떤 불편함도 받아들여질 것이다. 여기서, 사람들은 특히, 향상된 생존 기회를 제공하는 권력기관에 순종적이고 고분고분한 경향이 있을 것이다. 정부가 국가에 대한 애국심과 충성심을 올리기를 원할 때, 우리는 때때로 크게 조직화 된 방식으로 안전 위협의 개념이 적용된다는 널리 퍼진 사실을 상기하게 된다.

로렌스 콜버그(Lawrence Kohlberg, 1969, p.379)는 이 "도덕적 발달" 수준을 행동의 결과가 그 행동의 가치를 결정하는 "처벌과 복종" 지향으로 묘사한다. 생존이 주도적인 동기일 때, 태도와 어떤 종류의 행동에 대한 믿음들은 생존을 위한 그 행동의 효율성에 의존할 것이다. 그러므로 같은 사람이 꽤 편안한 물질적 생활 스타일로 살면, 그런 행동을 하는 것을 생각조차 못 하지만, 한 사람이 굶주리고 있을 때는 음식을 훔치는 것에 대해 죄책감이 거의 없거나 아예 전혀 없을 수 있다. 즉 법 집행과 군사기관과 같은 강제성에 의존하는 제도들은 어떤 주어진 사회의 사람들 대부분이 생존과 관련된 활동에 임하고 그러므로 그런 권력기관에 의존하고 복종적일 때 가장 효과적으로 될 수 있다.

그러나 인간들이 소속감을 원하는 그다음 단계에서는, 행동에 대한 태도와 행동은 [가족이나 친구와 같이] "중요한 다른 사람"의 반응에 좀 더 눈치를 보면서 형성될 것이다. 적어도, 처음에는 그 사람이 즉각적이고 잦은 접촉을 하는 사람들인 가족, 이웃, 직장 동료들의 승인을 추구한다. 여기서 믿음들은 그룹 연계에 바탕을 두고 있고 그룹이 바뀌는 그만큼 변화할 수 있다. 이 지점에서 정권이 부딪치는 임무는 이 그룹 기반의 믿음들의 모임이 지나친 그룹 갈등의 원인이 되는 것을 방지하는 일이다. 그룹 다양성은 믿음 갈등을 만들기 마련이고, 교육적인 그리고 대중미디어 기관들을 통해 정부는, 다양한 믿음들을 수용할 수 있고 그리하여 다름의 중요성을 최소화하는 어떤 광범위한 믿음 체계를 제공함으로써 다름을 최소화하려고 시도해야 한다.

개인 수준에서, 가치와 믿음 체계들은 그룹 소속과 사회적 행동을 정당화하는 시도로서 분명하게 표현된다. 여기서, 교육과 종교 경험은 한 사람이 좀 더 추상적인 원리들과 믿음의 면에서 사회적 존재성을 정당화시키는 능력을 높이는 데 쓰인다. 이 지점에서, 개인은 더 강력한 "우리 대 그들" 혹은 "우리 것 대 그들의 것"이라는 감각을 발달시킬 것이고, 그리하여 조직적인 마음 혹은 "연대적 정서"를 증진시키게 된다.[20] 그렇지 않다면 정치 공동체를 통합하는데 심각한 후퇴를 겪을지 모르는 정권에 자주 도움이 되면서, 이념의 등장과 확산을 촉진하는 것은 이런 심리적인 성향의 발달이다. 기대되는 문화적이고 사회적인 분열은 (이 점은 나중에 더 상세히 설명됨) 정부의 공통적인 추상적 믿음과 이념들의 선포로 완화된다.

소속 필요(욕구)가 성공적으로 충족된 결과로 지역사회 구성원들이 그들의 필요(니즈) 수준을 여가 생활로 옮길 때, 사회변화는 산업화, 도시화와 시장경제의 방향으로 움직일 것으로 기대할 수 있다. 사람들이 그들 자신을 산업화의 회전 바퀴에 붙들어 매고 생산 바퀴 속의 톱니가 될 때, 그들은 전문성의 작은 영역을 주장하고 다소 단편적인 세계관을 발달시킨다. 산업사회 구조는 대개 관료적이므로, 산업인도 다른 사람에게 비 개인적이고, 공식적이며 단편적인 관계를 갖는 특징이 있는 보통 "관료적 정신"으로 불리는 특성을 나타낼 것이다.

다른 한편, 도시화는 전통적인 가족과 지역 연대와 사회 구조에 파괴적인 것으로 알려져 있고, 도시 거주자들이 자기중심적이고 프라이버시를 걱정하게 내몬다. 이웃들이 자주 서로에게서 멀리 흩어져 있는 농촌 지역사회에서보다 인구밀도 높은 도시 중심에서 사람들이 더 고립되어있다는 것은 역사상 가장 모순적인 일 중 하나이다. 기능적인 상호교류나 경제적인 이득이 없는 그 누구도 알고 지낼 동기가 정말로 거의 없으므로, 도시 거주자가 옆집에 사는 사람들을 모르는 것은 아주 흔한 일이다.

마지막으로, 시장경제는 가장 강하고 심오한 방식으로 인간의 성질을 변화시킨다. 시장경제의 역동성을 따라가느라, 사람들은 최소 비용으로 최대 이득을 추구하면서 흥정을 지향하고 경제적으로 합리적으로 되기를 배운다. 시장은 모든 가치를 공통된 화폐의 수량적 기준으로 바꾸므로, 사람들은 자연스럽게 모든 것을 더 많이 원하고, 그리하여 "더 큰 것이, 더 낫다"라는 간단한 가치 공식을 포용하게 된다. 동시에, 산업인은 "편리함"과 자동화의 노예가 된다. 여기서 상품들은 편리하고 시간을 절약하도록 디자인되고 다시 디자인된다. 시장경제 속 상품들의 혁신 과정에서, 대중미디어는 대량 소비를 증가시키는 수단이 된다.

일단 대량 소비가 계속 번창하는 시장산업을 위해 필요한 조건이 되면, 소비자는 피할 수 없는 금융과 신용시스템의 발달 때문에 대량 생산될 수 있는 어떤 것이든 구매할 수 있게 될 것이다. 그러므로 상품을 사기 위한 실제의 자원이 없는 사람들은 대개의 주요 회사들과 은행이 직장이 있는 누구에게나 허용하는 "플라스틱 돈"(신용 카드)을 사용함으로써 소비수준을 여전히 유지하게 될 것이다. 이런 대량 소비자들은 빚이 쌓이고 그리하여 "대리 소비자"일뿐더러 "위험천만한 소비자"가 됨에 따라 곧 심리적으로 불안해질 것이다.

아마도 산업사회에서 여가 생활을 추구하는 사람은 모든 유형의 오락을 찾을 것이다. 사실 오락을 위한 선택과 즐기기 위한 수단의 선택은 사교 파티에서 스포츠까지 광범위하고 다양하게 된다. 심지어 정치까지 오락의 형태로 간주하게 된다.

마지막으로, 경쟁과 갈등에서 이김으로써 사회적 인정과 존경을 찾는 경쟁자가 등장할 것이다. 대량생산된 상품들의 구매가 "승리자"를 "패배자"와 구별하기 어렵게 만들 때쯤이면, 사회적 인정을 추구하는 사람들은 대량생산 되거나 혹은 너무 많은 사람이 소유해서 의미가 없어지지 않는 가치, 자원과 상품들을 찾을 것이다. 사람들은 권력의 자리, 희귀한 수집품, 과시적인 명망 같은 것들을 찾을 것이다. 전에 논의되었듯이, 이 발달 단계는 높은 경쟁심과 사회에서 게임을 좋아하는 인물들의 증가로 특징 지어진다. 체스, 볼링, 야구, 승마, 자동차 경주와 축구와 같은 게임들은 이 단계에서 더는 오락만을 위한 건 아니다. 실제로 신체적으로 참여하거나 팬으로서 심리적 연대를 통해 이런 게임에 참여하는 사람들은 경쟁적인 결과에 대해 엄청나게 심각해질 것이다. 게임을 좋아하는 사회들에서는 게임을 둘러싼 전문 기구들이 성장하고 이런 제도 내의 경기자들은 어마어마한 인정과 물질적 보상으로 보답받는다. 그 금액이 얼마나 비합리적이든, 승리자를 위한 보상은 자연스러운 일로 되고, 패배자의 고통은 좀처럼 동정받을 가치가 있다고 보지 않는다.

게임들은 전통보다는 규칙으로 하므로, 게임을 사랑하는 사람들은 그들의 생활 스타일과 정의감을 상세한 법률의 틀 안에서 유지하는 경향이 있다. 미국과 다른 후기 산업사회에서 법정이 삶의 통합적인 부분이 되는 일은 우연한 발달이 아니다. 온갖 유형의 분쟁이 법정에 보내진다. 가족 간 분쟁, 교육적인 비동의, 그리고 심지어 연애 사건까지 사회적 경쟁과 인간적인 게임에서 궁극적인 심판인 법정에서 조정된다. 점점 더, 우리는 법적인 것이 또한 옳다는 믿음의 증거를 보게 된다.

요약하면, 개인들의 니즈 구조와 그에 상응하는 제도들의 특성을 조사함으로써, 사회변화의 다양한 단계들에 있는 행동과 태도의 특징들을 명확히 할 수 있다. 문제 해결의 궁극적인 목적뿐 아니라, 우리가 정치적인 특성들과 설명과 예측을 목적으로 하는 다양한 정치제도의 정책 방향을 토론하려고 시도함에 따라 심리적이고 행동적인 성향을 이해하는 일은 긴요하게 된다.

5. 정의된 정치 발전

위에 논의한 정신과 원칙들과 일관되게, 나는 이제 정치 발전은 정치제도가 사회 구성원들의 변화하는 니즈를 만족시키는 능력을 지칭한다는 정리를 진전시킨다. 이 정의는 앞의 장들에서 논의된 정치 발전을 위한 정의의 기준을 충족시킨다. 무엇보다도, 인간 니즈의 보편적인 존재성과 그것을 충족시키려는 인류의 끊임없는 노력은 [특정] 문화와 [특정] 시간에 묶여있지 않은 것으로 보인다. 더 중요하게, 이러한 현상들은 "개발된" 사회뿐 아니라 "저 개발된" 사회의 구성원들에게 분명히 흔한 일이다. 더군다나, 이 정의는 인간이 필요로 하는 것이 계속 진전한다는 [개념적인] 틀 안에서 사회적인 발달의 중요한 질적인 측면을 제대로 갖추고(capture) 있다. 달리 말해, 이 정의는 진정한 발달 과정을 정확하게 평가하기에 타당하고 유용하다. 이 정의는 사회적이고 정치적인 발달의 패러다임을 시작하기에 충분히 거대하고 포괄적인 이론을 만드는 일에 적합하다.

내가 감히 패러다임을 세우는 작업과 직면하기 전에, 약간의 명확한 의미상의 설명을 하는 일이 순서이다. 패러다임은 이론들의 체계이고, 이론은 법칙들의 체계이고 법칙은 개념들의 체계이다. 그런고로, 개념들은 궁극적인 구성요소들이다. 의미의 정의는 그 안에 내재하는 목적을 가진다는 점에서 목적론적인 단어임에 비해, 개념은 의미 있는 용어이다. 발달과 같은 용어가 정의되면, 그 용어는 이제 의미를 얻는다. 발달(개발)이란 단어는, 인간이 필요로 하는 것과 원하는 것을 만족시키는 일이라는 면에서 정의됨에 따라, 이제 명백한 의미가 있는 개념이 된다. 이 개념이 논리적이고 체계적인 방식으로 다른 개념들과 연결될 때, 이 단어는 다양한 법칙 세트의 한 부분이 된다. 예를 들면, 마르크시즘으로 알려진 혁명적인 패러다임은 사회계층 형성이론, 자본주의의 경제이론, 계급의식의 심리이론, 계급 갈등의 정치이론과 같은 여러 이론으로 구성한다. 각각의 이 이론들은 다양한 개념들 사이에서 혹은 그 가운데 원인적 관계를 각각 명시하면서, 여러 법칙을 갖는다. 가치의 노동이론(The Labor Theory of Value)은 엄밀히 말하자면, 이론이라기보다는 법칙이고, 그것은 다시 "가치", "계급", "착취", "주(州)", 그리고 "유토피아" 같은 개념까지 여러 개념을 구성한다. 그렇다면, 패러다임은 역사적인 사실들로부터 추론된 "이상형"을 구성하는 복잡하고 포괄적인 이론, 법칙, 개념을 이루는 시스템이다. 그것은 설명하고 예측하는 힘이 있고, 궁극적으로 문제 해결의 도전에 유용하다. 이 책 2부의 남은 장들을 통해 진전될 패러다임이 정치 발전을 설명하고 예측하기에 유용할지는 그 패러다임이 구성되고 적용될 때까지 결정할 수 없다.

6. 정리들(The Theorems)

패러다임은, 물질과학의 법처럼, 특정 세트의 가정들까지 타당할 때 타당성이 있다고 주장할 수 있을 뿐이다. 쿤(Kuhn, 1962)이 "규범적 과학"으로 칭한 어떤 패러다임의 경우에서처럼, [내가] 제시한 패러다임은 일련의 가정들과 조건들을 전제로 한다. 이러한 전제들의 타당성은 논의대상일 수 있고, 어떤 것은 시간적 구애를 받을 수 있으므로, 그 타당성을 계속해서 재평가할 필요가 있다. 그런데도, 그것들은 제안된 패러다임의 연역적인 구조를 위해 필요한 정의들 혹은 가정들이고 현대 사회와 정치에 비추어 타당하다고 주장한다.

> 정리 1: 사람은 자기의 니즈를 최적으로 충족시키기 위해 양심적으로 끊임없이 추구하는 방식으로 행동한다.

이 정리는 많이 논의되었으나 널리 사용된 인간의 합리성에 대한 경제적 가정과 일관성이 있다(Friedman, 1953). 이 가정에 대한 좀 더 기초적인 당위성은 인간 행동을 목적 지향적인 행동의 기능으로 보는 흔한 정의에서 찾을 수 있다. 그러나 추가로, 만약 우리가 발달적 관점에서 그리고 비교문화적 수준에서 인간 행동을 설명하는 법칙들과 이론들을 형성하려 한다면, 인간이 필요로 하는 것들[니즈]의 어떤 구조의 현존성이 인류 종(種) 전체의 성격이라는 것을 가정할 필요가 있을 것이다. 인간이 필요로 하는 것들[니즈]의 구조가 보편적이라는 가정에 대해 더 많은 논의가 나중에 제시될 것이다.

> 정리 2: 어떤 주어진 시간에서든, 한 사회의 발달(개발)적인 과제들은 개인 구성원들이 그 당시에 주로 필요로 하는 것들

의 기능으로서 결정될 수 있다.

"방법론적인 개인주의" 관점과 일치하는 이 정리는 한 사회의 어떤 구상화 또는 사회제도들에 저항한다. 즉 "전체"가 그 부분으로 설명될 수 있고, 일반 의지 (General Will by Rousseau, 1762) 또는 사회적 사실(Social Fact by Durkheim, 1938)과 같은 사회의 집단적인 단위의 어떤 성질이 출현하는 것도 신뢰하지 않는다. 이는 또한 개인의 니즈 충족의 추구에 관한 한 (정리 1), 인간 천성의 상태는 개인이 독립적인 행동자인지 그룹의 부분인지와 상관없이 항상 고정적인 것으로 생각된다는 것을 함의할 것이다.

　　정리 3: 정부(그리고 정치)의 합법성은 국민의 니즈 충족의 향상에
　　　　　　공헌하는 일에 놓여 있다.

그러므로 (정권 유형과 제도적인 성격들 면에서) 정치시스템은, 적어도 장기적으로는, 출현하는 국민의 니즈(혹은 실제로, 공공의 필요성에 대한 지배자의 해석)가 가장 효과적으로 충족되는 방식으로 변화한다.

이 정리는 합법적인 권력의 궁극적인 기반은 피지배자의 합의에 있다는 사실상 모든 현대 이론들 사이의 동의에 비추어 타당한 듯하다. 다른 정권들이 정치적 합법성의 다른 근거들 (어떤 정권은 철학자 왕의 미덕에서 그리고 다른 정권은 신성한 섭리의 이름으로)을 찾았던 고대와 중세의 원칙과는 달리, 로크의 사회계약(Social Contract)의 원리

가 시작된 이래 모든 현대의 정부들은 정치권력의 궁극적인 저장소로서 국민의 동의를 찾아오고 있다.

또 이 정리는 시스템은 변화하는 요구에 대응하는 능력에 의해 유지된다는 이스턴(Easton, 1964, 8장)의 견해를 포함하는, 몇 개의 주도적인 정치이론들과 일치한다. 이스턴의 시스템 모델 면에서, 합법성의 근거로서의 "지지"는 국민의 요구(즉, 그들의 필요성의 표현)를 충족하는 정권이 가진 능력의 기능으로서 생성된다고 상정할 수 있다. 롤란드 펜녹(Roland Pennock, 1965, p.420)은 정부와 정치시스템의 목적은 인간이 필요로 하는 것[니즈(needs)]을 충족시키기 위해 정치적인 상품을 조달하는 것이라고 좀 더 직접적으로 제시하였다. 정책이 사람들에게 가치 있게 하고 민중이 볼 때 정당성을 주는 것은 그들의 니즈를 충족시키는 일이다. 이런 근거로, 정치적인 합법성과, 그러므로 정권의 안정성은 지지와 요구 사이의 양의 차이에 의해 분석적으로 결정된다고 우리는 제시한다. 그러므로 요구하는 수준이 지지하는 수준을 초과할 때 합법성의 위기가 발생한다.

7. 국가들(States)과 정치 발전

우리는 특정한 유형의 인간이 가진 니즈(needs)는 특정 제도들의 발달을 촉진할 것이고, 이 제도의 구성원들이 그들의 니즈를 추구함에 따라, 특정한 태도와 행동의 특징들이 형성될 것이라는 걸 인정하였다. 정치 스타일이 인간의 니즈의 성격과 정부에 주어진 요구로 중대한 영향을 받을 것으로 가정한다면, 이제 우리는 인간의 니즈/욕구 계층과 제도 형성을 고려함으로써 사회발달의 다른 단계에 있는 정치적 특성들과 정책의 선호를 추론할 수 있다.

구체적으로, 우리는 인간의 니즈는 다른 니즈들의 독특한 특성들이 구조적인 행동 패턴뿐 아니라 제도적인 다양성을 초래하는 시스템적이고 질서정연한 구조를 가진다는 것을 정립하였다. 한 사회의 니즈가 갖는 특성들은 그 사회의 개인 구성원이 가진 니즈의 총체로 정의된다고 가정하고, 또한 한 정권은 그 사회 구성원이 갖는 흔한 니즈에 대응하는 일에 최대한 노력하기 마련이라고 가정한다면, 이제 우리는 정치 발전 과정의 구조를 제안할 수 있다. 어느 정도까지 정치시스템이 이런 니즈들을 충족시키는 기능을 능력있게 성취하였는지를 결정함으로써, 개발의 제도적인 과정이 밝혀질 수 있다. 네 단계를 구성하는 각각 점진적으로 더 높은 수준의 니즈에 대한 정부의 대응으로, 그 과정은 네 개의 뚜렷한 단계에서 나타나는 것으로 볼 수 있다. 이 단계들은 어떤 주어진 순간에 그 과정을 지휘하는 정권의 (이념적이고 구조적인) 유형과 상관없이, 발달하는 정치변화 과정을 많이 나타내는 것으로 보인다. 이 단계들은 (1) 정권 형성, (2) 정치적 통합, (3) 자원 확장, 그리고 갈등 조정으로 불릴 수 있다. 인간의 니즈가 계층적 순서가 있듯이, 이러한 정치 발전 단계들은 점진적으로 차례대로 조직되어 있다. 뒤에 오는 장들에서 나는 각각의 이 단계들의 특성들을 더 탐구할 것이다.

제 6 장

생존과 체제의 형성

내부 혁명, 독립, 또는 오르간스키(Organski, 1965)가 "원시적인 통일"이라고 부르는 것을 지향하는 [시민]운동의 결과로서 새로운 국가가 출현할 수 있다. 이러한 어떤 경로를 따라, 정치적 우월성을 겨루는 그룹들 사이의 경쟁을 이김으로써 한 정권은 권력을 잡는다. 이권력투쟁은 내란과 같은 큰 규모의 갈등 형태를 부추기거나, 군대 반란과 같은 좀 더 집중적인 형태의 권력 갈등을 일으킬 수도 있다. 어떤 경우든, 사람들은 신체적 생존에 대한 위협을 인지할 것이다. 신체적 생존위기로 점찍힌 시기에, 새로 나타나는 정권이 그들의 생존을 보장하는 한, 정부 유형과 관련 없이, 사람들은 자연스럽게 어떤 형태로든 정치적 안정을 원한다. 이 초기 단계에서 정권 "합법성"의 문제는 대체로 부적절하거나, 기껏해야, 부차적인 중요성이 있다.

"합법적인" 정권은 아주 단순히 국내 갈등을 진압시키는 능력을 발휘하는 권력 그룹이다. 그러므로 한 정권이 대중의 지지를 받는다는 어떤 증거도 보이지 않고서 권력투쟁에서 출현할지 모르는, 평화로운 형태의 정치적 계승에서는 발생할 수 없었을 일이다. 그러나 일단 정권이 형성되면, 권력의 기반을 강화하고 대중적 지지를 얻으려고 시도할 것이다. 대중이 필요로 하는 니즈가 대체로 생존 우선순위 위주로 이루어질 때, 그 정권은 사회안정을 회복하고 농업생산을 촉진하는 정책을 채택할 듯하다. 이 니즈 수준에서 사람들의 태도는 잘 따르고 순종적인 경향이 있으므로, 정권은 군사독재와 같은 중앙집권적 행태의 지도력을 쉽사리 발달시킬 수 있다. 군사정부에서는, 사회적이고 정치적인 안정이 수립되고 유지되느냐의 여부만큼 지배 방식은 거의 중요하지 않다. 그런 리더십은 대중이 더 안정되고 안전한 환경을 원하는 한 대중의 지지를 만들어내는 때 자주 효과적일 수 있지만, 다른 정책을 고려할 때 지나치게 단순한 경향이 있다. 그러므로 대립하는 대중의 의견에 대응하는데 그리고 그런 다원적인 발달이 불가피하게 사회적 안정 기간을 따를 때 다양한 기관들을 수용하기에 심각한 어려움을 경험할지 모른다.

모든 국가는 국민의 기본적인 니즈를 만족시킨다는 명목으로 권력에 대한 합법성을 찾는다. 국가의 기원은 수천년을 거슬러 올라간다. 자연적인 지역공동체가 형성되면서, 외부의 공격성으로부터 지역사회 구성원을 보호하고, 유형과 무형의 가치들과 자원을 수집하고 분배하고, 통치제도를 만들고 합법화하는 일과 같은 수많은 집단적인 도전을 충족시킬 필요가 생긴다. 국가가 형성될 때, 때로는 혁명으로 알려진 급격하고 돌연한 과정을 통해, 시간이 지나면서 변화가 생기기 마련이다. 그 유형과 관계없이, 정권 형성은 새로운 정치적 제도가 출현하는 과정을 의미한다. 이 과정에서, 새로운 리더십이 확인되고, 정립되고, 정의될 것이다. 어떤 개인적인 행동과 단체행동이 괜찮고 어떤 것이 그렇지 않은지를 권위적으로 수립하기 위해 새로운 규칙들이 선포될 것이다. 옛것을 바꾸기 위해 새로운 정치구조와 기관들이 설치될 것이고, 무엇보다도 사람과 사건들을 통제하는 역량의 범위를 확장하기 위해 인구를 단결시키고, 그리하여 권력층을 뚫고 들어가기 위해 지도부는 일치단결하여 애쓸 것이다. 정권의 형성은 정부 인력에 변화를 주는 것보다 훨씬 더 많은 것을 수반한다. 정치 공동체 그 자체의 성격에 심오한 변화를 의미한다.

1. 정권 형성의 길

정권은 다양한 방법으로 형성될 수 있다. 가장 초기 형태의 하나는 종족 그룹들이 공동의 권위 아래 연합된 "원시적인 통일"(Organski, 1965)이었다. 비록 모든 근대국가가 언제였든지 한 때는 이 원시적인 통일 단계를 겪었을지라도, 더는 정권이 이 방식으로 형성되지는 않는다. 정치 역사상 왕조 시대 동안 다소 만연했으나 이제는 흔하지 않은 다른 타입의 정권 형성은 권력을 유전적으로 계승하는 것이다.

몇몇 군주가 여전히 오늘날 세상에 남아있다 해도, 모로코, 시리아, 요르단, 캄보디아, 태국, 사우디아라비아와 같은 소수의 시스템을 제외하면, 그들의 역할은 대부분 상징적이고 의례적이다. 그 시스템에서조차, 군주의 바로 그 존재 이유는 2010년에서 2012년 사이의 아랍 스프링(Arab Spring)에서 증거된 바와 같이, 대거 불복종 운동으로 자주 도전받는다. 그러나 현재의 주제와 관련해서, 최소한 군주제도는 정치 지도권의 계승과 변화의 제도적인 채널로 작용할 수 없다고 말할 수 있다.

토마스 홉즈(Thomas Hobbes, 1588-1679), 존 로크(John Locke, 1632-1704), 그리고 장 자크 루소(Jean-Jacques Rousseau, 1712-1778)가 정의한 바와 같은 사회계약이 소개되고 학설이 수용된 이래, 근대의 정권들은 선거나 혁명을 통해 형성되어왔다. 흔한 제도로서, 선거는 새 정권의 창출에 자주 실패하지만, 어떤 선거는 정치제도의 성격에 심각한 변화로 이끈다. 비록 거대 혁명은 다소 드물었으나, 역사의 방향에 미친 영향은 정말로 광범위했다. 사화산처럼, 대중의 혁명은 정기적으로 폭발하지 않을지 모르나, 폭발할 때는 그들의 부분적인 행동과 영향은 과학적으로 평가하기가 매우 어렵게 된다. 그럴듯한 혁명적인 변화가 정치제도 그 자체를 대대적으로 바꾸기에 실패하여 지도부 변화만을 초래할 때, 그런 사건은 가장 적합하게 쿠데타로 특징지어질 수 있다. 보통 군대에 의해 부추겨지는 쿠데타는, 자주 일어나기 때문에, 제2차 세계 대전 이후의 세계 정치에서 중요한 정권 변화의 장치가 되었다.

줄이자면, 원시적인 통일에 더하여, 다른 대여섯 개의 정권 변화 유형이 있다. 이 중에서, 정권의 세습적인 계승과 선거를 통한 권력의 이양은 현존하는 제도를 통해서 그리고 널리 공유되는 규범과 가치에 기반하는 규칙에 따라 진행되므로, 보통 "합법적인" 형태로 여겨진다. 다른 한편, 혁명과 쿠데타는 그런 규칙에 반항하여 그리고 무엇보다, 계승의 규칙을 바꾸려는 표출된 목적을 갖고 일어나므로, 제도 밖의 혹은 "비합법적인" 정권 교체 수단이다.

이 장에서, 혁명에 대한 더 철저한 논의로 이 각각의 유형을 탐구할 것이다. 덧붙여서, 새로 형성된 사회적 정치적 제도들의 몇몇 특징적인 모양새와 그것이 토착적이고 문화적인 사회 환경과 갖는 관계를 비추려고 함에 따라, 새로 등장하는 정치제도 그 자체의 성격을 탐구할 것이다.

2. 세습적인 계승

근대 시기에, 모든 정권의 합법성을 주장하는 근거가 신권이나 천명과 같은 원리에서 몇몇 사회계약의 형태로 옮겨감에 따라, 전통적인 세습 왕조는, 모두 피지배자의 어떤 형태의 권한에 근거한 합법성을 주장하는, 다양하게 출현하는 공화 정부와 민중 민주주의로 대체되었다. 그래도, 실제로는 어떤 국가들은 여전히 세습제도를 유지하고, 많은 국가가 군주제도를 둘러싼 상징적인 국가 지위를 보여준다.

그렇다면, 누가 그리고 무엇이 현대의 군주제에 힘을 실어주는 근원인가? 모든 정치권력이 피지배자의 동의와 지지에서 시작한다는 것은 명백하다. 군주제조차도 그 권력을 국민의 지지 없이 합리화할 수 없다. 왜 그리고 어떻게 사람들은 그 핵심이 모두를 위한 평등인 "국민의 동의"라는 개념의 근저를 이루는 모든 형태의 가치와 전제들을 해치는 그런 시스템을 지지하는가?

사람들이 군주제 제도를 지지하는 약간의 이유가 있을 수 있겠다. 첫째, 국민에게 수동적이고 습관적인 삶의 방식의 패턴이 된 군주에 대한 오랜 충성이 있다. 둘째, 군주제 편에서 국민에게 그 의지를 강요하는 강제력이 있다. 이 경우에, 불복종의 대가를 감수하기가 너무 어려워서 그 권위에 자신들을 내맡긴다. 셋째, 그 제도가 사람들에게 그들의 필요에 적절히 제공하는 것으로 보이면 그들이 항거할 경향이 줄어든다. 넷째, 사람들은 오래된 문화적이고 정치적인 전통과 연관하여 소속감인, 군주제 백성으로 [스스로를] 볼 수 있다. 이 경우에, 그 문화는 집단주의를 포용할 듯하다.

다른 종교적인 신념들은 집단주의 대 개인주의라는 사안에 대해 다양하다. 예로, 서구의 기독교는 아시아의 유교나 중동의 이슬람 신념과 비교하여 개별성과 개인주의에 높은 가치를 부여한다. 이것은 사회적 집단주의와 정치적 국가주의가 유교의 아시아와 이슬람의 중동에 더 널리 위세를 펼치는데 반해, 자유민주주의는 기독교에서 그 돌봄의 토양을 찾았다는 역사적 사실을 설명할 수 있겠다. 어쨌든, 근대 시기에, 세습적 군주들은 좀처럼 정치세력을 행사하지 못하고,

공적인 견해나 어떤 인기 있는 권한의 화신이 못 된다. 이런 의미에서, 정치적인 영향력은 그런 제도 내에서 다른 곳에 있으므로 세습은 더는 의미 있는 권력 계승제도가 못 된다. 한 국가가 상징적인 권위가 필요하고 그 국가의 역사와 유산에 대한 자긍심을 국민에게 유도하기를 원하는 그 정도까지, 국왕 제도가 바람직하고 그 목적을 위한 기능이 있을 수 있다. 그럼에도, 세습을 통한 계승은 그 자체로 더는 정권 변화의 제도로 사용되지 않는다.

많은 개혁 운동 그리고 정치제도 특성의 혁명적 변화가 세습의 수단을 통한 지배자의 교체를 중심으로 진보했다는 사실을 무시하려는 것이 아니다. 일본에서 1868년과 1912년 사이의 메이지(Meiji) 복원은 왕가의 권력과 권위를 회복하려고 시도했으므로, 정치 혁명이 무사 계급에 의해 실행된 예이다. 그러나 이 경우에서조차, 혁명가들은 그냥 왕족 제도를 보호하려고 복권 운동을 시작한 것이 아니고, 오히려 중세의 사회 구조와 정치 질서에 환멸을 느낀 무사 계급(사무라이)이 다른 사회적 그리고 정치적인 제도들의 "근대화"를 정당화하기 위해 왕권 복원이라는 아이디어를 사용한 것이다.

3. 동원 장치로서의 선거

앞에서 언급한 대로, 17세기 초에 사회계약 이론의 시작 이래 온갖 유형의 정부들은 "피지배자의 동의"를 통한 정치 권력 행사를 위한 합법성을 추구해 왔다. 그러므로 적어도 이론상으로는, 어떤 형태로든, 국민의 지속적인 지지를 얻지 않고 어떤 정부도 그 권력에 대한 권리를 연장할 성싶지 않다. 비록 "인기 있는 지지"와 "피지배자의 동의"는 다른 정치색을 띤 지배 엘리트에 의해 다양한 방식으로 해석되고 있지만, 아무도 대중의 지지의 궁극적인 근거로서, 그리하여 합법성에 대한 정권의 주장의 궁극적인 근거로서 어떤 최소수준의 인기 있는 웰빙[복지]의 중요성을 부정하지 않을 것이다.

그러므로 각자 창출할 수 있는 대중적 지지의 수준면에서 권력의 자리의 후보자가 비교되는 제도로서, 보통선거는 질서 있는 정치 권력의 이양을 위해 효과적이고, 합리적이고, 널리 사용되는 제도가 되었다. 그러나 실제로는, 정치가 어떤 형태의 입헌주의와 그 사회의 문화적이고 정치적인 경험에 깊이 박혀 있는 "게임의 법칙"으로 안내받지 않는다면 정권교체는 그렇게 질서 있는 방식으로 일어나지 않는다. 달리 말해서, 그런 문화적이고 정치적인 경험이 없다거나, 대중이 가장 기본적인 신체적 생존에 필요한 것들[니즈]의 충족을 위해 투쟁하고 있는 사회에서는 선거를 통한 질서 있는 변화가 기대되지 않는다. 그런 사회에선, 엘리트가 주장하는 합법적인 권력은 기껏해야 희박하고, 선거 장치들은 그 자체를 질서 있는 인력 변화의 제도로 만드는 합법성을 못 가진다. 대안적인 정당들과 후보들뿐 아니라 사회적 그리고 정치적인 다원주의가 부재하고 불법화되기까지 할 수 있다. 그 어떤 반대가 있더라도 성격상 혁명적이고, 주어진 엘리트 그룹 내에서부터 정부 인력의 변화를 추구할 뿐 아니라 전적으로 다른 그룹으로 기존의 엘리트 그룹을 교체할 듯하다. 그런 조건 아래에서, 권력을 가진 사람들은 정책 세트에 대한 대중의 지지를 시험하는 수단보다는 그들 자신의 직위를 마구 인가하는 수단으로서 선거 장치를 사용할 것이다.

그래서 그런 사회들의 선거는 정권 구조와 정치제도 그 자체의 변화는 고사하고, 인력 변화의 수단으로 도움이 되지 못했다는 것이 놀라운 일이 아니다. 제 3세계에서 선거가 치러지는 곳에서는, 선거 행동 패턴은 더 성숙한 다원적인 민주주의 사회의 선거에 따르는 행동과 흔히 놀랍도록 다르다. 많은 경우에, 선거하거나 정부를 선택하는 장치라기보다는 선거는 선거제도를 대중의 표와 지지를 동원하기 위해 집권하는 엘리트에 의해 사용된다.

기록이 보여주는 바와 같이, 서반구 밖의 사회들에서 합법적인 선거로부터 정권 교체가 결과한 경우는 드물다. 그러나 선거제도는 전체주의 공산제도조차 포함하여, 사실상 모든 근대국가에서 사용되고 있다. 이것은 선거가 정권 변화가 아니더라도 어떤 다른 목적에 도움이 된다는 것을 뜻한다. 정권의 안정성 유지에 어려움을 경험하는 나라들에서, 엘리트 조직을 점령한 사람들은 자주 권력 지위를 지지하거나 권력 기반 확장의 표시를 유도하기 위해 선거제도를 활용한다. 특히, 정권이 경쟁상대 엘리트 그룹에 대한 통제력을 막 가졌을 때, 겨룰 리더들의 부상을 방지할 필요가 있을 것이다. 그러므로 정권 변화 후에 보통 반대파의 제거와 처형이 일어나는 일은 흔하고, 경쟁자가 주장하고 열망하는 권력에 대한 대중의 합법성을 내줄지 모르는 선거는 허용되지 않을듯하다.

이런 식으로 새로 출현하는 불안정한 사회들에서의 선거의 기능에 대한 조사에서, 정권 교체의 장치로서 선거제도는 이 사회들에서 실행 가능한 제도가 아니라고 결론지어도 좋겠다. 사실상, 민주주의의 사회적 조건들에 관한 많은 연구는 민주적인 선거제도는 경제적으로 그리고 사회적으로 저 개발된 국가들에 맞지 않는다고 제시했다(Park, 1976).

1) 군사 쿠데타: 악순환

압도적인 비율의 제 3세계 국가들이 군대의 개입에 의한 정권 교체를 자주 경험했다. 많은 수의 이 국가들이 이어지는 군사 쿠데타의 악순환 속에 남는 것 외에 다른 대안이 없는 것 같다. 예를 들면, 볼리비아는 1825년에 독립한 이래 200번 이상의 비정기적 정부 교체를 했다. 군대가 선동한 이러한 정권 변화의 대부분은 정부 인력의 순환만 하고 부와 권력의 분배나 국가의 사회적이고 정치적인 제도에 대해 아무런 영향력도 없다. 그러나 한 사회가 군사 쿠데타를 겪을 때마다, 그 인구는 정치적 불안정성과 불확실성 그리고 신체적 안전에 대한 심각한 위험을 자주 직면해야만 한다.

군대는 다음에 열거된 것과 같은 여러 가지 이유로, 엄청난 특권과 영향력을 즐겨 행사하므로, 새로 독립한 이전 식민 국가들은 그들을 지속적인 군대 쿠데타에 취약하게 하는 대여섯 개의 특징들이 있다.

(1) 국가체제의 상징으로서의 군대. 한 국가가 식민 세력으로부터

정치적으로 독립함에 따라, 첫 번째 순서로 하는 일은 자체의 군사적 장비를 건설하는 일이 되는 경향이 있다. 국민이 부끄러운 식민지배 경험이 이전의 군사적 능력의 결핍 때문이라고 탓할 때 한층 더 긴급해진다. 여기서, 독립의 행복감 속에서, 국민은 흔히 군사력 설립에 자주 무조건의 지지를 할 의사가 꽤 있다. 군복, 애국가, 국기와 같은 상징적인 것들이 민중 가운데 국가주의 정서를 강화하고 수용할 듯하다. 그러므로 신생 독립 국가에서, 인기 있는 문화가 그 정도여서 군사의 제도화가 다른 정치구조보다 우선권을 갖게 될 것으로 기대 된다.

(2) 동원하는 [기관으로서의] 군대. 대부분의 제 3세계 국가들은 군사적 모병 장치로서 징병제를 쓴다. 그런 시스템에서는, 군대는 사회의 수많은 부문을 대표하게 되고, 그리하여 대중의 공적 지지를 동원할 수 있다.

정치 발전의 초기 단계들 동안에, 군대는 국가 방위의 주요 역할에 덧붙여 넓은 범위의 기능을 가진다. 이런 기능들은 공중의 지지를 생성시키고, 법 집행 단위로 도움으로써 정책을 실행하고, 심지어 도로 건설과 다른 민간기술 프로젝트에 참여하는 것 같은 경제적 기능들을 포함한다. 이러한 다양한 역할들을 수행하는 가운데, 군대는 방위 기능과 연관된 것을 넘는 상당한 권력과 권한을 지휘하게 된다. 이 과도한 군대의 권위 영역의 확장은 어떤 다른 커다란 제도화된 정치 조직의 부재로 인해 더 촉진된다. 그것은 민간 정책 결정자를 위한 집행 장치로서 단순한 역할을 하기보다 민간의 정치적 기관들을 지배하게 된다.

(3) 근대화하는 대리자로서의 군대. 커다란 부분의 인구가 문맹이고 자신을 훈련하거나 물려받은 생활 스타일을 바꾸려는 동기가 거의 없는 사회에서, 군대의 인력은 자주 가장 기술적인 노동자 풀(집단)을 구성한다. 사실, 저개발사회의 군대 징집병들은 흔히 읽고 쓰도록 교육받고 산업화와 다른 발달적인 사회변화에 활용될 수 있는 다양한 기술 분야에서 훈련을 받는다.

군인이 군대에서 제대할 때, 그는 자신의 지역사회에서 중요한 의견을 가진 지도자가 되고 자주 그 지역사회에 전통적 지역사회와 그 문화 밖에서 오는 정보와 아이디어를 발설한다. 그 자신이 결국에 도시의 아마도 산업 지역으로 이주하고 다른 가족 구성원을 그 도시로 데려오고, 그리하여 그 사회의 인구변화에 공헌할 기회가 많다. 어떤 신생국에서도 그런 경우가 될 성싶듯이, 군대가 주요한 큰 규모의 근대화된 국가조직일 때 군대가 사회변화에 끼치는 공헌의 정도는 막강하다.

(4) 평등한 기관으로서의 군대. 엄격한 계층적 명령 체계를 가진 군대 제도는 보통 비민주적인 것으로 알려져 있다. 그러나 새로 독립한 국가에서, 군대는 성취 규범을 증진하고 적어도 다른 전통적인 사회기구보다 더 큰 정도로, 민주적인 경험을 제공한다. 경제에서 주로 농업적이고, 사회 구조에서 중세적이며 정치 문화면에선 권위적인 사회의 출신으로, 새 군인은 사회의 구조적이고 문화적인 규범에서 분명히 동떨어진 경험을 할 것이다. 모두가 같은 유니폼, 같은 월급을 받고, 같은 책임과 임무를 갖는다는 점에서 사회경제적 배경과 관계없이 모든 징병 군인들은 동등하게 대우받게 된다. 대부분의 신병

에게 이것은 전통적인 사회 상황에서 다소 급격하고 현저하게 떠나는 일이다.

군인들이 군 복무에서 해방되고 민간 사회로 돌아올 때, 그들은 최근의 평등주의와의 스침으로 발전된 새로운 태도 때문에, 흔히 다시 적응하기가 어렵다는 걸 발견하게 된다. 전에 논의되었듯이, 이런 이유로 그들의 많은 수가 고향 지역사회를 떠나 도시 세팅에서 대안적인 생활 스타일을 찾을 것이다. 도시 문화가 아직 형성하는 단계에 있어서, 이주자는 적응해야만 하는 문화적 조건이 거의 없다는 것을 발견할 것이다. 오히려, 군대 경험을 한 새 이주자들은 직업 기술과 경험뿐 아니라 공유하는 가치와 태도가 [새로] 출현하는 도시 문화에 기본적인 영향을 미칠 것이고, 그리하여 도시 지역사회가 발달하는 방식을 만든다는 것을 발견할 것이다. 이런 식으로 형성된 도시 지역들은 일반적으로 평등한 사회적 실천을 적용할 듯하고, 이 면에서 그들의 새로운 규범과 가치는 전통적인 지방과 농업 문화에 근본적으로 부합하지 않을 것이다.

많은 새로 등장하는 국가들에서 군대 제도의 이런 그리고 다른 특색들은 그 제도를 중심적인 개발 기구로 만드는 일에 공헌한다. 모든 다른 제도들은 군대 중심이 될 듯하다. 교육적인 기획에서조차, 국가 방위와 군대의 역할에 가장 높은 우선순위가 주어질 것이다. 경제는 군사적 필요성과 능력에 의해 결정적으로 영향을 받을 것이다. 모든 가족은 누군가가 군대에서 복무하는 사람이 있을 것이다. 민요와 이야기 그리고 온갖 종류의 예술 형식의 대중문화는, 어떻게든, 군사적 영웅주의를 증진할 것이다. 그런 사회에서, 군사적 리더십이 없는 누군가가 국가적 정치 지도자로 전혀 나타날 성싶지 않다. 이것은 왜 제 3세계의 군사적 행동이 자주 그런 정치적인 함축성을 갖는지, 그리고 왜 군사 지도자들이 정치적 진행에서 가장 주도할 성싶은지를 우리가 이해하게 돕는다.

그러나 이것은 왜 어떤 사회들은 다른 사회들보다 더 안정적인 군사적 지도력이 있는지의 난해한 의문에 여전히 답하지 않는다. 더 많은 리더는 반복되는 군사 쿠데타를 통제하지 못한 결과로, 짧은 기간 동안 지도자 자리를, 심지어 단축된 삶까지 경험했으나, 전 세계에서 군사적으로 지원을 받은 많은 지도자는 비교적 안정적이고 오랫동안 차지한 지도자 지위를 즐겼다. 세계 두루두루 정권 변화를 대강 관찰하면 더 안정적인 군사 정권들 가운데 몇몇 공통된 특성들이 있고 이 특성들이 그 지도력이 권력의 지위를 연장하는 일에 도움이 되었다는 것을 제시하게 된다. 그 특성들 가운데 첫째, 외부세력에서 오는 인지된 또는 실제의 위협, 둘째, 외부 세상에 대한 대중의 접근 통제와 국내 인구 가운데 소통의 통제로 밀폐된 정치시스템을 유지하기와 셋째로, 한 인격의 추종을 둘러싼 대중의 정치화를 통한 지도자의 카리스마 분위기 만들기를 들 수 있다.

효과적인 군대에 긴요한 파라미터는 강제하는 능력이고, 따라서, 정치적인 결정에 대한 군사적 통제의 주요 수단은 물리적인 강제력을 사용하는 것이다. 그러나 국내 정치에서, 그 사용이 합법적으로 보이지 않는다면 강제적인 조치들은 오랫동안 효과적이지 못할 것이다. 달리 말해, 동시에 대중적 지지의 안정적인 기반을 만들어 가면서, 반대와 정부 비판을 누르기 위해, 정권은 억압적인 활동에 대한 모종의 합리성을 사용할 필요가 있다. 그런 합리화는 국가의 존립 자체에 대한 위협을 주장하여, 국가가 존속하는데 정부 정책을 따르는 것이 필요한 일로 만드는 것에서 자주 발견된다.

　내부의 권력을 굳히려고 외부 위협을 인식하도록 자극하는 일은 정부나 어떤 다른 조직에 그다지 새로운 전략이 못 된다. 게오르그 심멜(Georg Simmel)의 조직 행동 연구는 환경이 적대적으로 인식될 때 조직의 연대감이 증진된다는 주제를 옹호하였다(또한, 이와 똑같은 현상을 확인한 소그룹 심리학 연구에서 나온 실험적 증거도 있다). 외국의 군사 공격으로부터의 잠재적으로 치명적인 결과를 놓고 보면, 정부는 외국의 적대성에 대해 최소한으로라도 신빙성 있게 인식하도록 함으로써 상당한 국가적 단결성을 생성시킬 수 있다. 실제로 갈등이 일어날 가능성은 덜 중요하다.

　만약 위에 언급된 국가적 위기감을 지속시키는 목적과 다른 어떤 이유가 아니라면, 외부 정보를 막고 내부에서 정보의 흐름을 통제하는 일은 안정적인 군사독재를 유지하는 일에 필수적이다. 이 목적으로, 군사 정권은 오직 제한된 수의 채널들만 공식적인 혹은 기능상으로만 공식적인 정부 기관으로 기능하도록 허용함으로써 미디어에 세심한 검열을 강요한다. 대중이 세상사에 대해 선택적인 정보를 받게 하고, 잘못된 정보를 받거나, 아니면 완전히 정보를 막는 것은 폭동과 데모 또는 다른 반정부 활동들을 방지하기 위해 억압적인 정권이 흔히 쓰는 전략이다. 대중이 공적인 사건들과 세계 정치를 이해하지 못하도록 함으로써 정권은 밀폐된 사회를 효과적으로 유지하고, 그리하여 국민과 사건들을 통제할 수 있다. 그 정권이 낮은 문해력의 저개발 조건과 정부가 부자연스럽게 만드는 대중 소통, 그리고 비 참여적인 정치 문화를 유지하는 것은 흔히 그 정권에 이익이 된다. 이런 의미에서, 가장 오래가는 군사적 지도력은 전체주의 국가들에서 발견되므로, 군사 정권을 연속시키는 이상적인 정책은 전체주의 형태의 정부를 채택하는 것이다.

앞의 논의에서, 군사 정권이 정치적인 재임 기간을 연장하려고 시도하는 약간의 근거를 확인하였다. 그 논의에서 암시된 것은 정반대, 즉 불안정한 군사 지도력의 원인이었다. 이 논의에서, 왜 어떤 정권들은 군사 쿠데타의 악순환에서 빠져나오지 못 하나라는 긴요한 질문에 답하도록 몇 가지 제안들을 판별할 수 있을지 모른다. 사람들이 정치적으로 비활동적이고 불참하는 긴밀하게 통제된 닫힌 사회에서 강한 카리스마를 가진 지도력이 있더라도, 만약 사람들이 저항하는 것 이외의 어떤 대안도 없이 극심한 빈곤 상태에서 살고 있다면, 정권은 불안정을 경험할 수 있다. 국민의 생존이 위협받고 정부가 책임이 있을 때, 그 정권은 폭동과 반란을 방지할 수 없을지 모른다.

이 책에서 제안되고 있는 패러다임에 근거하여, 정부가 그 역할을 효율적으로 수행하고 있는 사회에서의 지속적인 군사 쿠데타 현상을 설명하는 열쇠가 될 수 있는, 모든 군사 정권이 직면하는 딜레마를 상정할 수 있다. 첫 번째 단계 사회의 사람들은 일단 그들이 식량, 주거,

생명을 위협하는 조건들로부터의 보호가 상당히 확실시되면 다른 니즈 단계로 그들의 중점을 옮겨갈 것이라는데 딜레마가 있다. 이러한 가장 기본적인 니즈를 확실히 충족시킬 수 있는 군사정부가 있는 사회는 사람들이 소속감 니즈 단계로 옮길 때, 정치적 통합의 두 번째 단계로 움직일 것이다. 이 경우에, 사람들이 생존에 필요로 하는 것을 만족시키지 못해서가 아니라, 오히려 새로 출현하는 소속의 필요성을 다루지 못하기 때문에. 그 정권은 대중적 지지의 기반을 잃게 될 것이다. 정권이 정책의 우선순위를 대중의 니즈와 요구에 부합하는 변화에 부적절하거나 적응하지 못할 때, 설사 신체적 생존에 필요한 기본 서비스 조달에 계속 효과적이라 해도 첫 번째 단계에서 생성된 얼마간의 대중적 지지 수준을 유지할 수 없다.

군사제도는 사회적이고 심리적인 소속감을 증진하려는 사람들의 욕구를 수용하기 위해 그 정책들을 쉽사리 적응시킬 수 없다. 군대는 다양성보다는 획일성, 타협보다는 명령, 심리적 위로보다는 신체적 통제 같은 가치에 뚜렷한 주도성이 주어지는 제도이다. 세상에서 일하는 세 가지 길이 있다고 하는데 그것은 옳은 방법, 잘못된 방법, 그리고 군대식 방법이라고 한다. 그러하니, 전문적 군사주의와 군사적 조직은 항상 두 번째 단계의 사회발전에 장애물을 구성한다. 한 정권이 낮은 수준의 공적 지지로 고통 받을 때, 세력 갈등에 취약하게 되고, 이 초기 발달 단계에서의 세력 갈등의 형태가 될 것 같은 것은 군대 그 자체 내에서 일어나는 갈등이다. 침식하는 정부 지원이 사회에서 반정부 활동과 정권 내의 세력 갈등으로 이어질 때 기대되는, 정부 인력의 대개편 과정에서, 한때 안전하던 사람들의 신체적 생존의 바탕이 위협을 받을 것이다. 결과적으로, 우세한 대중적 니즈와 요구들은 소속의 니즈 수준에서 신체적 생존의 더 근본적인 니즈로 되돌아갈 것이다. 쿠데타에서 성공적으로 권력을 잡을 수 있는 새로운 군사정부는, 단순히 정치적 안정성을 돌려주고 생존의 필요성을 보장하는 능력을 재설립함으로써 국민으로부터 얼마간의 지지를 얻기 마련이다.

그러나 새로운 안정성이 성취되고 기본적 니즈가 확실해지자마자, 사람들은 다시 한번 소속하려는 니즈를 우선순위로 둘 것이다. 이것은 만약 정책 우선순위들을 그에 맞춰 적응하지 못하면 새로운 정권을 또 다른 합법성 위기로 불러들인다. 쿠데타 이후에 세력투쟁의 영향이 너무 광범위해서 생존 필요성을 보장하는 능력이 쉽사리 그리고 재빠르게 회복될 수 없을 때, 정치적인 혼란과 생존투쟁에서 사람들이 받은 상처가 서서히 치유하므로, 비교적 연장된 기간에 정부는 그 지배에 대한 최소한의 지지를 즐길 것이다. 아마도 최다수의 군대 쿠데타를 기록한 볼리비아 같은 나라는 사람들이 단순히 신체적 생존만 바라면서 기아에 위험하게 가까운 삶을 사는 나라가 아니다. 오히려, 그 관료제를 통해서 기본적 서비스를 제공할 능력이 있는 국가다. 이런 이유로, 아이러니하게도, 만약 특히 이런 사건들이 관료제를 비교적 다치지 않게 남겨 둔다면, 잦은 쿠데타에 더 취약할 수 있다. 정말로, 가난하고 정체된 국가에서보다, 비교적 더 높은 경제성장률을 가진 나라들에서 군대가 정치에 관여하는 일이 많이 있다. 줄여서, 정권 안정을 일으키는 것은 단순히 정부의 효율성이 아니라,

대체로, 정부가 대중의 변화하는 니즈를 기대하고 적응하는 정도이다. 이 결론은 모든 정부가 국민의 니즈에 응답하는 경향이 있다고 제시하는 것이 아니라 오히려 정부가 대중의 지지를 끌어내려면 대중적인 요구의 변화하는 특성들에 적응해야 한다는 것이다. 궁극적으로 정치적 권력을 정당화하는 것은 국민의 지지이다. 군대의 엄격성, 제한된 비전, 그리고 좁은 범위의 능력들은, 그러므로 쿠데타의 악순환 현상에 중요한 기여자일 수 있다.

2) 혁명: 궁극적인 변화

정치제도와 대중의 생활 스타일에 다 영향을 미친다는 점에서 혁명은 가장 트라우마가 크고 광범위한 형태의 정권 변화를 나타낸다. 정부조직이나 그 인력의 변화는 대부분의 혁명의 중요한 결과일지 모르나, 그것만으로 혁명을 전체적으로 구성할 수 없다. 사실, 정부변화는 혁명에 불충분할 뿐이 아니라 이론적으로 불필요하다. 때로, 우리는 사회 구조와 생활 스타일의 변모를 강요하는 어떤 광범위한 사회변화에 "혁명"이란 딱지를 사용하지만, 그런 변화가 언제나 정부의 재조직을 요구하지는 않는다. 산업혁명이 이런 예일 것이다. 그러나 대개 경우에, 혁명은 정부의 재조직과 대중의 폭력을 통한 재임 정권의 전복을 포함한다. 그렇다면, 혁명은 심오한 제도적인 격변이 사회 구성원들에게 그들의 생활 스타일을 비교적 짧은 시간에 크게 바꾸도록 강요하는 일종의 사회변화라고 정의될 수 있다.

그런 혁명 과정에서, 많은 긴요한 기관들이 해체되고 새로운 것들이 형성될 것으로 기대된다. 동시에, 인구 대부분은 사회적으로 혼란을 겪고 새로 출현하는 제도적 현실로 옮기고 재적응하는 일에 집착하게 된다. 그러므로 정치적이고 사회적인 불안정은 어떤 혁명에도 전형적인 증상이다. 이 부문에서, 다른 저자들이 지지하는 혁명적인 사회변화의 원인과 역동성을 짧게 조사하고, 혁명적 현상을 더 포괄적으로 분석하기 위해 어떤 이론들은 개선해 가면서 그들의 견해를 종합하려고 시도할 것이다.

혁명과 혁명적인 활동에 대한 좋은 이론들이 많다. 혁명을 위한 조건들에 대해 다른 견해들이 있지만, 사람들이 불행하다고 느낄 때 현존하는 권력과 권위구조를 크게 바꾸는 영향을 주기 위해 개인적 상처를 무릅쓰는 정도까지 사람들이 기꺼이 반항한다는데 모두 동의하는 것 같다. 마르크스 이론의 경제적 결정론, 레닌의 정치적 결정론, 그리고 데이비스(Davies, 1971)의 심리적 결정론에서 증명된 것처럼, 이런 심리적인 불만족을 촉발하는 건 다를 수 있다. 그러나 어떤 혁명적 활동의 즉각적인 원인은 개인 행동가의 태도와 행동의 성향임에 틀림이 없다. 한 사회나 그러한 계급조차 행동을 취하는 동기를 가질 수 없으므로, 총체적인 사회적 또는 경제적 변수들을 직접 사용함으로써 어떤 원인적 의미에서 혁명을 설명할 수 없다. 오직 개인들만 동기를 갖는다. 이것은 우리가 개인들 가운데 혁명적 마음 상태를 만들어낼 성싶은 사회적이고 경제적인 조건들의 중요성을 부정할 수 있다거나 부정해야 한다고 제시하려는 것은 아니지만, 우리는 혁명적인 행동에 관여하기에 도움이 될 수 있는 사고방식의 종류를 분석하려는 즉각적인 관심을 가져야 한다. 사회적이고 경제적인 상태가 심리적 불만의 궁극적인 원인이라고 발견될 수 있지만, 특히, 특정한 사회적 그리고 맥락적인 상태들은 개인 심리와 또는 행동의 성향에 대한 그들의 영향력을 통해 혁명적인 행동의 원인이 된다.

혁명적인 행동을 설명하는데 가치 있는 도구인 것으로 제안된 몇 개 전제들과 이론적인 개념들을 조사하겠다.

(1) **좌절 공격성**: 좌절 공격성의 기본적인 전제는 어떤 느껴진 니즈나 사회 속의 필요가 널리 좌절되었을 때 혁명적인 활동이 일어날 거라는 것이고, 정부가 이런 좌절에 대해 어떤 식으로 책임이 있다고 보인다는 것이다. 이런 전제는 두 가지 심리학 이론에 근거하는데, 좌절 공격성 이론과 개인행동에 동기를 부여하는 힘으로서의 인간 니즈에 대한 일반이론이 있다. 거르(Gurr, 1970, 2장)의 논의를 따르자면, 좌절은 "간단히 목적지향의 행동을 간섭하는 것으로 간주될 수 있다." 좌절하게 하는 개체를 해하려는 활동인, 공격성은 그 개인이 극심한 좌절에 보통 하는 반응이다. 정부조직 내에 있는 많은 사람의 좌절에 대해 정부가 비난받을 때, 현재의 정권을 향하는 폭력적 행동이 나올 것이다. 그러므로 특정한 시간에 어떤 니즈가 공통적인지 그리고 만연하고 있는지를 앎으로써, 우리는 어떤 사회적 조건들이 그런 좌절을 만들어 낼 성싶은지를 더 잘 판단할 수 있다.

이론적인 목적으로, 어떤 것이 특정한 니즈를 충족하게 하는지는 문화에 따라 다르지만, 개인행동의 목적을 갖게 하는 같은 기본 니즈를 모든 사람이 [공통으로] 나누어 갖는다고 주장한다. 모든 행동은 중요성의 계층 구조를 얻거나 가정하는 이런 니즈와 욕구를 충족시키기 위한 수단이다. 그러므로 개인들은 다른 이유로 좌절될 수 있으므로 좌절은 사회개발의 어떤 수준에서도 생길 수 있다. 예를 들면, 한 사람은 음식, 주거, 안전이라는 기본적으로 필요한 것들이 결핍되어서 좌절될 수 있다. 다른 사람들은 자유나 소속감이 없어서 똑같이 좌절될 수 있다. 또 다른 사람들은 더 큰 몫의 권력과 영향력을 가지려는 그들의 시도가 계속 실패하기 때문에 불만족일 수 있다.

데이비스(1970, p.146)가 정확하게 관찰하듯이, 이 모델은 좌절의 원인과 수준을, 그리하여, 혁명적 활동이 일어날 가능성을 예상하기 위해 "사람들의 마음 상태를 평가하는 것"을 필요로 한다. 인터뷰를 사용해서 개인의 마음 상태에 대한 정보를 실제로 수집하는 일이 때로 가능하지만, "마음 상태"에 대해 광범위하게 직접적인 문의를 하는 일은 비실용적일 것이다. 더군다나, 인구의 좌절 수준은 그들의 니즈를 변화시킬 것이고, 상황의 재평가를 계속 필요하게 하는 사회적 조건들이 변화함에 따라 욕구가 변화한다. 그러므로 어떤 사회적 조건들이 개인 니즈에 관한 좌절로 이끄는지를 판단하는 것이 바람직할 것이다.

분명히, 인간과 다른 유기체의 가장 기본적인 니즈는 신체적 생존의 필요성이다. 그러나 개인적인 면에서, 이 니즈의 충족이 사회 내의 총체적인 혹은 평균적인 풍요(富)의 수준과 반드시 관련되지는 않는다. 한 사회가 가난할수록 기본 니즈의 [충족이] 좌절되고 그러므로 혁명적 활동이 더 일어날 것 같다고 말하고 싶지 않을 것이다. 좌절을 말하는 일이 충분히 진실한 일일지 모르나, 경제적으로 가장 후진적인 사회들에서 혁명적인 활동은 사실상 일어날 것 같지 않다. 데이비스(1970, p.136)가 주목하듯이, 그런 사회들에서는 사람들의 신체적이고 정신적인 에너지가 단순히 살아남는 일에만 전적으로 집중되어 있다. 굶는 사람들은 게릴라 군대에 합류하지 않고 정부 관리들에게 돌을 던지는 일에 시간을 낼 여유도 없다. 다른 한편, 상당한 부를 가진 진보사회들에서는, 대다수 사람이 혁명적 활동에 가담함으로써 신체적인 안락을 잃는 위험을 감수하지 않을 것이다. 그러므로 과도기적인 사회들에서 "혁명"이라는 용어에 전형적으로 포함된 정치 투쟁의 유형을 더 잘 발견하게 될 것이다. 소위 "상승하는 기대의 혁명"을 겪고 있는 것은 이러한 사회들이다. 그러므로 우리는 과도기 사회의 맥락에서 혁명적 원인에 대한 두 개의 대안적인 이론의 틀인 J곡선(J-Curve)과 U곡선(U-Curve)을 조사할 것이다.

(2) J곡선(J-Curve)과 U곡선(U-Curve): "혁명의 이론을 향하여"라는 중요한 역작에서 제임스 데이비스(James Davies, 1963)는 상승하는 기대의 심리적 개념과 줄어드는 성과의 사회적 변수에 기반하는 개념적인 틀을 제안하였다. 그는 계속 커지는 경향이 있는 기대와 그 기대 선상 아래로 뒤떨어지는 경향이 있는 실제 성취들 사이에 격차가 커지는 것을 발견하면서 인간의 불만은 심화 될 것이라고 상정하였다. 그 두 가지 수준들 사이의 차이가 "참을만한" 범위 내에서 유지되는 한 반드시 혁명으로 이어지지는 않을 것이다. 그러나 경제 불황과 같은, 사회에서 통제할 수 없는 변화가 개인이 인지하는 성취 수준을 급격히 떨어뜨릴 때, 기대와 성취 사이의 격차가 급격히 증가하

는 결과가 된다. 사람들이 그런 격차는 참을 수 없는 것이라고 볼 때, 사회 구성원들 가운데 "혁명적 정신 상태"가 나타나고, 그것은 어쩔 수 없이 실제 혁명[그림 1]을 이끈다. "J곡선" 혁명 이론의 응용성을 보여주려는 노력에서, 데이비스는 도르(Dorr)의 항거, 러시아 혁명, 그리고 1952년의 이집트 혁명을 포함하는 세 가지 혁명들을 인용한다.

개념적인 모델로서, 이 이론은 직감적 호소력이 있고 분명히 잠재적인 설명력이 풍부하지만, 데이비스는 그의 "J곡선"모델은 모든 혁명의 예들을 설명할 수 없다고 인정한다. 그리고 데이비스는 그 응용력을 소위 "진보적인 혁명들"에 임시로 국한 시키지만, 진보적이란 용어가 무엇을 의미하는지 어디서도 상세히 설명하거나, 왜 그의 이론이 이 유형의 혁명에 제한적으로 적용되어야 하는지 조사하지 않는다. 이 제한성은 데이비스(Davies, 1971)가 그의 모델이 가진 타당성의 시험 사례로 사용하는 세 개의 혁명이 지지하는 목적에 있는 공통성에 근거하는 듯하다.

데이비스 모델의 설명적인 잠재성을 더 완전하게 실현하기 위해, 우리는 먼저 -사회적 전제조건들과 심리적 원인 면에서- 데이비스의 모델이 적용될 수 있는 혁명의 "유형"을 상세히 해야 한다. 이 목적을 향해, 더 정확하게 이 모델의 실증적인 적용성의 범위를 추론하기 위해 그의 이론이 가진 -암시적이고 명백한- 가정들 모두를 조사할 것이다.

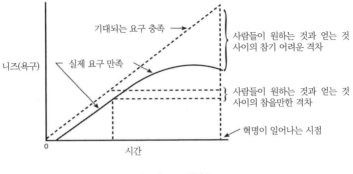

[그림 1. J-곡선]

나중에, 그 응용성의 범위 면에서, 데이비스 이론을 보완할 혁명의 원인에 대한 대안적인 설명을 제안할 것이다. 즉, 데이비스의 "J곡선" 논지를 부정하기보다는, 이 대안적 설명 모델은 혁명으로 정의될 수 있으나 데이비스 모델의 실증적으로 명시된 영역에 들지 않는 특정 유형의 심각한 시민 소요에 적용될 수 있을 것이다. 그렇다면, 이 가정들은 무엇인가, 그리고 J곡선 모델의 적용성을 어떻게 제한하는가? 앞서 암시된 바와 같이, 데이비스(Davies, 1971, p.136)의 중심 논지는 "혁명은 객관적인 경제와 사회발달 시간이 길어진 후 급격한 반전이 짧은 기간 동안 일어날 때 가장 잘 일어날 듯하다"라는 것이다. 이 제안은 이전의 (사회경제적 발달) 기간이 그 니즈가 상승하고 확장할 때조차, 그들의 니즈를 계속 충족시키는 능력에 대한 대중의 기대를 강화할 거라는 주장으로부터 추론된다. 쇠퇴의 나중 기간에 일어나는 이런 기대감의 좌절은 혁명적인 마음 상태를 일으킬 것이다.

그러므로 데이비스에 의하면, 사회경제적 조건들 속의 특정 추세가 개인들에게 불만의 느낌을 생기게 하고, 완전한 사회경제적 결핍이 아닐 때, 집단적 불만은 혁명을 통해 사회적으로 표현될 것이라고 가정된다. 그러나 몇 명의 학자들(가장 눈에 띄게는 테드 거르 Ted Gurr, 25)은 불만족한 마음 상태가, 필수적인 '사회적 분위기"로 일반화될 때조차, 혁명적 행동의 형태로 겉으로 나타나는 사회적 표현을 추구할 것인지를 결정하는데 적합한 적어도 한 가지 다른 변수를 확인하였다. 인구 전체에 일반적인 생활조건의 상태가 최저한의 신체적 생존이 보장된다 해도, 불만족한 사람들은 만약 정부가 그들의 저항을 누를 수 있는 능력이 있다고 인지하면 혁명에 덜 참여할 성싶다. 만약, 인명의 면에서, 가능한 혁명의 비용이 지나치게 크다고 인지되면, 대중은 성공적인 혁명의 기회에 대해 심각한 의문을 갖게 되고, 그러한 봉기를 시도하지 않을지 모른다. 그러므로 정부가 가진 "강제적인 잠재성"은 불만족한 사회적 분위기와 그것을 혁명적 행동으로 겉으로 표현하는 것 간의 원인적 고리에서 마지막 연결고리에 부합한다(Gurr, 1968).

데이비스 모델에서 두 번째의 아마도 더 중요한 가정은 실제 필요한 것들[니즈]의 충족 수준에서 급격한 쇠퇴가 일어난 후조차 니즈 충족에 대한 기대는 계속 상승할 것이라는 가정이다. 이런 방식으로 혁명에 필요한 좌절이 생기므로 이 가정의 타당성이 그 모델의 논리에 꼭 필요하다. 여기서 좌절은 기대와 성취 사이의 격차로 생각된다. 실제 니즈 충족이 급격하게 떨어진 후조차 기대나 열망이 계속 올라

갈 것이라는 주장은 문제가 될 수 있다. 사람들은 상승하는 기대 수준을 고수하기보다 급격한 침체 시대에 기대 수준을 하향 조정할 수도 있다. 그러므로 성취와 기대 사이의 간극은 성취가 급격히 떨어진 후에 증가하지 않을 수 있다. 이 견해는 [그림 2]에 보이는 바와 같이 "U-곡선" 이론에서 묘사되었다.

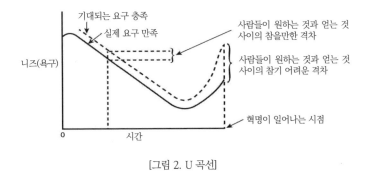

[그림 2. U 곡선]

U-곡선의 경우에, 짧은 쇠퇴 기간 후에 하향 조정이 다시 올라가기 시작할 때 최대 수준의 좌절이나 불만이 있을 성싶다. 그러므로 참을 수 없을 정도의 좌절과 "혁명적인 마음"은 이 시기에 형성될 수 있겠다. 만약 니즈 충족이 더 악화하는 일이 생활 스타일의 질적인 변화를 포함한다면 열망 수준의 하향 조정은 계속될 것으로 기대되지 않는다. 예를 들면, 사람들은 경제 침체를 견디기 위해 운전을 덜 하거나 심지어 작은 자동차로 바꾸기를 고려할지 모르겠지만 자전거로 바꾸거나 발로 걷는 것은 매우 주저할 것이다.

두 가지의 곡선들 (J와 U)를 우리의 발달 단계 틀에 넣고 보면, 만약 성취의 감소가 하향곡선이 사회 구성원이 굽히고 이미 성취한 니즈/욕구 만족을 포기하도록 강제하는 발달 단계 선상을 넘어서도록 위협한다면, 받아들일 수 없는 "격차"가 "혁명적인 마음"으로 이어질 수 있다는 것이 명백하게 제시된다. 그렇지만, 만약 성취의 하향이 단계 선상 내에 머문다면, [그림 3]에 예시된 바와 같이 혁명적인 마음 태세는 만들어지지 않을 것이다.

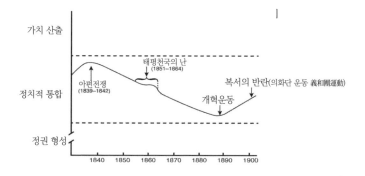

지금까지, 발달적인 변화의 다른 단계에 있는 다양한 사회들에서의 혁명적인 행동들을 설명하기 위해 유망한 모델로 보이는 것을 광범위하게 논의했다. J곡선과 U곡선 이론들 둘 다 열망의 심리적 요소와 성취의 사회적 측면을 병합한다. 이제 혁명 관련의 문헌에서 널리 사용되어 온 다른 개념 세트들을 소개하겠다. 이들은 혁명적인 행동은 행동자가 사회와 가지는 관계성으로부터 나온다는 사회수준의 전제를 사용한다.

(3) **상대적 박탈**: 무엇에 대해 상대적인가? 상대적 박탈 개념은 거의 모든 혁명 활동의 이론에 밀접한 관련이 있으나, [연구 과정에서 쓰이는] 조작적인 정의는 좀처럼 동의 되고 있지 않다. 마르크스주의자의 전통에서 발견된 상대적 박탈에 대한 정통적인 정의를 따라, 데이비스(Davies, 1959, p.283)는 그 용어를 "박탈된 사람이 그 자신을 박탈되지 않은 사람과 비교할 때, 그 결과하는 상태는 '상대적 박탈'이라고 지칭될 것이다"라고 정의한다. 이 경우에, 그 사람은 자신을 다른 사람들과 비교한다. 다른 한편, 테드 거르(Ted Gurr, 1970, p.24)는 "상대적 박탈은 자신[이 가지는] 가치에 대한 기대와 가치[를 성취하는] 능력 사이에서 인지하는 차이로 정의된다"라고 제안한다. 그러므로 사회계층 속의 자신의 지위가 중요하게 된다.

각각 혁명적인 마음 상태의 중요한 측면을 묘사하는 몇 개의 의미 있는 정의들은 주목할만한 가치가 있다. 이러한 정의들과 혁명적 행동의 연구를 위해 그 정의가 갖는 함의들 사이의 분석적인 구별이 아래에 논의된다.

(3.1) **사회적 비교**: 마르크스주의자와 비 마르크스주의자의 인지. 위에 설명된 바와 같이, 상대적 박탈은 보통 한 사람이 그의 상황을 어떤 면에서 중요하다고 생각하는 다른 개인의 상황과 비교하는 것으로 생각된다. 그러므로 한 사람의 박탈감이나 만족감은 그가 다른 사람들과 자신을 어떻게 비교하는가에 전적으로 달려있다. 프롤레타리아 계급이 부르주아 계급의 풍요함을 보는 것에서 박탈감을 끌어온다는 데에서 마르크시즘 이론 속에 비슷한 역동성이 암시된다.

전 세계적으로 이런 유형의 사회적 결정론은 마르크스주의자와 다른 사회주의자 혁명의 기반이 되어왔다. 마르크스주의 이론을 유럽의 역사에 적용하면 "상대적 박탈"의 주제가 어떻게 혁명의 유일한 이론적인 근거로서 견인되었는지를 증명한다.

18세기와 19세기에 광대한 사회적 변화를 초래한 다른 현상들 가운데, 산업혁명은 유럽의 경제구조가 엄청난 노동의 분배를 감행하도록 강제하였다. "사물로부터의 인간의 소외"를 포함하는, 모든 도덕적 잘못에도 불구하고, 노동의 새로운 분배는 생산력 증진과 결국은 대량생산에 공헌하였다. 이것이 진행되는 동안에, 공급과 수요의 법칙으로 지배받는 자본주의 경제 제도는 자신의 생산수단을 소유하지 않는 사람들(노동자들)이 그것을 소유하고 통제하는 사람들의 자비에 전적으로 의존하도록 만들었다. 생산에 투여된 노동의 양보다 공급과 수요의 법칙이 자본주의 경제 속의 상품 가치를 결정하므로, 생산수단을 통제하는 위치에 있는 사람들은 마르크스가 잉여가치(시장가치에서 노동 가치를 뺀 것)라고 부른 것을 축적할 수 있었다. 마르크스에 의하면, 이 부당한 이익은 어쩔 수 없이 "가지지 못한 사람들"을 궁핍하게 함으로써 "가진 자들"을 풍요롭게 한다. 이 과정은 사회계급의 연결될 수 없는 양극화로 이어진다. 경제적 구조는 다른 모든 사회적이고 문화적인 거대구조들의 성격을 결정하는 기본 틀이라는 전제에서, 마르크스는 계급 양극화는 두 계급 사이의 뚜렷하고 상호배타적인 관계의 발전으로 이끌어질 수밖에 없는 것으로 예측하였다. 결과적으로, "가진 자들"이 이익을 위해 동기 부여되고 "가지지 못한 자들"은 부정의를 더 참을 수 없는 정도까지 가난한 성숙한 자본주의 시스템에서, 프롤레타리아 혁명이 일어날 것이다. 역사의 철칙이 가리키듯이, 마르크스는 순진하게도 그런 항거가 일어날 때, 적은 숫자의 "가진 자들"이 커다란 대중에 맞서 자신을 방어하지 못할 것이라고 믿었다.

역사는 마르크스가 예상한 길을 따르지 않았다. 근대의 산업화 과정에서, 두 개의 양극화된 계급 어느 쪽에도 속하지 않는 커다란 중산 계급이 나타났다. 전환 중의 사회와 후기산업화 사회 양쪽에서 사회계급구조들은 마르크스가 예상한 것보다 더 계급 유동성에 열려있었다. 또한, 기술적인 발전이, 어떤 사회들에서는, 억압자들에게 그것으로 대중의 항거를 쉽사리 억압할 수 있는 매우 기계화되고 세련된 무기들을 공급했다.

마르크스주의자의 견해가 역사의 과정에 미친 영향을 인식하지 않는 것은 비현실적이겠다. 마르크스주의와 거기서 나온 다양한 이론들은 전 세계적으로 다른 어떤 하나의 생각이나 이론보다도 더 혁명적인 사회변화를 일으켰다. 아시아, 아프리카, 라틴 아메리카의 수많은 항거뿐 아니라 러시아, 중국, 쿠바 혁명들은 정말로 일종의 마르크스 혁명들이었다. 아이러니하게도, 마르크스의 기대와 달리, 그어떤 혁명들도 성숙한 자본주의 국가에서 발생하지 않았다. 사실, 어떤 사회에서도 자본주의 성숙의 결과로서 혁명이 일어나지 않았다. 그러나 자본주의 시스템 본래의 사회경제적 불평등을 규탄하는 인본주의자의 메시지는 러시아, 중국, 동부 유럽, 그리고 제 3세계의 저

개발되고 개발 중인 영역에 있는 "비교적 박탈된" 대중들에게 호소력이 있었다.

　사회적 비교에 의한 "상대적 박탈"의 전제를 확장하여, 글로벌 불안정성과 국제적 갈등을 국가 간의 차이와 불평등 탓으로 볼 수 있다. 요한 갈퉁(Johan Galtung)과 같은 저자들은 부자 나라와 가난한 나라의 격차를 잇지 못하는 한, 세계 평화는 유지될 수 없다는 견해를 오랫동안 고수해왔다. 이 견해는 두 가지 사실을 고려할 때 적어도 직감적으로 그럴듯하고 호소력이 있는 듯하다. 첫째 사실은 부자 나라들은 원자재와 값싼 노동력을 공급하지 않으면 안 되는 가난한 나라들의 대가로 이 심오하게 통합된 글로벌 경제 속에서 그들의 부를 유지하고 있다는 것이다. 둘째 사실은 세계적인 커뮤니케이션 네트워크와 덜 개발된 나라들(LDCs)의 증가하는 소통능력으로 인해, 가난한 나라들은 그들의 상황을 통절히 인식하고 있고 그들의 국가이익을 보호하려고 점점 더 결의에 차 있다는 것이다. 이러한 요소들은 의심할 바 없이 LDCs 측에서 느끼는 "상대적 박탈감"에 박차를 가할 것이다. 사실, 잠재적으로 폭발력이 있는 북-남반구(North-South) 간의 대결로 등장하는 신 국제경제 질서(New International Economic Order)의 출현은 전통적인 동서(EastWest) 경쟁의 중심축을 거의 다 교체했다. 아직도 가난하고 고군분투하는 남반구의 LDC에서의 혁명들은 그 동기에서 좀 더 국가주의적이고 국내 국경선 밖의 독립체들을 겨냥할 듯하다. 비록 표면상 종교적이었으나, 최근의 이란의 혁명적인 운동들은 정말로 미국의 국제정책에 맞서는 국가주의적인 혁명적 봉기이었다. 마오주의자의 혁명 그 자체, 그리고 베트남과 캄푸치아와 같은 동남아시아에서의 혁명들은 모두 마르크스주의 혁명이라기보다는 국가주의적 운동으로 가장 잘 특징지어질 수 있다.

위에 설명된 많은 혁명적 현상들에서 증명된 것처럼, 사회적 비교를 통한 상대적 박탈의 개념은 다른 사회들에서의 많은 혁명 활동들을 이해하기에 도움이 된다. 이론적으로 호소력이 있을 뿐 아니라 분석적으로 매우 유용하다. 그러나 한 사람이 다른 사람들과 비교하는 일은 유일한 비교의 근거가 아니므로, 사회적 비교는 상대적 박탈의 근거에 대해 충분히 설명하지 않는다.

(3.2) **임시적인 비교**: 한 사람이 다른 사람들과 상대적 비교로써 박탈감이나 만족감을 느낄지 모르지만, 또한 현재 상황을 과거 상황과 비교함으로써 박탈되거나 만족한 것을 느낄 수도 있다. 비록 현재 상황이 아직도 다른 사람보다 나쁘다 해도 시간에 걸쳐 큰 향상을 했다는 것에 만족할만하다고 볼 수도 있다. 같은 이유로, 현재 상황이 다른 사람들보다 나아도, 시간이 지나면서 현재 상황이 거의 향상하지 못했을 때 물론 불행하고 깊은 박탈감을 느낄 수 있다. 이런 이유로, 특정 사회에서 부의 수준과 상관없이 사람들을 계속 행복하게 하고 안정적인 정치시스템을 유지하기 위해 월급인상과 다른 보상의 형태로 꾸준하게 향상을 하는 일이 필요하다.

사람들의 생활 스타일이 급격한 향상을 경험하는 개발도상 사회에서는, 그런 향상을 가져오는데 효과적인 역할을 한 것에 근거하여 대중이 그 정권을 지지하는 걸 자주 본다. 국민이 아직도 부유함에서 거리가 멀고 그 정권이 국내에서 사회적이고 경제적인 평등을 증진하지 못해도 이런 일이 자주 생긴다. 사실상, 자급자족하는 경제성장으로 급격히 발달하는 전환적인 국가는 부자와 가난한 사람 사이의 차이가 가장 증가할 듯하지만, 그래도 1960년대 이래 남한의 경우에서처럼, 정권은 광범위한 지지를 즐길 수 있다. 오늘날 중국을 방문하는 사람은 중국 농촌은 매우 가난하고, 생활하는 숙소는 형편없고, 여가 시설은 사실상 전혀 없고, 농업의 기계화가 거의 보이지 않지만, 그래도 사람들이, 특히 더 나이 많은 사람이 진정한 행복감을 느끼는 걸 보고 놀라게 될 것이다. 중국 시민과 대충 지나치는 얘기만 해도 왜 그들이 행복한지 짐작할 수 있을 것이다. 즉 그 사람들은 아직도 혁명 이전의 힘든 날들을 기억하는 것이다.

사회적이고 임시적이라는 두 가지 비교의 근거들은 상호배타적이지 않다. 그와 대조적으로, 이 두 개의 근거들을 합침으로써 혁명적인 마음을 더 완전하게 설명할 수 있을지 모른다. 한 사람은 자신의 사회경제적인 향상률을 같은 기간에 걸쳐 다른 사람들이 이룬 향상률과 비교함으로써 자기 자신을 다른 사람들과 비교할지 모른다. 예를 들면, 그 비율 자체는 임시적 (시간에 박힌) 개념이기는 해도, 임금인상률은 사회적 비교의 근거일 수 있다. 이런 종류의 비교는 상대적 박탈 그 자체의 개념이 갖는 설명력을 확장할 것이다.

(3.3) 공간적인 비교: 사회적이고 임시적인 비교에 덧붙여, 사회심리학자들, 특별히 브릭만과 캠벨(Brickman and Campbell, 1971)은, 어떤 경우들의 상대적 박탈을 설명할 수 있을지 모르는 또 다른 비교

의 근거를 소개하였다. 이 종류의 비교는 공간적인 비교라고 일컫는
다. 이 경우에, 한 사람은 자신의 성취의 어떤 영역을 자신이 성취한
다른 영역과 비교한다. 한 부문의 성취가 다른 성취들보다 심하게 뒤
져있을 때 상대적인 박탈이 결과할 것이다. 예를 들면, 어쩌다 빈민
주택단지에 살게 된 월급을 많이 받고 아주 좋은 직장이 있는 잘 교
육받은 미국인은 그가 성취한 영역 내에 있는 간격으로 인해 불만족
을 느낄 것이다. 이 비교의 근거는 미국에서 경제적으로 성공하였으
나 여전히 사회문화적인 차별에 직면하는 인종적 민족적 소수자와
같이, 그들이 이룬 성취와 귀속적인 지위 사이에 거리가 있는 사람들
의 태도와 행동을 연구하는데 특히 유용할 수 있다. 이 면에서 소수
자들의 지위는 전 세계에 걸쳐 놀라울 정도로 비슷하다. 중국, 일본
그리고 민족적으로 여러 다른 종족들로 이뤄진 아프리카 국가들에
있는 소수 민족의 상황에서 미국의 흑인 소수자와 비슷한 상황을 많
이 발견한다.

사실, "공간적 비교"가 사회적 그리고 임시적이라는 두 개의 다른
근거들과 자주 병합되기 때문에 이 경우에 상대적 박탈에 대한 마음
상태는 다소 복잡하다. 그러므로 흑인 미국인은 자신이 상대적인 만
족과 상대적인 박탈이 뒤섞인 당혹함을 경험하는 자신을 발견할지
모른다. 즉 그 자신의 과거와 비교할 때는 만족감을 느끼고, 공간적
인 비교 면에서 자신을 볼 때는 박탈감을 느낀다. 이 경우에, 주어진
시간에 주어진 상황에서 우세한 그 어떤 것도 그의 행동 패턴을 따르
게 할 수 있다.

이 부문에서 상대적 박탈과 상대적 만족의 몇 개 근거들을 논의했다. 우리는 반항하는 이면의 마음 상태는 복잡한 것이고, 그것들을 통합하려면 수많은 비교의 근거들이 필요하다고 제안한다.

(3.4) 터널 효과: 상대적 박탈에 대한 대안: "경제발전 노선에서의 소득 평등에 대한 인내"라는 멋진 분석에서, 알버트 오 허쉬만 (Albert O. Hirschman, 1973)은 상대적 박탈의 기본 전제를 의문시하는 개념을 제안했다. "터널 효과"로 불리는 이 개념에 의하면, 한 사람은 다른 사람들이 진전하는 것을 볼 때 더 행복한 자신을 발견할 수 있다. 그래서 그들의 진전이 언젠가 그 자신의 향상으로 이끌 것이라고 기대하는 한 그 자신이 뒤에 쳐지는 것을 허용할 것이다. 이 개념을 더 상세히 설명하려고, 허쉬만은 다음과 같은 비유를 사용한다.

내가 한 방향으로 난 2차선 터널을 통해 운전하고 있는데, 심각한 교통 체증에 걸린다고 가정해 본다. 어느 차선에서도 내가 볼 수 있는 한 (별로 멀리는 아니고!) 움직이는 차가 없다. 나는 왼쪽 차선에서 낙담한다. 얼마 후에, 오른쪽 차들이 움직이기 시작한다. 자연스럽게, 나는 체증이 풀렸고 내 차선이 움직이는 순간이 곧 올 것을 알기 때문에 내 기운이 상당히 올라간다. 비록 나는 아직도 움직이지 않고 앉아 있지만, 곧 움직일 거라는 기대 때문에 전보다 훨씬 좋은 기분을 느낀다.

"터널 효과" 논제는 계층 유동성이 가능하고, 사람들이 성취 지향적인 사회에 특히 적용할 수 있는 듯하다. 만약 맥클랜드(McClelland, 1961)의 관찰이 정확하고 경제적으로 발달한 국가들의 사람들이 덜 발달한 나라의 사람들보다 더 성취 지향적이라면, 상대적 박탈 논제가 가난한 나라들에서 더 타당하지만, 터널 효과 논제는 경제적으로 풍요로운 국가들을 연구하는데 더 유용할 수 있다. 그렇지만, 급속한 경제성장 능력이 있는 전환 중인 개발도상 국가들은 보통 소득 불평등을 경험하는 국가들이다. 그래도 허쉬만이 관찰하듯이, 그런 나라들의 사람들은 터널 효과 때문에 불공평에 대해 더 큰 인내심을 갖는 경향이 있다. 따라서 어떤 종류의 사회가 터널 효과의 전제에 더 쉽게 들어맞을지에 대해 갈등적인 견해들이 있는 듯하다. 그렇기는 하지만, 터널 효과 논지는 성취 지향적인 특정한 사람들에 대해 의미심장한 타당성과 설명적 유용성을 제공한다.

이 부문에서 우리는 혁명적인 활동의 사회적이고 심리적인 근거들을 좀 논의했고, "혁명적인 마음"을 평가하는 일은 상대적 박탈과 터널 효과의 전제로부터 나온 관계 관념들의 조심스러운 분석이 필요하다고 결론지었다. 혁명적 활동에 도움이 되는 마음 상태는 매우 복잡한 정신적 과정의 산물이다. 그것을 이해하려면, "혁명적인 마음"은 모든 사회적 복잡성 수준의 광범위한 변수들의 산물일 듯하여, 정말로 다학문적인 분석이 긴요하다.

4. 제도화와 문화적 형성

우리는 정권 형성 과정은 세습적 계승, 선거, 군사 쿠데타, 혁명과

같은 다양한 채널을 통해 성취된다고 논의했다. 일단 한 정권이 형성
되고 지배계급이 확인되면, 정치시스템은 권력 기반을 강화하기 위
해 의도된 제도화 과정을 겪을 것이다. 이 과정에서, 한 제도가 국민
의 생존 욕구[니즈]를 위해 필요한 자원과 가치를 생성하는데 긴요한
정도에 근거하여 어떤 제도들은 다른 것보다 더 중요시된다.

이 개발의 초기 단계에서, 세 개의 제도들이 긴요한 것으로 고려될
듯하고, 제도화 또는 제도적인 재활은 농업, 군대, 경찰을 중심으로
할 것이다. 이 세 가지 제도들은 식량을 만들고, 외부 공격에서 사회
를 보호하고, 내부의 안정을 유지하므로 결정적으로 중요하다. 교육,
가족, 상품제조, 정당과 같은 다른 모든 제도는 "삶" 그 자체라기보
다는 "잘 사는 일"을 위해 디자인된 것 같으므로 부차적인 중요성만
갖게 될 것이다. 나중에 논의되겠으나, 사회가 발전적인 전환을 함에
따라 다른 제도들에 다른 수준의 중요성(중심성)이 부여될 것이다.

농업부문에서, 정부가 형성된 후에 가능한 빨리 토지개혁이 실행
되는 것을 거의 언제나 볼 수 있다. 이 현상은 분명히 문화나 이념에
묶여있지 않다. 우리는 중국에서 마오쩌둥 혁명 이후에 거대한 토지
개혁과 "토지 재활"을 목격한 바 있다. 메이지유신 다음으로 광범위한
토지개혁을 불러들인 일본도 예외는 아니었다. 대부분의 제 3세계
신생국가들은 한 번쯤은 토지 재분배와 토지사용의 활성화를 의도하
는 조치를 소개했다. 특히 혁명의 결과로 새 정권이 권력을 잡을 때,
이런 실행의 정도는 멀리 닿을 것이다. 다른 것보다 농업 생산력을
증가시키려는 의도로 이런 조치들이 마련되므로, 농업기술을 유도하

려는 시도도 있을 것이다. 그러나 현존하는 생산 메커니즘을 파괴하지 않으려고 주의할 것이다. 완전히 다른 이념을 가진 새 정권 아래에서조차 생산력을 보존하는 경우이다. 중국에서, 예를 들면, 마오쩌둥과 그의 정부는 국민당 정권의 부패와 모순들을 뿌리 뽑으려고 결심했고 극심한 주의를 기울이며 토지개혁정책과 농업 재활 조치를 소개했다. 사실, 사회주의 신정권의 이른 단계에서(1949- 1952), 공영화와 사회화의 아이디어를 소개하지 않았다. 유교적인 중국에서 내내 실행되어온 상호부조라는 구호 아래, 생산 증가를 강조하였다. 토지 사유화가 집단적인 소유권으로 점차 대체된 일은 농업생산자협동조합들이 형성된 1950년대 중반까지는 아니었다.

이 발달 단계에서는 압도적인 대다수 인구가 농업에 종사할 것이라는 사실을 고려하면, 정부는 생산력이 손상되는 정도까지 토지몰수와 재분배를 통해 농업공동체를 혼란에 빠뜨리게 할 엄두를 낼 수 없다. 농부들과 농민들은 기본적으로 육체노동자들이고, 그들이 주로 필요로 하는 것의 수준은 신체적 생존을 확보하는 기본 필요성[니즈]을 좀처럼 넘어서지 않는다. 생산 메커니즘에서 어떤 급격한 구조적 변화도 그들의 복지에 심각한 위협을 쉽사리 불러올 수 있다. 그들은 먹기 위해 고생하고 있는 한 이념적으로 지향하거나, 여가를 많이 즐길 것으로 기대되지 않는다.

그런 농업 사회에서는, 사람들은 자신의 지역사회를 넘어서는 세상에 대해 거의 알지 못할 것이다. 지역사회의 권위구조는 가족 그 자체의 권위구조가 약간 확장된 것이기 쉽고, 그 권위구조는 근본적으로 계약적이기보다 지역적 성격을 띤다. 권위와 책임의 자리가 쉽게 확인될 수 있고 지역사회의 각 구성원은 자기 자신이 정확히 어디에 속하는지를 알 것이고 어떻게 적절하게 행동하는지를 잘 모르지 않을 것이다. 이 유형의 생활 환경은 지역사회 구성원들이 순종적인 태도를 발달시키고 복종의 미덕을 배우도록 강제할 것이다. 관련 사안에 상관없이 상위자에 대한 도전이나 그들과의 부동의조차도 전혀 받아들여질 수 없는 일일 것이다. 이 절대적인 복종은 국가와 경작의 수행에서 자연의 법칙에 자신을 복종시키는 농부들의 운명을 받아들이는 농본주의(agrarianism)에 의해 강화된다. 농부들의 생활 스타일, 그들의 존재 그 자체까지도, 자연의 섭리에 전적으로 의존한다.

　정권 형성의 초기 단계에서 흔히 보이는 또 다른 제도인 경찰은 사회적 권위구조의 안정성을 유지하는 광범위한 역할을 하게 될 것이다. 사실, 이 발달 단계에 있는 대개의 사회에서, 개인이 지역사회를 넘어서 정치적 권력과 취하는 유일한 연락은 국가 전체에 널리 분포된 경찰을 통해서일 것이다. 사회적 불안과 정치적인 불화가 가장 일어날 듯한 곳에 경찰력이 더 할당될 것이다. 이 맥락에서, 경찰력은 제재의 근원으로 보이고 피하게 될 것이다. 사람들은 경찰을 두려워하고 권위로 주어진 명령과 지시를 따르는 경향이 있을 것이다. 이런 식으로, 법을 시행하는 기관의 기능은 법과 질서를 유지하는 일을 넘어서는데, 정권에 대한 지지를 동원하는 일을 포함한다.

　순종적이고 권위적인 태도가 만연한 문화 시스템을 위해, 경찰 제도는 권위적인 실행방법을 가진 조력자 역할을 한다. 정당한 법 절차가 없을 때, 경찰과 분쟁을 벌이는 일은 문제를 불러올 것이 분명하므로, 사람들은 명령을 따르는 경향이 있다. 군대에 대해서도 같은 말을 할 수 있다. 그 구성원이 전체 사회를 대표하는 어떤 다른 커다란 조직이 없을 때, 군대 제도는 대중을 동원하고 절대적 권력을 행사하며 사람들에게 영향력을 미칠 수 있는 독점적인 지위를 누린다. 이 경우에 군대와 군사주의가 광범위한 명성과 특권을 누리는 것은 흔한 일이다. 군사학교를 들어가서 장교가 되는 일은 영광으로 간주 되고, 젊은이들은 특히 평화로운 시기에 보통 그런 영광을 위해 경쟁한다.

1) 정치 스타일: 규칙 특성들

이 정치발달단계에 있는 사람들은 그들이 필요로 하는 것을 조달하는 공급자로서 정부를 볼 것이고, 정부가 식량, 주거와 안정성을 보장하는 일을 하는 것에 대해 절대적인 지지를 할 것이다. 이 경우에 [정부의] 지도력에 대한 지지는 정부가 무엇인가에 대해서라기보다 무엇을 하는가에 대한 지지이다. 합법성의 근거는 정부가 받드는 가치들이나 이념들과 거의 관계가 없을 것이다. 배고픈 위에게 있어 한 사발의 밥은 그것이 집단농장에서 오든 암시장에서 오든 관계없이 그저 밥 한 사발일 뿐이다. 이념적인 합법성의 사안은 사소하고 크게 관계없는 일이 된다. 정치에서 유일한 고려사항은 필요로 되는 자원과 서비스를 효과적이고 빠르게 전달하는 것이다. 자연스럽게, 정부는 결정들이 신속하게 이루어지고 정책들이 지체하지 않고 실행되는 방식으로 조직될 것이다.

이 면에서 알려진 정치 스타일 중 권력 구조에서 명백한 권위와 책임의 지위를 가진 중앙집권화된 전체주의 정부 형태보다 더 효과적인 정치 스타일은 없다. 정부는 더 가부장적이고 그러므로 책임 있게 지배할 것이고, 정치적인 역동성은 존경심 있는 순종적인 특성을 가질 것이다. 이 초기 단계에서 다원적 민주주의 혹은 관료적인 전제 정치가 발달할 것 같지 않다. 먼저 논의되었듯이, 선거제도와 같이 더 진보된 사회들에서 채택된 제도들은 원래의 기능에서 벗어날 듯하다. 이익을 분명히 말하고 집합하는 것과 같은 개념은 이 정권 형성단계에 거의 전적으로 낯설고 정치는 공공 의견에 기반하여 실행되지 않을 것이다.

아이러니하게도, 이 유형의 정권에 가장 큰 위험이 되는 것은 가장 긴급한 신체적 생존의 니즈를 충족시킴으로써 사람들이 갖는 니즈에 대한 인식을 성공적으로 상승시키는 일이다. 다른 한편, 그런 정권이 효과적인 공급자가 되지 못하면, 정치 스타일을 바꾸지 않는 대안적인 정권이 불러 들여질 수 있다. 이 경우에 정권은 대대적인 기아와 인간이 기본적으로 필요로 하는 것의 절대적인 결핍 문제를 피할지 모르나, 전형적으로 대중이 그들 자신의 폭력적인 수단으로 대응할지 모르는 분배의 부정의와 구조적인 폭력[문제]로 시달린다. 우리의 글로벌 세상에서 이 문제가 생길 때, 이집트, 튀니지아, 시리아, 그리고 다른 곳들에서 아랍의 봉기에서 본 것처럼, 외국의 개입이 자주 일어난다. 이런 일은 이미 복잡한 정치적 역동성을 더욱 복잡하게 만든다. 이 책의 제3부에서 이 사안을 나중에 다룰 것이다.

제 7 장

정치적 통합과 소속감의 필요성

제4장과 5장에서 우리가 가정했던 필요/욕구 위계 구조는 사람들이 자신의 생존 욕구가 편안하게 달성되자마자 그들의 욕구 초점을 '생존' 욕구에서 '소속감'으로 옮길 것이라는 점을 지적했다. 정치지도자들은 이 새로운 수준의 필요와 욕구에 효과적으로 대응하도록 고안된 새로운 정책과 제도를 개발해야 할 것이다. 그러나 모든 시스템이 이 문제에 대처할 준비가 되어 있지는 않다.

이 경우, 국가 발전을 위한 세 가지 대안이 있다.

첫째, 정당하거나 불법적인 수단을 통해 정권을 교체할 수 있다.

둘째, 위기감을 조성함으로써 재임 중인 현 지도부가 권력을 유지할 수 있다. 이는 다른 국가와의 갈등을 불러일으키거나 국가 내에서 생명을 위협하는 사회적, 경제적 상황을 조성함으로써 이루어질 수 있다. 어느 경우든 사람들은 생존 욕구 외에는 어떤 것도 바라지 않게 될 것이고, 따라서 정권은 최소한 일시적으로나마 소속감 욕구 증가로 인해 불안정성을 막을 것이다.

셋째, 정부는 새롭게 부상하는 가치 지향과 기존 사회 집단 및 제도를 친정권적 가치 또는 지향으로 사회화하는 채널로 사용할 수 있는 정치 이념을 채택하거나 개발할 수 있다. 정부가 제3의 길을 선택할 수 있게 되면 정치통합 패러다임의 제2단계가 시작되는 것이다.

정치적 통합 상태는 대중의 사상과 문화 활동이 번성하는 것이 특징이다. 종종 정부는 이러한 상황이 정치적 안정, 특히 정권 자체의 안정에 해롭다고 생각한다. 중국의 "백화운동(白話運動)" 사례에서 보았듯이, 새로운 사상과 정치적 견해의 자유로운 표현은 필연적으로 현 정부에 대한 비판으로 이어지고, 때로는 반체제 인사에 대한 강력한 탄압이 필요할 정도가 된다. 이 단속의 강도와 범위가 만연하면 사회는 사람들의 생활환경을 예측할 수 없게 되고, 육체적 생존 자체가 위협받는 상황으로 되돌아갈 수 있다. 이 경우 욕구 위계에 있어 다음 단계로의 진행이 지연된다.

그러나 정부는 이러한 문화적, 사회적 표현이 풍부하게 수용 가능한 다양성의 경계 내에서 유지될 수 있는 방식으로 대중을 효과적으로 설득할 수 있다. 이를 위해 지도부는 정치적 사회화 또는 대중 세뇌라는 프로그램을 통해 그러한 표현의 한계를 정의해야 한다. 이는 교육기관과 커뮤니케이션 매체를 정부 설득 도구로 사용함으로써 가장 잘 달성될 수 있다. 대중을 효과적으로 사회화하거나 세뇌하기 위해 정부는 지식인이나 기타 문화 엘리트 그룹의 서비스를 필요로 한다. 지식인을 정치와 의사결정의 주류로 끌어들이고 동원하는 집권 정부의 능력과 의지는 정권이 정치적 통합의 과도기를 살아남는 데 결정적이다. 지식인을 적극적으로 활용하지 않으면 정권의 세뇌 노력과 정치적 통합 전략에 지속적인 장애물이 될 반 이데올로기를 가진 반문화를 형성할 수 있기 때문이다.

정권에 의해 동원된 지식인들은 새로운 정치 이념을 개발하거나 정치 지도부가 그들에게 부과한 것을 정당화하고 정교화할 것으로 기대될 것이다. 국가정치통합이라는 목표를 가장 효과적으로 달성할 수 있도록 이념을 정의하고 다듬을 것이다. 여기서 목표는 상충하는 가치와 신념 체계를 통합된 정치 공동체로 포괄하여 모두가 긍정적인 애착을 느낄 수 있도록 공동체를 만드는 것이다. 이런 의미에서 욕구 위계에 있어 사람들의 소속감 욕구는 정치 영역의 본질에 의해서 충족될 것이다.

따라서 정치 이념은 기능적 관점에서 정치지도자가 국가를 정치적으로 통합하고 체제를 정당화하기 위해 사용하는 제도적 수단으로 볼 수 있다. 효과적인 이데올로기의 본질은 문화, 사회 및 민족적 특성, 경제 발전 수준과 같은 사회의 맥락적 요인에 의해 결정될 것이다. 사회 문화적 경제적 특성이 완전히 똑같은 사회는 없는 만큼, 같은 지적 유산을 숭배하더라도 나라마다 이데올로기는 서로 다를 수밖에 없다. 마르크스주의, 레닌주의, 마오주의, 아프리카와 라틴 아메리카의 제3세계 사회주의에서 나타난 사회주의 이데올로기의 차이는 그것들이 적용된 맥락적 차이로 가장 잘 설명될 수 있다. 유럽, 일본, 그리고 필리핀과 한국과 같은 제3세계의 작은 국가들의 자본주의 민주주의에 대해서도 마찬가지이다. 경제적 후진국의 사회주의 체제와 민주주의에서 볼 수 있듯이, 사회적 경제적 여건이 비슷할 때 서로 다른 철학적 신념에서 비롯된 이데올로기가 상당히 유사해질 수 있다.

본 장에서는 정치 이념이 정당성과 정치적 통합의 역할을 수행하고자 한다는 명제를 시간의 흐름에 따른 이데올로기적 변화의 스펙트럼을 먼저 살펴보고, 몇몇 선별된 정치 이념을 비교 대조하여 살펴보고자 한다. 제 2차 세계대전 이후 기간에 이 장의 뒷부분에서 우리는 정치 문화가 통합되는 과정을 밝히기 위한 노력의 일환으로 대중 신념 체계의 본질을 알아볼 것이다.

1. 도구로서의 이데올로기

정치적 통합 단계에서 이데올로기는 대중적 지지의 기반을 만들어내고 전파하는 중요한 메커니즘으로 등장한다. 이데올로기는 다양하고 경쟁적인 신념 체계가 확산되고 정치적인 문화가 와해되어 국가 정체성과 정권의 정당성이 위기를 겪을 때 특히 유용하다. 이러한 맥락에서 이데올로기는 대중에게 그 사회의 궁극적인 목표 또는 최종 상태와 이러한 목표를 달성할 수 있는 정당한 수단을 열거하는 포괄적인 정치적 신념 체계를 제시한다. 따라서 그것은 개인에게 자신의 정치 사회에 대한 비전, 그 안에서 자신의 위치, 그리고 다른 시스템이 아닌 이 시스템이 그의 충성심을 받을 가치가 있는 일련의 이유를 제공한다. 정권 정통성과 국가 정체성이 위기에 처한 상황에서 정치 이념이 실제로 등장한 이유를 이해할 수 있는 것은 바로 이런 의미에서이다.

정치 이념의 진화를 통해 우리는 특정 권력 위치를 합법화하고 다른 권력에 대한 억압을 정당화하기 위해 여러 정권에서 사용하는 많은 신념 체계와 철학적 구성을 보아왔다. 권력의 소유와 행사가 정당화될 필요가 없던 전근대 시절에는 철학적 사상이 정권의 정치 이념으로 통합되지 않았다. 고대와 중세를 통틀어 권력은 피지배자보다 우월한 지배 엘리트의 소유로 당연시되었으며, 따라서 권력 소유에 대한 설득이나 정당화가 필요하지 않았다. "철학자 왕"이라는 플라톤적 관념은 누가 통치하고 누가 통치를 받아야 하는지를 정의하기 위한 것이었다. 통치자가 철학자, 즉 지식이 있음을 보여주는 한, 그들이 대중을 통치할 자격이 있는 것으로 당연하게 여겨졌다. 이런 상황에서 지배 엘리트는 권력의 정당성을 걱정할 필요가 없다. 이 점은 제1장 '지식사회학'의 논의에서 자세히 설명되었다.

그러나 철학적 개인주의와 경제 자유방임주의가 확산되면서 인간의 불평등에 기초한 정당성은 비판의 대상이 되었다. 피지배자에 의한 합법성 개념이 상승하여 존 로크가 주창한 사회계약 이론으로 가는 길을 열었다. 신흥 사회계약 이론은 이전의 변덕스러운 사회 및 정치 질서에 도전하는 고전적 자유주의에 내재된 강력한 이념적 교리가 되었다. 이런 의미에서 자유주의의 출현은 정치적 권력을 정당화하는 수단으로서의 인간 불평등에 대한 중세와 초기 근대 교리가 실패했다는 반응이었다. 사회계약이 도입된 이후로 정치 이념은 지배자와 피지배자 사이의 적절한 관계, 즉 합법성의 문제에 대한 다양한 관점을 가지고 경쟁적으로 등장했다.

시민의 자유와 경제 자본주의의 강화에 대한 교리와 함께 고전적 자유주의는 시민들의 사생활에 대한 정부의 개입을 최소화함으로써 최대의 집단적 선을 이룰 수 있다고 주장했다. 따라서 최소한의 권한을 행사하는 정부가 최선의 정부 형태로 간주되었다. 그러나 자유주의자들이 정부의 제약으로부터의 자유가 반드시 사람을 자유롭게 만드는 것은 아니라는 사실을 깨닫는 데는 오래 걸리지 않았다. 자유의 권리를 행사하기 위해서는 자유를 얻고 유지하는 데 필요한 자원과 가치를 가져야 한다. 사회주의라는 이름 아래 이어지는 이데올로기는 점점 더 많은 가난한 사람들에게 자유에 대한 권리가 단지 법적 문서에 쓰여진 말만을 의미하는 상황을 개선하기 위해 고안되었다. 이런 의미에서 자본주의에 대한 마르크스주의의 비난은 필요하다면 재산권과 자유를 희생시키면서 자원의 더 나은 분배를 보장하려는 인본주의적 노력으로 볼 수 있다. 사실 레닌주의 사회주의는 자본주의 구조 하에서 대중에게 부족한 자원과 기회를 창출하고 보호하는 데 정부가 최대한 개입할 것을 요구했다. 러시아의 볼셰비키 혁명과 중국의 마오주의 혁명의 성공은 이들 국가에서 고전적 자유주의의 실패한 약속에 대한 광범위한 실망에 기인한 것으로 볼 수 있다. 이런 의미에서 사회주의도 정치 체제의 정통성을 확장하기 위한 수단

이었다고 말할 수 있다. 레닌의 사회주의 버전이 정통 마르크스주의
와 일치하지 않는다는 사실은, 의심할 여지없이 마르크스주의 프롤
레타리아 혁명을 위해 "익지" 않았을 러시아 농업 봉건주의의 고유
한 조건 때문이었다.

　역사상 실행된 모든 종류의 사회주의 중에서 마오쩌둥 주의는 대
부분의 사람들에게 깊은 영향을 미쳤다. 칼 마르크스와 달리 마오쩌
둥은 이론가가 아니라 정치가였다. 그에게 필요한 것은 흠잡을 데 없
는 이론이 아니라 기존의 자유주의 이데올로기가 심각한 공신력의
위기를 겪고 있는 시기에 대중의 지지를 얻기 위한 실행 가능한 독트
린(교리)이었다. 준 봉건적, 농경적, 유교적 사회에서 마오의 세력은
중국의 두드러진 사회적, 문화적 특징을 수용하면서도 국민당 정부
와 그에 수반되는 이데올로기에 효과적으로 도전할 독트린(교리)이
필요했다.

　마오주의에 대한 대략적인 검토만으로도 마오의 사회주의 이데올
로기는 근본적으로 마르크스주의와 다르며, 그 차이는 20세기 중국
의 특정한 경제적 요구뿐만 아니라 중국 사회 및 문화 환경의 고유한
특성으로 설명될 수 있다. 계급 양극화 과정을 인식하지 못하고 계급
의식과 계급투쟁의 중심성을 고려하지 못하는 이념을 마르크스주의
라고 부를 수 없다면 마오주의는 확실히 하나가 아니다. 마오쩌둥은
중국에서 단순한 자본주의-프롤레타리아 양극이 아니라 다양한 경
제 계급을 보았다.

　결과적으로 그는 자기비판의 수단을 통해 사회적 갈등의 "평화로

운 해결"을 신성시했다. 이런 식으로 그는 호소력의 기반을 넓힐 수 있었고, 생산 수단에 대한 공통의 관계에 의해서가 아니라 민족주의 정권에 대한 공유된 반대를 통해 통합될 혁명적 계급을 구축할 수 있었다. 이 혁명가들은 마오 자신이 그토록 강조했던 중국 토착 상황을 수용하려고 했다. 같은 이유로 Sengor와 같은 제3세계의 사회주의 지도자들은 식민지 경험으로 물든 반(준)봉건적 사회 체제로 인해 정통 마르크스주의와 결코 일치하지 않았다.

자유주의 전통에서 이데올로기적 스펙트럼을 추적하면 정치적 민주주의가 다양한 신념 체계와 정책 우선순위를 나타냈다는 결론을 내릴 수 있다. 오늘날 미국의 민주주의는 특히 연방 권력과 복지 정책의 폭발적인 성장에서 미국 건국의 아버지들이 한때 구상했던 것과 분명히 다르다. 전 세계의 소규모 민주주의는 수카르노의 "교조 민주주의", 마르코스의 통제 시스템, 한국의 억압적 정권 및 사회적 정치적 안정이 지속적으로 위협받는 많은 다른 시스템에서 목격한 것처럼 고전적 자유주의 전통에서 많은 편차를 보여 왔다. 아시아호랑이의 경제 호황을 설명하는 데 핵심은 자유민주주의와 동떨어진 '국가 자본주의'이다.

원래 서구 산업 사회에서 발전한 정치 제도와 함께 비서구 민주주의의 반복적인 실패는 사회적 변화를 진지하게 연구하는 학생들로 하여금 민주주의 제도를 외국 땅에 적용할 수 있는지에 대해 의문을 갖게 했다. 일반적인 견해는 정치 이념은 다른 제도와 마찬가지로 수정 없이 이식될 수 없으며 종종 급격한 변화가 있다는 것이다. 정권은 정치 이념을 대중의 지지를 얻기 위한 노력의 일환으로 쓸모있게 활용하였다. 이러한 이데올로기를 토착 사회, 그리고 문화적 맥락에서 실제적인 요구에 의해 다루지 않는 한 별로 효과적이지는 않다. 이런 의미에서 우리는 정치 이념이 단순히 외국에서 수입될 수 있는 상품이 아니라는 결론을 내릴 수 있다.

2. 이데올로기의 맥락적 상관물: 민주주의, 독재정치, 공산주의의 조건

일부 사회는 민주주의와 같은 주어진 이데올로기에 대해 다른 사회보다 더 성공적이며, 이는 해당 이데올로기에 더 도움이 되는 일련의 사회 경제적, 문화적 특성이 있을 수 있음을 의미한다. 사실, 민주주의의 "요건"이라는 문제 자체에 대해 여러 주요한 연구가 이루어졌다. 정치 시스템이 이념적 합의를 바탕으로 정치적 통합의 목표를 달성하기 위해서는 정권이 정치 문화를 통합하기 위한 노력에서 사용할 특정 이념의 조건과 상관관계에 대한 어느 정도의 지식을 갖는 것이 필수적이다.

다수의 연구가 경험적인 문서화를 통해 민주주의를 위한 일련의 조건을 발전시켰다. Lipset의 선구적인 작업인 "민주주의의 몇 가지 사회적 필요조건(Some Social Requisites of Democracy)" 이후 수많은 연구가 민주주의 실행에 있어서 사회경제적 발전의 역할이 무엇인지 궁금해 했다. Neubauer와 Jackman과 같은 일부 연구에서는 민주주의가 특정 수준의 사회경제적 발전을 필요로 한다는 이론의 타당성에 의문을 제기했지만, 대부분의 연구에서는 적어도 민주주의 지표와 사회경제적 발전 지표 사이에 긍정적인 연관성이 있음을 시사하는 것으로 보인다. 민주주의에 대한 이러한 초기 연구는 자유 민주주의의 조건과 관련하여 다음과 같은 일련의 결론을 도출했다.

- 진보된 수준의 경제 성장은 민주주의를 촉진한다(Lipset, Cutright, Neubauer)27;
- 경제적, 사회적 변화의 속도(pace)나 비율은 민주주의와 부정적으로 연관되어 있다(Park)28;
- 민주주의를 위해서는 높은 수준의 교육이 필요하다(Lipset, Neubauer).
- 도시화는 민주주의와 긍정적으로 연관되어 있다(Lipset).
- 산업화는 민주주의와 긍정적으로 연관되어 있다(Lipset, Cutright).
- 시민 사회는 활기찬 민주주의를 이끈다(Verba)29;
- 안정된 사회는 민주주의에 필요하다.
- 시민 문화(Verba), 성취 지향(McClelland), 이동성(Lerner) 및 공감을 포함하여 일부 문화적 속성은 민주주의에 도움이 된다.

그러나 현대 민주주의 국가, 특히 미국과 서유럽 체제에서 자유 민주주의의 개념은 현실과 밀접하게 일치하지 않는다. 더 큰 타당성과 더 큰 관심을 필요로 하는 것은 참여 민주주의이다.

참여 민주주의가 작동하는 이유는 무엇인가?

우리는 "국민에 의한 정부"와 상호 조정하여 정책을 결정하는 메커니즘의 측면에서 민주주의를 개념화했다. 따라서 민주주의는 특정한 행동 속성 측면에서 특징지어진다. 행동이 맥락적 요인에 의해 설명될 수 있는 한, 우리는 사회경제적 조건과 행동적으로 정의된 민주주의 개념 사이의 관계에서 어느 정도 그 타당성을 확인한다. 사회경제적 조건을 평가할 수 있는 분석적 맥락을 확립하는 방법으로 참여민주주의 현상을 설명할 수 있는 개념적 틀을 공식화할 것이다. 정치참여는 시민의 태도와 "행동적 맥락"의 직접적인 결과로 볼 수 있으며, 두 가지 모두 사회경제적 변수에 포함된 맥락적 조건의 영향을 받는다. 대부분의 학자들은 국민의 정치 생활에 참여적이고 경쟁적인 태도가 나타나기 위해서는 시민들이 정치적으로 동기를 부여받고 정치 영역에서 효능감을 느낄 필요가 있다는 데 동의한다. 우리는 민주주의를 참여와 상호 조정을 통한 정책 결정 메커니즘으로 정의하기 때문에 시민의 인지 능력과 합리성이 민주주의의 필수 요소로 포함되어야 한다고 주장할 수도 있다.

1) 민주적 성격

민주주의는 상호 조정의 의사결정 메커니즘을 통해 정치적 의사결정이 이루어지는 과정으로 가장 잘 특징지을 수 있다. 그리고 정치적 정당성은 정부가 국민의 의사를 대변하고, 그들의 명시적이고 종합적인 요구에 완전히 따를 것으로 기대되는 계약상의 권리에 엄격하게 기초한다. 여기에서 우리는 정권을 지지하는 대가로 국민이 자신의 요구를 규명하고 그러한 요구를 정부에 전달하여 국민의 상당한 능력을 가정하고 있다. 따라서 민주적 행위자는 정치 체제에서 자신의 위치와 역할과 관련된 정치적 정보를 수용하고 제공해야 한다. 여기서 교육은 정치 참여에 필요한 정치적 태도, 특히 정치적 효능감과 시민적 책임성을 형성하고 발전시키는 데 결정적으로 기여한다.

교육 수준이 높은 사람이 교육 수준이 낮은 사람보다 정치적으로 영향력을 행사할 가능성이 더 높다는 것은 기정사실이다. 이것은 지금까지 연구한 거의 모든 국가에서 확인되었다. 단, 고등 교육을 받은 사람들이 자신의 정치적 영향력의 가능성에 대해 냉소적인 태도를 보임으로서 효과적이기 보다는 냉담한 일부 사례를 제외하고 말이다. 교육 수준이 낮은 사람, 특히 농촌 거주자는 정치적으로 더 수동적인 경향이 있다. 게다가 교육받은 사람은 마음이 열려 있고 자신의 의견을 체계적으로 정리할 수 있는 능력이 있어 자신의 요구를 더 잘 표현할 수 있을 것으로 여겨진다. "민주적 성격"에 필수적인 이러한 특성을 가진 사람은 그룹 활동에 더 적극적으로 참여하는 것으로 보이며, 이는 일반적으로 정치 문제에 개입하고자 하는 동기를 높인다.

이러한 이유로 민주주의 시스템에서는 교육 수준이 높고, 결과적으로 효과적인 정치 참여에 필요한 민주적 성격 특성이 고취된 사람들을 확보하는 것이 필수적이다.

'민주적 인품'을 함양하기 위한 문화적 요건을 갖추었다면, 민주주의 체제가 존립하기 위한 가장 중요한 전제 조건을 충족한 것이라고 할 수 있다. 그러나 민주주의를 지키려는 욕구와 성향이 있다고 하더라도 그러한 욕구를 실현하기 위해서는 다른 요소가 필요하다.

이러한 요소 중 일부는 민주적 과정을 선택의 과정으로 정의할 때 확인할 수 있다.

민주적 과정을 참여하거나 선택하는 행동으로 정의한 후에는, 합리적인 선택을 하기 위해 무엇이 필요한지 질문해야 한다. 모든 종류의 선택에는 "합리적인 마음", 대안의 존재, 대안에 대한 정보의 가용성, 선택자 측의 선호도 순위 등의 행동에 필요한 일련의 필수 조건이 있다. 선택에 필요한 이러한 요소들은 정치의 참여적 형태에도 마찬가지로 존재해야 한다. 우리는 민주주의 채택에 도움이 되는 조건을 특정하려고 시도하면서 이러한 속성 각각의 의미와 중요성을 논의할 것이다.

2) 합리적인 마음

이 합리성의 개념은 정치경제학 분야에서 파생되었으며 민주주의에서 선택(choice-making) 행동을 분석하기 위해 Anthony Downs가 채택했다. Downs는 Arrow의 초기 작업에서 추론하여 사회적 선택과 개인의 가치는 합리적인 사람을 다음과 같이 행동하는 사람으로 정의한다. (1) 그는 다양한 대안에 직면했을 때 언제나 결정을 내릴 수 있다. (2) 그는 자신이 직면한 모든 대안을 자신이 선호하는 순서대로 순위를 매긴다. 각 대안이 서로 선호되는 것, 바람직한 것, 열등한 것 등의 방식으로 순위를 매긴다. (3) 그의 선호 순위는 전이적이다. (4) 그는 항상 가능한 대안 중에서 자신의 선호도 순위가 가장 높은 것을 선택한다. (5) 그는 동일한 대안과 동일한 조건에서 직면할 때마다 동일한 결정을 내린다.

정의(definition)가 분명히 암시하듯이 합리적인 사람은 자신에게 무엇이 좋은지 알고 자신의 이익을 극대화하는 방식으로 행동한다. 이것은 민주주의가 시민들에게 소위 "경제 행위자"가 되어야 한다는 것을 의미한다. 이를 위해 우리는 시장 경제가 그러한 "경제적 사고"와 합리성의 발달에 도움이 될 것이라고 가정할 수 있다. 시장 상황에서 사람은 더 많이 지불하기 위해 더 적게 지불하기를 원한다는 점에서 협상가가 될 것으로 기대된다.

게다가 구매자는 선택할 수 있는 대안을 제공받을 수 있고, 대안의 존재 자체가 그의 협상력과 최선의 거래를 성사시키려는 욕구를 강화할 것이다. 더 많은 구매자가 서로 구매하기 위해 서로 경쟁할수록 판매자의 협상력이 향상된다는 점에서 판매자의 입장은 구매자와 동일하다.

시장 상황이 '선택(choice-making) 메커니즘'에 의해 특징지어진다고 가정할 수 있듯이, 우리는 사회의 경제 시스템에서 시장경제가 우세할 때 민주주의가 성공할 가능성을 높일 것이라고 주장할 수 있다. 여기서 우리는 민주주의의 성장에 도움이 되는 것은 산업화 자체가 아니라 시장기반 경제구조의 기능과 더불어 관련된 사회 현상이라는 점을 강조해야 한다. 우리가 앞에서 제시한 산업화와 민주주의 간 명백한 연관성은, 산업화된 사회가 시장경제 개념에 포함된 종류의 경제 및 사회 구조를 더 자주 나타내기 때문일 수 있다. 건전한 시장경제 체제를 구현하면서 농경 경제를 유지할 수 있는 사회라면 민주적 발전에 이바지하는 사회문화적 환경을 조성할 수 있을 것이다.

3) 가능한 대안의 존재

정치 행위자가 직접 참여(선거)의 형태로든 이익 집단이나 정당 활동을 통해 간접적으로든 정치 과정에 참여할 때 그는 본질적으로 대안에서 선택을 하도록 기대된다. 대안은 후보자, 이슈 또는 정당의 형태일 수 있다. 선택권자에게 대안이 없다면 그의 결정은 선택이라고 할 수 없다. 따라서 대안 사이의 명확한 구분과 광범위한 대안의 존재는 선택(choice-making)이 가능한 행동에 필수적인 특징이다.

참여에 관한 연구는 참여행동을 증가시키는 데 있어서 대안의 존재와, 대안 간의 명확한 구별을 촉진하는 역할에 대한 실질적인 증거를 제시했다. Milbrath와 다른 사람들이 오랫동안 주장한 것처럼 "대안이 불분명할 때보다 명확한 차이가 인식될 때 사람들이 선거에 출마할 가능성이 더 높다." 이러한 현상은 대안이 명확할 때 정보 수집과 의사결정에 대한 비용이 절감된다는 사실에 기인할 수 있다.

이러한 현상은 참여민주주의를 위해서는 대안 정당과 경합 후보의 존재가 필요함을 시사한다. 따라서 경쟁적 정당 체제의 성장과 개인과 집단 간의 정치적 경쟁을 저해하는 것은 민주주의 발전에 해가 될 것이다.

4) 정보 가용성

앞에서 언급했듯이 합리적인 결정을 내리기 위해 선택권자는 대안을 비교 평가하기 위해 사용 가능한 대안에 대한 모든 가능한 정보를 가지고 있어야 한다. 정당은 자신의 정책적인 입장을 충분히 전달해야 하며, 후보자는 정책 분야에 대한 입장 및 기타 관련 사항에 대한 정보를 국민에게 제공해야 한다. 이것은 완전히 기능하는 매스커뮤니케이션 시스템이 민주주의 사회에 필수적이라는 것을 암시한다. 이러한 의미에서 우리는 민주적 성과와 커뮤니케이션 발전 사이에 높은 연관성이 확립된 실증적 연구를 합리화할 수 있었다. 또한 의사소통의 자유가 극대화되어야 함을 시사한다.

5) 시민의 인지능력(정치적 소양)

국민이 정치적 커뮤니케이션을 이해할 수 있는 능력이 없다면 대중 매체의 확산과 커뮤니케이션의 자유 보장으로 인한 참여 민주주의가 촉진될 수 없다. 개인이 정치적 의사소통을 할 수 있는 정도는 인지적 능력과 정치 문제의 복잡성이라는 두 가지에 따라 달라진다. 사람의 인지능력은 교육을 통해 향상된다고 믿어진다. 여기서 교육은 그에게 새로운 정보를 제공할 뿐만 아니라 문제와 사건을 평가하고 논리적으로 사고하는 능력을 제공할 것으로 기대된다.

본 장에서 논의된 실증적 연구에 의해 알려진 교육적 성취와 정치적 민주주의 사이의 높은 연관성은 우리가 교육의 기능을 이런 식으로 생각할 때 예상할 수 있다.

아마도 현대 민주주의의 가장 심각한 문제 중 하나는 모든 사회가 점점 더 복잡해지는 사회적 정치적 문제에 직면하고 있다는 사실일 것이다. 또한, 이러한 문제의 대부분은 여러 가지 해결책이 있을 수 있으며 대중은 어떤 해결책이 최선인지에 대해 속거나 눈가리개로 가려질 가능성이 있다. 모든 곳의 정치권력이 점점 더 중앙집권화 되고 대중이 점차 그 과정에서 멀어지는 것은 이러한 문제와 문제의 복잡성 측면에서이다. 현대 사회의 일부 비평가들은 냉소적으로 "기술주의"라고 부르는 민주주의에 대한 대안 개념을 만들어내기까지 했다. 따라서 대중이 정치적 이슈를 이해하기 위해서는 이슈를 정부와 대중매체를 통해 명확하게 해석해야 한다.

6) 가치 생산에 대한 가치 할당

민주적 절차는 그다지 효율적이지 않다. 그것은 전체 공동체의 일부에서 최대의 산출물을 생산하는 것이 아니라, 모든 개인이 합리적으로 만족할 만한 최적 수준의 대중적 만족을 생산하도록 설계되었다. 따라서 민주주의는 구성원이 이용할 수 있는 충분한 가치와 자원이 있는 사회에서 더 기능적일 것이다. 그러나 희소성으로 특징지어지는 사회에서 최대 생산에 대한 기대는 중앙 집중식 통제의 효율성에 대한 대중의 지지를 생성하는 경향이 있으며, 일종의 사회주의 형태의 경제 구조가 나타날 가능성이 있다. 따라서 사회주의는 종종 경제적으로 저개발 국가에서 개발 프로그램을 계획하고 실행하는 데 필요한 이데올로기로 선호되곤 한다.

그러나 사회가 시민들이 여유롭게 생활할 수 있는 충분한 자원을 확보함에 따라 사유 재산을 소유하고, 정부의 제약을 받지 않는 생활 방식을 유지하려는 대중의 욕구가 증가함에 따라 사회주의 체제는 심각한 차질을 겪게 될 것이다. 이러한 발전은 아마도 1980년대 소련 자체의 붕괴에 따른 사회주의 진영의 소멸을 설명할 수 있을 것이다.

3. 독재정치 또는 자유주의적 민주주의

독재정치는 다양한 형태로 존재하지만 모두 한 가지 특징을 공유한다. 즉, 사람들의 참여와 동의로 통치하지 않는다는 것이다. 이 정치적 통합 단계에서는 앞서 논의한 바와 같이, 국민과 사회가 민주주의에 필요한 여건을 갖추지 못하기 때문에 참여 민주주의가 형성될 것으로 기대되지 않는다. 이에 반해 대중에게 음식과 쉼터를 제공하여 안정되고 안전한 사회를 달성한 정치 체제는 여전히 문맹이 많고, 시민 문화와 시민 사회가 부재하고, 잠재적인 정치적 불안으로 어려움을 겪고 있을 가능성이 높기 때문에, 민주주의의 필수 조건으로 간주되는 모든 조건이 결여된 것이다. 이러한 환경이 무르익으면 독재 통치 하에 쉽게 포섭될 수 있다.

위에서 논의한 민주주의의 필수 조건이 없거나 부적절하게 제시될 때 독재 또는 독재 체제가 나타날 가능성이 높다. 식량 부족과 불안정한 치안 상황 등 생명을 위협하는 환경에서 살아가는 사람들은 정치적 성향에 있어서 권위주의적이고 복종적일 가능성이 높으므로, 선거제도와 같은 민주주의 제도는 더 발전된 사회에서와 같이 제대로 작동하지 않을 것이다. 적절한 교육을 받더라도 특정 문명과 종교의 더 두드러진 맥락에 따라 일부 국가에서는 유권자가 다른 국가보다 더 권위적이고 순종적일 수 있다. 대다수의 국민이 '민주적 인격'을 갖추지 못하거나 싫어할 때 그러한 체제는 민주적 정치 체제와 투쟁할 수 있다. 마찬가지로 유권자가 교육을 받지 못하고 정치적 정보를 이해하지 못하고 합리적인 선택을 할 수 없을 때 그러한 시스템은 참여 민주주의 제도와도 씨름하게 될 것이다. 미국과 서구 시스템이 민주주의에 대해 준비되지 않은 사회 및 문화적 맥락에서 자유 민주주의 제도를 이식하려고 시도했을 때, 제도는 자유주의적이지 못하고 독재적이 될 가능성이 있었다. 냉전 시대 제3세계에는 필리핀의 마르코스부터 이라크의 후세인에 이르기까지 그런 체제가 아주 많았다. 저개발 세계에서 선거 제도를 가진 거의 모든 "민주주의"는 비자유적 민주주의이다.

비자유적(illiberal) 민주주의가 민주주의의 변종이라고 할 수 있을까? 물론 참여민주주의나 국민에 의한 정부라고 부를 수는 없다. 그러나 자애로운 독재가 국민을 위한 정부의 한 형태처럼 보일 수 있는 한, 비자유적 민주주의도 민주주의의 한 형태가 될 수 있다고 상정할 수 있다. 그렇기 때문에 중국 공산당은 스스로를 인민민주당이라고 부르고, 북한도 조선민주주의인민공화국이라고 부른다. 우리는 민주주의의 의미를 그 정도로 확장할 의향이 있는가? 그렇지 않다면 자유민주주의의 의미를 국민에 의한 통치로 정제해야 한다.

4. 가부장주의

비자유주의 체제에는 마오쩌둥의 중국, 호지민의 베트남, 김일성의 북한에서 보듯이 가부장제라고 할 수 있는 독특한 변종(variation)이 있다. 가부장적 체제의 지도자는 전통 사회의 자애로운 아버지에 버금가는 절대적인 카리스마를 갖는다. 사실 이 지도자들 각각은 사람들에게 "아버지"라고 불려 왔다.

지도자와 그의 부하들 사이의 관계는 거의 계약적인 것으로 인식되지 않고 오히려 자연스러운 것으로 인식된다. 아버지는 실수를 할수 있지만 그의 "부성"은 남을 것이다. 마오는 그러한 인물이었고 여전히 중국에서는 "건국의 아버지"로 간주된다. 김일성도 그런 지도자였다. 이와 같은 가부장적 통치가 유교의 문명적 맥락에서 일어날때 가족 제도는 매우 중심적이어서 아버지와 가족에 대한 충성이 국가에 대한 충성보다 더 중요하고 더 미덕으로 간주된다.

아버지는 권위와 권력의 원천일 뿐만 아니라 나머지 가족을 보호하고 교육하고 사랑으로 돌보아야 할 무거운 의무를 지고 있다. 아이들의 롤 모델이 될 것으로 기대된다. 이 지도자들은 이라크의 사담 후세인, 리비아의 카다피, 루마니아의 차우세스쿠와 같은 전형적인 독재 독재자들과 구별되어야 한다.

우리는 마오쩌둥과 김정은, 그리고 그들의 친척 중 누구도 개인의 이익을 위해 국보를 국외로 밀반입하여 국민을 희생시킨 범죄에 대해 유죄 판결을 받지 않았다는 점에 주목해야 한다. 이 가부장적 지도자들은 국민들에게 존중과 존경과 사랑을 받는다. 북한은 온정주의 체제가 대를 이어 이어져 온 참으로 흥미로운 사례이다. 서구 학자들과 지도자들이 북한의 가부장적 성격을 이해하는 데 있어 성공할 때까지 북한의 핵 난제 처리는 해결될 것 같지 않다.

5. 공산주의

공산주의 체제는 어떤 종류의 개인 소유도 허용하지 않는다. 공동체의 모든 구성원 사이에 절대적인 평등을 보장하기 위해 모든 것은 집단 공동체에 속한다. 이 이상(ideal)은 어느 정도 편향되거나 불평등한 분배가 대량 기아와 죽음을 초래할 수 있는 극단적인 빈곤 사회에 호소력이 있다. "필요에 의한 분배"라는 마르크스주의 격언은 공동체의 최대 구성원이 신체적 생존을 유지할 수 있는 최적의 기회를 보장하도록 설계되었다. 역사적으로 빈곤은 중국, 베트남, 캄푸치아를 포함한 많은 국가에서 공산주의 혁명과 공산주의 통치의 자양분이 되어 왔다. 그러나 국가가 절대빈곤 상태에서 벗어나고 국민들이 경제적 번영을 추구하기 시작하면 정상적인 공산 체제는 그 권위와 힘을 잃게 된다.

공산주의가 가부장주의와 결합되면 중국, 베트남, 그리고 현재의 북한에서 알 수 있듯이 체제와 리더십이 유난히 안정적일 수 있다. 가부장주의와 공산주의는 집단주의를 기반으로 하고 계약 관계와 사

적 소유권을 거부한다는 점에서 공산주의와 밀접한 관련이 있음을
깨달아야 한다.

지금까지 이 장에서 우리는 이데올로기의 성격과 유형, 그리고 다
양한 이데올로기의 실현에 도움이 되는 상황적 조건에 대해 논의했
다. 각각의 이데올로기에는 규범, 가치, 신념의 체계가 있지만, 모든
이데올로기가 권력을 정당화하기 위해 체계와 리더십을 돕는 도구적
수단이었다는 사실은 변함이 없다.

6. 제도적 발전

일단 새로운 정권이 장악되고 사회 구성원이 물리적(생리적) 안전
의 기본적인 필요를 충족해줄 수 있는 제도의 능력을 충분히 갖추게
되면 그들의 욕구 수준은 소속감 수준으로 이동한다. 이는 가족, 교
회, 지역사회에 기반을 둔 단체 가입, 교육 제도와 같은 사회적 제도
에 대해 새로운 강조를 필요로 한다.

육체적 생존의 초기 욕구는 여전히 많은 사람들의 마음속에 있을
수 있기 때문에, 그들이 현재 소속감 욕구에 쉽게 적응할 수 있을 정
도로 생존에 대한 긴박성 수준이 낮다고 하더라도, 농업 기관, 경찰,
군대는 지역사회에서 가장 중요하다. 그러나 이러한 기관은 소속감
과 상호 연대감(affiliation, 소속감)을 촉진할 수 있는 활동을 포함하도
록 기능을 확장할 것이다. 동시에 위에서 지적한 바와 같이, 소속감

욕구를 생성하기 위한 일련의 다른 기관이 커뮤니티에서 두드러지게 나타날 것이다. 종종 2단계 기관은 1단계 기관의 기능을 점차적으로 인수하여 제도적 오작동 현상을 일으켜 기능적 경계에서 모든 기관을 변경할 것이다.

앞 장에서 논의한 바와 같이, 필요한 가사 노동력을 확보하기 위해 사용되었던 대가족 구조는 이제 농업 생산과 동일한 경제적 기능을 수행하면서 공동체 사회 단위가 되고 있다. 따라서 확대가족제도의 의미는 경제 단위에서 사회 단위로 바뀌었다. 가족이 초기 단계에서 감당할 수 없었던 더 많은 문화 및 사회 활동이 있을 것이다. 경제적 필요성에 대한 오래된 기반이 긴박하지 않게 느껴짐에 따라, 관습 및 규범 등 가족 유대가 더욱 약화될 수 있을 것이다.

다른 두 기관인 경찰과 군대도 예상되는 방향으로 역할을 크게 수정할 것이다. 정권이 정권을 연장하려고 할 때 보통 그러하듯이, 경찰은 현 지도부의 대리인이 되면서 대중의 지지를 획득하기 위해 노력할 것이다. 저개발 국가의 유권자들이 종종 정권의 요원들에 의해 정치적 동원의 대상이 되었다는 사실은 잘 기록되어 있다. 아프리카, 아시아, 라틴 아메리카의 수많은 독재 민주주의 국가에서 쉽게 볼 수 있듯이 효과적인 "운동가"가 되는 것은 종종 경찰력이다. 이 단계에서 군대는 종종 대대적으로 정치화되고 대중 세뇌의 대행자로 활용된다. 사회주의 국가 통합 과정에서 붉은 군대의 역할에 대한 피상적인 검토조차도, 일단 국가 안보가 충분히 보장되면 군대의 정치적 역할을 증명해줄 것이다.

교육은 사람들이 자신의 지식, 기술 및 사회적 준거의 틀을 확장하여 사회적 소속감을 찾고 확립하여 소속감 욕구를 충족시킬 수 있는 더 넓고 풍부한 맥락을 확립할 수 있도록 돕는다. 학생들은 다른 학생들을 만나고 나중에 동창회 회원이 된다. 또한 가치의 위치를 정의할 수 있는 아이디어와 신념을 학습하여 이념적 연계를 제공한다. 또한 다른 사람, 사상가, 철학자 및 지도자에 대해 배우고 소속감을 높이는 데 도움이 되는 지적, 철학적 연관성을 확립하게 된다. 이 단계에서 이러한 유형의 지적 연계(제휴)는 물리적으로 더 가까운 다른 많은 면대면 협회보다 더 두드러질 수 있다.

이런 의미에서 전산업사회의 교육 커리큘럼은 과학과 기술보다는 교양과 철학을 강조할 것으로 기대된다. 미국과 일본 등 정치통합 단계를 거친 나라들을 살펴보면, 인문학과 철학 분야가 전성기를 구가한 시기가 미국의 내전 이후 산업화 이전, 일본 메이지, 멕시코, 이스라엘, 필리핀, 한국과 같은 많은 제3세계 국가들은 교양교육이 국가건설과 정치적 통합의 시기에 더 강조되고 산업화 과정에서 약화되었음을 일관되게 보여주었다.

의무적인 시민교육 개념을 도입·시행하여 정권에 정치적 사회화의 기회를 제공한다. 사실, 이 수준의 발전 단계에서 정부는 공교육을 의무화할 뿐만 아니라, 종종 획일적인 공식 교과서 및 기타 커리큘럼 요구 사항으로 교육 커리큘럼을 지시한다. 교육의 정치화가 부적절하다고 여겨지는 경우가 거의 없다. 심지어 캠퍼스에 정치인의 모습이 유행하고, 학교는 종종 정치 지도자를 캠퍼스에 초대하기 위해 경쟁한다. 정부가 학생들을 만족시키지 못할 때 반정부 시위가 자주 발생하지만, 학생들은 정치 집회와 시위를 위해 정부에 의해 자주 동원된다. 어쨌든 사회 발전의 두 번째 단계에 있는 교육은 고도로 정치화되고 학생들은 고도로 정치적이 된다.

학생 정치화 현상은 정치적 변화 과정에서 학생들의 적극적인 역할로 이어진다. 많은 산업화 이전 사회에서 대규모 조직과 대중 매체가 없는 상황에서 학생 그룹은 여론을 모으고 대중 운동을 동원하는 데 매우 효과적일 수 있다. 우리는 터키, 한국, 필리핀, 멕시코, 이란과 같은 곳에서 학생이 조작한 정치적 혼란과 정권 교체의 많은 사례를 보아왔다.

심리적 소속감의 궁극적인 원천으로서 종교 기관은 소속감을 추구하는 사람에게 더 의미가 있을 것이다. 동시에 지배 엘리트는 정권 합법화와 정치적 통합을 위해 종교 제도를 활용하는 것이 유용함을 알게 될 것이다. 국가 건설 과정에서 기독교, 이슬람교, 마르크스-레닌주의 등 거의 모든 국가에서 국가 종교를 공인 종교로 인정하는 개념이 널리 퍼진 것도 이 때문이다. 종교에 대한 이러한 평가는 다양한 개인에 대한 특정 종교의 신학적 중요성을 약화시키려는 것이 아니라, 오히려 인간 제도로서의 종교의 사회적 정치적 기능의 공통성을 조명하기 위한 것이다. 아무도 중세 유럽과 현대 중동, 그리고 일본에서 교회의 막대한 정치적 군사적 역할을 부인할 수 없다. 아마도 다른 어떤 이유보다 더 많은 전쟁이 하나님의 이름으로 벌어졌고 더 많은 유혈 사태가 교회에 의해 정당화되었을 것이다. "군사-종교 복합체"는 공개적으로 종교적 이단자로 구별된 정치적 적을 "정당하게" 파괴하기 위해 막대한 힘을 제공했다.

게다가 미국에서 "학교 기도"가 교육의 정당한 기능이었기 때문에 종교는 교육의 필수적인 부분이 될 수 있다. 이 수준의 개발 수준에 있는 많은 제3세계 사회는 교육과 종교 간의 광범위한 상호작용을 허용한다.

7. 문화적 변화와 행동 성향

사회 구성원이 일련의 제도적 변화를 경험하고 이러한 변화에 따라 그들의 행동이 변화함에 따라 새로운 가치 체계와 행동 성향이 발달하게 된다. 우리는 농업, 군사, 경찰 제도를 통해 정권 형성 단계에서 평등주의와 자결주의에 반대되는 권위주의, 외세에 대한 복종, 운명 수용 규범과 같은 가치 지향을 조장한다는 점을 지적했다. 그러나 2단계 발전 과정에서 우리는 제도 형성 단계에서 생성된 여러 가치에 대한 대립으로 간주될 수 있는 새로운 가치 및 규범의 집합의 출현을 예상할 수 있다.

1) 단체주의 또는 집단주의

소속에 대한 욕구는 사람들의 마음에 그룹의 구성원이 중요하다는 점을 심어준다. 그들은 공통된 견해, 목표 또는 단순히 성취 지향

또는 귀속 속성을 공유하는 다른 사람들과 동일시되기를 원한다. 가족 및 민족 집단은 구성원의 공통 속성이라는 측면에서 내적 동질성을 유지한다. 동문 그룹 및 기타 교육 기관은 구성원에게 공통 성취 속성을 제공한다. 문화 집단은 공통된 방향과 가치를 가질 수 있다. 종교 단체는 공통된 영적 관점과 세계관을 가진 회원들을 하나로 묶는다. 소속의 경험은 공유의 경험이다. 그것은 자신을 다른 사람에게 투사하는 경험이다. 따라서 다른 사람들에게 더 공감하는 경향이 있다. 누군가는 "나 대 당신"이 아니라 "우리 대 그들"의 관점에서 생각할 것이다. 후자는 생존 단계에서 널리 퍼진 방향이었다. 이러한 집단 성향은 사람들을 정치적 사회화와 이데올로기 주입에 쉽게 취약하게 만든다. 사회주의와 공산주의와 같은 집단주의를 강조하는 이데올로기는 일반적으로 제3세계의 새로 독립된 국가들이 보여주듯이 이 발전 단계에 있는 사람들에게 더 매력적이다.

2) 이타주의(애타주의)

상대적으로 말하자면, 정권의 형성 단계는 적어도 홉스와 마키아벨리가 한때 정치적 변화를 수반하는 혼란의 과도기적 맥락에서 상상했던 의미에서 쾌락주의적 개인주의의 절정을 나타낸다. 대조적으로, 두 번째 단계는 이타주의의 성장이 특징이다. 가족, 학교, 교회의 세 가지 주요 기관은 이타주의의 미덕을 옹호한다. 가족 내에서 계산되지 않은 희생은 그 제도의 구조적 특성에 관계없이 항상 유덕한 것으로 간주된다. 모든 종교가 무차별적인 사랑과 이해를 성화시키는 것은 아니지만 구성원의 사회화에서 쾌락주의적 이기심을 옹호하는 종교는 없다. 교육 기관에 대해서도 마찬가지이다.

사실, 이 발달 단계에서 개인은 관련된 집단의 복지를 위해 자신의 삶 뿐 아니라 개인의 이익을 희생하는 것이 덕이 된다. 종교적 설득과 이념적 신념을 위해 인간의 희생과 순교를 가장 존경하는 것은 드문 일이 아니다. 그러한 행위는 이타주의의 궁극적인 표현으로 간주된다. 서로 다른 수준의 사회 발전을 경험하는 사회의 종교 생활에 대한 비교 연구는 아마도 이 단계에서 희생적 덕의 만연함을 보여줄 것이다.

3) 평등주의

이 정치적 통합 단계에서 발전할 것으로 예상되는 또 다른 규범은 평등주의이다. 이타주의의 경우와 마찬가지로 평등주의적 지향도 1단계 사회의 복종-권위주의와 극명한 대조를 이룬다.

공교육이 확산됨에 따라 더 많은 학생들이 가족 배경에 관계없이 모든 사람을 "동료"로 간주하는 새로운 사회적 맥락에 의해 종속될 것이다. 아이들은 같은 시설을 사용하고, 같은 자료를 공부하고, 같은 음식을 먹고, 같은 시간을 학교에서 보낸다. 1단계에서 사회적 불평등과 권위주의, 사회 질서의 변덕스러움에 굴복한 이들에게 이것은 놀라운 경험이다. 이것은 적어도 부분적으로 그러한 기득권층이 여전히 독재적이고 권위주의적인 사회에서 사회적·정치적 기득권층에 반대하는 학생 시위가 많이 유행하는 현상을 설명한다. 그것은 일본의 대다수 대학생들이 캠퍼스에 있을 때 사회주의 사상에 매력을 느끼고 졸업 후에야 기득권에 동화되는 이유를 부분적으로나마 설명한다. 또한 중국, 독일, 일본, 인도, 파키스탄, 영국, 미국에서 사회주의 운동이 대학생들에 의해 시작되는 이유를 설명하는 데 도움이 된다. 그들은 캠퍼스에서 배우고 경험하는 것과 지역사회에서 보는 것 사이의 불일치를 보는 사람들이다. 그들이 배우고 경험하는 것은 놀랍도록 평등하며 그들을 사회주의 사상으로 이끈다.

4) 이상주의

종교가 초월적 경험을 제공하고 교육이 추상적 사고를 촉진함에 따라, 이 단계의 사람들은 특히 첫 번째 단계의 인지적 지향과 비교하여 사고에 있어서 더욱 형이상학적으로 지향적이 된다. 특히 이 통합 단계에서 철학 교육과 교양 및 인문학이 강조될 때, 공동체 구성원들은 그들의 태도와 가치관에서 이상주의적이 될 것으로 기대된다. 실제로 이 단계에서 지식인의 상대적으로 높은 사회적 지위에서 볼 수 있듯이, 보다 이상주의적이고 철학적인 사람들은 문화 체제에서 권위 있는 명성을 누리는 경향이 있다. 이러한 사회에서 '지성인'은 기술을 가진 과학자가 아니라 아이디어를 가진 지식인을 의미한다. 마음으로 일하는 사람이 손으로 일하는 사람보다 항상 우월하다고 여겨져 온 유교의 유교 사상은 이러한 지식사회학의 관점에서 이해되어야 한다. 일본과 미국의 후기산업사회 지식인을 살펴보면 사회가 통합 단계에서 산업 단계로 이행함에 따라 인문학과 철학 분야 지식인의 명성이 점점 낮아지는 추세를 알 수 있다.

그러나 이 2단계 이상주의는 사람들로 하여금 정치적 이데올로기를 지향하게 하고, 행동은 실용적인 이익보다는 이데올로기적인 설득에 의해 좌우된다.

5) 보편주의

Talcott Parsons가 그의 "패턴 변수"에서 올바르게 병치한 것처럼, 더 원시적인 사회의 가치 체계는 구체적이기보다는 보편주의적인 경향이 있다. 이는 사회 발전의 초기 단계에 있는 사람들이 세계에 대한 공관적 관점을 유지하는 경향이 있음을 나타낸다. 그들은 사물이나 사람을 평가할 때 좋은 점과 나쁜 점을 모두 임상적으로 검사할 수 있는 것이 아니라 단순히 좋은 점과 나쁜 점을 생각한다. 이것은 부분적으로 이 단계에서 그들의 가치 체계와 태도의 과도한 이념적 지향에 기인한다.

이상주의와 결합된 보편주의는 배우가 타협 없이 "전부 아니면 전무"를 추구하는 극단적인 형태의 행동을 보여주도록 이끌 것이다.

또한 소속감을 추구하는 사람들은 고립되거나 소외되는 것을 두려워한다. 그들은 사회의 주류에 있고 싶어한다. 이러한 경향은 나중에 논의하겠지만 소수 집단 기반의 정체성과 다원적 정치 스타일의 발전을 저해할 것이다. 그룹 환경에서의 결정은 다수결 규칙보다는 만장일치의 관례에 의해 이루어질 가능성이 가장 높다. 만장일치는 소속감을 얻기 위해 순응해야 할 필요성이 우세하기 때문에 만들어진다.

이러한 태도와 행동적 성향으로 인해 정부와 정치는 초기 정권 형성 단계와는 다른 새로운 스타일을 선보일 것이다. 본 저자는 다음 섹션에서 널리 퍼진 몇 가지 정치적 특성에 대해 논의할 것이다.

8. 규칙 특성

1) 카리스마 리더십

이 발전 단계에서 공적 이슈에 대한 생각과 관점의 다양화를 경험하는 대부분의 사회는 불안정한 경향이 있는데, 이는 첫 번째 단계 체제의 순전하고 강압적인 능력이 새롭게 부상하는 (생존 요구 다음인) '소속 욕구'를 수용할 수 없기 때문이다. 일부 사회는 지도자의 카리스마적 자질을 통해 정권의 해체를 가까스로 피했다. 여기에서 대중은 카리스마적 지도자에 대한 대중의 인식으로, 의인화된 정권에 대한 계산되지 않은 지지와 충성을 보일 것이다.

식민지 시대와 독립 투쟁을 겪은 많은 사회에서 카리스마적 지도자가 등장했다. 대부분의 카리스마적 지도자들은 독립 운동이나 혁명 운동에서 리더십을 발휘하여 대중에게 영웅으로 알려졌던 사람들이었다. 그런 의미에서 카리스마는 국난의 시기에 태어난다고 할 수 있다. 따라서 평화와 번영의 시대에 지도자를 위한 카리스마를 형성하려는 노력은 실패할 운명에 처해 있다. 마찬가지로 카리스마 리더십은 부모로부터 자식에게 물려받을 수 없다고 말할 수 있다.

카리스마적 리더의 스타일은 확고한 관료주의나, 다른 형태의 중간 권력 그룹의 발전을 금지하는 대중적 리더십의 스타일이어야 한다. 사실 강력한 지도자는 자신의 권력 기반을 공고히 하고 안정시키기 위해 다른 지도자를 승진시키거나 독려하지 않을 것이다.

실제로 카리스마 있는 지도자의 후계자는 그가 죽기 전에 지명되지 않을 것이다. 그 결과 그러한 지도자가 사망한 후에는 종종 극심한 혼란의 시기가 뒤따르며, 집단 지도력으로 절정에 이르게 된다.

2) 교리(독트린)와 극단주의

권력을 공고하게 하기 위해 이데올로기가 광범위하게 활용되는 정치 통합의 단계에서, 정치인들은 자신을 합법화 독트린과 연관시킬 것이다. 강력한 이데올로기적 목표를 가진 정책이 공식화되고 시행될 것이며, 이는 때때로 실제적인 목적에 역효과를 낳을 수 있다. 권력 갈등은 이데올로기적 대결이라는 측면에서 유지되어야 한다. 사회 및 정치 조직은 아이디어와 가치 측면에서 정당화될 가능성이 높다. 실제로 더 강력한 가치 위치를 가진 사람들은 다양한 조직과 기관을 이끌 가능성이 더 크다.

이념적 고려에 따른 정치는 타협보다 극단을 지향하게 될 것이다. 때로는 정치적 견해를 전달하기 위해 폭력적인 수단을 사용하기도 한다. 대중 시위는 종종 정치적 목적을 위해 정치인과 정부에 의해 동원된다. 이러한 상황에서 서로 다른 정치 집단의 존재는 아마도 사회적 혼란과 불안정으로 이어져, 억압적인 독재 또는 지속적인 정치적 불안정을 초래하여 연속적인 정권 교체를 초래할 것이다. 카리스마 있는 지도자가 등장하면 사회는 억압적 독재가 될 가능성이 높다. 그렇지 않으면 군부 쿠데타의 악순환으로 치달을 수밖에 없다.

따라서 한 사회에 사회 문화적 다양성과 다원주의가 내재되어 있을 때 국민 통합을 이룩하는 정치적 과제는 가장 어렵고도(demanding) 힘든 일이다. 그러나 통합된 사회적·문화적 세력이 이미 사회에 나타날 때 정치적 통합의 두 번째 단계는 신속하게 달성될 수 있다. 일본의 민족주의와 신토 문화는 외국 이데올로기를 기반으로 하여도 일본의 전후 통합을 다소 쉽게 만들었다. 이와는 대조적으로 인도의 경우는 비슷한 정치적 이념을 가진 사회화 기간이 길어도, 토착적인 사회·문화적 조건이 국민 통합에 도움이 되지 않는 상황을 나타낸다.

3) 대중의 정치화

정부는 리더십을 정당화하기 위해 다양한 메커니즘을 통해 대중의 정치 교육을 촉진해야 한다. 우선, 공립학교 시스템을 확장하고 아이들이 지배 엘리트와 그들의 공식적인 독트린을 교리를 지지하면서 필요한 사상 교육을 받도록 할 것이다. 정부는 일반적으로 국가의 모든 공립학교 교과서를 제작한다. 정권이 바뀌면 새 지도부는 습관적으로 사상 교육과 관련이 있을 수 있는 교과서를 다시 쓴다. 우리는 문화대혁명 이전, 도중, 이후에 공교육 내용에 뚜렷한 대조가 있었던 중국과 같이 변화하는 사회에서 이런 현상을 보았다.

또한 정권은 대중에게 "올바른" 정보만 전달되도록 대중 매체를 검열하고 통제하려고 시도할 것이다. 감시 및 정보 활동이 강화될 것이며, 정부가 제재하는 것에 대한 대중의 공포가 질서와 안정을 유지하는 효과적인 도구가 될 것이다. 지식인의 역할은 성공적인 정치화에 필수적이기 때문에, 정권은 지식인들, 특히 존경받는 국가적 영적 지도자들의 지지를 얻으려고 시도할 것이다. 지식인이 쉽게 조작되지 않으면 괴롭힘이나 미묘한 압력을 받을 수 있다.

그러나 이러한 상황에서 대중 문화는 지식인에게 더 호의적이며 지식인에 대한 탄압은 정권에 대한 엄청난 환멸을 불러일으킬 수 있다. 따라서 지식인에 대한 정책이 실패할 경우 정부는 심각한 정통성 위기에 직면할 수 있다.

4) 대중의 참여

대중의 정치화가 증가함에 따라 필리핀, 한국, 멕시코, 인도와 같은 제3세계 민주주의 국가에서 볼 수 있듯이, 산업화 이전 사회에서는 정치 참여 수준이 극도로 높아질 수 있다. 이 제3세계 국가들은 미국, 영국, 캐나다, 서독의 산업 국가들보다 상당히 높은 공적인 선거 및 기타 형태의 참여 메커니즘에서 지속적으로 높은 참여율을 기록했다.

산업화 이전 사회에서 사람들의 적극적인 정치 참여에 대해 다른 설명이 있을 수 있지만 그들이 산업 시민보다 더 적극적으로 참여한다는 사실은 논쟁의 여지가 없다. 이러한 현상을 설명하면서 일부에서는 저개발 사회, 특히 사회 경제적으로 낮은 계층의 사람들이, 대중적 지지를 얻기 위해 현 정권에 의해 쉽게 동원된다는 점을 시사한다. 다른 사람들은 대중이 정치에 더 큰 정치적 관심을 불러일으키는 독특한 사회적, 문화적 특성이 있다고 주장한다.

여기서의 추론은 이 두 가지 설명을 모두 확인해준다. 우리는 이 두 번째 발전 단계에 있는 사람들이 적극적으로 정치화되고 있으며 쉽게 세뇌될 경향이 있다고 주장한다. 그들은 더 정치적으로 지향하게 되고 따라서 더 적극적으로 참여하게 된다. 동시에 정부의 지원을 동원하려는 노력은 과도하게 정치화된 문화의 맥락에서 효과적일 수 있다.

사람들의 욕구가 생존에서 소속감으로 전환된다는 현재의 패러다임 가정에 기초하여, 우리는 성공적인 체제에서의 일련의 새로운 발전에 대해 논의했다. 그 중에는 대중이 서로 연합하려는 경향이 더 강해지는 시기에, 권력 기반을 합법화하고 정치적 공고화를 확립하려는 체제를 위한 필수적인 제도로서 정치 이념의 출현이 있다.

정권이 권력을 유지할 것인지 여부는 소속감을 추구하는 대중에게 심각한 불만을 야기하지 않으면서 정치 공동체를 통합하는 능력에 크게 좌우될 것이다. 정치적 통합 과정을 분석하기 위해서는 대중 신념 체계의 본질에 대한 이해가 필수적임을 제시하였다. 또한, 우리는 16개 유형의 신념 체계를 형성할 때 대중 신념 체계의 구조를 조사하려고 시도했다. 유형학을 통해 우리는 한 국가가 문화적으로 통합된 정도를 평가할 수 있고 대중적 신념 체계 측면에서 다양한 정치 공동체를 비교할 수 있다.

이 장에서 우리는 특히 가족, 교육, 종교 제도와 같은 사회화 주체에 대한 새로운 강조의 형태로 제도적 변화가 발생할 수 있는 방향을 알아보았다. 마지막으로 일련의 순차적인 문화적 변화와 정치적 스타일의 진화가 뒤따를 수 있음을 관찰했다. 전반적으로 정치적 통합 과정은 초기 체제 형성 단계와는 확연히 다른 정치 스타일을 특징 짓게 될 것이다.

제 8 장

여가의 필요와 자원의 확장

　앞서 언급한 바와 같이, 인간의 욕구 구조는 사람들이 신체적 생존과 충분한 수준의 심리적이고 사회적인 소속감을 보장받았을 때, '여가'가 사람들의 행동 패턴을 결정하는 데 있어 가장 절박한 욕구로 등장하게 된다. 본 장에서는 심리적 · 사회학적 개념으로서의 여가의 구조를 살펴보고자 한다. 이어서 산업화는 여가에 대한 인간의 욕구 때문에 촉발되고 진행되었다는 명제에 대해 설명할 것이다. 마지막으로 산업화가 문화 및 사회 변화에 미치는 영향을 면밀히 검토하고자 한다.

1. 여가의 심리학과 사회학

"나는 모루를 사랑하는 대장장이를 본 적이 없다."

— 커트 보니거트

인간에게 일하고자 하는 본능이 있는지에 대해서는 의문이 들지만, 인간의 역사는 일을 더 추구하는 것보다 일을 기피하는 것이 더 일관된 욕구였다고 말한다. 더 긴 휴가와 더 적은 노동 시간에 대한 노동자의 요구는 모든 사회에서 더 많은 여가 시간에 대한 인간의 욕구를 나타내는 명백한 지표이다. 이것은 일이 없는 사람이 이상적인 상황에 있다는 것을 암시하는 것이 아니다. 여기서 시사하는 바는, 일을 할 때 바라는 것은 일 그 자체가 아니라는 것이다. 오히려, 그의 동기 부여의 원천인 생존과 사회적 소속감을 확보함으로써 일이 개인에게 가져다주는 것이다.

신체적인 '생존'과 사회적 '소속'에 대한 욕구는 '여가' 욕구보다 더 시급하고 기본적일 수 있다. 따라서 필요한 경우 후자를 희생시키면서 전자를 추구할 것으로 예상된다. 어쨌든, 현재의 분석은 인간은 보다 기본적인 필요가 보장되자마자 여가를 추구한다는 가정과 인간의 이러한 특성이 문화적 규범, 이데올로기 또는 사회적 차이에 의해 제한되지 않고 보편적일 수 있다는 가정에 기초하고 있다. 5장에서 논의한 바와 같이, 자라나는 아기가 장난감을 가지고 노는 욕구는 여가가 모든 평범한 사람의 타고난 욕구라는 보편적인 표시이다. 아기가 장난감을 가지고 놀기 위해서는 시간과 자원이라는 두 가지 조건이 필수적이다.

Weis(1964, p.21)가 제시한 정의에 따라 여가 시간은 "하루 중 존재의 긴급성을 충족시키는 데 사용되지 않는 부분"으로 정의된다. 겨우 생계를 이어가는 사람이나 중병에 걸려 생계를 유지하는 일에 온 힘을 쏟는 사람은 여가 시간이 있다고 할 수 없다. Weis가 명확히 했듯이 여가 시간은 일을 가능하게 하는 시간이 아니라, 일을 통해 만들어진 가용할 수 있는 시간이다. 그러므로 휴식을 위한 시간이나, 더 많은 일을 하기 위해 남은 시간을 회복하기 위한 것과는 다르다. 이런 의미에서 여가는 시간, 에너지 및 기타 자원의 소비를 포함한다. 여가는 사용 가능한 자유 시간의 양과 그 시간 동안 즐길 수 있는 비필수 상품의 양으로 가치가 측정되는 상품이다.

보다 여유로운 생활방식에 대한 인간의 욕구는 도구 발명의 중요한 원동력이 되었다. 도구는 더 짧은 시간에 더 적은 에너지로 작업을 완료하는 데 도움이 된다. 시간과 에너지를 보다 효율적으로 사용하는 것은 생산성 향상뿐만 아니라 여가에도 필수적이다. 전체 고용에서 농업 부문이 차지하는 비중이 줄어들거나 산업 및 서비스 활동에 종사하는 인력의 비중이 높아지면, 일반적으로 근로 시간은 줄어들 것이다. 이러한 경향은 노동 집약적인 농업이 자본 집약적인 산업으로 대체됨에 따라 모든 산업화 사회에서 예상된다. 한 연구에 따르면, 미국인의 여가 시간은 1900년 이후 꾸준히 증가한 반면, 노동 시간은 같은 기간 동안 감소하여 산업 발전과 여가 시간 사이에 밀접한 관련이 있음을 나타낸다.

1950년 총 1조 3,290억 시간은 미국의 전체 인구 1억 5,170만 명을 기준으로 계산한 것이다. 1900년과 1950년에 대한 총 시간 예산을 연령별, 직업군별 인원 수와 전형적인 일상생활 패턴을 기준으로 하여 2000년을 기준으로 추정하였다. 여가 시간은 1900년 약 27%에서 1950년 34%로 증가한 반면, 노동 시간은 같은 기간 13%에서 10%로 감소했다.

동시에 산업이 확장됨에 따라 새로운 근로자에 대한 수요가 더 많아져 이전에 고용되었거나 계절에 따라 실직한 근로자가 더 안전하고 더 나은 급여를 받을 수 있는 일자리를 찾을 수 있게 되었다. 결과적으로 가족 소득이 증가하고 추가 소득은 가족 구성원이 여가 시간을 보다 효율적이고 즐겁게 사용할 수 있도록 도와준다. 여가 활동을 확대하기 위해 노동자들은 기본적인 요구 수준 이상의 물질적 소비를 요구할 것이고, 산업계는 여유로운 라이프 스타일을 향상시키기 위한 상품 생산으로 대응할 것이다. 예를 들어, 비산업 사회의 전형적인 가정에서는 한 명 이상의 가족 구성원이 매주 온종일 가족의 세탁물을 손으로 빨래하는 데 보낼 수 있다. 이것은 매우 노동 집약적이고 시간이 많이 걸리는 활동이지만 가족의 부를 실질적으로 증가시키지 않는다. 대조적으로, 산업 사회의 공장 근로자는 더 적은 노동력과 더 적은 시간으로 가족의 세탁을 할 세탁기를 구입할 수 있다. 따라서 한 때 빨래에 시간과 에너지를 소비했던 가족 구성원은

이제 그 시간과 에너지를 다른 활동에 투자할 수 있으며, 그 중 일부
는 아마도 테니스를 치거나 텔레비전을 보는 것과 같은 여가 활동일
것이다. 자동차도 동일한 기능을 수행한다. 다양한 활동에 소비되는
시간과 에너지의 양을 줄여주므로 생산적 또는 여가 활동에 투자할
추가 시간과 에너지를 생성해준다. 노동력과 맞벌이 가정에서 여성
의 비율 증가는 부분적으로 산업 사회의 그러한 제품의 확산에 의해
가능해졌다. TV, 스포츠 장비, 영화, 비디오 게임 및 수많은 비필수
레저 상품과 같은 품목을 생산하는 "레저 산업"의 성장에 대해서도
마찬가지이다. 여가 시간의 증가는 미국에만 국한되지 않는다. 선진
국은 모두 비슷한 추세를 공유한다.

농업 경제에서 산업 경제로의 전환은 결국 기술과 기술력의 개별
적인 지휘로 조직된 더 복잡한 계급 구조를 생성할 것이다. 기술과
기술 노하우가 있는 사람은 더 많은 여가를 즐길 것이고, 그렇지 않은
사람은 계속해서 노동 집약적인 직업에 종사하여 여가 시간이 줄어들
것이다. 산업화 사회의 미숙련 노동자들은 최소한의 생계를 위해 사
회 계층의 최하위에서 고군분투할 것으로 예상되는 반면, 숙련기술자
와 화이트칼라 노동자들은 여가 욕구를 충족시키기에 적합한 문화와
생활 방식을 찾아 헤매게 될 것이다. 그들은 Lenski가 "창의적인 편
안함"이라고 부르는 것을 보장하려고 시도한다(Lenski, 1966, p.38).

사회가 더 큰 여가 계급, 적어도 여가를 추구하는 계층으로 구성
될 때, 노동 절약형 가전제품, 취미 및 오락 분야의 상품 생산이 증가
할 것이다. 동시에 더욱 편리하고 효율적으로 만들기 위해 기술 혁신

과 수정이 설계될 것이다. "산업인"은 결국 기계에 전적으로 의존하게 될 것이며, 이때쯤이면 "푸시 버튼"과 "일회용 제품"의 시대가 임박하게 될 것이다.

2. 산업화와 사회 변화

1) 여가와 분업

Durkheim이 관찰한 것처럼 "산업은 어떤 요구에 부응해야만 존재할 수 있다. 이 전문화가 사회의 어떤 필요에 부합하는 경우에만 기능이 전문화될 수 있다." 산업화 사회에서 떠오르는 필수 과제는 소비자에게 더 많은 여가 시간을 제공하도록 설계된 상품의 확장이다. 따라서 새로운 전문화는 더 적은 노동력으로 더 많은 상품을 만들 수 있도록 생산성을 높이고 개선하는 것을 목표로 한다(Durkheim, 1933, p.272).

어떤 의미에서 분업은 일이 불가피할 때 "일을 단순화한다"는 사회적 표현으로 볼 수 있다. 생산의 제한된 부분에만 관여함으로써 사람들은 작업을 일상적이고 쉽게 수행할 수 있기를 기대한다. 결과적으로 분업은 역할 전문성과 전문화를 촉진한다. 구성원이 기능 수행에 의해 평가되는 사회에서 역할 전문성을 획득하는 것은 매우 바람직한 것으로 간주된다.

이는 구성원이 그들의 귀속적 특성에 근거하지 않고, 달성한 위치에 따라 상대적 지위를 할당받는 새로운 도시 공동체에서 특히 그렇다.

산업 성장은 직접적으로는 역할 차별화와 기능적 전문화의 형태로, 그리고 간접적으로는 더 심오한 방식으로 광범위한 사회 및 문화적 변화를 가져왔다. 산업 분업의 영향을 받은 분야 중 하나는 고등교육 기관이었는데, 이는 전문 분야로 구획화되어 장학금을 절름발이로 만들었다. 이 문제는 다음 장에서 설명할 것이다.

산업화와 관련된 사회 변화는 가장 급격한 경향이 있으며 전통적인 문화 구조의 기본 구조를 해체할 가능성이 높다. 산업화는 필연적으로 도시화와 시장 체제의 확장을 동반하며 결국 중산층의 성장을 가져온다. 더 나아가 산업 경제가 국경을 넘어 세계 시장으로 파고들면서 경제적 상호작용의 패턴화된 네트워크를 가진 지구촌이 등장하게 될 것이다. 이 과정에서 이 행성의 전통적으로 다른 사람들이 유사한 문제를 경험하게 됨에 따라 세계 문화는 점점 더 유사해지고 통합될 것이다. 이 과정에서 '합리적인 인간'이 탄생하게 되고, 전형적인 성격 유형이 된다. 우리는 사회적 변화의 이러한 측면이 새롭게 출연하는 글로벌 문제에 대해 궁극적으로 책임이 있기 때문에 일부 역학(dynamics)과 그 영향(결과)에 대해 논의할 것이다.

2) 대량 소비 및 마케팅

여가에 대한 욕구와 소비자 측의 "과시적 소비"(Veblen, 1931)는 지속적인 산업화를 위한 효과적인 추진력이다. 산업 경제는 사실상 무제한의 소비재 생산 능력을 보유하고 있다는 점에서 농업 경제와 근본적으로 다르며, 이러한 상품은 대부분의 농산물과 달리 일반적으로 물리적 생존에 필수적이지 않다. 오히려 산업재는 이미 생존을 확보한 소비자가 원하는 보다 여유로운 생활을 위한 것이다.

산업 자체의 생존을 위해 제조업체는 여유를 즐기는 과시적인 소비자에게 신제품을 판매하기 위해 노력할 것이다. 물론 이것은 광고와 마케팅이 필요하다. 사회 변화의 이 단계에서는 시장 확장에 막대한 자원이 투자된다. 산업의 생존은 이미 생산된 제품을 판매하고 "오래된" 제품을 대체하고 대량 소비율을 유지할 수 있도록 지속적으로 "더 나은" 제품을 만드는 능력에 달려 있다. 예를 들어 자동차 산업은 소비자가 매년 나오는 신모델을 쫓지 않으면 살아남지 못할 것이다. 소비자가 현재 자동차를 내구성 있게 만들어 장기간 보유하도록 장려하는 것은 업계에 이익이 되지 않는다. 가전제품에서 의류에 이르기까지 다른 많은 소비재에도 동일한 논리가 적용된다.

대중의 소비를 유도하기 위해 다양한 마케팅 전략을 펼칠 예정이다. 여기에는 쿠폰, 리베이트, 거래 우표, 할인 판매, 카탈로그 판매, 보상 판매 수당, 10달러 대신 9.99달러로 기만적으로 표시된 가격표 사용이 포함된다. 광고 기술은 마케팅이 경제 및 사회생활의 필수적인 부분인 모든 산업 사회에서 매우 정교하다.

대중소비는 대중에게 가장 효과적으로 다가가는 광고를 필요로 하므로 대중매체는 공산품 수요 확대의 강력한 수단이 될 것이다. 광고는 신문 페이지를 지배한다. 라디오는 다수의 후원자와 함께 프로그램을 방송한다. 실제로 대중매체는 전적으로 광고 스폰서에 의존하고 있다. 대중매체는 항상 광고를 실어 왔지만, 소비재 광고가 미디어를 압도하는 정도는 상대적으로 최근의 현상이며 성숙한 산업사회에서만 예상된다.

나는 사회가 산업화의 정점으로 이동함에 따라 소비재에 중점을 두는 패턴을 관찰하기 위해 1900년, 1920년, 1940년, 1960년, 1980년의 시어스 로벅 카탈로그를 비교 검토했다. 1900년 카탈로그에는 여가 지향적인 것으로 식별할 수 있는 항목이 거의 없었다. 가장 가까운 것은 혼자 여유롭게 낚시를 할 수 없었을 낚시 장비였다. 그러나 1920년에는 야구 장비, 양궁과 같은 일부 스포츠 용품이 등장했지만 카탈로그의 몇 페이지에만 등장했다. 1940년까지 우리는 가구, 양탄자, 냉장고, 스토브, 세탁기 및 주방 액세서리와 같은 국내 상품에 상당히 중점을 두었지만 그 종류는 제한적이었다. 1960년 카탈로그에는 골프, 당구, 역도, 크로켓 테니스, 배드민턴, 농구, 야구, 낚시 등 다양한 스포츠 용품이 나열되어 있는 소비재의 주요 변화가 관찰되었다. 다양한 유아용 장난감도 있었다. 또한 처음으로 14페이지에 달하는 야영 장비가 등장하여 여유롭게 야영을 즐길 수 있는 시간과 자원이 많아졌음을 알 수 있었다. 1960년 자료에는 진공청소기, 양탄자 샴푸기, 세탁기/건조기, 냉동고/냉장고, 전기 주방 가전, 식기 세척기, 전기스토브, 심지어 합산기까지 편의성과 시간 절약을 위한 상품이 널리 보급되었다. 약 8페이지가 수영장 및 액세서리 항목에 할애되었다. 1980년 자료는 전자화되고 컴퓨터화된 소비재가 특징이다. 이 자료에 나오는 전자레인지의 등장은 시간

절약의 중요성을 말해준다. 이러한 상품 항목이 각 후속 볼륨에서는 새로운 모양과 보다 정교한 기능을 갖는다.

3) 신용과 "위태로운 소비자"

사회가 산업화 과정에 깊숙이 들어갈 때쯤이면 대중은 제한된 수입과 고정 수입을 가진 직업을 가지게 될 것이다. 여기서 사회적 딜레마가 발생한다. 대중은 다양하고 많은 양의 상품을 소비하는 데 매력을 느끼지만, 그들의 수입은 그러한 소비를 보장하지 못할 수 있기 때문이다. 동시에 업계는 소비자가 감당할 수 없는 양의 상품을 판매해야 한다.

이러한 딜레마를 완화하기 위해 소비자가 모든 유형의 신용 및 대출로 지출할 수 있도록 은행 및 신용 시스템이 개발되었다. 사회의 이 단계의 상대적 안정성으로 인해 채권자는 장기간에 걸쳐 상환할 대출을 제공할 수 있다. 미국과 다른 산업 국가에서 흔히 볼 수 있는 30년 대출로 집을 사는 것은 많은 국가, 특히 개발도상국에서는 들어본 적이 없는 일이다.

신용 구매의 마법은 소비자가 더 새로운 상품과 더 편리한 품목을 찾도록 유도한다. 미국과 아마도 모든 산업 국가에서 소비자 부채는 "지금 사고 나중에 지불" 증후군의 여파로 꾸준히 증가하고 있다. 많은 양의 신용을 쉽게 이용할 수 있게 함으로써, 은행 및 기타 대출 기관은 지금 구매하고 즐길 수 있는 추가 구매력을 제공한다. 유행에 민감한 소비자는 그러한 제안을 거절하기가 어렵다. 무엇보다도 사람들은 상품을 나중보다 지금 받는 것을 선호하기 때문이다. 물론 그들의 성향은 빠르고 쉬운 소비 경로로 가는 것이다. 공교롭게도 사회 발전의 이 단계에 있는 정부 정책은 구매력과 더 높은 수준의 경제 활동을 자극하는 방법으로 신용 사용을 장려한다.

은행 신용카드 '플라스틱머니'는 신용회사의 유혹에 넘어가는 소비자에게 안전과 편리함을 제공한다. 비즈니스 세계에서 단순한 사실은 부채가 수익성이 있다는 것이다. 즉, 사업가와 은행가에게는 그 자체로 목적이다. 실제로 성숙한 경제 환경에서 상품 및 서비스 판매는 부채를 파는 수단이 되었다. 이 신용 경제에서는 소득이나 사회적 지위가 보장하는 것보다 훨씬 더 많이 소비하면서 다소 편안하게 살 수 있다. 신용을 통해 상품을 구입한 소비자의 마음 상태는 자신의 상품을 진정으로 "소유"(또는 현금으로 지불)하는 소비자의 마음 상태와 달라야 한다. 매달 말에 소비자는 청구서를 지불해야 할 때, 소유물이 진정으로 자신의 소유물이 아니라는 사실을 상기시킨다. 이것은 신용 구매자에게 심오한 심리적 영향을 미칠 수 있다. 신체적 편안함이 안전해 보일지라도, 불안하고 불편함을 느낄 수 있기 때문이다. 따라서 소비자가 편리함에 중독되고 대출 기관이 기꺼이 제공하는 여유로운 신용 사용에 중독되면 심리적으로 불안해질 수 있다. 불이행에 대한 두려움과 부채 부담으로 인해 마음의 상태가 위태로워지기 때문에 '불확실한 소비자'라고 불린다.

4) 돈 중독

모든 상품과 서비스가 하나의 돈으로 환산되는 시장 문화가 확산되면서 사람들의 염원은 자신을 풍요롭게 하는 데 집중되었다. 건강 경고와 사회적 제재가 금지하는 힘으로 작용하는 흡연이나 마약 중독과 달리 돈 중독은 사실상 확인되지 않는다. 사실, 돈 중독의 독특한 특징은 더 많은 돈이 항상 사회의 다른 구성원들이 바라는 것으로 보이는 반면, 다른 형태의 중독은 보통 중독자가 아닌 사람들이 존경하지도, 원하지도 않는다는 사실이다. 사람들은 중독자만이 아는 "놀라운 일"을 하기 때문에 마약에 중독되지만, 산업 시장 사회에서 돈이 할 수 있는 일이 무엇인지 알기 위해 중독자가 될 필요는 없다. 돈으로 살 수 없는 것을 생각하기는 어렵다.

그러나 이 자원 확장의 세 번째 단계에서는 축적을 위해 돈을 버는 것이 아니라 여가를 추구하는 소비자에게 어필하도록 설계된 산업 상품의 소비를 위해 돈을 번다. 실제로 소비자는 더 새로운 패턴과 더 편리한 모델로 끊임없이 대체되는 눈에 띄는 상품에 대한 욕구를 충족시킬 만큼 충분한 돈을 벌지 못한다.

나는 1980년대 후반에 수업 시간에 대학생들에게 주로 편의와 여가 시간의 확장을 위해 고안된 것으로 생각되는 소비재 목록을 만들도록 요청한 적이 있다. 다음은 가장 자주 언급된 항목 중 일부이다.

전기 차고 문
헤어 제품: 드라이기, 고데기, 롤러

뜨거운 면도기
태양 램프
전기 캔 오프너
식기세척기, 건조기, 세탁기
쓰레기 처리
자동 네일 버퍼
드라이브 스루 창구(은행, 레스토랑)
전자 레인지
자동 제빙기
전동 칫솔
"계란 속" 계란 스크램블러
자동 전화 다이얼
원격 제어 텔레비전
전기 칼
움직이는 보도
크루즈 컨트롤 자동차
파워 윈도우
전기 트렁크 오프너
승마 잔디 깎는 기계
디지털 시계
골프 카트
초강력 접착제
밟아 돌리는 바퀴
테니스 머신
샤워 마사지

소비재는 끊임없이 개선되고 세련되어지기 때문에 최신 유행을 따라가려면 막대한 비용이 필요하다. 더욱이 업계는 이제 자체적인 라이프 스타일을 획득했으며, 더 매력적인 제품을 혁신하여 지속적으로 판매를 촉진하는 능력에 생존이 달려 있다. 또한 여가를 추구하는 소비자는 시간을 절약하고 편리한 상품에 매력을 느낀다.

5) 관료화와 소외

분업을 기반으로 하는 산업 생산 과정은 사회 제도가 농업 공동체의 전형적인 계층 구조에서 피라미드 구조로 조직 구조를 변형하도록 강요한다. 관료제로 대표되는 피라미드 구조에서는 사회적 상호작용이 구획화되고 동료 상호작용이 제한된다.

그러한 산업 관료제는 역할이 전문화되고 분야 전문가에 의해 수행되는 다른 모든 사회 조직과 정치적인 기관으로 확산될 것이다. 이러한 역할 전문화 현상은 Riggs의 은유를 사용하기 위해 이전에 "확산된" 사회가 프리즘 효과와 유사한 구조적이고 기능적 전환을 겪게 되므로 "회절된" 사회의 발전에 기여할 것이다. 빛의 광선은 프리즘을 통과할 때 눈에 띄게 다른 일련의 광선으로 분해된다(Riggs, 1964).

이러한 종류의 조직 구조에서 우리는 점진적인 의사결정 프로세스를 예상할 수 있으며, 전체로서의 조직의 부분에 대한 종합적 또는 혁신적인 결정은 거의 어렵다고 볼 수 있다. 이것은 정부 관료주의의 역할이 보살피고 유지하는 것으로 제한될 수 있는 방식으로 정부 관료주의의 실행에 영향을 미칠 것이다. 전면적인 정부 조직 변화가 매우 비실용적이고 가능성이 없는 산업 사회에서 목격되는 것처럼, 어떤 종류의 급격한 변화도 심각한 반대와 혼란을 유발할 수 있다. 이 단계에서 정부 권위는 전통적 또는 카리스마적 설득에서 합리적 설득으로의 합법성 기반의 전환을 경험할 것이다.

관료적 조직의 운영에서, 작업성과는 조직 전체에 대한 광범위한 목표를 달성하는 효과성이 아니라 직무 설명에 정의된 작업 측면의 효율성을 기반으로 보상된다. 조립 라인에서 작업한다고 해서 전체 생산 과정을 이해하거나 최종 결과물을 감상할 수 있는 것은 아니다. 그와 반대로 조립 라인 작업자는 지루함이 만연할 수 있지만, 평화와 사생활을 찾을 수 있는 작은 구멍을 파는 경향이 있다. 따라서 "산업인"은 자신의 제품뿐만 아니라 자신이 속한 조직의 다른 구성원으로부터 점차 소외된다. Berger(1962)가 제안한 것처럼, 소외는 정직과 도덕적 확신을 가지고 "나는 내가 하는 일이 아닙니다. 내가 생계를 위해 하는 일로 나를 판단하지 마십시오." 그리고 가치와 정체성을 위해 일하지 않는 삶으로 향할 때. 산업 및 상업 관료의 노동자들이 진정으로 심리적으로 소외된다면, 자본주의가 사물로부터 인간을 소외시키는 대리인이라는 마르크스주의적 고발은 참으로 적용 가능하다.

6) 기술의 폭정과 새로운 희생자

Schumacher(1973, pp. 116-147)는 그의 주요 저서인 『작은 것이 아름답다』(*Small Is Beautiful*)에서 "기술은 물론 인간의 산물이지만 자체 법칙과 원칙에 따라 발전하는 경향이 있다... (그것은) 자기 제한 원칙을 인정하지 않는다." 개인이 기계의 무기력한 톱니가 되면 기계에 대한 통제력을 잃게 된다. 더욱이 기계가 더욱 정교해지면 노동자들은 새로운 기술과 기술 노하우를 습득하여 기계에 적응하지 않으면 일자리를 잃게 된다. 따라서 아이러니하게 들릴지 모르지만 인간은 기계에 종속되고, 기술은 그 반대가 아니라 인간을 지배한다.

기술의 정교함이 없이는 산업이 살아남을 수 없기 때문에 기술의 정교함은 무제한적이라고 가정할 수 있다. 농업과 달리 공업은 팽창하도록 만들어졌고, 공업의 팽창은 공산품에 대한 수요의 증가에 의해서만 가능하다. 앞서 논의한 바와 같이, 여가를 즐기는 대중과 "불확실한 소비자"에게 어필할 수 있는 상품을 생산하기 위해서는 지속적인 기술 혁신이 필요하다. 기술의 성장 잠재력은 사실상 무제한이며, 더 중요한 것은 기술 발전을 방해할 수 있는 견제 장치가 없다는 것이다. 기술은 국경이나 이념의 차이를 초월한다. 사회주의 기술에 반대되는 자본주의 기술과 같은 것은 없다. 그런 점에서 이슬람 세계에서 그것의 기원(its origin) 때문에 거부당하는 미국 기술은 없다. 이런 의미에서 Boorstin(1971)이 관찰한 것처럼 우리는 문명이 점점 더 균질화되고 인류가 공통의 생활환경에서 공통의 문제를 경험하게 될 "기술의 공화국"으로 표류하고 있는지도 모른다. 기술의 승리의 행진에서 모든 인간은 결국 기계에 종속된 피해자가 될 수 있다.

테크노크라트가 우세하고 새로운 기술 혁신이 너무 빨라 누구도 평생 역량껏 누릴 수 있는 충분한 기술을 습득할 수 없는 사회에서, 노인들은 젊은 사람들만큼 스스로를 재교육할 능력과 의욕이 없기 때문에 특정 희생자가 될 것이다. 그 결과 노인들은 대부분 노동력에서 제거될 것이고, 남아 있는 사람들은 차별을 받게 될 것이다.

산업화는 또한 인구 구조에 돌이킬 수 없는 변화를 가져온다. 산업화된 풍요로운 사회의 출생률은 지속 가능한 수준 이하로 떨어졌고, 저개발국에서는 인구 증가가 점점 증가했다. 세계와 거의 모든 국가의 중간 연령이 증가하고 있으며, 이는 세계 인구가 꾸준히 고령화되고 있음을 시사한다. 이러한 선진 산업사회의 인구 고령화 추세는 노인 자신뿐만 아니라 전체 정치 체제에 여러 가지 경제적, 사회적, 정치적 삶의 상황에 영향을 미친다.

1976년 미국에는 65세 이상의 성인이 2,200만 명 있었다. 미국에서는 10명 중 1명이 이 집단에 속했지만, 수명 연장과 출생율 저하로 인해 급격히 증가하고 있다. 노인 인구는 계속 증가할 뿐만 아니라 해당 계층의 고령층에 더욱 집중되어 문제를 더욱 악화시킬 것이다.

역사적으로 노인들은 생존을 위해 가족에게 의존했다. 그러나 산업화와 도시화의 확산은 가정의 제도를 변화시켜 일터와 가정이 분리되어 노인의 역할이 줄어들었다. 확대 가족 제도는 이제 핵가족으로 대체되었다. 집은 작아지고, 여성들은 일을 하고, 이동성은 증가하고, 노인을 위한 가족 돌봄은 점점 큰 부담이 되었다. 노인들은 소외되었다. 전형적인 산업화 사회에서 고령화 인구의 증가는 가족에서 정부로의 기능 이양으로 이어져, 정부는 복지국가로 나아가고 있다. 이러한 추세는 탈산업사회와 글로벌 사회에서 더욱 두드러질 것이다.

7) 과잉 도시화

도시화는 산업화의 자연스러운 결과이지만, 일부 도시는 산업 발전 없이 인구만 증가하여 사회 안정에 파괴적인 영향을 미친다.

Hauser(1964)는 "과도한 도시화"를 "정당한 경제 발전 정도보다 더 많은 인구가 도시에 거주하는" 상황으로 특징지었다. 여기에서 하우저가 암시하듯이, 과잉도시화의 개념은 도시에 거주하는 사람들의 순전한 숫자가 아니라 경제 발전 수준과 관련해서만 정의된다. Breeze(1966, p.6)는 "과도한 도시화"를 도시 지역으로 오는 모든 사람들에게 고용을 제공할 수 있게 해주는 도시화와 산업화 사이의 격차와 직접 연관된다고 했다.

다른 많은 저자들은 마치 도시 크기에 최적화가 있는 것처럼, 도시 크기가 비현실적으로 클 때 과잉 도시화가 발생할 수 있다는 개념을 발전시켰다. 이 견해에 따르면 도시의 효율성과 인구 규모 사이의 관계는 곡선적이다. 즉, 성장하는 도시는 일정 수준까지만 경제 발전과 사회 안정에 기여할 것으로 기대된다. 지나치게 성장한 도시는 사회 경제적, 정치적 발전에 부정적인 영향을 미칠 것이다. Estall과 Buchanan(1961, p.107)은 다음과 같이 주장한다.

때때로 세계의 거대한 산업단지 대부분은 다양한 방식으로 발생하는 추가 비용으로 인해, 경제성이 상쇄되는 수준을 넘어선 것으로 생각되었다.

또 다른 사람들은 도시의 영장류 분포 현상이 사회에 해로울 것이라고 주장한다. 영장류 분포 현상은 하나 또는 소수의 핵심 도시가 빠르게 성장할 때 발생하여 중소 도시의 성장이 둔화된다. 이것은 국가의 나머지 지역을 희생시키면서 핵심 도시의 현대화를 가속화할 것이다. 이러한 추세는 세계화와 함께 가속화되었다. 도시의 영장류 분포 경향은 도시 자체의 균형적 성장에 파괴적일 뿐만 아니라 국가의 정치적 안정에도 해롭다고 여겨진다. 반대로 이것은 다양한 크기의 도시의 "계급 분포"를 동시에 갖는 것이 국가 발전에 도움이 된다는 것을 의미한다.

어쨌든 농업의 기계화는 새로운 산업 일자리가 보여주는 것과 결합되어 일종의 과잉 도시화 과정을 촉진하여 도시 실업 및 기타 사회적 혼란에 기여한다. 대규모 인구 유입은 정부가 효과적으로 관리하기 어렵고, 이러한 도시는 도시 범죄와 폭력이 증가하는 대상이 될 것이다.

8) 중산층의 부상

산업 발전과 도시화의 직접적인 결과로서 시장 경제에 수반되는 사회 변화 과정을 예리하게 평가한 칼 마르크스(Karl Marx)가 예견하지 못한 중산층의 출현을 결코 잊어서는 안 된다. 중간 계급이 프롤레타리아트와 다른 점은 생산 수단을 소유하지 않고도 생산 메커니즘에 영향을 미칠 수 있는 능력이었다. 중산층은 일반적으로 고용 안정과 고정 수입이 있는 자활하는 사람으로 일반적으로 봉급을 받는 위치에서 일한다. 마르크스는 이 노동자를 소유권에 의한 끝없는 착취에서 벗어날 길이 없는 프롤레타리아로 낙인찍었을 것이다.

한때 무기력했던 이 프롤레타리아 구성원은 이제 더 높은 임금을 창출하는 데 상당한 영향력을 얻었으며, 이제 진정한 중산층의 일부가 되었다. 레버리지를 높이는 데는 세 가지 뚜렷한 원인이 있다.

(1) 산업 노동자는 산업의 기계화와 시장 수요에 따라 경쟁력을 갖추기 위해 자신의 기술 수준을 지속적으로 업그레이드해야 했다. 일단 노동자가 기술과 기술적인 노하우를 갖추게 되면 쉽게 대체될 수 없다. 따라서 프롤레타리아트 풀이 풍부하다는 마르크스주의 전제는 잘못된 것으로 판명되었다. 즉, 산업 노동자들은 단체 교섭과 파업을 통해 전문성을 개발하고 공정한 몫을 주장했다. 따라서 자본가 측의 맹목적인 착취는 마르크스가 예측한 것처럼 일어나지 않았다.

(2) 노동자는 자신이 교섭력이 더 크다는 것을 알게 되면서 다른 노동자들과 함께 노동조합을 결성하고 단체교섭을 할 수 있었는데, 이는 마르크스가 예견하지 못한 사실이다. 단체 교섭은 봉급 노동자들이 부르주아 계급과 계약 조건을 더 강력하게 협상할 수 있는 권한을 부여했다. 산업 사회에서 단체 교섭은 노동자의 경제적 조건 향상을 설명하는 노동 파업 수단으로 활용된다.

(3) 봉급생활자 스스로가 막강한 구매력을 가진 대중 소비자가 되었다. 대량 생산은 대량 소비를 요구하기 때문에 오너와 기업가들은 빈곤한 노동 계급이 그들의 이익에 반하는 일을 한다는 것을 깨달았고, 노동 계급을 건전한 소비의 원천으로 남겨둘 필요가 있음을 깨달았다. 중산층 쪽의 소비량이 너무 커서

산업 부문이 전적으로 그것에 의존하게 될 수 있다. 중산층이 적절한 인정을 받는 것은 집단적 구매력에 의해서이며, 이는 그들의 사회적·경제적 지위를 향상시키는 데 도움이 될 것이다. 우리는 앞에서 산업이 대중의 지속적인 소비에 얼마나 의존할 것인 지에 대해 논의했으며, 대중 소비 추세를 부채질할 구매력을 가진 것은 중산층이다.

이 세 가지 현상은 마르크스주의 사회주의가 구상한 계급 양극화를 막을 수 있는 중산층 형성에 기여했다. 실제로 그러한 중산 계급은 마르크스가 목격할 것으로 기대했던 프롤레타리아 혁명의 필수 조건으로서의 계급의식의 명료화를 방해했을 수 있다. 중산층은 아파트 셀에 거주하는 전형적인 도시 노동자에서 볼 수 있듯이, 사회적으로나 심리적으로 다른 사람들로부터 소외되기 쉽다. 그러나 중산층은 사생활에 대한 존중, 대중에 대한 존중의 부족, 이기심 또는 자기 중심, 공동체로부터의 소외, 게으름과 같은 고유한 심리적 성향과 문화적 성향을 발전시킨다. 이러한 증상은 발전 단계가 후기 산업 사회로 이동함에 따라 체계적으로 증가할 것이며, 다음 장에서 논의할 것이다.

지금까지 우리는 여가에 대한 인간의 욕구가 기술 발전과 산업화, 나아가 행동과 사회적 변화의 길을 닦았을지 모른다는 생각에 대해 논의했다. 우리는 이제 그러한 발전이 사회 제도에 미치는 영향을 조사할 것이다.

3. 제도적 변화

산업화는 전통적인 공동체가 급속히 해체되는 포괄적인 사회변화 과정이라고 주장되어 왔다. 이 과정에서 일부 농지는 파괴되어 산업 단지, 고속도로, 주차장 등으로 전용되어 농업 생산성은 떨어지지만 농업 인구는 급격히 감소하게 된다. 군은 산업의 압력에 굴복하고 더 넓은 '군산복합체'에 굴복하면서 상대적 중요성이 감소하는 과정을 겪게 될 것이다. 주요 기관인 가정은 그 존재의 기반 자체를 위태롭게 하는 심오한 변화를 경험하게 될 것이다. 교육은 새로운 문화적 · 사회적 요구에 적응해야 하며, 종교 조직도 더욱 세속화되고 상업화될 것이다. 이러한 변경 사항 중 일부를 자세히 살펴보겠다.

1) 농업: 패자

농부들은 모든 사회에서 영원한 패자인 것처럼 보인다. 농부가 할 수 있는 일은 식량과 기본 생필품의 생산으로 제한되기 때문에 사람들의 절박한 필요가 그러한 필수품을 넘어선 사회에서의 그의 기능은 점점 더 인정받지 못할 것이다. 더욱이 농업 생산성은 경작지 및 기타 자연 조건의 양에 의해 부분적으로 제한되기 때문에, 농업은 사회를 위해 확장되는 국가 생산물을 생성하는 데 있어 산업에 거의 경쟁을 제공할 수 없다. 시장 확대가 이 과정을 수반하는 한, 산업 산출물은 국경으로부터 상대적으로 자유롭다.

농부의 기능이 국가 경제의 주변부가 됨에 따라 농업도 변화하는 문화 내에서 상대적 중요성에 어려움을 겪고 있다. 농업 사회의 많은 농부들은 농업이 신성한 직업으로 간주되는 문화에서 그들의 권위 있는 지위를 누리지만, 산업화의 물결이 사회 변화로 그들을 압도한다는 것을 알게 된다.

도시의 산업 노동자와 달리 농부는 땅에 묶여 있고 이동성이 거의 없다. 대체 고용이 거의 없기 때문에 협상력이 부족하다. 대부분의 농부들이 이미 빈곤하거나 최소한 빚이 많기 때문에, 그리고 농부들은 1년 내내 농작물을 잃을 여유가 없기 때문에 작업 보이콧은 협상을 위한 현실적인 도구가 아니다. 더욱이 농민들은 집단 지향적이기보다 개인주의적이기 때문에 단체교섭을 조직할 동기가 없다. 따라서 그들은 결국 산업 확장에 흡수된다.

2) 군산복합체

일단 산업화가 진행되면 확장을 억제하기 어렵다. 산업에는 "성장이냐 죽음이냐"라는 고유한 딜레마가 있기 때문이다. 산업 경제는 기업이 운영 감소를 수용할 수 없는 정도이다. 이와 같이 산업 팽창의 세력은 맹렬하며 사회의 다른 모든 측면으로 파급될 것이다. 군대도 예외일 수 없다.

군대 제도는 영토 방어라는 신성하고 독점적인 기능에도 불구하고 산업적 침입으로 인해 손상될 것이다. 군이 경기불황이 있을 수 없는 특수기관이라는 점을 깨달은 산업계는 국방장비 운용에 파고들어 경제적 이익을 얻으려 할 것이다.

군산합병 현상은 무기가 계약조건에 따라 산업에 의해 제조되는 자본주의 산업사회에서 더욱 두드러진다. 이 경우 계약 당사자는 두 가지 다른 행동 주체를 나타낸다. 정부는 "합리적"이거나 이익 동기 부여가 필요하지 않은 공적 자금 지원 조직인 반면, 산업은 이익 극대화 기관이다. 이것은 정부 직원이 계약을 체결하는 데 개인적으로 비용을 들이지 않고 업계에 유리한 계약 조건으로 이어질 것이다. 폭격기, 미사일, 탱크와 같은 정교한 무기를 개발하고 제작하는 데 드는 비용의 규모를 감안할 때 산업계의 경제적 이익 규모를 쉽게 상상할 수 있다.

산업계와 협력하는 군사력 증강은 우리가 거대 산업계 사이의 끊임없는 군비 경쟁 과정에서 목격하는 것처럼 타고난 제한의 대상이 아니다. 끝없는 군사력 증강 과정을 촉진하는 방법으로, 군사 초강대국은 산업에서 생산하고자 하는 모든 하드웨어를 소비할 수 없을 때 종종 상인이 될 수밖에 없다. 여기에는 대리 국가와 대리자의 적들에게 무기를 판매하는 것이 포함된다. 실제로, 국내 산업 수요를 충족시키기 위해 전 세계의 분쟁과 전쟁을 촉진하는 것이 자주 강대국의 이익인 것처럼 보인다. 힘의 균형을 향한 군비 경쟁이 필연적으로 세계 안보에 기여했다고 오해해서는 안 된다. 사실, 냉전 시대의 많은 전쟁과 지역 갈등은 강대국들 자신에 의해 "후원"되었으며, 그 중 다수는 군산복합체의 국내적 이유 때문이었다. 미국의 군사 정책을 형성하는 데 있어 산업계의 막강한 역할을 보기 위해 미국을 비판할 필요는 없다. 탈냉전과 세계화 시대에 군산복합체는 전 세계 대부분의 정치 체제로 확산되었다.

3) 가족: 위협받는 최후의 수단

대가족 제도는 노동력을 조직하고 동원하는 데 도움이 되었고, 가족 내에서 서로 계산되지 않은 상호 부조의 관행은 노동 집약적 농업에 유익했기 때문에 농촌 공동체에서 보편화되었다. 공동체가 산업화와 도시화의 문을 열게 되면서 대가족 제도가 가장 먼저 영향을 받았다. 가족의 젊은 구성원이 도심에 매력을 느끼면서 확대 가족에 대한 맹렬한 충성심은 점차적으로 사라졌다. 동시에, 도시의 새로운 젊은 구성원들은 더 경험이 많은 대가족 구성원의 긴밀한 지도와 보호 없이 새로운 가족을 형성해야 하는 막중한 책임을 지게 되었다.

Mead가 관찰한 바와 같이, 미국의 맥락에서 젊은 부부는 전통적인 가족 밖에서 어떤 방식으로 함께 살고 있으며, 관계의 생존을 위해 서로에 대한 사적이고 개인적인 도움에 전적으로 의존한다.

사회적 상호작용과 공동체적 유대감이 거의 없는 도시 환경에서 핵가족은, 업무 환경에 대한 애착을 거의 느끼지 못하는 개인에게 심리적 위안의 유일한 원천이 된다.

따라서 사회적으로 고립되고 정서적으로 고독한 '산업인'은 작은 핵가족에 소속되어 심리적 편안함을 추구하고 기대한다. 그러나 산업 사회에서 두 배우자는 종종 상호 공급자가 되지는 못하지만 공급자일 가능성이 높다. 이와 다른 합병증은 이혼의 만연한 대중화에 기여하며 산업 사회에서 가족 제도의 위기를 야기한다.

또한 이혼으로 인한 파탄을 피한 가족도 자녀를 보호하고 소속 욕구를 충족시키는 데 어려움을 겪는다. 아이들이 집을 떠나고 있다는 것은 더 이상 충격적인 소식이 아니다. 충격적인 것은 이 아이들의 대다수가 경제적 · 사회적 기준에서 상대적으로 유복한 가정 출신이라는 사실이다. 상대적으로 부유한 사회에서 젊은이들의 자살률이 급증하는 것은 부분적으로 가족 지원 시스템의 붕괴에 기인할 수 있다.

산업 발전은 여러 가지 방식으로 가족 제도의 성격을 변화시켰다. 무엇보다도 남성, 여성, 자녀들의 역할이 상대적으로 심오한 변화를 겪었다. 산업화 이전 사회에서는 많은 남자들이 집 안이나 근처에서 수공업을 하거나 농사를 지었다. 그들은 근처에서 가족과 함께 식사를 하고 다른 식구들과 일을 분담했다. 이는 집을 떠나 일할 것으로 예상되는, 가족과 격리되어 일하는 산업 남성과 대조된다.

여성의 역할은 아마도 남성의 역할보다 더 많이 변했을 것이다. 과거 주부들의 업무에는 의류, 비누, 빵 및 기타 필수품 제조가 포함되었다. 또한 여성은 공교육이 제한되었을 때 자녀를 교육해야 했다. 산업 사회에서 여성의 가정에서의 일(가사)은 자동화된 기기와 기성품 덕분에 더 쉽고 시간이 덜 소요되었다. 그 결과 그들은 나가서 월급쟁이가 될 수 있었다.

자녀들의 역할도 크게 바뀌었다. 베이비시터나 집안일 도우미가 아니라 가족과 떨어져 오랜 시간을 보내며 스스로 월급쟁이가 되는 경우가 많다. 실제로, 산업 노동 수요의 초기 확장에서 아동은 노동력의 일부가 되었다. 미국과 영국에서 정부가 아동에 대한 부당한 착취를 줄이기 위해 아동노동법에 개입해야 했던 일도 있었다.

산업 사회와 후기 산업 사회에서는 일상적인 집안일과 기타 집안일에 대해 아이들에게 보상하는 것이 일반적이다. 별도의 은행 계좌를 유지하고 법적으로 남편과 아내 사이의 재산 지분을 정하는 것은 더 이상 특이한 것으로 간주되지 않는다. 사실, 어떤 면에서 가족은 더 이상 자연스러운 사회 및 인간 집단이 아니다. 일반적으로 법원의 개입을 받는 계약상 법적 결사체이다.

4) 교육: 완전한 인격의 종말

산업 수요에 부응해야 하는 필요에 따라 교육 커리큘럼은 점차 교양과 철학을 제거하고 기술 및 과학 교육을 통합할 것이다. 이러한 추세는 공동체 권력 구조에서 기술 관료의 부상으로 급속히 강화된다. Bell(1973, p.78)이 관찰한 것처럼 "기술자의 부상과 함께 선진 산업 사회는 기술 관료가 지배할 것이라는 믿음이 생겼다." 변화하는 테크노크라트의 위상에 대응하여 전인 교육으로서의 교육은 기술 훈련으로 대체될 것이며, 교육은 기술 분야에 있을 법한 보다 매력적인(더 나은 급여) 일자리를 얻기 위한 도구로 간주될 것이다. 철학과 윤리와 같은 분야는 인기를 잃고 어떤 경우에는 학생의 관심 부족으로 사라지는 반면, 기술과 경영을 다루는 분야에서는 새로운 분야와 학문이 등장한다.

전통적으로 발달단계의 두 번째에 있는 사회에서 교육의 주요 기능은 아동들이 문화 체계의 주류에 합류할 수 있도록 사회에서 지배적인 규범과 신념을 가르치는 것이었다. 그러나 산업화는 교육의 의미를 완전히 바꾸어 놓았다. 여기서 교육은 특정 직업을 위해 학생을 준비시키기 위한 직업 훈련에 지나지 않는다. 앞으로 기술학교와 전문대학은 더 많은 학생을 끌어들일 것이고, 소수의 "일탈" 사람들만이 교양과 인문학 과정을 수강할 것이다. 개발도상국의 교육 기관에 대한 보통 사람(layman)의 관찰은 그곳에서도 기술 관료 교육으로의 전환을 설득력 있게 증언해줄 것이다.

5) 종교: 세속화

모든 조직이 그렇듯 종교단체도 구성원들에게 소속감을 주는 사회적 기능이 기대된다. 이런 점에서 종교는 세속적 기능을 갖는다. 그럼에도 불구하고 종교 조직은 세상사 너머의 비전을 추구하는 데 그 주된 존재 이유가 있다는 점에서 다른 모든 조직과 다르다. 그러나 산업사회와 후기산업사회의 교회는 스스로 이익을 추구하는 기업이 되기 마련이고, 많은 교인들이 실용주의적 근거만으로 '믿는 자'라고 공언한다.

더구나 산업사회의 가족제도의 실패와 교육의 문제로 인해 대중은 부성애처럼 보이는 종파에 쉽게 이끌려 회원들 사이에 친밀한 관계를 형성한다. 이 종파들은 Jim Jones에서 문선명 목사의 통일 교회에 이르기까지 많은 경우에서 본 것처럼, 종교적인 속성으로 많은 비즈니스 조직을 가진 것으로 드러났다.

문선명 목사의 이야기는 정말 믿기지 않는 이야기이다. 제한된 교육을 받은 문 총재는 자신의 조국인 한국에서 일종의 기독교 종파를 세우려 했지만 성공하지 못했다. 그의 교회는 자주 출현하는 많은 종파 중 하나에 불과했다. 대부분의 경쟁자와 달리 문 목사는 한국인을 선민으로 선포했다는 점에서 민족주의적 매력이 강했다. 그의 종교의 이러한 측면은 그가 열렬한 민족주의자였던 박 대통령으로부터 어느 정도의 정치적 지지를 얻는 데 도움이 되었다.

문 총재의 미국, 일본, 서유럽에서의 성공은 교회 지도자들에게도 놀라운 일이었다. 다소 풍족한 사회 배경을 가진 젊은이들이 속수무책으로 문 총재 일가에 열정적으로 흡수된 이유는 여전히 수수께끼로 남아 있다. 가장 그럴듯한 설명은 산업 사회에서 많은 젊은이들이 특히 가족으로부터 깊은 소외감을 갖게 된다는 것이다. 모든 식구가 형제 자매이며 같은 가족이라는 교리를 가진 통일교회는 외로운 청년들에게 쉽게 받아들여진다. 그들은 함께 살고, 함께 일하고, 나눔으로써 이타주의에 대한 헌신을 보여줄 드문 기회를 찾는다.

이타주의와 형제애의 삶은 전통적인 교회에서 많이 논의되지만 이상주의적인 젊은이들은 설교에서 설득력을 얻지 못할 수도 있다. 따라서 그들은 산업화되고 "합리화된" 교회가 제공하는 종교 단체를 매우 의심하게 된다. 이런 의미에서 우리는 사회, 깨어진 가족 제도, 비인간적인 산업 문화가 종교 부문이 된 것에 대해 다른 어떤 요인보다 더 책임이 있다고 말할 수도 있다.

이 분석은 우리가 최근 몇 년 동안 목격한 종파를 용납하고 성화하려는 것이 아니다. 사실 교회 자체가 실패하고 있다. 생각할 수 있는 모든 속임수 중에서 교회의 속임수가 가장 심각할 수 있다. 형제애와 하나님 앞에서의 평등을 주장함에도 불구하고, 미국에서 얼마나 많은 교회가 인종적으로 통합된 교인을 갖기 위해 진지한 노력을 기울이고 있는가?

실제로 교회만큼 분리되고 폐쇄된 사회 집단은 거의 없다. 어떤 교회에 속하기 위해서는 먼저 어떤 세속적 지위에 속해야 한다. 하나님의 이름으로 이것을 어떻게 정당화할 수 있겠는가?

4. 문화적 변화와 행동 성향

산업화와 도시화의 물결과 그에 따른 사회 변화에 휩쓸리면 사람들은 자신의 태도, 가치관, 신념, 심지어 행동 패턴까지도 바꿀 수밖에 없다. 앞 장에서 우리는 정치적 통합의 두 번째 단계를 나타내는 문화 체계가 집단지향, 이타주의, 평등주의, 보편주의, 이상주의와 같은 가치를 가지고 있음을 확인했다. 이러한 가치와 신념은, 정치적 통합 과정에서 관찰되는 거의 모든 규범이 일련의 상반된 가치로 대체된다는 점에서, 자원의 확장 단계에서 엄청난 변화를 겪을 것이다.

1) 개인주의

전통적인 사회 시스템이 무너지면서 새롭게 형성된 도시 사회의 구성원들은 공동체 의식을 상실하고, 사회적 · 심리적 소외를 경험하

게 될 것이다. 새로운 생활환경은 결국 그들로 하여금 사생활과 개인
주의에 대한 숭배를 높이도록 강요할 것이다.

더욱이 근로자의 작업 환경은 보상이 개인의 성취에 비례하고, 그의
작업 관계는 본질적으로 고용주에게만 국한되어 그룹 지향 및 집단
행동을 축소한다. 근로자가 일종의 단체 교섭이나 파업에 참여하는
것은 집단적 이익을 증진하려는 목적이 아니라 계산된 자기 이익을
위해 참여하는 것이다. 따라서 대중 운동은 참여자에게 높은 수준의
위험을 수반하게 할 때 성공을 기대할 수 없으며, 보상이 구체적인
개인 이익으로 쉽게 변환되지 않는다. 이것은 산업 사회에서 대중적
정치 조직과 혁명적 사회 운동이 부족한 것에 대한 부분적인 설명일
수 있다. 대중운동의 집단 지향적 현상은 충분한 수의 개인이 집단의
이익을 위해 기꺼이 개인의 이익을 희생하는 정치적 통합 단계에서
가장 두드러졌다.

2) 합리성: 경제인의 탄생

인간 합리성의 개념은 가장 흥미로운 방식으로 진화했다. 중세 암
흑기에 권력의 정당성은 사람들의 동의와 거의 관련이 없었다. 그 후
수십 년 동안 철학적 개인주의와 자유방임주의 경제학의 동시 발전
과 함께 "사회 계약"의 도입으로, 철학자들과 정치 사상가들은 다양
한 유형의 정치를 정당화하는 궁극적인 원천으로서 인간 본성의 상
태(the state of human nature)에 대한 이슈를 제기했다. 마키아벨리,
홉스, 로크, 루소 등은 인간 본성의 상태에 대해 다양한 인식을 가졌

으며, 무엇이 정당한 정부 형태를 구성하는지에 대해 서로 다른 견해를 가졌다. 그럼에도 불구하고 그들은 인간의 합리성의 정도를 다르게 해석했지만, 모두 '합리성'이 미덕이고 바람직하다는 데 동의했다. 또한 자애로움(benevolent)과 이타적이라는 점에서 이성적 인간의 의미에 대해서도 공감대를 형성하였다. 이기심은 "비합리적인" 것으로 간주되었고, 마키아벨리의 '왕자'와 홉스의 '리바이어던'에서 신봉하는 정치 질서에 대한 압제적 이론의 토대를 마련했다.

시장 문화를 지닌 산업 경제가 서구 문명을 휩쓸면서 '합리적인 인간'이라는 경제적 개념이 인간 합리성에 대한 전통적인 철학적 버전을 압도했다. 경제적 '합리적 인간'은 아이러니하게도 전통적 의미의 '비합리적 인간'으로 여겨졌다. 비용을 최소화하여 이익을 극대화하려는 동기를 가진 사람을 "합리적"이라고 정의한다. 이전에는 바로 이 사람이 그의 이기적인 동기 때문에 "비합리적"이라고 여겨졌을 것이다. 성숙한 산업사회에서 '합리성'을 가장한 '이기심'은 결코 악덕으로 여겨지지 않는다. 따라서 쾌락주의적 공리주의는 규범으로 받아들여지고, 비이기적인 것은 일반적으로 "비합리적"이고 비정상적이라고 간주된다.

요컨대 산업사회는 인간을 이기적으로 만들었을 뿐만 아니라 인간의 이기심을 도덕적이고 당연하다고 정당화하기도 했다.

3) 특정한 가치

정치적 통합의 이전 단계에서 보편주의의 가치 지향과는 대조적으로, 산업-도시 개발 현상과 밀접한 이유로 사람들은 점차 특정한 가치를 지향하게 될 것이다. 여기에서 인간은 검사하고 치료하기 위해 대상을 여러 부분으로 나누는 임상적인 사정과 같이, 마음을 평가하는 형식을 개발할 것이다. 사회는 부분들의 체계로 간주되며, 전체 체계를 의미 있게 만드는 부분들이기 때문에 보편주의적 가치뿐만 아니라 전체론적 관점도 거부한다. 따라서 시장의 모든 물건에는 별도의 가격표가 있듯이, 사회의 모든 부분은 전체와의 관계에 관계없이 고유한 가치와 의미를 갖는다.

이슈와 사람을 평가하는 개인의 능력은 특정한 가치 지향에 의해 크게 향상될 것이다. 따라서 더 큰 합리성과 신중한 숙고를 바탕으로 여론을 표현할 수 있다. 아마도 이러한 이유 때문에 일반적으로 참여 민주주의는 농업 사회보다 산업 사회에 더 적합하다고 여겨진다.

4) 실재론

정치적 통합 단계에서 유행했던 이상주의적 문화적 규범과 가치와는 달리, 사람들은 이제 현실적인 가치와 가시적인 성과에 몰두하게 되었다. 다니엘 벨(1960)이 관찰한 것처럼, 이데올로기의 시대는 사회가 산업 발전의 결실을 향유함에 따라 종말을 고할지 모른다. 우리가 이전에 논의한 바와 같이, 교육 프로그램과 상업화된 대중 매체는 아이디어를 가진 사람이 사람의 손에 맡겨질 정도로, 사실주의와 실용적인 행동을 촉진할 것이다.

5. 정치 스타일

산업화와 도시화 과정에서 예상되는 광범위한 사회 및 문화적 변화는 정치의 성격과 정부 스타일에 깊은 영향을 미칠 것이다. 자원확장 단계에서 기대할 수 있는 정치의 주요 특징을 몇 가지 지적하고자 한다.

1) 전문기술자와 경영 리더십

1단계 사회의 독재적 리더십과 2단계 사회의 카리스마적 리더십은 돈이 말을 하는 단계에서는 더 이상 인기를 유지할 수 없다. 산업 및 후기 산업 사회에서 리더십 그룹은 자본가 및 관리자와 같은 산업 엘리트를 중심으로 한다. 또한 정부 관료제가 안정되고 전문관료가 등장하고 기술 관료가 산업에서 안정적인 위치를 찾게 될 것이다.

정치인 지망생에게 필수 요건은 기업과 동맹을 맺고 지원을 확보하는 능력이다. 이와 같이 경제계와 정치 사이에는 긴밀한 기능적 상호작용이 있을 것이다. 군산복합체처럼 기업의 요구는 정치의 전 영역으로 확산될 것이다. 실제로 많은 정무직은 기업 임원들이 차지할 가능성이 높으며, 많은 정치인들이 정계 은퇴 후 기업직을 맡게 될 것이다. 이런 현상은 전후 일본에서 정년퇴직자들이 주로 대기업에 초청을 받았던 사실로 극명하게 드러난다. 기업인이 정치의 필수적인 부분이 되면, 리더십 스타일은 산업 운영의 관리 및 기술 관료적 방식을 따라 패턴화 될 것이다.

2) 경제 우선

자원 확장이 절박한 상황에서 모든 이념적 색조의 정부는 경제 성장 전략에 최우선 순위를 둘 것이다. 그들은 종종 특정 성장 목표를 가진 개발 계획을 수립하고, 구현은 정부 주도로 설계된다. 일부 정부는 다른 정부보다 더 많은 양의 통제권을 행사하지만, 경제 부문에 대한 정부 개입은 모든 경우에 상당히 광범위한 경향이 있다. 주요 산업에 대한 정부의 독점은 엄격한 규제, 때로는 정부가 부과하는 할당량에 중요한 역할을 한다.

미국, 영국, 일본과 같은 모든 주요 산업 국가는 국가 경제에 대한 정부 개입이 증가하는 기간을 가졌다. 남북전쟁 이후 미국 정부는 철도 건설, 금속 및 광업, 운송 분야에 직접 개입했을 뿐만 아니라, 비즈니스를 통제하기 위한 새로운 재정 정책과 규제 조치를 통해 산업에 대한 권한을 확대했다. 1868년 메이지 유신 이후 일본 정부는 산업 생산에 대한 자본 투자를 장려하는 정책을 수립하기 위해 공동의 노력을 기울였다. 자원 배분에 대한 정부 개입의 정도는 1887년부터 1896년까지 국내 총 고정 자본 형성에서 정부가 차지하는 평균 비중이 42.5%였다는 Rosovsky의 연구에 의해 입증된다. Allen(1946, p. 30)은 "19세기 말 수십 년 동안 국가 주도로 설립되지 않은 서구 유형의 중요한 일본 산업은 거의 없었다"고 지적한다. 정부가 산업을 보호하고 확장하기 위한 경제 프로그램과 정책을 시작한 영국의 경제 성장 경험에서도 비슷한 패턴이 발견된다.

"후발자"를 위한 산업화는 노동력이 부족한 선진 경제의 산업과 유리하게 경쟁할 수 있는, 국제 시장과 선진 사회에서 사용할 수 있는, 기술의 혜택을 받는다는 점에서 독특한 패턴을 보여주었다. 따라서 많은 국가들이 상대적으로 짧은 기간에 경제 성장을 달성했다.

1960년대와 1970년대 미국과 선진 산업화된 유럽에서 제3세계 국가들의 폭발적인 확장이 나타났고, 제1세계와 제2세계는 변하지 않았다.

3) 분배보다 성장

앞서 언급한 바와 같이, 많은 개발도상국은 기술 이전과 국제 시장으로 인해 경제를 산업화하기 위해 다소 효과적인 노력을 기울였다. 그러나 산업화는 종종 심각하게 불공평한 소득 분배로 특징지어지며, 대중이 여가 생활을 즐기는 데 훨씬 못 미친다. 산업화 과정이 지속적인 산업 번영을 위해 대중의 구매력이 필수적이 되는 최적의 지점에 도달할 때까지는 소득분배 방식이 보다 공평한 형태로 전환될 것이다. 그럼에도 불구하고 국제 시장의 광대한 저장소로 인해 국내 시장이 산업 성장에 필수적이지 않다면, 국내 소득분배는 그다지 영향을 받지 않아 정치 체제가 기득권층을 더욱 억압하게(repressive) 될 수 있다. 총체적 불평등의 영속화와 지배 엘리트에 의한 변덕스러운 통제는 1970년대 후반과 1980년대 초반에 이란, 한국, 엘살바도르의 경우와 같이 잠재적으로 안정된 많은 국가에서 대규모 반란과 정치적 혼란으로 가는 길을 닦았다. 그리고 그 현상은 21세기의 처음 20년 동안 중동과 북아프리카에서 더욱 널리 퍼졌다.

　정부는 경제성장이라는 이름으로 불평등한 소득분배를 정당화하려 할 것이고, 이러한 시도를 합리화하는 이론은 무수히 많다. 그러나 여가를 가장 절실히 필요로 하는 국민은 국가 경제 성장이라는 이름 아래 여가가 무한정 거부되는 상황을 용납하지 않을 것이다. 국가의 성장은 소속감을 절실히 요구하는 사람에게는 큰 의미가 있을 수 있지만, 여가를 찾는 소비자에게는 별 의미가 없을 수 있다.

　요약하면, 본 장에서는 산업화와 도시개발 과정에서 발생할 수 있는 사회·정치적 변화의 다양한 양상을 살펴보았다. 우리는 도구의 발명과 그에 따른 기술 성장 및 산업화의 발전이 모두 기대되는 것이라고 주장했다. 이 경우에는 여가와 안락함인 새로운 인간의 필요와 욕구가 출현함에 따라 필요했기 때문이다.

　자원 확충 단계에서는 이전 단계에서 달성하고 발전시킨 특정 측면이 상반되는 것으로 변경되거나 대체된다. 이것은 특히 문화적, 행동적 특성의 변화에서 나타나는데, "물질"에 대한 강조가 "마음"에 대한 강조를 앞지르기 때문이다.

　한 사회가 자원 확장 단계에 도달하면 돌이킬 수 없는 여정이 시작된 것이다. 산업화와 시장 확장은 확장을 위한 것일 뿐이며, 지구가 모든 사람의 욕구를 충족할 수 있는 제한된 자원을 제공함에 따라 포스트 산업 시대는 더 이상 무시할 수 없는 경고 신호를 보낸다. 다음 장에서 더 자세히 논의할 것이다.

제 9 장

욕구 통제와 갈등 관리

인간은 자신이 가진 것에 결코 만족하지 않는다. 적어도 정치 분야에서는 그렇지 않다. 인간의 욕망은 끝이 없다. 성숙한 산업사회의 모든 결실과 풍요로운 사회의 물질적 번영에도 불구하고 우리는 인간의 욕망이 여전히 충족되지 않음을 발견한다.

그는 여가 생활을 위한 물질적 안락함을 얻은 후에는 "더 많이" 가져야 하기 때문에 불행한 상태로 남아 있다. 동일한 재화와 기타 자원뿐만 아니라 다른 사람들보다 더 많이 가져야 한다. 타인에 대한 지위, 위신, 권력 및 통제에 대한 욕구, 즉 다른 사람들보다 사회적 가치를 "더 많이" 갖고자 하는 이러한 욕구의 모든 표현은, 이 단계에서 정권이 직면한 중앙 정치적 딜레마를 야기한다. 이러한 고정 합계된 사회적 가치의 재할당에서 불가피하게 통제력을 상실하게 되는 집단을 소외시키지 않고, 이렇게 하여 정권이 지지를 잃지 않도록 집단에 의한 통제 욕구를 만족시킨다. 이처럼 기본적인 인간 욕구의 궁극적인 정치적 의사표시는 통제, 명성, 권력을 포함한 모든 사회적 가치가 할당되는 의사결정 과정을 어느 정도 통제하려는 욕구이다.

따라서 이 욕망의 충족을 추구하는 것 자체가 필연적으로 완전히 해소될 수 없는 형태의 사회적 경쟁과 갈등으로 귀결될 것이다. 결국, 의사 결정 프로세스에 대한 통제에 대해 한 사람 또는 그룹의 요구를 충족시키는 것은 필연적으로 동일한 주요(critical) 프로세스에 대한 다른 개인, 그룹 또는 그룹의 통제를 줄이는 것을 의미한다. 사회 및 정치 발전의 기술적으로 진보된 단계 동안의 갈등은 파괴적인 영향을 미칠 수 있기 때문에(결국 사회 발전의 이 시점에서 잃을 것이 많다), 정권은 사회의 지속적인 안정을 유지하고 정권 자체를 지속적으로 유지하기 위해 그러한 갈등을 관리할 수 있는 능력을 개발해야 한다.

1. 통제의 필요성과 제로섬 사회

사람들의 상당 부분이 생존, 소속감, 여가 욕구를 충족시키기 위한 효과적이고 신뢰할 수 있는 수단을 획득한 사회에서 "사회적 통제"의 필요성이 나타나기 시작할 것이다. 이 욕구의 만족은 중요한 다른 사람들의 위치와 관련하여, 성취의 특정 차원에 따른 개인의 위치에 의해 결정된다.

사람들이 자신이 가진 것과 다른 사람이 가진 것을 비교하여 요구 사항을 공식화할 때 정부는 "공정한" 분배 시스템을 촉진하여 일종의 "평화 유지군" 역할을 해야 한다. 그것은 사람들이 가치가 부당하게 분배되었다고 생각하는 것을 바로잡기 위한 조치를 취할 수 있는 메커니즘을 제공해야 한다. 동시에 사회적 통제의 상대적인 양의 재할당에서 패한 사람들이 정권에 대한 지지를 철회하지 않도록 설득할 수 있다. 요컨대, 이 단계에서 성공적인 정치 체제는 제로섬 성격의 사회적 갈등을 관리할 수 있어야 한다. 정치 발전의 이 단계는 다니엘 벨(Daniel Bell)이 생산 증가가 더 이상 사회나 정부 정책의 중심 목표가 아닌 탈산업 사회의 정치라고 묘사한 측면을 포함한다.

이 단계에서 정치의 제로섬 특성을 명확히 하기 위해 우리는 이 개발 단계(또한 만족을 위해 제공되는 가치 있는 대상)의 요구 특성을 초기 개발 단계의 특성과 비교할 수 있다. 대중의 필요가 생존을 중심으로 하고 식량 및 기타 인간 존재 필수품의 생산을 통해 충족되는 농업 사회에서 사회적 갈등은 반드시 제로섬 성격을 띠지는 않는다.

어떤 상황에서는 사람들이 소비할 수 있는 음식의 양과 다른 상품의 수를 늘릴 수 있다. 보다 일반적으로, 생존 욕구를 충족시키는 재화의 공급은 반드시 고정되어 있지는 않다. 인구 증가의 통제와 결합된 식량 생산의 증대는 장기적으로, 그리고 심지어 단기적으로도 자신의 생존 요구에 대한 한 사람의 만족이 반드시 다른 사람의 생존 요구를 충족시키는 능력을 감소시키는 것은 아니라는 것을 의미한다. 다음 두 가지 요구 수준과 개발 단계에 대해서도 비슷한 주장을 할 수 있다. 소속에 대한 한 사람이나 그룹의 욕구를 충족한다고 해서 동일한 욕구를 충족시키는 다른 사람의 능력이 반드시 감소하는 것은 아니다. 실제로, 그것은 심지어 그러한 욕구를 충족시키는 다른 사람들의 능력을 향상시킬 수도 있다. 왜냐하면 자신이 속하려는 집단이 클수록 그 개인은 집단 내 기존 관계 패턴에 어떤 위협도 가하지 않고 더 쉽게 그 집단에 흡수될 수 있기 때문이다. 마찬가지로, 한 사람의 여가 욕구 충족이 다른 사람의 여가 욕구 충족 능력을 감소시키지 않는다. 확장 경제에서는 임금 인상, 노동 시간 단축, 레저 상품 및 활동의 가용성과 같은 것들이 반드시 고정 금액의 다양성일 필요는 없다. 따라서 이러한 요구에 대한 한 사람의 만족이 동일한 요구에 대한 다른 사람의 불만을 야기하지는 않는다.

"승리"를 위한 경쟁은 패배 없이는 해결될 수 없다.

따라서 승자의 만족은 패자의 고통으로 상쇄될 것이다. 성숙한 산업사회에서 사회적, 정치적 경쟁은 일반적으로 이런 종류, 즉 제로섬 게임이다. 이러한 이유로 산업화의 성숙한 단계에 도달했을 수 있는 사회는 정책 강조를 생산에서 재분배로 전환하는 경향이 있다.

이와 관련하여 서구 후기 산업화 출신 학자들이 제공하는 정치의 정의가 재분배의 기능에 초점을 맞추는 경향이 있다는 것은 놀라운 일이 아니다. 우리는 Easton의 "권위 있는 가치 할당"(Easton, 1953)과 Lasswell의 "누가 무엇을, 언제, 어떻게 얻는가"(Lasswell, 1958)의 사례에서 목격한다. 이러한 정의는 애초에 누군가가 획득할 자원과 할당할 가치의 존재와 가용성이 있음을 전제로 한다.

1) 탈산업주의: 갈등 관리 단계의 문턱

다니엘 벨(Daniel Bell)은 그의 중요한 저작인 『후기 산업사회의 도래』(*The Coming of Post-Industrial Society*)에서 탈산업사회를 "신기술, 경제 성장과 사회의 계층화가 조직될 것이다"(Bell, 1973, p.112)라고 했다. 사회 변화에 대한 포괄적인 도식을 제시함으로써, Bell은 사회생활의 다양한 측면에서 후기 산업사회를 산업사회, 전 산업사회와 대조한다. 여기에서 미국을 그러한 후기 산업사회의 유일한 예로 사용하면서 그는 "후기 산업사회의 개념은 완전한 사회 질서의 그림이 아니다. 그것은 사회 구조의 축 변화를 설명하고 설명하려는 시도이다…" (1973, p.119)라고 했다.

따라서 사회생활의 패턴을 중심으로 돌아가는 축으로서의 '이론적 지식'의 자리가 '탈산업' 사회라고 부를 수 있는 중심적 기준이 된다. 그의 분석의 많은 부분이 미국의 실증적 현실과 일치하지만 무엇이 후기 산업 발전을 필요로 하는지에 대한 질문은 Bell이 충분히 다루지 않은 것 같다. 그러나 이론 지식의 역할은 원자력 과학의 발달에서 알 수 있듯이, 한때 산업 사회에서 그토록 존경했던 단순한 기술보다 인간의 삶에 훨씬 더 큰 잠재력과 실제적 영향을 미치는 것이 사실인 것 같다. 동시에 그러한 탈산업 사회의 주요 기관이 대학, 학술 기관 및 연구 기업이라는 Bell의 주장을 따르기는 어렵다. 1957년 스푸트니크 쇼크 이후 10년 동안 미국인들이 과학 연구에서 소련을 따라잡아 능가하려 했을 때도 그랬던 것처럼 보인다. 이것은 후기 산업주의를 산업사회와 독특하게 다른 것으로 정의하는 Bell의 선구적인 작업을 훼손하려는 것은 아니다.

후기 산업주의의 대안적 개념으로서 현재의 패러다임은, 사회의 주요한 사회적·정치적 문제가 자원 확장의 과제에서 "공정한" 분배의 과제로 옮겨갈 때 후기 산업사회의 문턱에 진입한다고 제안한다. 이 단계의 사회는 정부가 경제 성장과 발전의 존재로 인해 더 이상 흐려질 수 없는 분배 정의 문제로 정책 방향을 전환하도록 강요할 것이다. 산업화와 자원 팽창의 시대를 거쳐 대중은 산업화가 가져올 보다 풍요로운 사회가 도래하기를 기다리고 있다. 소비자는 특히 기존 자원의 편안한 몫을 요구하는 데 추가적인 성장이 필요하지 않은 것으로 생각하게 되면, 사회 및 경제생활의 불공평한 구조를 더 이상 참을 수 없는 지점에 도달할 것이다. 정치 시스템이 이러한 소비자의 기대치 상승에 둔감할 때 사회적·정치적 불안이 발생할 수 있다.

산업발전 과정에서 경제구조는 최근 수십 년간 미국과 유럽 국가들이 변함없이 경험한 것처럼 산업 확장이 안정화되는 시점에 도달하게 된다. 대부분의 산업사회는 산업 부문에 고용된 인력의 비율이 감소하기 시작하는 산업화의 정점을 통과했다.

흥미롭게도 인구의 대다수가 산업 부문에 종사하는 시점에 도달한 사회는 없다. 산업사회는 일반적으로 1970년대 초 어느 시점에 탈산업화로 진입하는 문턱을 넘었는데, 이때 경제활동인구는 감소하고 저개발국가에서는 경제활동 인구가 계속 증가하였다.

동시에 탈산업사회에서는 브로커, 변호사, 회계사, 관리자와 같은 사무직 근로자의 급격한 증가를 포함하여 서비스 부문이 확장되는 것을 보게 될 것이다. 나아가 서비스 중심의 제도는 산업 자체보다 더 많은 자원과 사회적 가치를 통제하는 데 있어 두각을 나타낼 것이다. 이 부문은 자원을 생산하는 것보다 자원을 할당하는 데 중점을 둔다. 새롭게 떠오르는 서비스 부문에는 은행, 보험 회사, 무역 회사, 부동산, 운송 및 통신이 포함된다. 자원 확장기에서 산업 부문이 사회 구조의 축이었던 것처럼 이제 서비스 부문은 계층화와 사회변동 관리의 일차적 동력이 될 것이다.

2) 중산층의 불만: 사회적 불안의 새로운 원인

자원 확장 이전 단계에서 산업화와 도시화는 사회의 인구구성뿐만 아니라 사회계층의 구조도 재편하였다. 자원 확장기에는 숙련공과 테크노크라트의 등장으로 사회계급 구조가 크게 바뀌어 전통적인 귀족계층이 우월한 사회적 지위를 양보해야 했고, 새로운 산업계 중산계급이 사회적·정치적 영향력을 갖게 되었다.

그러나 산업 성숙도가 정점에 도달하여 사회 및 계층 이동이 안정화됨에 따라 낮은 사회 및 경제 계층 구성원은 기존의 수단으로 성공의 사다리를 오르는 데 어려움을 겪는다. 산업 및 도시 직업은 더 이상 산업화 이후 환경에서 사회적 지위를 향상시키기에 충분한 종류의 보상을 제공하지 않는다. 대신 제조업이나 생산 부문이 아닌 서비스 부문에 종사하는 사람들은 사회적 분배 시스템에서 결정에 영향을 미치는 힘을 얻게 될 것이다. 여기에서 사회 경제적 지위가 낮은 사람들이 정부의 보호 없이는 분배 과정에 대한 영향력 부족으로 쉽게 희생될 수 있다. 정부의 보호를 받을 가능성이 높지만, 나중에 복지 시스템의 특성을 검토할 때 논의할 이유 때문에, 이러한 할당은 기껏해야 유지 수준에 불과하며, 할당 과정에 대해 상대적으로 영향력이 부족한 점을 변경하는 데는 거의 영향을 미치지 않는다.

도시 산업 일자리의 확대와 함께 등장한 중산층은 이제 사회 경제적 기득권의 조종에 가장 취약해진다. 산업 성숙 과정에서 기본적으로 임금 노동자였던 중산층은 뚜렷한 심리적·행동적 특성을 가지고 사회의 주류로 부상했다. 그들은 더 합리적이고, 소비자 지향적이고, 사적이고, 정치적으로 냉담한 사람들이었다. 시장 경제의 확장으로 이들 고정소득 임금근로자들은 지출관리를 통해 자원배분의 몫을 극대화하는 것 외에는 다른 대안이 없다. 그들 모두는 산업화 이후 시대에 흔한 행동 패턴인 거래 흥정가가 구매 사냥꾼이 된다. 이전 장에서 논의한 바와 같이, 산업은 지속적인 생존과 성장을 위해 제품을 대량 소비하는 중산층에게 더욱 매력적으로 만들 것이다. 이러한 발전 과정에서 중산층은 극도로 이기적이 되고 민간 부문을 지향하게 된다.

이것의 한 가지 결과는 그들이 공공재의 확장이나 유지에 대한 비용을 기꺼이 지불하지 않을 것이라는 점이다. 그들은 합리적이기 때문에 사적 지향적일 것이다. 그들은 합리적이기 때문에 공공재가 제공되는 한 재화 비용의 일부를 부담하는 것과 상관없이 혜택을 누릴 수 있기 때문에 공공재에 비용을 지불하지 않을 것이다. 그 결과 공공기관과 서비스는 정부가 개입하지 않는 한 국민의 지지가 떨어질 수밖에 없다. 국방, 법과 질서 유지, 공공 공원, 고속도로 및 기타 공공시설 개선과 같은 서비스는 합리적인 민간 부문에서는 "다른 사람의 문제"이기 때문에 전적으로 정부에 의존하게 될 것이다.

그러나 아이러니하게도 정부가 큰 저항 없이 부담을 떠넘기는 건 지극히 합리적인 중산층이다. 예를 들어 미국의 과세 구조를 대략적으로 관찰하면 실제로 중산층, 특히 중하위층이 더 무거운 세금 부담을 지고 있는 반면, 상류층 미국인은 세금 부담을 피하고 있음을 확인할 수 있다.

경제적 지위가 악화되고 있음을 깨닫고 캘리포니아에서 볼 수 있듯이, 부동산 소유자인 더 부유한 중산층은 재산세를 낮추기 위한 국민투표를 요구했다. 그들은 발의안 13.40으로 알려진 캠페인에 성공했다. 미국의 부유한 주에서 발생한 이 사건은 참을 수 없는 결핍으로 인식된 것에 대한 중산층의 반응을 보여준다. 이전 장에서 논의한 바와 같이, 이 사람들은 대체로 정치적으로 충분히 고립되고 조직화되어 있지 않아 정부에 대한 조직적인 단체 교섭이 극도로 어려운 급여 노동자들이다. 그러나 사회적 비용을 집단으로 전가하는 할당 결정으로 그들의 라이프 스타일이 위협받게 되면서 본인들은 이러한 비용을 피하고 그 부담을 다른 집단으로 전가하는 것을 정확하게 목표로 하는 중산층의 조직적인 정치 활동이 확산되는 것을 목격했다.

Parker가 관찰한 바와 같이, 미국이 생산직 노동의 우월성에서 사무직 노동으로의 전환을 경험한 것은 이미 1950년대였다. 그러한 전환은 "'탈산업 사회'로의 이동인 위대한 사회 혁명의 전조"로 간주

되었다(Parker, 1972, p.9). 자동화가 증가함에 따라 생산직 일자리의 수는 계속 감소하고 서비스 부문은 계속 성장할 것이다.

1975년 미국이 탈산업화 단계로 안전하게 진입했을 때 16세 이상의 모든 미국 여성의 46%가 노동력에 종사했다. 그들 중 58퍼센트는 결혼하여 남편과 함께 살고 있었다. 1960년대 중후반에 접어들면서 한 가족이 단 하나의 수입으로, 원하는 만큼 자유롭고 편안하게 사는 것은 거의 불가능했다. 1960년대 후반의 임금은 물가만큼 빠르게 오르지 않았고, 1970년대의 두 자릿수 인플레이션에 비하면 거의 정체 상태에 있었다. 아내와 어머니는 산업 발전의 후기 단계에 수반되는 혁신으로 인해 가정에서 해방되었다. 전자레인지와 같은 편리하고 시간을 절약해주는 장치는 세탁기가 여성을 세탁에서 해방시켰듯이 여성을 주방에서 해방시켰다. 가사 책임에서의 여성의 문화적 해방은 서비스 부문의 확장 및 새로운 정책을 통해 여성에게 개방된 새로운 직업의 기회와 결합하여 단 하나의 논리적인(logical) 대안, 즉 집 밖의 직업을 남겼다.

두 부모 모두 정규직 직장에 내몰게 하는 경제적 요구는 가족 구성원의 사회적·심리적 이탈에 직접적으로 기여하여 그 제도의 기반 자체가 불안정해지고, 중산층의 좌절과 불만의 또 다른 주요 원인으로 이어지게 되었다.

2. 도시의 쇠퇴와 교외화

중산층이 경제적 어려움을 겪고 정치권력을 잃으면서 도시를 구성한 같은 사람들이 복지지출과 공공지출 증가로 도시의 골칫거리가 됐다. 중산층이 해체된 것은 보다 부유한 화이트칼라 도시 중산층이 더 나은 삶의 질을 찾아 도심에서 교외로 이주하기로 결정했기 때문이다. 따라서 모든 대도시는 교외 거주자가 도시 인구와 완전히 다른 생활 방식을 취하고 관리하는 대도시 지역이 되었다. 더 크고, 더 좋고, 더 멋진 단독 주택은 직장에서 약간 떨어진 곳에 위치하여 자동차를 사용해야 하므로, 일하는 가족 구성원, 일반적으로 부모는 집에서 더 많은 시간을 보내야 한다.

교외 사람들은 도심을 희생시키면서 계속 번성하고 있다. 슈퍼 쇼핑센터와 고급 주거 커뮤니티가 있는 교외 주민들은 소비 과시를 즐긴다. 이 새롭게 부유한 사람들은 관심과 정치적 영향력의 중심이 된다. 결국 그들은 자원을 소유한다. 반면에 도심은 정부에 의해 유지된다. 도시의 구성원들은 혼란스러워지고, 정체성을 잃고, 자신의 삶을 처리하는 데 무력감을 느낀다. 그 결과 도시 빈민가가 등장했다.

1) 법의 지배와 사회 정의

사회에 고정 금액(fixed-sum) 갈등이 만연한 만큼, 사회의 생존은 체스와 같은 실제 게임을 하는 것과 매우 유사하게 법의 지배에 의해 유지되는 정도에 달려 있게 되었다. 그리고 기능적 안정성은 플레이어의 법률 준수에 의해 관리된다. 불일치나 갈등이 있을 때 궁극적인 해결은 법적 권한에 있다. 법의 해석자이자 심판자로서의 법원은 가족의 기본 기관을 포함하여 삶의 모든 영역에 개입할 것이다. 누가 무엇을 어떻게 얻을 것인지를 결정하기 위해 법정에 가족 분쟁이 제기되는 것은 미국 사회에서 이제 매우 자연스러운 것으로 인식된다. 결혼 10건 중 5건이 이혼으로 끝난다는 통계적 사실에서 알 수 있듯이, 미국 가정의 대다수가 가정에서 발생한 문제로 인해 법정에 선다고 해도 과언이 아닐 것이다.

법의 성화는 경우에 따라 학교와 같은 2차적 사회 제도의 기능을 마비시킨다. 교사가 학생들의 잠재적인 소송에 대한 두려움에 몰두할 때 교육은 항상 방해를 받는다.

미국의 교육자들은 자원과 가치의 더 큰 몫을 위해 학교 행정에 경쟁적으로 도전하고 있으며, 경쟁의 제로섬 특성으로 인해 어떤 재분배 모델에서도 최적의 솔루션을 거의 찾을 수 없는 과제이다. 여기서도 법원은 권위이자 궁극적인 평화 유지 요원이다.

갈등관리 단계에 있는 사회에서는 여전히 법이 없는 것보다 나쁜 법이 낫고, 법을 해석하지 않는 것보다 나쁜 해석이 더 바람직하다.

2) 변호인의 출현

승리가 중요한 사회에서는 중재자가 있어야 한다. 이러한 맥락에서 후기 산업사회는 갈등을 해결하기 위해 변호사와 관리자에 의존하게 된다. 사회적 상호작용의 소재가 사회적·인간적 문제에 대한 법적 해결로 이동함에 따라 법을 해석하는 전문직의 사회적 지위와 위신은 필연적으로 높아진다. 미국의 사회계층화 연구에서 일관되게 밝혀졌듯이, 미국의 판사와 변호사가 더 높은 위신과 사회적 지위를 누리는 것은 역사적 우연이 아니다. 사실 오늘날 미국의 정치 영역과 비즈니스 영역은 유럽의 산업화된 사회와 비교해도 독특한 조건을 지니고 있는 변호사가 지배하는 것 같다. 탈산업 발전이 한창이던 1981년에 소집된 제97차 미국 의회를 살펴보면 535명의 의원 중 202명이 법학 학위(JD 또는 LLB) 소지자였다. 이것은 변호사가 옹호의 챔피언이라는 단순한 사실 때문이다. 실제로 훌륭한 변호사는 논쟁의 여지가 있는 문제에 대한 상식적인 결정을 무시할 수 있으며, 때로는 정당화될 수 없는 것을 정당화할 수 있다.

사실상 미국의 모든 공공 문제는 낙태, 동성 결혼, 지구 온난화, 이민, 조세 제도, 해외 전쟁 개입, 스쿨버스, 학교기도 등이고, 미국 정치 체제의 논란의 여지가 있는 성격을 특징짓는 몇 가지 예를 들자면, 군사력 증강, 차별 철폐 조치 프로그램 등이 있다. 또한 부와 기회의 배분과 관련된 이러한 문제는 제로섬 충돌이라는 점에 유의해야 한다. 이와 같이 법조계에 대한 사회의 의존도가 높아짐에 따라 법조인에 대한 존경심도 높아졌다.

3) 합법적인 것은 정의이기도 하다!

법이 사람의 삶과 재산을 다스리게 되면서 사람들은 결국 법을 '숭배'하기 시작한다. 법에는 집행력이 내포되어 있기 때문에, 사람들이 행동을 규제하는 수단으로서의 도덕성을 잊는 데 그리 오래 걸리지 않는다. 법적으로 정당한 것이 도덕적으로도 옳다고 생각하게 된다. 합법성과 도덕성의 이러한 혼동은 지속적으로 제기한 이데올로기의 부족으로 더욱 촉진된다. 옹호와 혼란의 시대에 '정의'의 개념은 상충하는 이해관계와 옹호의 대가들에 의해 끊임없이 정의되고 재정의 된다. 따라서 어느 정도의 객관성에도 불구하고 사회 정의는 적어도 산업화 이후 대중의 마음속에는 존재하지 않는다. 정의로운 것은 법원이 마지막으로 확인한 것이다. 플라톤 시대 이후로 법은 항상 질서 있는 사회를 유지하기 위한 최소한의 장치에 불과했다. 이와 같이 법은 도덕적으로 바람직한 것과 바람직하지 않은 것보다는 허용되는 것과 허용되지 않는 것 사이의 경계를 긋기 위한 것이다. 정의롭고 바람직한 것에 대한 질문이 해석의 대상이 되고 옹호자들에 의해 결정되는 문제가 됨에 따라, 이 발전 단계의 사회는 사회 정의에 대한 객관적(또는 상호 주관적) 개념을 제시해주는 것 같지 않다. 따라서 합법성은 행동을 평가하는 유일한 유형의 척도로 남아 있다. 법의 지배는 실제로 사회 안정과 공동체 통합의 위태로운 유지를 위한 유일한 보험이다. 이 최후의 수단이 위협받는다면 불문율의 도덕과 윤리는 더 이상 갈등관리의 효과적인 수단이 되지 못하므로 사회 자체가 무너질 것이다.

개념으로서의 '사회 정의'는 인간관계의 지침이 되는 평등과 개인의 자율과 같은 규범으로 예시되는 철학적 확신에서 비롯된다. 이와 같이 사회정의의 개념은 그 호소력이 특정한 규범적 처방에 있다는 점에서 합법성에 선행해야 한다. 법에 대한 복종은 다른 규범적 가치를 보호하기 위한 수단이 될 수는 있지만 그 자체로는 가치가 될 수는 없다. 그러나 다른 가치를 수호하는 경우에도 법의 지배는 옹호자(promoter)를 보상하는 긍정적인 수단보다 위반자를 처벌하는 부정적인 수단을 통해 구현된다. 따라서 사회 구성원들은 사회 발전을 위해 해야 할 일보다 하지 말아야 할 일에 몰두할 것이다.

3. 공평한 분배와 평등을 위한 분배

이상(ideal)으로서 인간의 평등은 거의 도전받지 않는다. 그러나 실용적인 정책 지침으로서, 갈등 관리의 이 발전된 단계에서는 평등이 심각하게 방해받는다. 사회의 각 구성원은 보상을 받는 것보다 자신이 더 가치 있다고 생각하는 경향이 있기 때문에 가치와 자원을 할당하는 공식을 고안하는 것은 항상 문제가 될 것이다. 이것은 "능력에 따라 일하고 필요에 따라 얻는다."는 마르크스주의 공식이 실질적으로 실현 불가능한 사회주의 체제에서도 마찬가지이다.

비평등적 분배 정의를 합리화하기 위해 "평등"이라는 개념이 도입되었다. 공평한 분배는 다음 중 임의의 것 또는 임의의 조합일 수 있다. : (1) 그들의 필요에 따라; (2) 그들의 능력에 따라; (3) 그들의 노력에 따라; (4) 그들의 성취에 따라; (5) 시장의 수요와 공급에 따라; (6) 공동선의 요구 사항에 따라; (7) 지정된 최소값 이하로 떨어지지 않도록; (8) 정당한 주장에 따라; (9) 외부의 편애와 차별 없이 경쟁할 수 있는 동등한 기회를 갖도록 한다. 따라서 공평한 분배는 정당하다고 주장할 수 있는 한, 실질적으로 모든 분배 방식이 될 수 있다. 지지자들의 시대에 어떤 할당도 정당한 것으로 옹호될 것이다.

이러한 상황에서 엘리트의 이익을 위해 사회적 분배가 시작되고 계속될 것이다. 엘리트는 그러한 분배가 명령되는 정치적 과정에 가장 큰 영향을 미치기 때문이다. 따라서 앞서 언급한 바와 같이, 상류층이 중산층을 희생시키면서 하층 계급에 보조금을 지급하는 특이한 상황을 발견하게 된다.

4. 다수결 원칙 대 소수자 권리

후기 산업사회에서 서비스업이 확대되면서 중산층의 구성은 더욱 복잡해질 것이다. 화이트칼라 노동자들은 계급의 대부분을 차지할 것이며, 하위 계층은 중산층 자체로부터 더욱 분리될 것이다. 생산직 노동자를 포함한 하위 중산층은 중산층의 기대와 성취를 가로막는 구조적 한계 사이에서 위태롭게 유지되면서, 부조화를 지닌 그 자체로 하나의 계급이 될 것이다. 그들의 기대와 성취 사이의 이러한 간극은 6장에서 논의된 것처럼 Davies가 말하는 "혁명적 정신 상태"로 이어질 것이다. 아프리카계 미국인이 그랬던 것처럼 이러한 하위 중산층 사람들이 낙인찍힐 때 그들은 1960년대 시민 시위운동에서 충분히 입증된 것처럼 사회 불안을 일으키는 심각한 원인이 된다.

이전 장에서 논의한 바와 같이, 중산층은 산업화의 산물이다. 산업 성숙 과정에 분업과 전문화가 수반되면서 중산층 사람들은 합리적으로 공적인 주제(public affairs)에 무관심해진다. 박탈당해도 침묵을 유지하는 경향이 있다. 현실은 그들에게 사회 질서를 재구성하기 위해 할 수 있는 일이 거의 없음을 상기시킨다.

자원 확장기에 접어들면서 중산층의 지위를 향유하는 많은 사람들은 합리성, 여가지향성, 공공기관에 대한 무관심 등 일련의 심리적 속성과 행동패턴을 보인다. 따라서 그들이 공공 이슈에 상대적으로 무관심한 것은 미스터리가 아니다. 그들은 정치적으로 무관심한 경향이 있다. 반면에 가장 소외된 소수자, 특히 인종적·민족적 특성을 지닌 소수자는 다수 계급으로부터 억압을 받아왔기 때문에, 이 단계에서 자신의 소외된 지위에 항의하는 경향이 있다. 그들의 좌절감의 정도는 그들 중 많은 사람들이 시위와 시민 폭력에 가담할 정도이다. 탈산업사회의 또 다른 독특한 측면인 대중 미디어의 도움으로, 소수자들은 기득권층이 무시할 수 없는 기술을 통해 자신들의 권리를 효과적으로 주장할 수 있게 되었다. 정권 지도부가 약자를 도우려는 의지를 보이는 것이 국민의 공감을 불러일으킬 수 있기 때문에 유리하다.

이러한 맥락에서 우리는 미국의 "동등한 기회" 프로그램의 기원과 산업화 이후 세계 전역에서 계속 확장되는 복지 국가를 살펴볼 것이다.

1) 동등한 기회

당신은 수년 동안 쇠사슬에 묶여 있던 사람을 데려다가 그를 풀어주고, 그를 경주의 출발선으로 데려온 다음 '당신은 다른 사람들과 자유롭게 경쟁할 수 있다'라고 말하면서, 여전히 당신이 완전히 공정했다고 믿는다.

—린든 B. 존슨 회장

Lyndon B. Johnson의 발언은 과거의 차별을 바로잡기 위해 "보상적" 조치를 취함으로써 평등한 기회를 보장한다는 원칙을 제시한다. 동등한 기회를 회복하려는 미국의 차별 철폐 조치 프로그램은 1960년대 민권 운동과 함께 성장했다. 시민권 운동은 수세기에 걸친 차별과 방치의 결과로 소수 민족이 겪은 심각한 박탈에 대한 미국의 의식에 초점을 맞췄다. 그러나 프로그램이 기득권층에 도전하자마자 "역차별"이라는 주장으로 가혹한 반대세력이 반격했다.

교육의 차별철폐 조치 프로그램은 그 결과가 장기적으로 더 심오할 것으로 예상되기 때문에 더욱 적극적으로 도전을 받고 있다. University of California 대 Allan Bakke의 섭정은 교육에서 차별철폐 조치 프로그램에 관한 획기적인 사건 중 하나였다. 이 경우 Davis Medical School은 "불이익(disadvantaged)" 지원자를 위해 매년 100명의 학생 슬롯 중 16개를 할당한다. 1970-74년 동안 이 특별 프로그램을 통해 입학한 모든 사람은 소수 그룹 구성원이었다. Bakke는 Davis와 12개의 다른 의과대학에서 거절당했다. Bakke는 "자격이 부족한" 지원자가 입학했다고 느꼈기 때문에 역차별을 주장하며 소송을 제기했다. 바케 사건에 대한 판결 이후 정원제는 위헌이지만 소수자 지위는 입학 정책의 하나의 기준으로 볼 수 있다고 밝혔다. 많은 기관이 차별 철폐 조치 프로그램으로 무엇을 할 것인지에 대해 분열되어 사실상 림보 상태에 놓였다.

이는 기존의 사회 질서에 도전할 수 있는 조치를 도입하는 데 어려움이 있음을 분명히 보여준다. 상층에 있는 사람들은 자신의 이상주의를 근거로 가난한 사람들이 도움을 받도록 허용하지만, 그 이상주의가 자신의 지위를 위협할 정도로 촉진되면 일반적으로 자신의 이익을 옹호하는 반응을 보인다.

2) 복지국가

(1) 사회적 · 경제적 경쟁 과정에서 나오는 "패자"와 (2) 패배하는 소수가 더 목소리를 내고 불만을 표현하는 경향이 있는 쌍둥이 현상으로 인해 정부는 소수를 진정시키기 위한 정책을 개발할 수밖에 없다. 동시에 대부분 급여 근로자로 구성된 중산층의 주체는 정부가 복지 및 사회 보장 분야에서 치솟는 정부 지출을 조달하는 데 필요한 세금을 월급에서 쉽게 뽑아낼 수 있도록 한다.

산업사회 전반에 걸쳐 노인, 과부, 어린아이, 장애인, 실업자, 저소득자에게 급여를 지급하는 규정이 마련되었다. 미국 의회는 1935년 사회보장법으로 알려진 이러한 집단에 대한 조항을 설정하는 법안을 통과시켰다. 이 법안은 프랭클린 D. 루즈벨트 대통령의 "뉴딜"의 핵심 요소였다. 이 법안은 노인 근로자를 위한 혜택 시스템, 실업 보험 지불을 위한 복지국가 시스템, 연방정부가 주에 재정지원을 제공할 수 있는 프로그램을 확립했다. 사회보장 프로그램은 처음부터 극적으로 성장했으며 이제 전환점이 보이지 않는다.

미국의 복지 프로그램에는 다른 많은 문제가 있으며 다른 선진사회도 마찬가지이다. 가장 큰 문제는 폭발적인 복지 지출을 충당하기 위한 세입 확대 문제에 있다. 더구나 최저임금 수준 소득의 사람들은 자신의 소득이 복리후생에 불과하다는 사실을 깨닫고 일할 인센티브가 거의 없거나 전혀 없다. 후기 산업사회에서 기대되는 것은 이성적인 인간이기 때문에, 복지 수혜자들은 미국 시스템과 같은 시스템 아래서 일하면서 거의 이익을 얻지 못한다. 이러한 문제를 더욱 복잡하게 만드는 것은 복지 폭발에 수반되는 정부 관료주의의 확장으로 부패, 비효율 및 낭비와 같은 것이다.

복지 시스템의 문제를 완화하는 것은 어려울 수 있다. 궁핍한 사람들을 돕는 아이디어는 항상 정의로운 정부의 아이디어와 연관되어 왔으며, 이를 약화시키려는 모든 노력은 비인간적이라고 비난받을 수 있기 때문이다. 여기에 딜레마가 있다. 눈덩이처럼 불어나는 복지 혜택을 정치체제가 장기화할 수는 없지만, 동시에 어떤 정부도 복지제도 축소로 대중적 지지 기반을 잃을 수는 없다는 것이다.

논란이 되고 있는 미국의 복지국가는 특히 북유럽 국가의 유럽 복지국가와 대조를 이룬다. 유럽의 후기 산업 시스템과 캐나다는 미국보다 먼저 복지 시스템을 받아들였다. 복지국가들 간의 차이점을 설명하는 것은 흥미롭고 도전적이지만 이 책의 범위를 벗어난다.

3) 연예인 리더십과 이데올로기의 종말

정권 형성 초기를 군사적 리더십으로, 정치 통합기를 카리스마적 리더십으로, 산업화기를 기업 리더십으로 대표했다면, 탈산업기는 셀러브리티 리더십을 낳는다. 이 단계에서 사회구성원은 문제 지향적인 경향이 있으며, 쾌락주의적으로 합리적이고 경쟁적일 것으로 기대된다. 동시에 어떤 조치가 가장 유익한지 혼란스러운 방식으로 전문 옹호자들이 문제를 제시한다. 이러한 혼란 속에서 유권자는 본능과 감정적 고려에 따라 결정을 내릴 수밖에 없으며 개인적 매력을 가진 정치인이 유리하다. 더구나 사회·경제적 가치 배분 문제가 모두가 승자가 될 수 없는 상황에서 이해 관계가 상충되는 사람들을 끌어들이기 위해 '많은 얼굴을 보여주는' 능력이 뛰어난 정치인이 가장 성공할 것이다. 그런 정치인은 훌륭한 배우임에 틀림없다. 미국, 일본 및 일부 유럽 국가와 같은 성숙한 산업사회에서는 스포츠 스타를 비롯한 다양한 유형의 유명인이 정치인으로 선출되는 경우가 있다.

절대적으로 필요한 것을 제시하기보다 더 많은 사람들을 소외시키는 것을 피하기 위해 정치인들은 선거 운동을 하는 동안 논란이 되는 문제를 피하는 법을 배운다.

대신 그들은 리더십, 정신 및 성실성과 같은 주제에 중점을 둔다. 일반적으로 그들의 이미지에서 실행된다. 어느 시점에서 표를 얻기 위해 이데올로기를 버렸을 뿐만 아니라, 애초에 어떤 일관된 이데올로기도 내면화하지 않은 정치인 세대가 등장한다. 이 정치인들은 사회 제도의 붕괴와 산업 단계에서의 소외의 최종 산물이다. 더욱이 이러한 행위자들은 구성원들이 의무론적 고려보다 결과에 더 관심이 있기 때문에, 어떤 이념적 기반으로 정책을 공식화하지 않도록 권장된다.

4) 변덕스러운 대중 매체와 정치

이전 장에서 우리는 대중 미디어와, 그것이 시장 진출을 위해 서비스를 필요로 하는 산업과 함께 작동하는 방식에 대해 논의했다. 대중 미디어는 상업 메시지가 소비자에게 더 쉽게 도달할 수 있는 방식으로 성장했다. 우리는 산업 확장 과정에서 신문의 부수 증가와 라디오 및 텔레비전 프로그램의 다양화를 목격했다. 이러한 미디어의 영향은 미국의 경쟁 정신을 키웠다.

미국인들은 정치인, 스포츠인, 할리우드 유명인과 동일시한다. 그들은 또한 정치적 토론과 옷, 활동, 개인적인 태도를 통해 현재의 트렌드를 반영하는 능력에서 경쟁한다. 미디어는 생각을 형성하는 데 도움이 되며 사람들은 미디어 트렌드에 쉽게 적응한다. 이 단계에서 정부는 갈등관리 과정을 통해 생존을 시도한다. 높은 수준의 지원을 유지하려고 하지만, 동시에 어떤 기관이 너무 강력해져서 정부의 안보를 위협하는 것을 막아야 한다.

정부는 언론과의 상호작용에서 특히 민감한 상황에 처해 있다. 언론이 절실히 필요하면서도 두렵기도 하다. 선출된 모든 대표는 정도는 다르지만 언론의 지원에 의존한다. 또한 그들은 종종 본인이 공개적으로 부정적으로 묘사되는 것을 피할 수 있을 만큼 미디어를 만족시킬 수 있는지 확인해야 한다.

소비자는 이미 여가 지향적이기 때문에 텔레비전과 인터넷과 같은 보다 편리한 비디오 미디어는 최근 신문과 라디오를 희생시키면서 성장했다. Boston Globe와 같은 많은 저명한 신문이 강제로 문을 닫거나 콘텐츠를 웹 사이트로 옮기는 것은 우연이 아니다. 거실의 편안한 소파에 기대어 신문을 보는 것보다 적은 노력과 합리적인 비용으로 다채로운 프로그램을 시청할 수 있다. 이 후기 산업화 단계의 텔레비전 시청자는 경쟁 게임을 오락의 한 형태로 더 많이 본다. 여기에서 그는 경쟁에서 승리함으로써 기대되는 심리적 영광을 추구하기 위해서 자신을 선수나 팀과 동일시할 수 있다.

사회 변화의 이 단계에 있는 보통 사람은 경쟁에 참여하려는 심리적 성향과 승자로 부상하려는 욕구를 가지고 있다. 그러나 이러한 욕망은 갈수록 경직되는 사회구조와 계급이동으로 인해 차단될 가능성이 높다. 따라서 이렇게 좌절한 사람은 자신의 선수나 팀을 통해 대리 승리를 추구한다. 게임을 사랑하는 대중을 이해하려면 미국, 일본 및 기타 성숙한 산업 사회의 텔레비전 프로그램을 훑어보기만 하면 된다. 텔레비전에 나오는 게임 플레이어는 자신의 자아에 대한 만족을 찾을 것이다. 텔레비전에 노출되면 즉시 "유명인사"가 되기 때문이다. 이렇게 유명한 선수들은 높은 소비자 가격의 형태로, 궁극적으로 시청자 자신이 지불하게 될 터무니없는 급여를 받을 정도로 높이 평가된다. 주의 깊은 관찰자는 유명한 선수를 홍보한다는 아이디어가 TV 스포츠 및 기타 게임 지향 프로그램을 안내한다는 것을 알 수 있다.

스포츠 사업은 모든 의미에서 기업이 되었다.

이런 점에서 정치인도 언론 노출을 노리는 행위자이다. 언론은 정치인을 홍보할 수 있을 뿐만 아니라 여론을 조작하거나 최소한 관리하려고 시도하므로 손쉽게 피해를 입힐 수 있다. 정치인과 정치의 성공은 대중 미디어에 크게 의존하기 때문에 일부 저자는 현실적으로 미디어를 정부의 네 번째 기관으로 특징지었다.

대중 미디어는 대중의 태도와 행동을 형성하는 데 결정적인 역할을 하는 것으로 널리 인식되고 있다. 대중 미디어는 의제 설정을 통해 청중이 방송으로부터(from their reports) 두드러진 문제를 배운다고 주장한다. 이는 저널리스트 측의 편견을 나타낼 수 있다. 결과적으로 정치 문제에 대한 우리의 지식은 현실 세계의 작은 표본에 기초할 수 있다. 뉴스 매체가 무엇을 다루고 어떤 측면을 보도할 지 결정함에 따라 세상은 축소된다. Lippmann이 지적했듯이, 우리의 정치적 대응은 거의 전적으로 대중 미디어 자료를 통해 조작되고(fabricated)조립한 현실 세계의 작은 복제품인 "유사 환경"에 대해 이루어진다.

더욱이 대다수의 대중이 공통적으로 보고 듣고 읽는 패턴은 전체 사회에 대해 공통된 관심의 초점, 공통된 논의 의제를 설정하는 경향이 있다. 정보의 내용을 동질화하려는 미디어의 경향은 결국 공통의 선호도, 가치관, 행동 지향성을 포함하는 유사한 사고방식을 발전시킨다. 이는 미디어 산업의 상업화와 맞물려 대중이 공통적으로 추구하는 가치를 위해 경쟁하도록 동기를 부여할 것이며, 결과적으로 사회적 경쟁은 더욱 심화될 것이다. 동시에, 특히 텔레비전이라는 시각

매체를 통해 자신의 세계의 지평이 확장됨에 따라 경쟁의 영역이 확장되어 국가적 및 국제적 규모의 사회적 경쟁이 발생한다.

5. 전쟁 기술과 정치 테러리즘

테러리즘의 개념은 새로운 것이 아니다. 상대적으로 새로운 것은 기술의 심오한 파괴적 잠재력과 대중 매체에 의해 보장되는 테러 행위의 홍보 범위이다. 이미 자율적인 발전 과정에 도달한 제어할 수 없는 기술 혁신은 상당한 인력을 사용하지 않고도 대량 파괴와 대량 살상을 가능하게 했다. 예를 들어, 공개된 문헌에 핵 장치 설계 데이터의 가용성에 대해 많이 쓰여졌으며, 잠재적인 폭탄 제작자에게 그러한 무기를 생산할 수 있는 충분한 정보를 제공할 수 있는 미분류 문헌에 충분한 자료가 있는 것으로 보인다.

더욱이 그러한 무기를 사용하는 것은 특정 개인을 공격하는 살인자에게 일반적으로 예상할 수 있는 죄책감을 유발하지 않을 것이다. 대량 살상은 궁극적으로 살인자와 살인자를 분리하는 기술적으로 진보된 무기에 의해 수행되기 때문이다. 아펠은 관찰한다.

공격성이나 공격성 억제는 [살인] 행위에서 필수적인 역할을 하지 않는다. 왜냐하면 현대 무기 기술의 특성과 차원은 소위 적과의 인간 적 만남으로부터 [살인자]를 완전히 보호하기 때문이다. 그는 명령대로 버튼을 누르기만 하면 된다. 그러나 그의 폭력의 결과는 너무 커서 더 이상 구체적이고 감정적인 수준에서 경험할 수 없는 수준이 된다.

살인에 대한 어느 정도의 도덕적 중립성을 가능하게 하는 파괴적인 기술로 인해 현대 정치는 정치적 테러리즘에 의해 손상되었다. 홍보는 테러리즘의 가장 중요한 동기로 간주된다. Bard O'Neill(1978)은 팔레스타인 저항 운동에 대한 논의에서 무엇보다 테러리즘을 홍보에 돌린다. 이런 의미에서 우리는 대중 미디어가 정치적 테러리즘의 의도하지 않은 주요 조력자일 수 있다고 결론을 내릴 수 있다.

요컨대, 산업 성숙의 필연적인 결과로서 대중 미디어의 성장은 실제로 정치와 사회에 혁명을 일으켰다. 컴퓨터 시대의 도래와 산업 확장의 확실한 영속화로 인해 우리는 대중 미디어의 고유한 이점에도 불구하고 세상을 더욱 위태롭고 예측할 수 없게 만들 대중 미디어의 훨씬 더 정교하고 보편적인 배포를 예견한다.

6. 사회적, 제도적 악화

1) 풍요로운 경제와 가난한 사회

한 관찰자가 간결하게 표현했듯이 "미래의 역사가들은 미국 사회에서 1945년부터 1970년까지 25년을 빌린 돈으로 촉발된 어리석은 풍요의 기간으로 특징지을 것이다." 저명한 경제학자 John K. Galbraith는 다음과 같이 결론지었다. 더 높은 소득이 기본적인 구제책이다. 따라서 그들의 문제는 경제적 문제이다. 그러나 "소득이 높아지면 경제학의 범위를 넘어서는 질문이 튀어나온다." Gappert

(1978)는 다음과 같이 관찰한다.

> 생계를 위한 투쟁은 미국의 문제가 아닙니다.
>
> 아니요. 경제학의 범위를 넘어서는 질문은 본질적으로 사회적이고 개인적인 것입니다. 포스트 풍요의 문제는 사회적 문제입니다.... 도시와 농촌 하층민의 고립과 필요는 미국이 이제 "많을수록 좋을 것"이라는 신화의 종말에 직면해 있다는 증거를 제공합니다. 가질 수 있는 것이 그다지 많지 않고, 어떤 사람들은 더 적을 것이라고 말하지만 충분할 것입니다. 즉, "충분하다"가 무엇인지 재정의 하면 충분할 것입니다.

국가가 경제에 대한 통제력을 상실하듯이 사회의 개별 구성원은 자신의 라이프 스타일에 대한 통제력을 상실한다. 그들은 소비주의와 풍요의 신화에 매혹되어 살고 있다. 가난한 소비자는 소외감, 외로움, 그리고 무엇보다도 무력감에 수동적으로 압도된다. 쇠퇴하는 과정을 겪은 전통적인 가족, 학교, 종교 제도는 이제 이 제로섬 게임에서 부유 이후 패자를 "회복"할 수 없게 되었다.

삶의 "질"에 대한 새로운 논쟁을 이해해야 하는 것은 바로 이러한 맥락에서이다. 1970년대 후반까지는 국민총생산, 1인당 GNP, 산업생산, 도시화 등의 지표가 사회·정치적 발전을 측정하는 데 사용됐다. 그러나 이러한 측정은 사회 변화에 대한 현대적 논의에서 크게 부각되고 있는 개념인, 인간 발달의 바로미터로서 잘못된 것으로 판명되었다. 대체 측정 기준으로 일부 저자는 세계 생활 상황의 상태를 측정하기 위한 일련의 보다 친밀한 인적 요소를 제안한다.

사회 시스템은 사회 구성원들 사이에 확립된 관계 패턴을 가진 인간 상호작용 간 네트워크이다. 그러한 시스템에서 한 사람은 공동체의 자급 자족을 영속화하는 데 필수적인 것으로 인식되기 때문에, 공동체의 다른 구성원이 높이 평가하는 역할을 수행함으로써 자신의 사회적 지위를 유지한다. 그러나 산업 및 탈산업 사회 변화는 경제 및 효율성의 이득에 대한 대가로 공동체의 자급자족을 박탈한다. 더 이상 자급자족할 수 있는 마을이나 도시는 없다. 실제로 세계체제가 형성되고 나서 자급자족하는 국가는 없다.

사회는 그 구성원들이 그들의 상대적인 사회적 위치나 그들이 참여하는 사회적 상호작용의 패턴을 알지 못하기 때문에 더 이상 사회 체계가 아니다. 이전 장에서 논의한 바와 같이 도심은 더 이상 공동의 상호작용을 위한 장소가 아니다. 도시의 사회적 관계는 도시의 패턴화된 인간 상호작용이 아니라 물질적 거래 시스템과 정보 네트워크를 통해 관리된다. 글로벌 시스템은 개별 구성원을 상호 의존적으로 만들고 따라서 자급자족할 수 없다. 도시 생활의 경우와 마찬가지로 글로벌 시스템은 개별 구성원이 아닌 기능적 실체 그룹 간의 정보 시스템과 기능적 관계를 통해 균형 있게 관리된다. 컴퓨터 기술로 가능해진 정교한 정보저장 및 처리시설의 도움으로 글로벌 시스템은 더욱 구조화되었으며, 이 프로세스는 인간 속성에서 소외되어 훨씬 더 효율적이 되었다. 그들이 말했듯이 우리는 모두 숫자이다. 숫자가 없으면 존재하지 않는 것이다!

앞서 논의한 바와 같이, 가족제도는 확장체계에서 핵가족 단위로 그 구조적 규모를 축소함으로써 산업변화에 대응해왔다. 산업화 이후의 문화 체계가 가족을 지배할 때 가족은 단순히 해체된다. 산업사회 이후 인간의 초이성적 성격은 가족 관계를 비용-편익 계산의 규칙에 의해 유지되는 편리한 결속으로 인도한다. 남편과 아내를 하나로 묶는 것은 상호 효용이며, 그러한 효용이 남아있는 한 관계는 지속된다. 사람들이 가족의 유용성을 보지 못할 때, 그들은 미국과 스칸디나비아 국가들과 같은 많은 산업사회에서, 가족의 위태로운 상태에 의해 충분히 입증되는 것처럼 기꺼이 결혼 제도에서 벗어나고자 한다.

압도적 다수의 사람들이 도시 지역에 거주하고 산업 및 서비스 부문과 직종에 종사할 때, 그리고 동시에 문제가 있는 가족 안팎에서 살다 보면, 그들이 무너져가는 사회 제도에서 도태될 위기에 처해 있다고 결론을 내릴 수 있다.

사회 내에서 상호작용의 패턴이 없고 인간 유대를 유지하는 데 도움이 되는 관습과 규범이 없을 때, 아이들이 시스템을 지원하는 행동 패턴으로 사회화될 가능성이 적다. 실제로 산업화 이후 미국의 어린이들은 사회화의 경험, 즉 사회에서 우세한 규범과 가치를 배우고 기능적으로 통합된 구성원이 되는 과정에서 제외된 것으로 보인다. 대중매체와 심지어 학교까지 모든 소비재 홍보로 인해 미국 어린이들은 눈에 잘 띄는 소비재에 대한 욕구에 사로잡혀 있는 것 같다. 만약 아이가 소비주의의 흐름을 따라가지 못한다면, 그는 그의 코호트로부터 소외될 가능성이 있으며, 아이의 연약한 마음에 치명적인 타격이 되기도 하는 심각한 사회적 제재가 될 수 있다.

이 장에서 나는 개발 과정이 산업 단계에 도달한 후에도 중단되지 않는다는 사실을 입증하기 위해, 후기 산업 개발의 몇 가지 측면을 논의했다. 실제로, 산업화 이후 변화의 사회·문화적 영향은 사회 구성원이 자신의 욕구에 대한 만족을 찾는 데 있어 도움이 되는 것과 동일한 수준에서 사회·문화적 시스템의 유지에 해로울 수 있다. 개발의 세 번째 단계와 마찬가지로 – 자원 확장 단계 – 농업의 왜곡과 군산복합체의 도입을 통해 첫 번째 단계의 제도를 파괴하고, 이 네 번째 단계는 두 번째 단계의 사회 제도에 부정적인 영향을 미쳤으며, 우리가 가진 것을 소홀히 하고 가지고 있지 않은 것을 추구하는 경향이 있다는 아이러니를 암시한다. 슬픈 현실은 이 장과 이전 장에서 묘사된 산업 및 후기 산업 발전 과정에서 발생하는 모든 이상 징후가 우리가 완전히 새로운 세계화 단계에 진입함에 따라 악화될 것이라는 점이며, 이는 다음 장의 주제이기도 하다.

표1. 정치적 변화의 단계

이 차트는 이 책의 제2부에서 논의한 바와 같이 발전 이론에서 논의된 속성들을 묘사한다.

	정권 형성	정치적 통합	자원 확장	갈등관리
인간적 욕구	생존	소속	여가	통제
수단	식량 안전 보안	"친구" "중요한 다른 사람들" 그룹	취미 및 장난감 사생활 편의	영향 권력 명망
기관	농업 경찰 군대	가족 교회(종교) 학교(교육)	산업화 마케팅 도시화	매스 미디어 관심그룹 정당
태도 행동 특성	평화주의 운명을 수용함 순응적인 복종 권위주의적인	이타주의 협력 평등주의 상상력이 풍부하고 추상적인	소모적 협상과 합리적 오락 양적(量的) 지향	경쟁적 게임을 좋아함 율법주의 보스정치
제도적 특징	중도주의	이념적	관료적	참여적
지도력 유형	군사 강압적	지능 철학적	기술 협동적	배우(연기적)
정책 선호	필수품 생산 법과 질서 방어	정치화 권력 강화	경제성장 "과시적" 상품생산 산업의 보호	"정의로운" 분배 (누가 무엇을 어떻게 갖는가?)
증상	완고함과 강직함 일률성 파벌	"안락의자형 철학자" 교육과정의 정치화 축출 공포정치	"클수록 좋음" 환경 파괴 도덕적 혼란 개별성의 상실	"판타지"의 세계 상호 불신 도덕성을 대치하는 적법성
개연성 있는 결과	연속적인 군사 쿠데타	전체주의적 통제	타인에 대한 경제적 의존	현상 유지(기껏해야) 복지 제도 인간의 소멸을 향한 느리고 고통이 없는 길
매개적 맥락	기후 땅의 조건 지리적 위치 지정학	사회-민족적 구조 언어적, 종교적 동질성 문화와 문명	천부적 재능 기업가 정신 성취/ 귀속적인 지향성	전 단계에 나타난 모든 요소
맥락적 특성				

제 10 장

지구촌의 탄생: 축복인가 저주인가?

세계화는 발전의 연장이다. 후기산업사회는 한 국가 안에 포함될 수 없다. 왜냐하면 산업 확장은 국경을 초월하기 때문이다. 선진 사회의 산업은 무엇보다도 비싼 인건비, 부족한 자원, 포스트 산업주의자들의 무한한 소득에 대한 욕구에 반하는 제한된 소비자 기반, 정부 규제를 부채질하는 환경주의자들의 대중의 압력 때문에 국가의 경계 내에서 존재하기가 점점 더 어려워질 것이다. 이러한 힘은 기업이 해외 시장을 개척하도록 유도할 것이다. 우리가 다국적 기업의 급속한 출현, 기술 이전, 노동자 이민, 테러, 사이버 전쟁, 대량 살상 무기 확산 및 통합되고 불가분의 글로벌 시스템 형성과 같은 현재의 주제를 논의해야 하는 것은 산업화 이후 경제적 파급효과의 맥락에서이다. 이러한 세계화 과정은 후기 산업 사회의 수많은 질병과 결합되어 역사의 진로를 새롭고 미지의 방향으로 이끌 것이며, 이에 대해서는 다음 페이지에서 살펴볼 것이다.

그러나 이 세계화 단계는 인간의 필요나 욕구에 대한 새로운 시스템에 의해 촉발되지 않는다. 생존, 소속감, 여가, 통제 욕구는 여전히 사회 변화와 발전을 이끄는 근본적인 힘이다. 따라서 이 책에서 앞서 논의한 것처럼 세계화는 발전의 연속이라고 말하는 것이 옳다.

1. 국가 경계의 소멸

미국의 기술과 독일의 기계, 중국의 노동력, 사우디아라비아의 에너지 공급을 이용해 페르시아만의 유정을 시추하는 기업은 더 이상 단일 국가의 영향력 아래 있는 기업이 아니다. 경제화라는 단일 목표를 위해 산업 기업은 다국적화되고 있으며 그만큼 국제 경제 시스템에 의존하고 있다. 제조업이든 서비스 부문이든 관계없이 실행 가능한 경제 단위는 한 정치 시스템의 경계 내에 포함될 수 없으므로, 어느 한 정부도 이를 관리하고 통제할 수 없다. 여기에 다국적 기업(multinational corporations: MNC)의 세계가 등장했다. 다국적 기업은 경제 발전과 현대화의 원동력이거나 저개발 국가를 후기 산업 경제에 무기력하게 의존하게 만드는 악덕으로 간주되어 왔다. 그러나 글로벌화 이전 시대와는 달리, 세계화된 경제와 지구사회 전체는 상호의존성이 매우 높아져 이제 지구촌은 문화와 산업이 모두 통합된 불가분의 구조가 되었다. 이러한 불가분성은 글로벌 금융 및 시장 시스템뿐만 아니라 정보기술의 발전으로 탄생한 글로벌 커뮤니케이션 시스템에서도 명백히 나타나고 있다. 21세기 첫 10년 동안 나타난 세계 금융 붕괴는 이러한 불가분성을 드러냈고, 이는 한 국가의 재정 상태가 다른 국가의 재정 건전성에 영향을 받는다는 것을 시사한다. 현재의 유럽 경제 위기는 국가별 경제 시스템이 얼마나 밀접하게 상호 연관되어 있는지를 확실히 보여준다.

글로벌 경제 시스템은 국제 경제에서 새로운 의미를 획득했기 때문에 비교적 새로운 개념이다. 기존의 세계에서는 단일 민족국가 사이에 질서 체계가 존재하지 않았다. Raymond Aron이 관찰했듯이, 국제 체제는 "항상 무정부적이고 과두정치적이었다. 즉, 합법적인 폭력으로 인한 독점이 없기 때문에 무정부적이었고, 시민 사회가 없으면 권리가 주로 힘에 달려 있다는 점에서 과두정치적이었다." (Aron, p.160). 냉전 기간 동안, 힘(might)의 우월성, 특히 군사력은 양극 세계 체제를 군비 경쟁의 광기로 이끌었고, 이는 전쟁과 전멸 가능성의 벼랑에서 세계의 균형을 위태롭게 유지했다. 이는 상호확증파괴(Mutually Assured Destruction: MAD)에 대한 내밀한 두려움을 통해 가능했다. 이런 의미에서 세계의 안정을 도모할 수도 있다. 그러나 탈냉전 시대에 글로벌 시스템의 상호의존적 특성으로 인해 힘(might)의 파워는 전적으로 상대적이 되었으며 더 이상 파괴적인 힘만으로 표현되지 않는다.

국제사회의 기능적 체계가 점점 더 예측 가능해짐에 따라 새로운 국제질서의 탄생을 기대할 수 있다. 그러나 우리는 이 새로운 질서가 다양한 국가 간의 질서 있는 관계를 촉진할 것이라고 거의 가정할 수 없다. 반대로, 국가는 기능적 효용의 입장에서 서로 상호 작용할 때 가치와 자원의 분배에서 더 큰 몫을 기대할 가능성이 더 높으며, 이는 경쟁과 갈등을 더욱 촉진할 수 있다.

2. 세계 질서가 탈선했다

기존의 국제질서가 우세했던 것과는 달리, 글로벌 시대의 개발도상국들은 기술이전 분야에서도 선진국 경제의 역할에 대한 반감의 목소리를 높이고 있다. 저개발 국가들은 산업화 프로그램을 시작할 때 정부가 기대했던 것을 달성하기 위해 산업계에서 이전된 정교한 기술이 실패했다는 사실을 주저하지 않고 비판한다. 이는 고용 창출, 인구의 기본적인 요구 충족, 토착 기술 능력 구축, 개발도상국의 토착 기술 개발에 필요한 인프라 구축에 도움이 되지 않았다. 그 결과 소위 남북 글로벌 체제는 협력보다는 대결로 치닫고 있다. 북한은 개발을 특권으로 인식하는 반면, 남한은 개발을 권리로 주장하는 경향이 있다.

남북 논쟁에서 분명한 것은 식민지 초기부터 북방(the North)에 의한 지속적 착취로 가난한 나라는 계속 가난할 수밖에 없다는 남방의 인식이다. 이는 새로운 국가들이 획득한 정치적 독립이 단순히 정치적 식민주의에서 경제적 식민주의로의 전환된 것에 불과함을 시사한다. 탄자니아의 대통령이던 Nyerere는 다음과 같이 분명하게 말했다:

> 한 나라에서와 마찬가지로 세계에서도 당신이 가난하기 때문에 내가 부자가 되고, 당신이 부자이기 때문에 내가 가난할 때, 부자에서 가난한 사람으로의 부의 이전은 권리의 문제이지 자선을 위한 적절한 문제가 아니다.

이 견해에 따르면, 북방의 발전은 남부의 희생으로 이루어졌으며, 이제 가난한 사람들에게서 빼앗은 부의 일부를 돌려주어야 할 도덕적 의무는 부유한 나라들에게 있다. 과거 서방이 성장의 "낙수" 이론에 따라 제공한 대규모 원조의 대부분이 저개발 국가(less-developed countries: LDC)의 가장 가난한 사람들에게 도달하지 못했다는 주장이 널리 퍼져 있다. 따라서 그들의 일상생활 조건을 개선하는 데는 실패했다. 이러한 상황으로 인해 "의존" 학파의 일부 저자들은 해외원조가 실제로 선진국의 이익에 도움이 되는 동시에 최빈국을 더욱 무력화시킨다고 주장하게 되었다.

Johnson(1972, p.100)은 이 주장을 다음과 같이 요약한다.

> 미국의 민간 투자와 프로그램, 외교 정책, 군사 지원, 군사 개입, 국제기관은 서로 얽혀 있으며 다른 나라에 대한 영향력과 통제를 촉진하고 유지하는 데 중점을 두고 있다.

저개발국가는 더 나아가 정교한 기술이 "후발자"가 사용할 수 있다고 기대했던 수준을 달성하지 못했다고 주장한다. Graham은 다음과 같이 말했다.

> [첨단 기술]은 고용 창출, 인구의 기본적인 필요에 부응하거나 관련 국가의 토착 기술 능력을 구축하는 데 도움이 되지 못했다. 이것은 부분적으로 산업화가 수입대체의 형태를 취했기 때문인데, 이는 기술의 이전이 인구의 기본적인 필요를 충족시키는 것이 아니라 소규모이지만 번영하는 중상류층의 현대의 정교한 소비재에 대한 수요를 충족시키는 것에 맞추어져 있다는 것을 의미했다.

만약, 그들의 주장처럼 저개발국가(LDCs)가 선진국의 번영을 위해 활용되고 개발국가(Developed Countries: DCs)만 LDCs의 일부에 의존성을 조성했다면 DCs가 개발의 어려움을 극복하도록 도울 도덕적 책임이 있을 수 있다고 결론내릴 수 있다. 그러나 DCs는 그러한 비난을 약화시키고 최빈국은 경제 발전을 위한 문화적, 역사적 전제조건이 부족하다는 점에서 국가 빈곤을 자초한 것이라고 주장하려는 의지가 있는 것 같다. 또한, 정치적 부패, 잘못된 관리, 경제 발전에 필요한 인프라의 부재, 재투자가 아닌 재분배에 대한 이념 정향 등이 가난한 국가의 주요함 흠의 근원으로 자주 인용된다.

착취 혐의에 대해 Bauer와 Yamey(1977)는 이들 최빈개도국들(least developed countries)이 서방과 경제적 접촉이 거의 없었던 나라들이라는 사실을 지적하고 있으며, 차드, 부룬디, 레소토, 르완다, 아프가니스탄, 예멘, 시킴과 같은 나라들의 극심한 후진성은 국제 경제 강국들의 착취 때문이라고 보기는 어렵다. 실제로, 개발 과정의 후발국, 특히 "신산업화 국가"(newly industrialized countries: NIC)가 이미 산업화된 사회가 제공하는 첨단 기술, 국제 시장 및 외국 자본으로부터 혜택을 받았다는 기록이 풍부하게 기록되어 있다. 따라서 DCs의 관점에서 보면 최빈국(LDCs)의 발전은 결코 그들의 도덕적 책임 범위 내에 있지 않다. 이 입장에 따르면, 가난한 나라는 어떤 것도 요구할 권리가 없지만 인도적 지원이 제공된다면 감사의 마음으로 고마워해야 한다.

요컨대, 국제적인 발전을 위한 국가 간 의무관계 문제를 이해하는 데 있어 공통되는 기반이 없는 것 같다. 양측은 자신의 주장을 합리화할 만큼 충분한 증거를 갖고 있지만, 상대방을 설득할 만큼 충분하지는 않은 것 같다. 이러한 합의 부족은 탈냉전 시대에 국제 갈등의 새로운 원인이 되었다. 그러나 분명한 것은 부유한 나라는 더 부유해지고 가난한 나라는 더 가난해지는 것이 일반적인 추세다. 소득이나 부의 격차는 국내 환경에서도 나타난다. 활발한 세계화가 진행되는 과정에서 어느 선진 사회에서나 중산층은 두 개의 서로 다른 양극화된 두 계층을 남겨두고 붕괴될 지경에 이르게 될 것이다. 최근 '99%'의 대표자들이 사회의 엘리트 '1%'에 맞서 행진한 '월 가를 점령하라' 시위는 정치 체제의 안정성을 약화시킬 수 있는 분배에 대한 불의가 얼마나 위기인지를 보여준다.

우리는 보편적으로 받아들여지는 질서 있는 관계 체계를 거스르는 세계로 몰려들었다. 이 점은 이 장의 뒷부분에서 안보 패러다임과 평화 패러다임을 논의할 때 다루게 될 것이다.

3. 부실(잘못된) 발전

여기서는 저개발과의 대비를 제공하기 위해 발달 부실 발전의 개념을 도입했다. 저개발은 국가 전체의 상대적으로 낮은 발전 수준을 의미하는 반면, 부실 발전은 불균형 발전을 의미한다. 산업화 이전 단계의 국가가 산업적으로 성숙한 사회와 상호작용할 때, 저개발은 외국 제도와 행동 방식의 조기 흡수로 인해 쉽게 부실 발전을 유도할 수 있다. 육체적 생존이 국민의 주된 욕구이고 굶주림과 기아가 만성적인 사회에서 산업화만을 목표로 하는 정책은 대중과 직접적인 관련이 거의 없다. 그러나 그러한 정책은 사회 붕괴와 경제적 불균형을 조장하고, 시민의 행동 양식 뿐 아니라 사회 및 정치 제도의 비정상적인 발전을 조장할 것이다. 이 책의 앞부분에서 논의한 것처럼 저개발국가(LDC)의 선거 제도와 투표 행위는 종종 일탈적인 특징을 보이며, 그러한 일탈은 외국의 제도를 받아들일 준비가 되지 않은 채 토착 사회에 이식되었다는 사실에 기인할 수 있다. 마찬가지로, 최빈곤층에 있는 사람이 음식과 주거지와 같은 더 긴요한 필요에 대해 불확실하면서 부유한 사회의 눈에 띄는 생활 방식을 모방해야 한다는 압박감을 느낄 때, 그는 자신의 사회와 제도에 기생적인 영향을 행사할 수 있다.

산업화 이후 새로운 시장을 개척해야 할 필요는, 사회가 산업적 성과를 얻을 준비가 되어 있지 않은 세계의 가장 먼 곳까지 손을 뻗는 경우가 많다. 외국 상품 및 새로운 생활 방식에 접촉하는 것은 사람들로 하여금 긴급한 것에 더하여 새로운 수요를 창출하도록 자극할 가능성이 높다. 사회에 부과되는 다양한 요구는 정부의 효과적인 대응을 더욱 어렵게 만들고, 궁극적으로 사회를 정치적 불안으로부터 더욱 취약하게 만든다.

여가를 위해 생산된 소비재가 대다수 구성원이 여전히 생존과 소속감을 추구하는 사회에 전달될 때, 그 품목은 종종 편의성과 효율성보다는 다른 목적으로 사용되는 경우가 있다. 이 경우 냉장고, 컬러텔레비전, 자동차 등의 소비재는 신분의 상징, 즉 특정 사회계층의 특정 생활양식을 보여주는 수단이 된다. 따라서 계급 차이는 물질적인 측면에서 노골적으로 드러나고, 그 결과 소외계층의 계급의식은 예리해진다. 이 역시 결국 사회적, 정치적 불안으로 이어질 수 있다.

균형발전은 부실 발전이 아니라 인간의 욕구, 제도, 행동성향, 정책선호, 리더십 특성 등 사회의 모든 영역이 동시에 상호보완적으로 좀 더 높은 단계를 향해 발전하는 것이다. 이러한 균형발전은 종종 선진 외국의 침입으로 인해 방해를 받는다. 이러한 관점에서 우리는 저개발국가의 발전에 있어 선진 사회의 역할을 보다 신중하게 평가할 수 있다.

4. 분배 불의와 상대적 박탈

인류 공동체가 세계화의 물결에 휩쓸리면서 세계의 부와 소득 분배의 패턴은 공정성과 형평성에서 멀어졌다. 이러한 편향된 분포 패턴은 전 세계, 지역 및 국내 무대에 퍼져 있다.

2010년 말을 기점으로 세계적인 현상이 된 최근 '월 가를 점령하자는 운동(Occupy Wall Street Movement)'도 이러한 맥락에서 보아야 한다. 이 운동은 이른바 세계를 지배하는 금융 및 경제 구조의 기능으로 간주되는 분배 불의에 대한 대규모 반란으로 해석될 수 있다. 이러한 구조는 세계 인구의 압도적 다수에 대한 일종의 구조적인 폭력을 구성해온 것이다.

미국의 소득 분포는 매우 편향되어 있어 2010년 최고 부유층의 평균 소득은 130만 달러였으며 하위 40%의 소득은 20,000 달러 미만이었다. 유럽과 기타 선진국에서는 분포 왜곡이 덜 극단적이지만, 양극화 현상은 선진국 전체에서 널리 나타난다. 더욱 놀라운 점은 동일한 패턴의 분배 불의가 저개발국가(최빈국??)에서도 그다지 심각하지 않다는 사실이다. 다국적 기업과 상호작용하고 혜택을 받는 저개발국가 인구 집단은 나머지 국가를 희생시키면서 엄청난 부자가 되며, 이는 라틴 아메리카, 중동, 아프리카 및 아시아 국가에서 관찰되는 추세다. 요컨대, 전 세계적으로 계급이 양극화되면 전 세계적으로 갈등(반대의견)이 형성되고, 이는 국가와 사회 간에 교차적으로 확산될 수 있다.

무엇이 보편적으로 동의할 수 있는 분배 정의의 공식이 될지는 누구도 장담할 수 없지만, 소수에게만 유리한 편향된 분배는 지구촌 전체의 사회적 불안의 원인이 될 것이라고 말할 수 있다. 인터넷의 존재로 인해 반대 운동은 과거보다 더 빠르게 형성되고 확산될 것이다. 우리는 2010~2012년 아랍의 봄에서 이미 이러한 현상을 목격했는데, 이는 확실히 분배 불의에 뿌리를 두고 있다. 이집트, 튀니지, 리비아, 시리아에서는 다수의 사람들이 소수 엘리트의 권력에 대한 정당성에 도전했다. 이러한 사건과 원래의 마르크스주의 혁명 이론 사이에서 흥미로운 연관성을 발견할 수 있다. 즉, 세계화의 경제적, 사회적 영향은 크게 보면 마르크스주의자들이 예상했던 궤도에 빠지는 것처럼 보인다.

5. 중산층의 몰락

중산층은 한때 산업사회의 막강한 세력이었지만 이제는 세계화로 인해 경제적, 사회적으로 소외됐다. 이전 장에서 중산층의 부상을 논의할 때, 우리는 그것을 칼 마르크스가 예측하지 못한 세 가지 새로운 힘, 즉 그를 대체하기 어려운 프롤레타리아 노동자가 가진 '기술', '단체교섭'에 의한 노동자의 권한 부여, 노동자의 '소비력'에 기인한다고 설명했다. 중산층에게 이 세 가지는 모두 세계화로 인해 악영향을 받아 왔으며 앞으로도 계속 부정적인 영향을 받을 것이다.

첫째, 기본 수리 기술만으로 대체할 수 있는 독립 모듈을 중심으로 구성된 기계화, 자동화를 통해 공산품이 생산되면서 '기술' 요소가 하찮게 되었다. 둘째, 다른 국가에서 대체 노동력 풀을 이용할 수 있게 되면서 '단체교섭'이 효과가 없게 되었다. 산업(제조 및 서비스 부문 모두)은 환경적인 제한이 거의 없고 노동력이 저렴한 저개발국가의 새로운 생산 현장으로 이전했다. 동시에 경제적 수익성 외에는 다른 이유 없이 엄청난 수의 외국인 근로자가 유입되었다. 이는 어느 경제 주체도 피할 수 없는 세계적인 현상이다. 2012년 미국 대선 캠페인에서는 민주당의 오바마 대통령과 공화당의 롬니 주지사가 모두 외국, 특히 중국의 일자리를 미국으로 돌려보내자는 수사를 벌였다. 두 번째 임기를 시작하면서 오바마 대통령은 거듭 미국 일자리를 다시 미국으로 끌어들이겠다는 결심을 밝혔다. 그러나 경제 자연의 법칙에 맞서는 그의 능력에 대해서는 회의적이다.

셋째, 중산층 주머니는 후기산업경제가 살아남을 수 있도록 중요한 소비원이 될 것으로 예상되고 설계되었다. 가난한 중산층 소비자는 자신의 능력 이상으로 구매하도록 유도하는 모든 마케팅 및 은행 수법에도 불구하고 더 이상 그러한 소비를 감당할 수 없다. 21세기 첫 10년 동안의 미국 주택 위기는 이러한 현상을 충분히 입증했다. 우리의 자원 확장 단계(8장)인 산업화 과정에서 강력하게 등장한 중산층은 구매력을 상실했다. 중산층이 정부의 과세 대상이 되면서 빈곤은 더욱 악화됐다. 결국 중산층은 부유층과 달리 증세를 피할 힘이 없다. 결국 우리는 양극성 분포 패턴이 형성되는 것을 목격하고 있다. 중산층이 없어지자 '마르크스주의 정리'가 큰 규모로 구체화됐다. 계급 갈등(계급 전쟁)이 필연적으로 일어날 것인가? 참으로 흥미로운 질문이다!

6. 인구통계학적 과제: 인구 고령화, 외국인 근로자 및 이민자

개발의 축복 중 하나는 수명을 단축시키는 질병을 근절하고 보건 과학 및 위생 조건을 개선함으로써 사람들이 더 오래 산다는 것이다. 그러나 이러한 발전은 선진국 사회의 고령화에 대처하지 못했다. 산업화 이전 단계에서 노인은 지혜와 지식의 원천으로 간주되었으며, 대가족 구조에서 권위의 저장소로 존경받았다. 그러나 산업화 및 산업화 이후 단계가 시작되면서 기술과 기술 지식을 따라잡을 수 없는 인구 집단은 점점 더 소외되었다. 더욱이, 도시화로 인해 대가족 제도가 약화되면서 가족의 노인 돌봄이 어려움을 겪었고, 이로 인해 국가는 증가하는 노인 인구를 감당하기 위해 복지 프로그램을 확대해야 했다.

동시에 경제적으로 발전한 대부분의 사회에서는 노동력 풀이 생산적인 노동력에 대한 수요를 충족할 수 없을 정도로 출생률이 감소하여 이민자들에게 문이 열려 있다. 자연출산율은 유럽, 북미, 일본, 한국, 대만, 싱가포르 등 신흥 경제국의 거의 모든 산업사회와 후기 산업사회에서 기존 인구 수준을 유지할 수 없다. 외국인 근로자와 이

주 노동자가 없으면 이들 국가의 노동 수요는 명백히 충족되기 어렵다. 이는 지구촌에서 점점 더 커지고 있는 새로운 문제이다. 그들은 경제적 측면에서는 필요하지만, 호스트 국가의 사회적·정치적 분야에서는 엄청난 부담을 안겨준다. 이들 근로자와 그 가족은 호스트 국가 내에서의 대중적 합의에 관계없이 국가 혹은 주정부가 복지 프로그램을 확대하도록 요구하는 경우가 많다.

이민 노동자들의 곤경은 선진국 전체에 걸쳐 만성적이다. 동시에 가장 활동적인 힘을 잃어가고 있는 본국 역시 막대한 경제적·사회적 부담을 겪고 있다. 이러한 문제는 세계화가 진행됨에 따라 더욱 악화될 것이다.

1) 고아가 된 공공재

무엇이 공적이고 무엇이 사적인가? 이것이 모든 정치 생활의 중심 질문이다! 모든 것이 공적이라면 전체주의적 사회주의가 되고, 모든 것이 사적이라면 완전한 자유주의가 된다.

2) 소비, 소비, 소비: 만병통치약?

미국과 유럽 경제가 불황에 직면했을 때, 각국 정부는 시민들의 소비(그리고 지출)를 늘리기 시작했다. 알카에다 등 테러단체의 테러 위협이 있을 때 미국은 당초 쇼핑몰 등 다수가 모여 있는 장소를 멀리하라고 시민들에게 경고하면서 동시에 더 많은 쇼핑과 소비를 독려했다. 참으로 모순된 요리법이 아닐 수 없다! 우리는 이전 장에서 시장 경쟁이 대량 생산에 중요한 역할을 하고, 이는 결국 대량 소비를 필요로 한다는 점을 다뤘다. 중산층의 높은 소비가 없으면 산업, 특히 제조업은 존속될 수 없다. 우리는 또한 은행 시스템이 소비자가 자신의 능력 이상으로 지출할 수 있도록 개발되었다는 사실도 확인했다. 산업화 단계에서 등장한 '불안정한 소비자'(8장)와 산업화 이후 단계의 '과시적 소비자'(9장)는 모두 글로벌 규모의 경쟁적 소비 성향을 갖고 있다. 국제 금융 시스템은 독립적이지 못하고 의존적인 소비 행동을 장려한다. 소비자의 의지력을 제외하고는 경제적·정치적 시스템의 어떤 것도 사람들의 소비 욕구 증가를 억제할 수 없다. 시장이 정교한 전략으로 소비자를 유혹하고, 소비자 자신도 무기력하게 소비에 중독되어 있는 한, 이러한 의지력은 발현될 가능성이 낮다. 모든 기관과 영향력 있는 사람들은 무제한 소비를 옹호한다. 정부, 상업 광고, 금융 기관 모두 이를 장려하고 소비자는 소비 강박증에 사로잡힌 지 오래다.

지구촌은 소비문화와 소비행태가 깊숙이 뿌리내린 소비시대에 들어섰다. 소비시대 사회변화를 이끄는 가장 큰 힘은 바로 상업광고의 위력이다. 시장 경제는 고등교육 기관이 전 세계 경영 대학원에서 마케팅 전문 분야를 채택할 정도로 마케팅 전략 개발을 촉진한다. 마케팅 전략의 예술과 과학은 소비자가 제품에 매력을 느끼도록 "최면"을 취하는 방향으로 끝없이 개선되었다. 설상가상으로, 글로벌 경제 시스템의 치열한 경쟁 특성으로 인해 생산자는 점점 더 매력적인 소비재를 제공해야 한다. 우리는 전자 산업, 특히 휴대폰, 컴퓨터 하드웨어 및 소프트웨어, 텔레비전, 전자 게임을 통한 가상현실의 생성에서 이러한 현상을 볼 수 있다.

매스 미디어는 원래 정보 보급과 교환을 목적으로 등장했지만 곧 광고 수익에 전적으로 의존하게 되었다. 이러한 수익이 지속되지 않으면 언론 매체는 폐업하게 된다. 온라인 소셜 미디어가 전통적인 인쇄 매체의 수익 흐름을 잠입한 것에서 알 수 있듯이 말이다. 지나친 소비주의와 물질주의가 공동체와 이웃에 대한 헌신을 저해함에 따라 문화 침체를 비롯한 소비문화의 기생 효과는 매우 다각적이다.

3) 돈 지상주의

소비사회에서는 각계각층의 사람이 돈을 숭배하는 새로운 문화적 성향이 자리 잡고 있다. 돈을 벌고 축적하려는 욕구는 시장 경제뿐 아니라 모든 경제 발전 수준에 만연해 있다. 실제로 돈은 민주주의나 자본주의 같은 대중적 신념 체계를 대체하는 세계적인 종교가 되었다. 돈이 말하면 사람들은 듣는다! 이는 이데올로기적 정체성에 관계없이 모든 사회에서 "돈 지상주의"를 보편적으로 유효하게 만든다. 모든 정치 체제는 사람들이 일률적으로 돈에 귀를 기울이는 이러한 "이데올로기"의 영향을 받기 때문에 "돈 지상주의"라는 용어가 슈퍼 이데올로기로 적절하다고 간주된다!

4) 공동체의 붕괴

공동체는 사람들이 의사소통을 통해 일정한 관계를 유지하는 사회적·문화적 공간이다. 도시화, 교외화, 세계화를 가져온 산업화, 탈산업화, 글로벌 단계의 발전 과정은 되돌릴 수 없는 것으로 판명되었으며, 이 과정은 농업 공동체를 영구적으로 파괴했다. 산업화 단계에서 볼 수 있듯이 도시 중심지는 인간관계가 인간의 약속이 아닌 계약 조건에 의해 크게 좌우되는 상업 중심지로 생겨났다. 이러한 환경에서 사람들은 대인 커뮤니케이션을 통해 상호 소속감을 찾는 경향이 없다. 농촌 이웃들은 서로 멀리 떨어져 살더라도 여전히 상호작용하고 소속감을 유지한다. 대조적으로, 도시 거주자들은 같은 아파트 단지에 살더라도 종종 낯선 사람으로 행동하고 동료 거주자들과 어떤 패턴의 관계도 맺는 것을 꺼린다. 가까운 쇼핑센터에서 만날 수도 있지만 시장에서는 의미 있는 소통이 기대되지 않는다. 따라서 다수의 사람들이 가까운 거리에 산다고 해서 반드시 사회공동체를 구성하는 것은 아니다.

공동체의 붕괴는 소속감과 공동체의식을 상실한 개인의 범죄 행위에 기여한다. 공동체가 붕괴되면 다음 섹션에서 논의되는 것처럼 사회 제도, 특히 가족이라는 기본 제도가 어려움을 겪게 된다. 14장에서는 소통 없이는 공동체의 부흥이 불가능하다는 전제를 제기하겠다.

5) 자본주의의 쇠퇴

이전 장에서 설명한 개발 패러다임으로 산업화와 이에 따른 시장 경제의 성장을 이해할 수 있었다. 여기서 시장경제는 자본주의 핵심 원칙인 사적 소유, 수요/공급의 법칙, 소비자와 생산자의 합리적인 의사결정 행위를 따른다. 실제로 자본주의는 이념에 관계없이 모든 종류의 정치 체제에서 경제성장에 중요한 역할을 했다. 경쟁이 치열한 자본주의는 세계 시장에서 유일한 관련 경제 시스템이다.

다국적 기업 간의 경쟁이 끝없이 치열해지면서 대기업 간 인수합병에 취약해졌고, 이는 국제적 수준에서 인구와 정치 모두에 막대한 영향을 미쳤다. 이러한 현상은 로버트 리치(Robert Rich)가 말하는 "초자본주의"를 낳았고, 이는 사실상 공정한 경쟁을 불가능하게 만든다. 이제 세계 경제는 모든 유형의 독점에 의해 운영되고 있으며, 독점금지법의 이면에 있는 이상은 글로벌 관행에서 거의 쓸모없는 개념이다. 이와 더불어 공개경쟁이라는 자본주의 원칙을 무시하는 군사 경제가 만연해 있다. 미국, 러시아, 영국, 프랑스, 중국을 중심으로 세계 무기 시장은 지난 10년 동안 꾸준한 성장을 보여 왔다. 이들 국가 모두는 군사 산업 단지의 일부 버전을 개발했다. 인도, 한국, 이스라엘과 같이 무기와 군사 기술을 수입하는 더 작은 경제국들도 군-산업-정치 복합체의 힘에 굴복하여 자본주의 경제의 전반적인 건전성에서 돈을 빼앗아갔다.

군사 경제는 책무성을 지닌 업무 시스템 밖에서 관리된다. 정부는 주로 공공 자금으로 사업을 수행하며, 무기 산업 내 공개 입찰은 제한적이거나 사실상 존재하지 않는다. 실제로 이 산업은 매우 비밀스럽기 때문에 국가 안보라는 구실로 대다수 대중의 공개 요구는 차단되고 있다. 군용 민간 계약자는 임무를 형성하는 데 큰 역할을 하며, 책임이 거의 혹은 전혀 없이 공공 자금으로 상당한 지출을 요구한다.

기업합병과 군 경제는 지구촌 사회의 분배 불의를 초래하는 쌍둥이 주범이며, 경제와 사회, 그리고 갈등이 계속해서 세계화되면서 더욱 커질 것으로 예상된다.

7. 제도의 퇴보

과도한 개발과 기본 사회 제도의 퇴보로 인해 다른 많은 기관들이 애초에 설립 목적에 맞는 기능을 수행할 수 없는 상황이 발생했다. 이 책에 기록된 역사적 진화 과정에서 생성된 제도를 대략적으로 조사해 보면, 이러한 제도가 후기 산업화 및 글로벌 발전 과정에서 약화되거나 기능 장애를 겪었음을 알 수 있다.

1) 농업

농업의 상업화로 인해 농촌은 물론 농민들도 정부 보조금 없이는 생존할 수 없는 상태에 이르렀다. 보조금을 받았음에도 불구하고, 아니면 아마도 그 때문에 토착 농민들은 생산과 이윤 극대화에만 관심을 갖는 상업주의자들의 침입을 보면서 자신들의 땅에서 쫓겨났다. 미국을 비롯한 선진국 농민들의 처지가 이러한 현상을 잘 보여준다. 경제적 효용을 극대화하기 위해 상업 농민들은 다목적 농지를 현금 작물 운영으로 전환하여 전 세계적으로 식량 부족을 악화시킨다. 더 큰 이익을 얻으려는 욕구에 힘입어 상업 농부들은 종종 작물과 가축을 유전자 조작하여 식량 공급에 새로운 건강 위험 요소를 도입한다. 외국의 식량 지원은 대부분 이런 방식으로 생산된 식량으로 이루어진다. 이전 장에서 논의한 바와 같이, 전통 농업의 침식은 필연적으로 전통적인 농업 공동체를 붕괴 지점까지 압박할 것이다.

2) 군대

앞서 논의한 바와 같이, 군의 상업화는 군산복합체의 확대를 강화한다. 세계화 과정에서 국내 무기 생산자와 국제 무기 소비자가 상호 상호의존성을 발전시키면서 군산복합체의 범위는 국경을 넘어 확장된다.

저개발 국가에서는 무기 거래가 부패한 정치인과 정부에 의해 통제되는 경우가 많다. 따라서 이들 국가의 경우 변덕스러운 정책에도 불구하고 현 정권을 지속시키는 데 사용되는 군사-정치 복합체 (MPC)가 형성될 가능성이 높다. 특히 쿠데타를 통해 군부에 의해 정치인들이 권력을 장악한 경우에는 더욱 그렇다. 정치의 군사화는 아프리카와 중동의 여러 국가, 가장 최근에는 이집트와 리비아에서 본 것처럼 잔인한 독재로 이어질 수 있다. 이라크와 아프가니스탄에 대한 미국의 군사개입에서 보았듯이, 군대의 민영화는 군사작전의 비용을 높였을 뿐만 아니라 여러 면에서 효율성을 떨어뜨렸다.

군산복합체의 지배하에 군은 외부의 침략으로부터 국가를 방어한다는 본래의 역할에서 벗어나는 경향이 있다. 군산복합체의 이해관계는 경제적, 정치적 이익을 위한 명확한 동기를 위해 전 세계적으로 갈등을 조장한다.

국방의 필요성 없이 전쟁을 벌이는 경우, 군인들은 자신이 저지른 행위와 생명을 위협하는 상황을 전투에서 견디는 것을 합리화하는 데 어려움을 겪을 수 있다. 이는 종종 귀환 군인들로 하여금 정서적 혼란을 초래하고, 전후 민간인 생활에 적응하기 위해 고군분투하는 퇴역 군인들 사이에서 자살과 범죄 폭력의 발생을 증가시킨다. 21세기 초반에 이라크와 아프가니스탄에서 돌아온 미군 병사들 가운데 그러한 경우가 있었다. 그들은 그들 자신도 의심을 가진 채 싸운 두 차례의 전쟁의 희생자였다.

3) 교육

사회가 세계화되면 교육에 대한 관심이나 우선순위가 낮아진다. 결과적으로 정부가 지원하는 공립 교육 기관은 자금 부족으로 어려움을 겪고 있다. 반면, 교육을 받을 여유가 있는 사람들에게 돈을 받고 교육을 제공하는 지역에서는 사립학교가 급증하고 있다. 예를 들어, 미국에서는 누군가가 공개적으로 교육부를 폐지해야 한다고 주장하는 것을 듣는 것이 이제 더 이상 무리가 아니다. 글로벌 시대에서 학교 교사들은 인정받지 못하고, 보상도 제대로 받지 못하고 있어 교육의 질과 양 모두를 퇴보시키는 원인이 되고 있다.

고등교육기관에서 학계의 상업화가 더욱 만연해지고 있다. 예를 들어, 미국의 대학 교수들은 습관적으로 고임금 직업을 추구함으로써 자신을 상품화했다. 행정관과 교수진 모두 학생들을 가르치고 영감을 주는 능력보다는 기금 모금과 기부 능력으로 평가된다. 여기서 궁극적인 패자는 상황을 바로잡을 의지가 전혀 없는 학생이다. 학계의 상업화는 학교 커리큘럼에도 큰 영향을 미쳐 교육이 돈 버는 도구에 지나지 않게 되었다. 선진화된 지구촌 사회에서는 인격 발달과 지적 자아정체성 확립이라는 숭고한 목표가 금전적 관심에 포섭되어 왔다.

4) 종교

사람들이 소속감과 자아정체성을 추구하고 확장하는 사회 발전 단계에서는 종교 기관이 일차적으로 강조된다. 그러나 사회가 산업화, 후기산업화, 글로벌 단계를 거쳐 진화하면서 종교는 돈으로 특권을 사고 심지어 천국행 티켓을 '구매'하는 시장 역할을 하게 되었다. 실제로, 종교 기관은 선진국과 미개발 세계 모두에서 결핍된 소속 욕구를 충족시키려고 필사적으로 노력하는 대중을 세뇌하여 그들의 "수입"에 있어 꽤 수익성을 높였다.

글로벌 시대에 일부 종교는 정치 세력과 협력하여 다양한 종류의 신권 체제를 형성하고 있다. 이러한 신권적 신념은 종종 외부 세계의 실제 위협이나 인지된 위협에 의해 대담해진다. 중동의 경우도 그러했는데, 서방 강대국, 특히 미국의 존재가 이슬람 극단주의자들의 지하디스트(Jihadist) 캠페인에 동기를 부여했다.

종교의 정치화는 세계화된 공동체에서 전 세계적으로 널리 퍼져 있으며, 일단 정치 체제에 종교적 교리가 주입되면 그들의 행동은 더욱 결정론적이고 타협 가능성이 낮아진다. 이런 상황에서는 차이점이나 갈등을 해결하기 위한 협상이 더욱 어려워진다. 선진 사회의 종교 생활에서 두드러진 발전 중 하나는 종파적 종교 단체의 확산이다. 종파적 신앙 조직은 일반적으로 영적 지도자로서 "구원"의 모습을 가지고 있으며, 성경의 형태로 "천국"으로 가는 구체적으로 그려진 로드맵과, 구성원들이 신뢰할 수 있는 상호 소속감을 찾고 긴밀하게 짜여진 대인 관계 시스템을 가지고 있다. 상업화된 세계에서 가족 제도가 소속감을 제공하려고 애쓰는 가운데, 종파적 종교는 소속 욕구를 충족시키는 효과적인 원천이 될 수 있다. 이러한 종파적 그룹은 보통 지도자의 수명 이상으로 유지되지 않는다. 그러나 일부는 문선명 목사의 통일 교회에서 볼 수 있듯이 더 견고하게 제도화되기도 한다.

요컨대, 산업화 이후의 발전과 세계화 과정은 개발, 체제 형성 및 정치 통합의 초기 단계에서 욕구 만족을 목적으로 발명된 제도를 체계적으로 훼손하여 원래해야 할 기능을 제공할 수 없게 되었다.

8. 지구의 건강

1) 생태계의 트라우마

정치 발전의 초기 단계에서 인간은 물리적 환경과 긴밀한 조화를 이루며 살았다. 산업화 이전에는 인구가 적고 농업 생산이 지역화되어 있기 때문에 인간은 환경을 영구적으로 교란할 수 없었다. 농작물과 목초지를 위해 들판과 숲을 태우는 과정에서 약간의 소란이 목격되었지만, 당시에는 결코 완전한 파괴는 아니었다. 생태계는 살아 남았고, 인간도 마찬가지였다. 식량 수집이 대규모 식량 재배로 전환 된 것은 체제 형성을 향한 한 걸음이었지만, 인간이 수세기 동안 누 려온 생태적 조화에서 조금 벗어난 것이기도 했다.

잉여 곡물을 저장하고 보호하기 위해 성벽으로 둘러싸인 도시를 건설한 것은 인간이 어떻게 환경을 희생하면서 자신의 가정을 다루 기(조종하기) 시작했는지 보여주는 좋은 예다. 이것 자체는 나쁘지 않 았지만, 도시가 국가가 되고 인구가 극적으로 증가하자 인간은 더욱 착취적으로 되었다. 초기 강 계곡 문명부터 현대 초강대국에 이르기 까지 인류의 역사는 환경을 희생시키면서 정치적 통합을 이루어왔 다. 국가의 성격상 무엇인가를 바탕으로 세워져야 하는데, 사람들은 땅이 자신들을 무한정 지탱해 줄 수 있다고 잘못 믿고 있다.

도시와 국가가 경계를 넘어 커지게 되면서 새로운 개척지의 필요 성도 커졌다. 인간은 새로운 개척지를 발견했고 한동안 만족했다. 그 러나 19세기에 인간이 더 이상 정복할 개척지가 없다는 사실이 밝혀 졌다. 프레드릭 잭슨 터너(Frederick Jackson Turner)는 세기 전환기 에 역사가들에게 충격을 주었을 뿐만 아니라 본의 아니게 환경론자 들을 환기시키기도 했다. 그는 우리가 생태계의 경계에 도달했으며 이제 우리 환경을 되돌아보고, 지난 수년간의 약탈 속에서 놓쳤던 것 이 무엇인지 살펴봐야 한다고 상기시켰다. 인간이 처음 15,000년을 생존하고 마지막 5,000년을 인간 공동체에 속하기 위해 노력했지 만, 지난 150년 동안만 우리의 여가와 통제에 대한 욕망이 우리의 모든 성취를 위험에 빠뜨렸다는 사실은 흥미롭다.

자원 확장을 위한 인간의 노력을 효과적으로 통제할 수 없었던 산업 혁명 이전에는 인간의 생태계가 상당히 안전했다. 그러나 더 큰 여가, 효율성, 사회적 지위에 대한 요구가 높아지면서 인간은 산업 붐을 일으키게 되었고, 결과적으로 사회는 경제 성장을 촉진하기 위해 자연계를 더 깊이 파고들게 되었다.

경쟁적인 자원 확장에 대한 해답은 과학과 기술의 결합에서 나왔다. 과학은 기술이 확장될 수 있는 문을 열어주었다. 중공업의 발명에 뒤따른 도시화는 어마어마했다. 시간이 흐르면 기술과 과학이 인간이 만든 어떤 문제라도 해결할 수 있을 것 같은 훨씬 더 위험한 감정이 생겨났다. 이러한 인간의 자신감은 오류임이 입증되었다. 환경에서 과도한 산업을 통제할 수 있다는 생각은 실제로는 인간과 동떨어져 있다. "보이지 않는 손"이 궁극적으로 대부분의 사람들에게 좋은 일을 할 것이라는 낙관적 개념을 제시한 위대한 경제학자 아담 스미스조차도 인류의 산업 추진력이 결국 환경을 거칠게 만들 것이라는 점을 예견하지 못했다. 신학은 또한 인간이 자연의 주인이라는 유대-기독교 교리를 통해 환경을 정복하려는 노력을 정당화함으로써 환경 착취를 장려했다. 안이한 경제학과 종교적 지배에 대한 그릇된 개념이 결합하여 총체적인 물질주의를 조장했으며, 인간의 미래 비전에서 환경을 거의 고려하지 않게 되었다.

생활환경이 건강하지 않게 되자 사람들은 도시를 버리고 교외로 이주하면서 더 나은 환경을 찾아 나서게 되었다. 후기 산업사회의 교외화 현상은 산업화 과정에서 사람들이 농촌에서 '밀려나듯' 도시에서도 '밀려 나온다'는 점에서 참으로 흥미롭다. 후기 산업 사회의 일반적인 현상인 교외화는 도시 빈민가와 그와 관련된 모든 문제를 뒤로하고 있다. 사회, 경제, 정치 분야에서 도시 문제를 다룰 의지와 자원을 갖춘 사람이 거의 없기 때문에 그 책임은 정부에 있으며 복지 프로그램의 급속한 확대를 강요한다.

정부 간섭을 피하기 위해 일부 방사성 폐기물을 포함한 오염 산업은 해외에서 피난처를 찾고 있다. 부유한 국가들이 더욱 엄격한 환경 규제를 제정함에 따라 해당 국가의 사업 수익성은 점점 낮아지고 있다. 그들은 저개발 국가를 공장 부지로 찾고, 가난한 국가에서 매력적인 안식처를 찾는다. Enloe가 관찰한 바와 같이(1975, p. 131):

> 저개발의 딜레마는 원하지 않고 타협하지 않는 두 가지 조건 중에서 선택하는 것이다. 경제 성장을 원하는 정부는 외국의 개입과 잠재적인 환경 위험을 받아들여야 한다고 느낄 수도 있다. 해외자본 유치의 기회는 바로 자국의 환경을 보호하는 부유한 국가에서 나올 수도 있다.

브라질, 싱가포르, 나이지리아, 한국, 말레이시아와 같이 성공적인 개발 시스템으로 간주되는 국가는 환경 파괴를 희생하면서 경제 성장을 달성했다. 환경의 질보다 경제적인 산업화를 선택하고, '오염 피난처'가 필요한 외국인 투자자에게 기꺼이 토지를 제공한 국가들이다. 이 과정은 세계화 과정의 맥락에서 가속화되었다.

저개발국들은 외국인 투자자들뿐만 아니라 관광객들에게도 자신들의 '안식처'를 팔고 있다. 산업화된 사회의 사람들은 자신의 영토가 산업적, 상업적 착취로 인해 잠식당했지만, 여가를 위한 더 많은 시간과 자금을 소유한 사람들이다. 따라서 그들은 공기와 땅이 아직 오염되지 않고, 그들의 삶이 '좋았던 옛 시절'을 연상시키는 '때 묻지 않은' 지역을 찾아 전 세계를 돌아다니며 해외여행을 떠난다.

경쟁적인 환경을 이용하고 개발한 것은 물 공급, 삼림 벌채, 지구온난화 등 여러 분야에 침투해 왔다. 이러한 문제는 인간 존재의 기반 자체를 위협한다. 이러한 문제가 인위적인 것인지 아닌지는, 상식적인 사람이라면 누구나 우리의 거의 모든 생활 방식이 이러한 문제와 관련이 있다는 것을 깨닫고 있기 때문에 논란거리가 되는 질문이다. 무엇을 할 수 있을까? 복잡한 해결책은커녕 이러한 환경 문제의 범위도 놀라울 정도이다. 많은 질문 중에서 우리는 다음과 같은 질문을 던져야 한다. 누가 이 문제를 해결하기 위해 비용을 지불할 것인가?

환경의 질과 생태계 보존이라는 시급한 문제는 본질적으로 공적이다. 공공 영역의 쟁점은 생성이나 해결에 대한 개인의 기여에 관계없이 모든 사람에게 이익이 되거나 해를 끼치는 문제이다. 이와 관련하여 문제의 핵심은 합리적인 개인이 '합리적인' 사람의 산업화 이후 정의에 따라 그가 해서는 안 되는 일이기 때문에, '공공'의 이익을 위해 희생하기를 꺼린다는 사실에 있다. 여기서 우리는 성숙한 산업사회의 시민들이 이미 산업발전 과정에서 합리적 인격과 계산적 태도를 획득했다는 사실을 상기해야 한다. 예를 들어, 대기 오염의 경우, 깨끗한 공기는 숨 쉬는 모든 사람에게 이익이 되는 한, 공기의 생성이나 보존에 기여한 자와 그렇지 않은 자를 구별하지 않는 유용한 것이다. 깨끗한 공기가 더 절실히 필요한 사람이 깨끗한 공기에 대한 비용을 지불할 것으로 기대한다면 어떤 개인이라도 깨끗한 공기에 대한 비용을 지불하지 않는 것이 완전히 합리적일 것이다. 왜냐하면 그 혜택은 어쨌든 그에게 돌아갈 것이기 때문이다.

미국에서는 최근 몇 년 동안 운전자들에게 암울한 에너지 미래를 알리고 운전을 줄이며, 대체 교통수단을 찾도록 요청함으로써 에너지 부족 문제를 해결하려는 노력을 기울여 왔다. 그러나 휘발유 가격이 오를 때까지 운전자들은 효과적으로 대응하지 못했다. 이러한 가격 반응 행동은 합리적인 개인이 "합리적으로"만 행동할 것이며 대중의 존중이나 이타주의라는 고귀한 생각에 설득될 수 없음을 나타낸다. 산업 사회의 시민들이 합리적으로 유지되는 한, 공공 성격의 사회 문제는 정부 운영이 아무리 낭비적이고 비효율적이라 할지라도 개인 차원이 아닌 정부의 자비로운 손길을 필요로 할 것이다. 복지국가의 확대는 공공의 선택이 아니라 산업발전의 필연적 결과이다.

2) 재생 불가능한 에너지의 고갈

개발은 일단 추진되면 그 추진력을 거의 멈출 수 없다. 산업 및 경제적 패권을 향한 인간의 욕구를 억제할 수 있는 경계는 없다. 또 다른 놀라운 문제는 에너지원의 지속적인 가용성이다. 재생에너지가 지역적으로나 세계적으로 인류의 에너지 수요를 서둘러 충족시키지 못한다면 인류의 미래는 참으로 암울할 것이다. 화석 연료에 크게 의존하는 현상 유지를 계속해서 연장한다면 지구의 매장량은 수세기가 아니라 수십 년 안에 반드시 고갈될 것이다. 손쉬운 탈출구는 원자력 확대지만, 그렇게 해도 안전 문제가 근본적으로 해결되지는 않을 것이다. 그러므로 사회는 태양광, 풍력, 해양파도, 지열 에너지와 같은 자연 자원에 주목해야 한다. 노르웨이, 덴마크, 스웨덴, 핀란드 등 북유럽 국가들은 다른 국가들보다 훨씬 앞서 있으며, 독일에서는 믿을 만한 발전이 이루어졌다. 이제 미국, 중국, 인도뿐만 아니라 아시아, 아프리카, 남미의 개발도상국을 포함하여 인구가 가장 많고 에너지를 많이 소비하는 국가에서 정부와 국민의 훨씬 더 큰 진전이 필요하다.

즉, 더 많은 자원을 통제하기 위한 치열한 경쟁으로 인해 에너지원이 고갈되고 환경이 악화되고 있다. 만약 이러한 발전 과정이 억제되지 않고 계속된다면, 인류에게 스스로 자초한 멸종 외에 다른 운명은 없을 것이다.

9. 다시 한 번 위기에 처한 인간의 생존

발전의 여정이 살고자 하는 공통의 욕구와 필요에서 시작되었다는 점, 그리고 발전 단계를 거치면서 더 나은 삶을 살 수 있다는 점은 참으로 아이러니하지만, 결국 인류의 생존 자체를 위협하는 생활환경을 조성하게 되었을 수도 있다. 이 여행은 또한 지구촌 주민들의 소속감과 정체성을 박탈했다. 이 지구촌에 사는 우리는 산업화 이전의 덜 발전된 단계에 있던 것보다 더 나은 삶을 살고 있나요? 개발이 특히 평균 기대 수명과 물질적 안락함의 일반적인 수준을 확대함으로써 여러 분야에서 삶의 상황을 향상시켰다는 사실을 부인할 수 없다. 그러나 많은 곳에서 경제적 팽창과 세계화로 인해 신체적 존재의 질, 심리적 정체성, 사회적 존엄성이 저하되었다.

인류가 군대와 경찰 기관을 창안한 물리적 안전과 안보 역시 지난 50년 동안 개선되었다고는 말할 수 없다.

1) 인구 증가와 식량

산업 발전으로 인해 전통적인 농업 생산성이 저하되는 경향이 있는 반면, 산업화에 수반되는 과학 기술은 기대 수명 연장과 유아 사망률 감소에 기여한다. 이로 인해 특히 노인이나 어린이 등 소위 비생산적인 연령층의 인구가 증가하였다. 앞서 논의한 바와 같이 이러한 현상은 복지정책의 확대와 정부 부문의 성장을 촉진한다. 전 세계적으로 과학과 기술의 이전은 효과적인 인구 관리에 필요한 정부 정책이 뒤처지는 방식으로 인구 폭발에 기여하게 된다. 가난한 나라와 부유한 나라 사이의 인구 불균형은 심화될 것이며, 이는 저개발국의 대규모 식량 생산 문제로 이어질 것이다. 유엔식량농업기구(UNFAO)는 수입에 필요한 요건이 앞으로 수십 년 동안 증가할 것으로 예상하고 있다. 이러한 요구 사항을 충족시키기 위해 전 세계에서 생산할 수 있는 잉여 식량은 무엇이든 주로 미국과 캐나다에서 생산될 것이다. 비록 궁핍한 국가들이 국민들에게 분배하기 위해 필요한 기반 시설을 개발할 수 있다고 하더라도, 이 막대한 양의 식량을 구입하는 것은 개발도상국들의 재정적 능력을 훨씬 넘어서는 것이다.

이러한 실질적인 고려 사항 외에도 피할 수 없는 가치 기반 문제가 많이 있다. 그 중에는 가난한 사람들을 먹여 살려야 하는 가진 자들의 도덕적 의무에 관한 문제도 있다. 일부 개발도상국이 식량 수입 비용을 지불할 수 없다면, 선진국은 사람들이 굶주림과 영양실조로 죽어갈 때 식량 수송을 보류할 수 있을까? 지배적인 견해는 인간이 생명에 대한 고유한 권리를 가지고 있다는 것이다. 따라서 음식과 같은 기본적 필요는 자연 인권의 범위 내에 있다. 그러나 이러한 인본주의적 정서는 선진국 생산자들에게는 받아들여지지 않을 수도 있다.

식량 분배의 세계적 불평등은 참으로 추악하다. 가장 산업화된 국가들은 많은 개발도상국의 인구를 합친 것보다 더 많은 곡물을 가축에게 먹인다. 이러한 불평등의 윤리적 차원은 무엇인가? 그러한 식량의 불평등한 분배는 그 자체로 인간의 불의에 해당하므로 시정 조치가 필요한 것인가?

식량에 관한 정책적 이슈는 특히 노동과 연관성이 있다. 탈곡기와 같은 새로운 농업 장비는 종종 저개발국의 노동자를 대체하여 딜레마를 야기한다. 농부의 일자리와 생산 효율성 향상 중 어느 것이 더 중요한가? 게다가 필리핀, 오키나와, 한국과 같은 곳에서는 미군 기지가 대규모의 주요 생산 토지를 차지하고 있다. 식량 생산을 위한 토지 이용과 전략적 이익을 위한 토지 이용 중 어느 것이 더 중요한가? 미국의 곡물 비축량이 세계의 기아에 도움이 된다면, 미국 농부들은 밀 재배에 대한 특별 보조금을 받아야 하는가?

식량 지원 문제는 이러한 문제가 저개발국에만 국한되지 않는다는 사실로 인해 더욱 복잡해진다. 이 장과 이전 장에서 논의한 것처럼, 산업 및 후기 산업 발전은 농업 부문을 악화시키고 농부를 상업 사회의 주류로부터 소외시킨다. 동시에, 부유층과 빈곤층의 양극화가 심화되면서 영양실조로 고통 받는 인구 집단이 확대되고 있다.

산업 발전과 과학 및 기술의 이전은 세계 인구의 기하급수적인 증가에 기여해 왔으며, 식량 생산 및 유통과 관련하여 겉보기에 극복할 수 없을 것 같은 딜레마를 남겼다. 따라서 배고픈 사람들에게 식량을 제공하는 것은 점점 더 많은 사람들이 산업화 및 산업화 이후 단계에 진입하는 세계에서 초점이 되는 문제가 되었다. 생존이 원시인의 궁극적인 목표였던 시절, 인류는 함께 모여 농작물을 재배했다. 그러나 아이러니하게 들리겠지만, '개발'이라는 긴 여정은 우리에게 어떻게 인간에게 충분한 식량을 공급할 것인가에 대한 동일한 문제를 안겨 주었다. 식량 확보가 다시 한번 주요 관심사가 되었을 때 우리가 진정으로 성취한 것은 무엇인가?

2) 의료 및 건강관리: 과학 및 유통 시스템

의료 및 위생 과학의 발전은 확실히 경제적으로 발전된 사회에서 사람들이 더 오래 사는 데 도움이 된다. 그러나 수명이 길어진다고 해서 반드시 삶의 질이 높아지는 것은 아니다. 노인들은 사회적으로 소외되었을 뿐만 아니라 약물에 대한 과도한 의존으로 신체를 유지하고 있으며, 이는 그 자체로 수많은 건강 문제를 야기하고 있다. 서구 선진 사회, 특히 미국의 의학적 치료는 원인을 목표로 삼는 것이 아니라 증상을 완화시키는 증상 중심적이다. 증상은 통증의 형태로 느껴지기 때문에 통증을 덮어주는 것이 치료로 받아들여진다. 그러나 약물 섭취할 때는 부작용이 발생하는 경우가 거의 없지만, 추후 부작용으로 인해 추가 약물 치료가 필요한 다른 건강 문제가 발생하는 경우가 많다. 이러한 악순환은 환자가 여러 약물의 복합적인 효과로 인한 합병증을 처리할 수 없을 때까지 계속된다.

미국인의 기대 수명은 대부분의 산업화된 사회에 비해 뒤떨어져 있으며, 이러한 의료 추세에는 적어도 부분적으로 책임이 있을 수 있다. 이익을 추구하는 제약 산업은 특히 미국에서 공중 보건에 대한 무감각한 태도로 인해 널리 비판을 받고 있다. 이러한 전통적인 의료 접근 방식에 대응하여 점점 더 많은 개인과 그룹이 인체의 본질에 대한 근본적으로 다른 지식을 바탕으로 대체 건강 과학을 탐구하고 있다. 이 견해는 신체를 균형 잡힌 "힘"(중국어로 "gi") 시스템으로 간주하며, 이는 아시아 침술의 기본 전제이다. 이는 또한 유럽에서 인체를 빛의 통합 시스템으로 보는 관점인 '생물학'에 통합되었다. 이러한 관점에 따르면 우주는 인간의 몸이 지구의 일부이자 우주 그 자체로 연결되어야 하는 거대한 시스템이다. 인체의 일부나 부분이 서로 연결되지 않은 경우 연결이 끊어진 부분을 바늘이나 빛으로 바로잡아야 신체가 균형을 회복할 수 있다. 유럽과 아시아에서는 큰 진전이 있었지만, 의료 및 제약 산업은 대체 의료 아이디어에 저항해 왔다.

"gi" 과학은 또한 전자 자기장(EMF)이 특히 신경심리학적 건강에 있어 건강 장애의 새로운 원인이 되었다는 견해를 발전시키고 있다. 오늘날 전 세계적으로 연결된 세상에서 사람들은 온라인 통신 네트워킹, 무선 통신 장치, 스마트폰으로 인해 점점 증가하는 전자 자기 환경에 노출되어 있다. 지구상의 거의 모든 사람이 노출된 사이버 공간은 인체에 크지만 거의 알려지지 않은 영향을 미친다.

또한 의료 시스템 내에서도 분배의 불의와 불공정이라는 문제가 동일하게 존재한다. 서비스가 필요한 사람들이 쉽게 접근할 수 없는 고도로 발전된 건강 과학이 있을 때, 우리는 "구조적 폭력"을 구성하는, 제대로 기능하지 않는 시스템을 갖게 된다. 세계 여러 곳의 경우가 그렇다.

3) 정체성과 존엄성의 상실

개인의 정체성은 그 사람의 의미 있는 주소이다. 그것은 개인의 상징적인 이름이다. 그렇다면 정체성의 속성은 무엇이며, 그것이 개인에게 어떤 역할을 하는가? 정체성은 가치, 신념, 규범, 그리고 개인이 갖고 있는 삶의 원칙 등으로 구성된다. 물질적 소유나 사회적 지위로 정의되지 않는다. 따라서 사람은 정체성을 갖고 태어나지 않는다. 그것은 생활환경의 특정 맥락에서 사회화와 교육을 통해 습득된다.

정체성이 무효화되면 그 사람은 사회 내에서 상징적 이름을 잃게 되는데, 이는 그 사람이 상징적 실체로서 존재하지 않는다는 것을 의미한다. 이런 일이 발생하면 그 사람은 살아있는 피조물로서 자기 부정과 무가치함에 대한 심오한 경험을 겪게 된다. 따라서 이는 탈출수단으로 자살이나 술과 약물에 손을 뻗는 등의 비순응적이거나 비정상적인 행동으로 이어질 것이다. "안심 지대"가 확보되지 않으면 정체성 위기에 처한 사람들은 한동안 동면 상태에 있다가, 외적으로 예측할 수 없고 무작위적이며 종종 파괴적인 행동을 하게 될 가능성이 높다. 동면은 우울증 기간으로 나타나며, 이 기간 동안 파괴적인 행동은 내부 지향적(자살) 또는 외부 지향적(살인)이 될 수 있다. 높은 자살률은 특히 경제적으로 선진국에서 점점 더 흔해지고 있다. 미국의 학교 캠퍼스에서 일어나는 대량 살인의 폭발적인 증가는 어떤 면에서는 후기 산업 사회에 만연한 정신적, 정서적 혼란에 기인할 수 있다. 가족 제도의 붕괴와 기술적, 상업적 발전에 발맞추기 위한 현대 교육의 전환이 아이들의 정체성 위기에 기여했다는 것은 분명하다. 또한 이러한 정체성의 불안정성은 사회에 대한 파괴적인 행동이 증가하는 것을 설명할 수 있는 정서적 특성과 행동 패턴을 형성한다는 것도 분명하다.

정체성은 사회화와 상호작용의 과정에서 발달한다. 이전 장에서 논의한 것처럼, 가족이나 종교 집단과 같이 소속감을 촉진하는 사회 제도는 정체성을 풍요롭게 하는 데 매우 중요하다. 해당 기관이 소속 욕구를 충족할 수 없으면 정체성 위기가 발생할 가능성이 높다. 후기 산업화 및 글로벌 단계에서처럼 인간관계가 주로 계약 및 법적 의무에 의해 좌우될 때, 상호 소속감이나 애정이 기반이 되지 않기 때문에 정체성 상태가 불안정해질 가능성이 높다. 정체성이 결여되면 자존감과 인간의 존엄성이 상실되는 고통을 겪는다.

최종 분석에서 우리는 스스로에게 다음과 같은 질문을 던진다. 세계화는 축복인가 저주인가? 대답은 자격을 갖춘 것이어야 한다. 그것은 모두 누가 질문을 받는지에 달려 있다. 인간 존재에 대한 준거의 틀이 확장되는 것은 축복이다. 육체적 수명을 연장하여 기대수명을 늘리는 것은 축복이다. 더 적은 시간과 더 적은 노력으로 일을 하면서 생활을 편리하게 만드는 것이 축복인가? 그렇다. 이익을 추구하는 기업에게는 축복이 될 것이다. 이는 확실히 군사 산업에 있어서 축복이다. 이는 관광과 관광객에게 확실한 축복이다. 그러나 우리가 이 장에서 논의한 것처럼, 산업화 이후의 세계적 발전에는 심각한 "피해자"가 많이 발생한다. 그 중에서도 인간의 육체적 생존, 건강 취약성, 환경 건강 및 생태(눈에 보이거나 보이지 않음), 분배적 정의, 중산층 생존 가능성, 사회 불안 및 갈등, 자부심, 존엄성, 공동체 및 평화에 대한 안전과 안전감과 관련된 삶의 질, 부정적인 결과는 사실이며 결국 인류의 생존과 역사의 흐름을 위협할 수 있다. 3부의 다음 장에서 나는 적대적인 발전 과정을 뒤집을 수 있는 몇 가지 건설적인 아이디어를 제시할 생각이다.

세계화의 성격과 영향에 관해 이 장을 마치기 전에 마지막으로 언급할 사항이 있다. 가장 일반적인 질문은 다음과 같다. 세계화는 미국화인가요? 이 책의 이 시점에서 세계화는 개발 과정의 동일한 연속체에서 이해되어야 한다는 것이 분명해졌다. 미국은 이 책의 2부에 설명된 발전 경로를 따르고 있으며 지금도 따르고 있다. 따라서 미국은 발전의 경험적 사례를 대표한다. 이론(발전 패러다임)은 여느 이론과 마찬가지로 '이상형'(Max Weber의 개념)으로 구성되었으며, 미국 발전의 패턴은 단순히 증명된 경험적, 역사적 사례에 불과하다. 이런 의미에서 나는 이 책에서 소개하는 인간의 욕구 중심 패러다임이 "서구 편향"으로 비판받아온 대부분의 근대화 이론과는 다르다는 점을 다시 한번 강조하고 싶다.

PART 3

전체적이고 개관(槪觀)적인 해결책을 찾아서

인간 실존 정체성의 완전한 상태로부터 인류 공동체의 붕괴에 이르기까지 심각한 문제들이 발생했다. 결국 기술적 탁월성에 기만적으로 축복받은 세상은 인류 역사의 종말을 불러올 수도 있다. 우리는 거기에 문제의 혹독함이 있다는 것을 인지해 수많은 해결방안을 제안하고 시도해왔다. 그러나 시간이 흐르면서 우리는 궁극적으로 더욱 악화했다. 이렇게 불길한 예측엔 몇 가지 이유가 있다.

제 11 장

인간 발달

사회적, 정치적 발전에 대한 문헌에서 인간은 어디에 있는가? 발전의 척도로 '제도'를 들고 있는 문헌에는 이와 관련하여 많은 출처가 있다. 우리는 보다 발전된 사회는 보다 전문화되고 표준화된 기관으로 구성된다는 공통된 주장을 한다. 특히 Max Weber 이후 많은 학자들은 문화를 발전의 중심 기준으로 삼았고, 일부 문화는 다른 문화보다 더 발전된 것으로 간주되기도 한다. 다른 학자들은 Talcott Parson이 정서적 중립성이 아닌 자기 지향성(집단 지향성이 아닌), 보편주의(특수성이 아닌), 귀속(성취가 아닌), 특이성(확산성이 아닌)이 사회적 상호작용에서 현대적 혹은 발전된 패턴을 나타내는 것으로 간주되는 "패턴 변수"의 병치에서 볼 수 있듯이, 특정 가치 체계 또는 행동 특성이 다른 것보다 더 발전했다고 생각한다. "패턴 변수"는 제2

장 앞부분에서 설명한 냉전 시대의 현대 발전 연구에서 많은 심리적 환원론자들에 의해 모방되었다.

어떤 사람들은 Francis Fukuyama와 같은 사람들이 자유민주주의가 가장 완벽한 정치 이념이라고 주장할 정도로, 특정 정치 이념이 다른 이념보다 더 진보했다고 가정하기도 한다. 이 책에서 전개되는 인간의 필요/욕구에 기반한 발전 이론은 인간의 상황에 관한 것이지만, 이 이론은 여전히 인간 자체보다는 인간의 조건을 다루고 있다. 그러나 인간 자체를 다루지 않고 사회나 정치의 발전을 논하는 것은 비논리적이다. 결국 사회는 국민으로 이루어지고, 국민에 의해 운영되며, 국민을 위해 존재하는 것이다. 그러므로 나는 (사회적이든 정치적이든) 발전에 대한 신뢰할 만한 연구는 모두 인간 자체의 발전에 대한 분석에서 시작되어야 한다고 간절히 호소한다.

인간 발달에 관해 이야기하려면 먼저 사람의 전체 특성을 알아야 한다. 가장 일반적인 견해는 사람이 몸과 마음으로 구성되어 있다는 것이다. 어떤 사람들은 인간의 이분법적 해부학을 확장하여 영을 포함시킨다. 따라서 개인은 '신체, 마음, 정신(BMS)'으로 구성된다. 그러나 가장 광범위한 관점에는 신체, 마음, 정신, 영혼이라는 네 가지 고유한 속성이 포함되어야 한다. 이 네 가지 구성 요소는 모든 인간에게 내재되어 있다. 우리는 인간 해부학의 네 부분을 고유한 기능으로 정의한다.

신체 느낌 (감각적);

마음 생각 (이유);

정신 가치 (평가);

영혼 자유 (해방).

신체는 감각 기능을 수행한다. 마음은 논리적이고 과학적인 사고를 포함하는 추론 기능을 수행한다. 정신은 평가하는 기능을 수행한다. 그리고 영혼은 시간과 공간의 속박에서 인류를 해방시키는 기능을 수행한다. 인간발달은 인간의 이 네 가지 특성이 더욱 건전해지고 건강해지는 과정을 의미해야 한다. 우리가 경험적 발전 패러다임(생존, 소속, 여가, 통제)을 위해 확립한 인간의 네 가지 욕구와는 달리, 이 네 가지 구성 요소는 상호 강화된다. 건강한 신체는 다른 세 가지 구성 요소의 건강을 증진하는 데 도움이 되며, 다른 구성 요소 간의 상호 관계에 대해서도 마찬가지다.

1. 신체

신체는 인간의 가장 흔하고 보편적으로 인식되는 재산이다. 인간의 발달은 신체 자체의 생존과 건강에서 시작되어야 한다. 신체의 생존에는 음식, 의복, 주거지, 의료, 안전 및 보안을 포함한 일련의 필수품이 필요하다. 따라서 공동체 구성원의 육체적 생존을 보장하려면 무엇보다도 식량 공급이 필요하다. 전 세계 농업 생산성이 전 세계 인구를 먹여 살릴 만큼 충분할 정도로 발전한 기술 덕분에 우리는 충분한 식량을 보유하고 있는 것 같다. 그러나 글로벌 시대로 접어들면서 가장 어려운 사람들을 위한 식량 공급이 큰 관심사가 되었다. 지구 자체는 여전히 충분한 양의 식량을 생산할 수 있는 능력을 갖고 있지만, 분배 시스템은 전 세계 모든 사람들에게 식량을 공급한다는 목표를 달성하기에는 적절하지 못하다. 이는 토지의 잘못된 관리와 결합되어 생태적 퇴보를 가져왔을 뿐 아니라, 결과적으로 농업 생산성 감소로 이어진다. 식량 부족 문제는 지구상의 인구 증가로 인해 더욱 악화되었다. 가장 큰 증가는 이미 가장 극심한 빈곤에 처한 지역에서 이루어진다. 여기서 우리는 식량 생산과 수요에 대한 글로벌 모니터링 시스템을 마련하고, 최적의 수의 사람들에게 혜택을 줄 수 있는 분배 메커니즘을 고안하고 구현해야한다. 유엔의 세계식량계획(WFP)은 올바른 아이디어이긴 하지만, 강화된 권한과 자금 지원을 통해 크게 확장되어야 한다.

미국의 의료 시스템이 무너졌다고 말하는 것은 진부한 표현에 가깝다. 지구촌에서 가장 경제적으로 발전하고 정치적으로 영향력이 있는 국가인 미국에서는 이용 가능한 의료 서비스 및 물품과 이를 절실히 필요로 하는 병든 사람들 간에 큰 단절이 있다. 이러한 불일치를 합리화하는 사람들과 이론은 많지만, 결론은 사람들이 불필요하게 고통을 받고 있다는 것이다. 문제는 전달 시스템 자체보다 훨씬 더 깊다. 진짜 문제는 경제적, 금전적 이해관계에 사로잡혀 있는 의료 및 제약 산업이다. 서양 의학에 대해 일반적으로 인식되는 문제는 거의 증상을 중심으로 다루고, 접근 방식이 대부분 단편적이고 점진적이라는 것이다. 필요한 것은 점진적인 치료를 보완할 총체적인 접근 방식이다. 우리는 증상 치료뿐만 아니라 예방의학에 훨씬 더 많은 관심을 기울여야 한다. 모든 종류의 총체적 접근 방식은 인체에 대한 총체적 관점, 즉 두 가지 철학적 관점을 통합하는 관점에서 시작되어야 한다. (1) 인체는 시스템에서 모든 요소가 시스템에 필수 불가결한 총체적이고 완전한 시스템이다. (2) 인간의 몸은 우주의 일부로 보아야 하며, 자연 우주와 조화롭게 살아갈 때 가장 잘 살아남을 것이다. 앞 장(제10장)에서 논의한 바와 같이, 선진 서양 의학과 그에 따른 건강관리 방법은 인체와 신체 질환을 다루는 방법에 대한 총체적인 이해로 보완되어야 한다. 중요하면서도 흔히 무시되는 영역 중 하나는 건강 문제에 대한 예방적 또는 사전 예방적 접근 방식이다.

글로벌 시대를 맞이하여 더 많은 국가와 정부가 도시화와 교외화로 인해 전례 없이 복잡해진 법과 질서를 유지해야 하는 과제를 해결해야 한다. 경제적 필요에 따른 외국인 이주 노동자의 유입으로 인해 공동체는 서비스와 상품의 물리적 관리뿐 아니라, 더 근본적으로는 수천 년 동안 공동체를 하나로 묶어온 규범과 관습의 변화에 어려움을 겪고 있다. 따라서 지역사회가 새로운 문화적 요소를 통합하려고 노력함에 따라 국가 측의 법과 질서에 대한 도전이 더욱 어려워졌다.

유럽에서는 대부분의 이주 노동자가 이전의 동유럽과 아프리카 출신이다. 일본과 한국에서의 근로자는 동남아시아와 중국 출신이다. 이들 국가 모두에 공통적인 문제 중 하나는 근로자들이 저임금 일자리에 배정될 뿐만 아니라, 수용국에서 거의 환영받지 못할 정도로 사회적, 문화적으로 소외된다는 것이다. 주인 국가에 충성심을 보일 이유가 없는 이주 노동자 인구는 사회 불안을 야기할 수 있다. 일본이 대표적인 예이다.

그 나라는 강한 도덕성과 공동체에 대한 충성심을 포함하는 공통의 문화를 공유하는 동질적인 사람들로 구성되어 있다. 수천 년 동안 일본에서는 강도나 소매치기 같은 사회 범죄가 거의 발생하지 않았다. 그러나 오늘날 이 나라는 점점 늘어나는 외국인 이주 노동자들이 저지르게 되는 사소한 범죄들로 일본인들이 고통받고 있다. 이 노동자들은 지역사회에 대한 충성심도 없고, 다른 사람들에게 자신이 어떻게 인식되는지에 대해 거의 관심이 없으며, 장기 거주를 유지할 의도나 욕구 없이 돈을 벌기 위한 단 하나의 목적으로 그곳에 있다고 말한다.

아프리카와 이전의 동유럽 국가에서 온 외국인 이민자들이 있는 서유럽 국가에서도 비슷한 상황이 관찰된다. 이주 노동자 문제에 대한 신뢰할 만한 조사에는 최소한 세 가지 측면, 즉 이민자 자신, 그들이 본국에 미치는 영향, 수용국에 미치는 영향이 포함되어야 한다. 그러나 지금은 이주 노동자들이 수용국에서 생활이 어려울 정도로 어려움을 겪고 있으며, 경우에 따라서는 범죄행위와 사회불안을 초래할 수도 있다는 점을 언급할 수 있다.

보안 문제는 이미 극복할 수 없게 되었다. 우리는 테러리즘과 국내 봉기의 결과로 인한 정권 및 정치 체제의 붕괴로 인해, 그리고 비전통적 전쟁으로 인해 인류 생존에 심각한 위협에 직면해 있다. 21세기

초반 수십 년 동안 Arab의 봉기와 반군은 자살폭탄 공격과 사람을 죽이려는 기타 시민폭력 방법으로 인해 수많은 민간인 사상자를 낳았다. 폭력 사태는 외국의 전쟁이나 개발도상국에만 국한되지 않고, 미국, 영국, 일본 등 선진국에서도 우려가 커지고 있다. Oklahoma 도시 폭탄 테러와 Connecticut 주 뉴타운의 학교 어린이 대량 살해는 인간 생명에 대한 실제 위협이 다양하고 예측할 수 없는 원인에서부터 비롯될 수 있음을 생생하게 상기시켜준다.

신체의 생존과 건강을 위해서는 기본적인 욕구를 충족시켜야 할 뿐만 아니라, 경찰기관의 기능을 갖춘 질서 있는 사회를 구축해야 한다. 또한 외부 위협을 억제하려면 외부 적대감을 무력화하는 보안 조치를 개발해야 한다. 국내 안보와 외부 적대감의 경계가 모호해짐에 따라 우리는 보다 통합적인 관점에서 협력해야 한다. 시민사회에서는 테러가 절대 허용되어서는 안 된다는 데에 공감대가 형성되어 있다. 그러나 현실은 테러리즘이 존재한다는 것이다. 테러리즘의 대부분은 현재 이슬람 극단주의자들의 호전적인 가르침에서 비롯된다. 그들의 믿음은 그들 구성원을 표적으로 삼는 적들이 같은 방식으로 멸망되어야 한다는 것이 하나님의 신성한 가르침이라고 해석하는 것에 따라 인도된다.

이러한 특정 형태의 테러리즘은 정치적 불일치나 분배적 불의에 의한 구조적 폭력에서만 발생하는 것이 아니다. 이는 어느 정도 이 지역에서 수세기 동안 사회 정의의 기초로 유지되어 온 서구의 군국주의와 신앙을 기반으로 한 문화적 가치에 대한 무감각의 결과이기도

하다. 역사는 서로 다른 종교적 신념을 가진 사람들이 평화롭게 함께 살아가는 방법을 적극적으로 모색해야 한다는 사실을 상기시켜 준다. 그렇지 않으면 갈등이 발생할 것이다. Samuel Huntington이 『문명의 충돌』에서 말한 것처럼, 무기가 인류를 전멸시킬 수 있는 오늘날의 세계에서 종교를 중심으로 하는 문명이 충돌한다면, 우리에게 테러리즘 문제를 가장 포괄적이고 효과적인 방법으로 다뤄야 하는 것만큼 시급한 일은 없다. 이는 인류의 양심에 혁명적인 변화가 일어나서, 개별 국가와 국가를 위한 안보의 추구가 제13장에서 다룰 주제인 지구상의 평화 추구로 대체되어야 함을 의미한다.

우리는 신체의 생존과 건강을 위해 산업화 이전 사회에서는 결코 상상하지 못했던 새로운 도전에 직면해 있다. 바로 이전 장에서 논의한 바와 같이 그것이 바로 지구 환경이다. 지속가능한 에너지원을 확보하고 지속가능한 환경을 관리하는 우리의 능력은 인류의 생존에 필수적이다. 생명이 곧 권리이자 집단적, 사회적 책임에 속하는 기본적인 인권인 한, 환경 문제는 모든 정부와 국제기구의 최우선 과제가 되어야 한다.

사회생태의 악화로 개인의 생존이 위협받고 있다. 사회생태학은 사회가 지속가능한 발전을 유지할 수 있도록 내부 균형을 유지하고 외부 세계와 조화를 이루기 위해 끊임없이 스스로를 재창조해야 한다는 개념을 말한다. 사회 시스템이 구획화되고 기능의 역할이 전문화됨으로 인해 이러한 재창조와 조정의 순환은 심각한 도전을 받았다. 불균형한 사회 시스템과 조화롭지 못한 사회가 가져오는 결과는 인간 행동과 관계의 패턴에 있어서의 비정상일 뿐 아니라 제도적 기능 장애이다. 사회생태의 교란으로 인한 해로운 결과는 다양하며, 이는 사람들의 생명을 위협하는 파괴적인 형태의 행동으로 이어진다.

신체 건강관리는 규칙적인 운동과 건강한 식습관을 포함한 예방 조치에서 시작되며, 모든 사회 조직, 특히 교육은 이러한 과제를 최우선 과제로 삼아야 한다. 선진 산업사회의 생활 방식은 사실상 예방 의료가 무시되는 방식으로 구성되어 있다. 대부분의 서비스 부문 직종에는 상당한 정도의 신체적 움직임이나 운동을 필요로 하지는 않는다. 운동 부족은 건강에 해로운 식습관과 함께 비만을 유발하는데, 이는 대부분의 선진 사회에서 만성적인 문제이다.

2. 마음(Mind)

인간 마음의 기능을 통해 가능해진 과학기술의 혁신이 많은 경우 인간의 마음 자체를 무력화시키는 역할을 했다는 것은 참으로 아이러니한 일이 아닐 수 없다. 데이터와 정보를 전자적으로 처리하는 자동화된 장치와 수단은 인간의 마음을 게으르고 소심하게 만들었다. 이 외에도 진짜 문제는 교육의 탈선된 기능에서 나타난다. 교육의 목적은 사고력을 키우는 것이라는 전제 하에 깨닫고 행동하도록 해야 한다. 생각한다는 것은 서로 다른 대상을 체계적으로 연결하는 것이다. 그러나 거의 모든 선진국 사회에서 교육은 추론과 사고에서 멀어지고 있다. 표준화된 시험에서 좋은 점수를 얻기 위한 암기와 특정 기술의 습득은 오늘날 교육 시스템의 목표가 되고 말았다.

글로벌 공동체와 그 구성 국가와 조직의 과제는 이해 여부에 관련 없이 정보를 저장하고 재생산하는 것이 아니라, 교육의 중심 목표로 추론하고 비판적으로 사고하는 인간 능력의 향상을 확립하는 것이다.

3. 정신(Spirit)

인간의 능력은 가치를 평가하는 기능 없이는 완전할 수 없다. 우리가 사용하는 모든 형용사(좋은, 높은, 위대한, 고귀한, 중요한 등 기타 여러 단어)는 가치를 할당하는 능력에 따라 개념화된다. 이것들은 모두 지각하는 사람의 개인적인 경험, 선택한 신념, 교육에서 주관적으로 파생된다. 그러나 오늘날의 글로벌 생활에서는 가치 판단을 내리는 능력이 심각하게 저하되어 있다. 그 장본인은 가치, 규범, 감정 등 기타 주관적인 것의 가치를 조롱하는 과학 숭배이다. 과학 숭배는 통일성과 객관성의 이름으로 실제로 인간 존재의 신화적인 정점이 되었다. 인간 능력의 과학적 변화 과정에서 미적, 예술적 삶의 경험은 격하되고 심지어 조롱당하기까지 했다. 우리는 이 분야에 대한 우리 교육의 끔찍한 실패에 대해 차근히 설득할 필요는 없다.

그러나 본 저자가 다시 언급해야 할 한 가지 놀라운 실패를 꼽는다면, 대학과 전문대학에서 미국 교육이 잘못된 방향으로 나아가고 있다는 것이다. 교육자와 연구자들은 장학금 인정과 지위 향상, 보상 패키지를 위해 학술지 저널에 진부한 연구 논문을 발표해야 한다. 모든 사회과학에는 패턴화된 연구 절차와 방법의 원형이 있다. (1) 가설을 형성한다. (2) 가설에 포함된 변수와 개념에 대한 데이터를 수집한다. (3) 가설을 정량적으로 테스트하기 위해 데이터를 실행하거나 처리한다. 진지한 과학 철학이라면 가설의 정의를 두 개 이상의 변수(개념)가 연역적으로 그럴듯하고, 경험적으로 불확실하거나 알려지지 않은 방식으로 관련되어 있다고 주장하는 관계형 진술이라고 말할 것이다. 가설 검증은 관계가 경험적으로 유효한지에 대한 여부를 알아내는 것을 목표로 한다. 여기서 연역적 타당성은 연구자 자신이 '가정'한 관계에 대해 주장하는 것이 아니라 이미 입증된 이론이나 통념에 의해서만 확립된다.

사회 및 정치 연구에서 가장 유행하는 가정 중 하나는 인간이 합리적이라는 것이다. 인간은 최소한의 비용이나 손실로 최대의 이익이나 이익을 추구하며, 일부 사람들이 이타적으로 행동하거나 다른 개인적인 이유로 행동할 것 같은 가능성을 배제한다. 이 경우 이타주의는 표준에 비해 비정형적이거나 예외적인 것으로 간주된다. 추구하는 이해관계는 대부분 경제적, 유형적 물질적 용어로 정의된다. 더욱이, 가설에서 주장하는 연관성은 이론이나 전통적으로 확립된 지혜에 근거하지 않고, 무작위적이고 설명할 수 없는 경우가 많다. 실증적 테스트가 아무리 엄격하게 수행되고 변수가 상호 연관되어 있다 하더라도 연역적 타당성의 부족은 여전히 해결되지 않는다. 이는 테스트된 가설이 기껏해야 경험적 일반화가 될 수 있음을 의미하는 것이다. 연역적 타당성이 부족하면 입증된 가설은 결코 이론이나 법칙이 될 수 없다. 결과적으로, 연구는 행동 체계나 혹은 다른 어떤 것을 설명하거나 이해하는 데 거의 가치가 없을 것이다. 문제 해결이라는 우리의 궁극적인 도전에 있어 이런 종류의 연구는 기껏해야 별 쓸모가 없으며 종종 해롭기까지 하다. 왜냐하면 연구자들이 인과관계 설명을 만들어냈다고 생각하도록 스스로를 속이기 때문이다.

또 다른 명백한 '잘못'은 교육기관 교수 임기제도 남용에서도 드러난다. 종신 재직권은(법 체계의 연방 판사들과 함께) 교수들이 정치적 기득권이나 공식적으로 인가된 이데올로기와 모순되거나 모욕적일 수 있는 학생들을 가르치는 데 있어서 그들의 "주장"하는 이념적 또는 정치적 발언에 대한 정치적 영향으로부터 그들을 보호하기 위한 배타적인 이유 때문에 보류된다.

예상대로 종신직 제도는 매카시즘이라는 정치적 풍조에 맞춰 진화했고, 냉전 시대의 정치에 적응했다. 간단히 말해서, 재직 기간 시스템은 학생들이 미래의 시민이자 리더로서 자신의 관점을 표현하는 데 필요한 다양한 견해, 규범 및 관점에 열려 있도록 만들어졌다.

교육의 가장 중요한 목표 중 하나는 학생들이 사회 구성원으로서 자신의 정체성을 명확히 표현할 수 있는 지적 및 가치 체계를 개발하도록 돕는 것이다. 교수들은 자신의 정체성을 '주장'함으로써 학생들을 도울 것으로 기대된다. 대학은 학계 내에서 때로는 상호 경쟁하고 갈등을 겪는 다양한 정체성의 세계를 수용하는 곳이다. 학생들은 자신의 마음과 정신, 영혼을 키우는 풍부하고 다양한 가치 체계에서 영감을 얻어 토론, 논쟁, 심층적인 숙고를 통해 자신의 정체성을 발전시킬 수 있어야 한다. 젊은 지식인의 정체성이나 인격 형성은 고등교육 기관의 신성한 목표이다.

비극적이게도 탈산업화와 글로벌 세계에서 학계의 상업화와 직업화는 학문을 속수무책으로 오염시켰기 때문에 자신의 견해를 "주장"하려는 사람이 거의 없는 것 같다. 게다가 "주장"이라는 직무를 수행하는 교수도 많지 않다. 대신 교수들은 직업 안정을 대가로 특정 분야의 정보를 전달하고 있다. 성인 생활을 모두 가르친 후, 나는 오늘날 고등교육 기관의 일부 미국 교육자들이 공공의 문제에 대해 규범적인 입장을 거의 표현하지 않기 때문에 재직 특권을 누릴 자격이 없다는 의견에 이르렀다. 그들은 당대의 논란이 되고 있는 공공 문제에 대한 가치 입장을 분명히 하는 데 무관심하거나 능력이 없다.

1960년대와 1970년대 베트남전쟁 당시에는 교수들과 학생들이 함께 전쟁에 대한 의견을 피력했다. 전국의 캠퍼스는 활발한 정치 포럼의 장이었다. 따라서 교수들은 정년제도에 의해 보호받아야 했다. 그러나 1970년대 중반 베트남 전쟁이 끝난 이후 세계화와 시장화의 흐름은 세계 곳곳으로 침투해 가장 선진화된 사회에 가장 큰 영향을 미쳤다.

2003년 미국의 이라크 개입 이후 격동의 세월을 보내면서 대규모 미군 병력이 중동의 이라크와 아프가니스탄에 파병돼 수만 명의 미군 사상자가 발생하고, 인명·물적 파괴 등 온갖 비극적인 결과가 발생했다. 그러나 그동안 미국 캠퍼스는 이상할 정도로 조용했다. 오늘날 미국의 대부분의 학자들은 종신직이 출판물의 양에 대한 성취에 대한 보상이나 상이라고 생각할 수 있다. 이러한 경향은 미국 전역의 연구 기관과 미국 학문의 영향력이 큰 다른 국가에서 더욱 심각하다.

미국 학계의 또 다른 심각한 문제는 학술행정가의 일차적 책임이 학문과 학계에서 리더십을 발휘하는 데 있다기보다는 기금 모금에 있다는 점이다. 그러나 이러한 방식으로 업무 성과를 평가하는 것은 관리자에게만 국한되지 않는다. 연구 장학생들은 기관에 대한 간접비를 포함한 연구 자금을 마련해야 하는 압박을 받고 있다. 연구자의 성과는 평가 및 처치에 큰 비중을 차지한다. 이 경우 교육은 뒷전으로 밀려나게 된다.

학계에 먹구름이 드리워진 상황에서 일련의 시정조치가 모색되어야 한다. 이 책의 마지막 장에서는 몇 가지 과감한 아이디어와 권장 사항을 제시할 것이다.

미국에서는 우선순위가 과학, 수학, 직업 기술 개발로 옮겨가면서 교육에서 예술에 대한 강조가 점차 사라졌다. 그럼에도 불구하고 미국은 대부분의 유럽 선진국과 저개발국의 일부 아시아 국가에 비해 훨씬 뒤쳐져 있다. 실제로 예술 교육은 다른 분야를 약화시키는 것이 아니라 강화하는 역할을 하며, 이는 전체적인 접근 방식이 모든 교육 분야에 더 효과적임을 시사한다. 우리는 예술 교육이 교육 전반을 풍요롭게 하고 모든 수준에서 사회화 과정을 촉진한다는 보편적 진리를 인정해야 한다. 그러면 학생들은 예술이 물질적 풍요로는 할 수 없는 방식으로 인간 존재의 질을 풍요롭게 하고 향상시킬 수 있는 성취와 더 깊은 내적 만족의 원천이라는 것을 깨닫게 될 것이다.

우리는 또한 윤리와 도덕을 포함한 가치 교육의 중요성을 인식해야 한다. 바람직한 교육의 핵심은 학생들이 일련의 원칙, 정의, 불의에 대한 감각을 지향하는 것이다. 이를 위해서는 역사와 역사적 인물, 그리고 그들을 인도한 원칙과 가치에 대한 학습이 필요하다. 오늘날의 어린 학생들은 당황스러울 정도로 롤 모델이 없으며, 원칙에 기초한 태도와 행동을 거의 발전시키지 않는다. 9장과 10장에서 논의한 것처럼 오늘날의 젊은이들은(그렇지 않은 젊은이도 포함) 오락과 경쟁을 추구하는 경향이 있다. 이러한 특성은 교육 경험에 의해 강화될 뿐만 아니라 평가 및 보상 방식에서도 분명하게 나타난다. 모든 표준화된 시험과 학교 성적 시스템은 학생들이 개인적인 잠재력을 깨닫거나 내면의 만족을 찾도록 돕는 것이 아니라 승자와 패자를 구분하도록 설계되었다.

4. 영혼

마지막으로 인간 영혼의 영역이 있다. 인간 존재에는 형이상학적이고 잠재의식적인 영역이 있다. 이 영역에서 영혼은 시간의 제약과 세상적인 사건으로 인해 발생하는 불안과 내면의 고통을 극복하는 데 도움을 주기 위해 노력한다. 우리는 영혼의 힘을 통해 이러한 근본적인 유대를 초월함으로써 궁극적인 자유를 추구한다. 많은 사람들에게 여기에 종교적 신앙의 개입을 요구한다. 인간 발달이 이 영역에 도달하지 못하면 삶의 질은 아직 충족되지 않은 것이다.

흥미로운 사실은 육체적인 노화로 인해 다른 세 가지 특성(신체, 마음, 정신)이 약해지고 심지어 악화될 수도 있지만, 영혼은 시간이 지나도 사라지지 않는다는 것이다. 많은 종교의 필수적인 가르침이자 보편적으로 존경받는 가치인 사랑은 영혼의 활동으로 간주될 수 있다. 사랑 자체는 시간이 지나도 변하지 않으며, 그 의미도 장소에 따라 바뀌지 않는다. 옛날에 어린 아기를 안고 있는 어머니는 지금 살고 있는 어머니와 똑같은 사랑의 감정을 느꼈을 것이다. 사랑의 감정은 사회적, 정치적, 문화적 차이와 상관없이 전 세계적으로 변함이 없다. 어떤 것이 시간과 공간을 초월하여 변하지 않고 그 타당성을 유지하는 것을 우리는 '진실'이라고 부른다. 진리로서의 사랑은 인류를 시간과 공간의 제약과 불안으로부터 해방시킨다.

우리는 이러한 궁극적인 의미에서 해방되고 싶은 타고난 욕구를 가지고 있다. 이것이 종교 창설의 이면에 있는 강력하고 일반적인 이유 중 하나다. 모든 종교는 정의에 따라 영생(즉, 현세 생활의 한계로부터의 해방)에 대한 비전을 제시해 왔다. 그러한 절대적인 자유에 이르는 길로서 불교는 우리에게 "내면의 변화", 즉 "자아를 비우는 것"을 유도하라고 가르친다. 이는 우리를 해탈의 초월적 영역에 이르게 할 것이다. 우리가 공간의 제약에서 벗어나고자 하는 본능을 가지고 있다는 사실은, 감옥이 범죄자를 한정된 공간에 가두기 위한 물리적 장치이며, 보통 사람이라면 누구도 그런 공간에서 살고 싶어 하지 않는 다는 사실이 설득력 있게 증명한다.

영혼은 몸, 마음, 그리고 정신을 대체한다. 그것은 그것들을 초월 할 뿐만 아니라 다른 모든 인간 속성이 풍요로워지고 그들 사이의 균 형 잡힌 관계 시스템(평형)이 촉진되는 방식으로 상호작용한다. 영혼 은 결정을 내릴 때 우리를 더 똑똑하게 만드는 것이 아니라 더 현명 하게 만든다. 지혜의 일은 선견지명을 갖고 행복의 수준을 높여준다. 결코 후회하지 않는다. 대조적으로 똑똑한 결정은 단기적인 이익을 위한 합리적인 계산에 의해 이루어지지만 지속적인 만족을 보장하는 경우는 거의 없다. 영혼의 일인 지혜는 과학(마음의 일)이나 가치 체계 (정신의 일)에서 나올 것으로 기대되지 않는다. 지혜는 삶 자체(인생 경험) 에서만 나온다.

그러므로 경험은 영혼의 양식이자 자양분임이 분명하다. 삶의 경 험은 지금 여기를 넘어 인간 존재의 영역을 확장시킨다. 교육적 경험 은 우리가 특별한 준거 틀을 확장하는 데 도움이 되어야 하며, 종교 적 경험은 오늘날을 넘어 시간의 영역을 확장하는 데 도움이 되어야 한다. 따라서 외국어를 포함한 의도적으로 설계된 커리큘럼을 통해 학생들을 세계의 다양한 문화와 생활 상황에 노출시키고 국제 교류 를 촉진하는 프로그램을 통해 실존 경험을 확대하는 것은 교육의 필 수적인 과제이다. 교육과 학생 생활환경을 대강 살펴보면 현대사회, 특히 선진국의 교육은 턱없이 부족하다는 사실을 알 수 있다. 실제로 산업화 이후 및 세계화 개발 단계에서 이는 악화되었다. 역사와 역사적 사건, 역사적 사상가와 성취자들에 대한 배움과 인지적 노출은 학교 교육에서 사실상 사라졌다. 교육자로서 본인은 많은 학생들이 책을 읽지 않고 역사나 세계에 대한 지식이 놀랄 만큼 얕다는 사실에 놀랐다. 심지어 대학 수준의 학생들도 제한된 정보와 지식의 영역에서 속수무책으로 갇히게 된다. 자신의 환경이나 정치 생활을 정의하는 데 도움이 될 수 있는 실무 지식이 전혀 부족하다. 대학생들에게 칼 마르크스의 역사적 진화론을 의미 있게 평가해 보라고 요청했을 때, 그들 중 상당수는 당황스러울 정도로 무지했다.

5. 인간 발달과 행복

탄탄하고 건강한 기반 위에서 인간 발달의 네 가지 영역을 모두 확립한 사람을 상상해보라. 우리는 행복한 사람이 있다고 선언할 수 있다. 무엇을 더 바랄 수 있겠는가?

이것의 장점은 이러한 영역들이 결코 상호 호환되지 않는다는 것이다. 더욱이 한 사람의 발전이 결코 다른 사람의 동일한 인간 발달 추구를 훼손하지 않기 때문에, 서로 다른 개인은 서로 간섭하지 않고 각자의 인간 발달의 길을 추구할 수 있다. 이는 이전 장의 경험적 발전 패러다임에서 묘사된 제로섬 승리 욕구와는 근본적으로 다르다.

인간의 행복은 육체적 건강과 안전 그 이상이다. 그것은 똑똑하고 뛰어난 지성을 소유하는 것 이상이다. 그것은 예술적, 철학적 정체성을 발전시키는 것 이상이다. 그것은 궁극적인 자유를 경험하는 것 그 이상이다. 인간의 행복은 이 모든 것이 통합된 시스템을 필요로 하며, 이는 "평형" 또는 항상성이라는 개념으로 가장 잘 표현될 수 있다. 인간의 네 가지 속성은 본질적으로 상호 강화할 뿐만 아니라 상호 필수 불가결한 방식으로 조정된다. 그러므로 인류의 네 가지 속성의 발전은 그들 사이의 조정을 통해 동시에 배양되어야 한다.

이 장에서 우리는 개발에 대한 기존의 정의와 이론이 인간 자체를 배제했다는 사실을 확인했다. 왜냐하면 대부분의 개발이 구조, 문화, 경제적 규모, 심지어 이데올로기에 관심을 집중했기 때문이다. 우리는 또한 이 책의 장에서 요구되는 것처럼 인간 발달이 발달 연구의 핵심이 되어야 한다는 점을 확고히 했다. 우리는 또한 인간 연구에 대한 올바른 접근 방식은 전체론적이고 항상적이어야 한다는 점을 분명히 했다. 네 가지 속성 각각은 교육 및 기타 형태의 사회화 과정이 최적으로 기능하기 위한 균형에 포함되어야 한다. 이 책의 마지막 장에서는 몇 가지 구체적인 아이디어를 제시할 것이다.

나는 사람이 네 가지 "속성"을 모두 달성하면 어느 정도 만족감을 느낄 것이라고 제안했다. 그러나 사회적 동물인 인간은 자신에게 중요한 다른 사람들과의 맥락 속에서 살아간다. "중요한 타인"은 개인의 행복 상태에 중요하다. 개인적인 특성뿐만 아니라 관계도 인간의 존엄성을 창조한다. 다음 장에서 우리는 인간의 존엄성을 만드는 것은 무엇이며 어떻게 만들어지는가라는 질문을 살펴볼 것이다.

제 12 장

인간의 존엄을 위한 인권

    인간의 바람직한 '속성'들이 모두 갖추어지면서 발전의 바람직한 과정이 확립되면, 다음 문제는 대인관계의 바람직한 형태를 어떻게 형성할 것인지가 되어야 한다. 앞에서 논의한 대로, 인간은 사회와 세계의 핵심이며 기본 요소이다. 인간의 바로 바깥쪽은 다른 사람들과의 관계다. 대인관계는 인간 존엄성이 상호관계를 형성하는 과정에서 비롯된다는 지도 원리에 따라 확립되어야 한다. 존엄성은 사회적이고 상호 관계적 개념이다. 인간의 존엄성은 사회 안의 관계에서 나와야 한다. 인간의 발전처럼 인간의 존엄성은 모든 개인과 사회 구성원들에게 공통된 보편적 열망이다. 그러나 그것은 발전과 현대화에 관한 문헌에서 적절하고 중요한 개념으로 거의 인식되지 않는다. 그럼에도 사회의 모든 구성원이 모든 다른 사람들로부터 존엄스럽게 대우 받기를 원한다는 것은 부인할 수 없다.

인간 존엄성은 인권이 준수되고 존중되는 곳에 있다는 것이 이 장의 중심 주제다. 이것은 내가 '기본 규칙'이라 부르는 인권의 본질적 개념 원리나 규칙을 검토해보면 분명히 진실해질 것이다.

1. 인권: 세 가지 기본 규칙

인권의 기본 개념은 개념 그 자체에 내재된 세 가지 원칙이 있다. 보편적이고, 양도할 수 없으며, 법에 의한 권리라는 것이다.

첫째, 인권의 보편성은 이 권리가 정치제도나 사회문화적 특성, 또는 경제적 상황 등과 관련 없다는 것을 의미한다. 인권은 주관적으로 정의되지 않는다. 세계인권선언(The Universal Declaration of Human Rights), 시민적 및 정치적 권리에 관한 국제규약(The International Covenant on Civil and Political Rights), 유엔의 경제적, 사회적, 문화적 권리에 관한 국제규약(The International Covenant on Economic, Social, and Cultural Rights by the United Nations) 등에서 드러난 논쟁적 견해와 우선순위에서 보듯 인권의 특정 요소에 관해서는 의견 차이가 있을 수 있다. 그러나 인권이 모든 사람에게 보편적으로 적용되어야 한다는 주장은 그 개념이 만들어진 바탕의 확고한 원칙이다.

만약 보편성의 원칙에서 벗어나며 인권이 상대적이고 주관적이라는 생각이 용인된다면, 모든 종류의 인권 침해가 정당화될 수 있다.

인권 침해는 전형적으로 인권이 주관적이고 상대적이라는 주장에 의해 정당화되어 왔다. 이러한 관점에서 인권 자체가 보편적이라고 확인되고 정의되어야 한다.

둘째, 인권을 양도할 수 없다는 것은 인권은 얻는 게 아니라 타고난 권리로 주어진다는 것을 의미한다. 따라서 어느 누구도 어떠한 정당화도 이 기본 권리를 손상시킬 수 없다. 여기에 정부의 의무뿐만 아니라 권력의 제한도 있다. 앞에 언급한 유엔의 세계인권선언 및 다른 문서들은 인권의 이러한 성격을 분명히 명시하고 있다. 양도불가능이란 인권이 한 사람의 전 생애에 걸쳐 영구적이라는 것을 의미하는 것이다.

셋째, 법에 의한 권리란 한 사회 구성원이 인권을 누릴 권리가 있다면, 인권이 어느 누구에게도 부정되지 않도록 그 사회 전체가 지킬 의무가 있다는 것을 의미한다. 여기서 중요한 점은 어느 개인의 권리가 박탈되면 그 사회 전체 구성원의 문제가 되어야 한다는 것이다. 모든 사회와 국가 또는 세계는 이러한 인권을 인종, 국적, 경제적 지위, 문화적, 이념적 지향에 관계없이 공동체의 모든 구성원에게 보장해야 한다. 이러한 의미에서 인권은 '공공재'이다.

이는 정부의 공공 부문이 사회의 모든 구성원에게 이러한 권리를 획득하고 유지하도록 보장할 권한과 의무가 있다는 것을 암시한다. 인권의 본질을 이해하는 데는 위의 세 가지 '기본 규칙'을 준수해야 한다. 이러한 규칙을 받아들임으로써 우리는 더 큰 정책 관련성을 지닌 인권 실행 과정을 계획할 수 있을 것이다.

2. 인권의 구성 요소

인권은 그 개념 안에 서로 다른 구성 요소나 특성이 있기에 항상 다원적이다. 원래의 세계인권선언엔 다수의 유엔 회원국들이 서명했지만, 뒤따라 나온 유엔의 '국제규약(Covenants)'들은 특별히 경제적, 사회적, 문화적 권리를 강조하면서도 그러한 권리 가운데 명백한 우선순위 체제는 없다고 제안했다. 그래서 서구 선진국들은 정치적, 시민적 권리를 강조하는 반면, 개발도상국들은 경제적, 사회적 권리에 초점을 맞추는 경향이 있다. 이 책은 인권이 생명, 정체성, 선택, 사랑이라는 네 가지 독특한 요소로 구성되어 있다는 다른 관점을 제시한다. 아래에서 이 네 가지 요소에 관해 자세히 설명한다.

1) 생명권(the life right)

세계인권선언은 3조에서 "모든 사람은 생명에 대한 권리를 갖는다……"고 밝힌다. 이 권리는 이미 얘기했듯, 안전한 음식, 깨끗한 물, 편안한 거처, 그리고 국내외 위협 요소로부터의 안전 등을 포함한 신체 생존을 위한 모든 기본적 필요와 수단을 요구한다. 생명권은 세계인권선언 2조에서 확인하듯 보편적이고 양도할 수 없으며, 모든 사람은 그에 대한 권리를 지닌다.

여기서 우리는 생명권을 보존하는데 있어서 정부의 역할에 관해 조명할 필요가 있다. 한 정치체제의 국민이 정부를 만들고 그 정부가 무엇보다 먼저 온 국민 개개인의 생명을 보호하도록 해야 한다는 전제를 받아들이는 게 매우 중요하다. 이는 현대 모든 형태의 정치체제의 규범이다. 정부가 공동체 모든 구성원의 생명을 보호하고 보존하는 의무적 기능을 수행하도록 하기 위해 국민은 정부에 권한을 부여하고 자원을 제공하는 것이다.

정부가 군사제도와 수많은 다른 방책들을 통해 국민의 생존을 보장할 의무를 지는 국가안보의 경우처럼, 식량과 안전한 식수 그리고 보건의료에 대한 필요 역시 정부 공공기관의 권한에 속한다. 이게 정부가 반드시 사회주의이거나 어떤 극단적 형태의 복지국가여야 한다는 것을 의미하는 것은 아니다. 이는 정부가 국민 최다수의 기본적 필요에 대한 규정을 보장하는 기능을 반드시 감독하고 이행해야 한다는 것을 의미한다. 무슨 이념이나 제도적 합의가 활성화되든, 여기서 목표는 국민의 생명권을 실현시키는 것이다.

사유제에 기반을 둔 자유민주주의를 선호하면 정책 방안을 마련해야지 단순히 정부를 사적 영역에서 제외시키는 게 아니다. 민간 부문은 사적 이익을 추구하도록 설계되고 공동체를 위한 기본 필요를 제공할 책임이 없다는 점에서 민간 부문과 공공 부분은 근본적으로 다르다. 대부분의 다른 나라들에 비해 '기부 문화(giving culture)'가 활발한 미국엔 심지어 참전용사들을 포함해 가난한 사람들을 돕기 위한 세금에 이미 과도한 부담을 진 일반대중으로부터 돈을 모으는 비영리 자선 단체들이 수없이 많다. 이러한 모금행위가 대개 보통 사람들이나 품위 있는 사람들 마음에 죄책감을 불러일으키지만, 정부는 제 역할을 할 수 없다.

사람이 다른 권리를 누리기 위해서는 먼저 살아야하기 때문에, 어떠한 이념이나 정부 기관도 국민이 이렇게 가장 기본적 권리를 거부당하는 구실이 될 수는 없다. 따라서 정부의 모든 역할 가운데 생명권이 가장 앞선다. 미국과 캐나다 등 세계 일부 지역에서는 식량 원천이 충분하고 식량 생산이 풍부하지만, 세계적으로 수십억 인구가 식량 부족으로 고통 받고 있다. 이는 생산이 아니라 분배 공정의 문제다.

이젠 보건 문제가 있다. 전염병의 경우에서 분명히 볼 수 있듯 보건은 공공재다. 더 근본적으로 보건은 생명권이다. 그러므로 보건의료는 이익을 추구하는 민간 부문에 맡겨질 수 없고 맡겨져서도 안 된다. 대부분의 유럽 국가들, 특히 북유럽 국가들은 공중보건을 공공문제로 훌륭하게 다루고 있으며, 정부는 모든 국민에게, 심지어 이주노동자와 여행하는 외국 관광객에게까지 보건의료를 제공하는 막중한 책임을 떠맡고 있다. 그러면서도 그들은 여전히 자유민주주의 정치 제도를 유지한다.

대부분의 저개발 국가들과 한국, 대만, 싱가포르, 홍콩 등 모든 아시아 호랑이들을 포함한 신흥 개발 국가들조차 일반대중을 위한 보건의료에 대한 정부 정책을 확대하고 있다. 그러나 미국의 이야기는 당혹스럽게 부적절하다. 정치인들, 특히 의료, 제약, 보험 등의 보건의료 산업과 협력해온 입법자들의 선출 때문이다. 이는 한편으로는 의사, 병상, 치과의사, 위생 전문가 등 보건의료 제공자의 과잉 공급과 다른 한편으로는 어쩔 수 없이 많은 병자들 사이에 연결이 잘못되어 있는 정부의 총체적 실패에 기인한다.

이와 관련해 국내의 법과 질서 그리고 대외적 적대행위로부터의 국가안보 분야로 옮겨보자. 우리는 '공공' 재화와 서비스에 대한 정의에 주의해야 하는데, 이는 공동체의 모든 구성원에게 그들이 얼마나 기여했는지 관계없이 혜택을 주는 재화와 용역이라는 점에서 민간 재화 및 서비스와 분명히 다르다. '민간' 재화와 서비스는 민간 부문에 의해 생산되어 그 재화와 서비스 생산에 기여한 정도에 따라 분배된다. 그러기에 법과 질서 및 국가안보가 공공 영역에 속해 있어야 한다는 것은 너무도 명백하다.

10장에서 이야기했듯이 세계화 시대에 대부분 국가들의 인구구조가 변하고 많은 선진국에서 느끼는 다양한 근원의 안보 위협이 닥치기 때문에, 질서 있는 사회와 지구 공동체를 유지하는 임무가 훨씬 복잡하고 어려운 일이 되었다. 이를 해결하기 위해 정부의 공공 부문은 실행 가능한 정책을 마련하는 데 창의력을 모아야 한다. '작은' 정부가 도덕적 정부라는 시기상조의 구실로 공공 부문의 책임을 절대 축소해서는 안 된다. "최소 정부가 최선의 정부"라는 고전적 자유주의 교리는 신화다.

미국 같은 참여 민주주의 안에서조차 문제는 정부의 크기가 아니라 정부가 합법적이고 정당한 기능을 얼마나 효과적으로 이행하는지 여부다. 국민이 그들의 정부가 선거를 통해 표출된 어떤 기능을 이행하도록 위임하면 정부의 기능은 합법적이 된다. 정부가 국민의 권리, 특히 생명권을 보호하고 보존할 의무를 다하면 정부의 기능은 정당해진다. 원칙적으로 군복무는 의무적이어야 하고, 군대의 작전단계 역시 '공공' 서비스의 원칙을 지켜야 한다.

아이젠하워 대통령이 두 번의 대통령 임기를 마치고 1961년 백악관에서 행한 고별사에서 경고한 군산복합체는 정부, 특히 입법부가 거의 완전히 연루될 정도로 성장했다. 아이젠하워는 군대 지도부, 의원들, 방위산업 청부업자들 사이의 가공할만한 연합의 위험성을 논의하기 위해 이 용어를 만들었는데, 얼마나 예언적 관찰이었는가. 그의 연설 한 대목을 인용한다. "정부 위원회에서 우리는 군산복합체가, 추구하든 추구하지 않든, 부당한 영향력을 획득하는 것에 대비해 경계해야 한다. 잘못된 권력이 재앙적으로 일어날 가능성이 존재하며 앞으로 지속될 것이다."

군사기관의 관리자로서 정부는 그 자체가 방위산업에 의해 선출되도록 허용해왔다. 군수산업은 새로운 무기에 대한 연구 및 개발, 소프트웨어 프로그램 제조, 통신 기반시설, 그리고 무기 자체의 설계 및 제조 등과 같은 광범위한 분야의 다양한 민간부문 계약자를 포함한다. 군수산업가들의 유일한 고객은 정부인데, 이러한 거래 이행에 대한 책임이나 감독은 거의 없다. 여기서 정부는 공공 세금을 사용할 권한을 부여받는다. 공공 재화와 서비스 생산을 민간 분야에 위임하거나 계약하는 것은 본질적으로 잘못이며, 이러한 관행은 흔히 공공 자원의 오용이나 노골적 부패를 부른다. 이라크와 아프가니스탄에서의 전쟁 관리를 살펴보면 그러한 증거를 쉽게 찾아볼 수 있다. 아프가니스탄에서 작전의 어느 단계에서는 비전투 민간인들이 군인들보다 실제로 많았다. 군대는 외부 위협으로부터 국토를 방위하는 주요 기능으로 돌아가야 한다. 경찰 기관에 대해서도 마찬가지다.

지구 온난화에 의한 자연 재해는 더 자주 세계적으로 널리 퍼지며 인간 생명의 안전에 실질적 우려를 자아내고 있다. 환경 악화와 함께 핵폭탄 관리뿐만 아니라 원자력 발전소의 안전성도 인간 생명에 현실적 위협이 되어왔다. 여기서도 우리는 현대 세계에서 생명을 위협하는 발전의 이러한 새로운 근원들을 퇴치하고 예방하는 실행 프로그램을 내놔야 한다.

2) 정체성의 권리(the identity right)

건강하고 안전한 육체적 삶을 얻고 유지하는 것은 의심할 여지없이 인간의 존재를 위해 매우 중요하지만, 인간의 행복을 위해서는 충분하지 않다. 생명권이 생물학적 존재로서 육체적으로 살아가기 위한 것이라면, 정체성의 권리는 사람이 사회적 존재로서 동일시하는 상징적 속성을 지니고 생명을 유지하기 위한 것이다. 사회적 정체성은 개인이 사회에서 다른 사람들과 집합적으로 구별하는 규범, 가치, 신념 등에 의해 확립된다. 그러므로 사회적 정체성은 개인의 이름, 직업명, 국적, 인종, 나이, 성 등의 기능이 아니다. 정체성이란 자유민주주의자, 무정부주의자, 사회주의자, 허무주의자, 실존주의자, 비폭력운동가, 인종차별주의자 등의 가치와 규범의 결정체이다. 이는 규범적 가치의 입장을 나타낸다. 다른 사람들과의 관계에서 보이는 개인적 특성인 것이다. 이러한 정체성은 자존심과 자부심의 원천이 될 수 있다. 사람에게 정체성이 없으면 심리적이고 정서적인 건강에 해로운 '정체성 위기'를 겪게 될 텐데, 이는 예측할 수 없고 파괴적인 행동을 유발할 것이다.

최근 몇 년 간 목격된 미국 학교 캠퍼스에서의 살인사건들은 적어도 부분적으로는 살인자들의 심각한 정체성 위기로 설명될 수 있다. 학교와 더 큰 사회에서 어린이들의 사회화 과정을 검토해보면 선진국이나 개발도상국의 현대 학교는 학생들과 어린이들이 그들의 정체성을 건설적으로 개발하도록 돕는 데 실패하고 있다는 결론에 이르게 될 것이다. 제11장에서 간략히 논의한 것처럼, 후기산업사회와 국제사회에서의 교육은 과학, 수학, 직업훈련을 선호하며 가치 교육을 멀리 하고 있다. 가치 교육은 광범위한 영향을 미치기 때문에 정체성 개발은 교육과 교육자들의 우선순위가 되어야 한다.

사회적 정체성만큼 중요한 게 정치적 정체성이다. 사회적 정체성이 사회의 다른 구성원들과 의미 있는 관계를 맺기 위한 규범과 가치를 얻음으로써 형성되는 것이라면, 정치적 정체성은 통치와 관련해 정부와 적절한 관계에 대한 안정감을 발전시킴으로써 형성된다. 정치적 정체성을 확보하면 국가의 합법적 구성원이 된다. 모든 정보 수준의 정치이념 신봉자 대부분은 정치적 정체성을 지닌 사람들이다. 그래서 사회적 정체성과 정치적 정체성 또는 둘을 합친 개념인 사회정치적 정체성이 한 사람을 상징적으로 대표할 때 그의 정체성이 완성된다고 결론지을 수 있다. 다양한 정체성을 지닌 사람은 공동체의 자부심 강한 구성원이 되리라 기대할 수 있다. 개인의 사회정치적 정체성은 사회 구성원 사이에 대화와 소통의 길을 여는 것이다. 13장과 14장에서 논의할 텐데, 공동체에서 제시된 다양한 정체성을 받아들일 수 있는 능력은 사회 변화의 과정을 평화를 구축하는 방향으로 이끌 것이다.

3) 선택권(the right to choice)

선택할 수 있는 권리는 인간에게 존엄한 삶을 분명하게 제공한다. 선택권은 노예를 주인으로부터 분리한다. 그러나 실제로는 인간을 둘러싼 '구조적 폭력' 때문에 선택권을 행사할 수 있는 능력이나 의지 부족으로 이 권력은 방해받곤 한다. 선택하기 위해서는 다음과 같은 몇 가지 필수조건이 필요하다. ① 대신 선택할 수 있는 존재, ② 대안에 관한 믿을 수 있는 충분한 정보, ③ 선택권자 편에서의 선호 순서, ④ 실제의 선택 행위를 시작할 수 있는 정치적 자유, ⑤ 선택하고자 하는 심리적이고 행위적 경향이나 동기. 이 조건들은 '합리적' 선택 행위를 위한 조건과 같지만, 나는 선호 순서가 사람마다 같지 않더라도 모든 선택 결정이 실제로 '합리적'이라고 생각한다.

대안의 존재와 유용성에 대한 첫 번째 요건은 모든 선택 행위에 기본적이지만, 여기서 중요한 것은 사람이 선택할 권리를 갖는 것뿐만 아니라 유용한 대안들을 만들고 확장할 권리도 갖는다고 생각하는 것이다. 대안은 단지 주어지고 정지된 게 아니다. 대안은 동적으로 축적되도록 만들어지고 개선되며 확장되어야 하는 것이다.

두 번째 요건으로 의사 결정자가 유용한 대안들을 비교하고 대조하기 위해 선택할 수 있는 믿을 만한 정보는 몹시 중요하다. 여기에 교육과 사회화 및 소통을 위한 다른 매체의 적절한 역할이 있다. 만약 정보가 미리 결정된 이념적 또는 정치적 의제에 의해 유도되고, 정보의 성격과 내용을 조작하는 데 기득권을 가진 정당에 의해 여과된다면, 정보의 확실성과 신뢰성은 손상되고 선택은 잘못 될 것이다. 이렇게 되면 인권은 결정된 선택에 의해 절대 증진될 수 없을 것이다.

최근 역사에서 모든 전제 체제와 독재 체제는 인간 존엄성을 훼손하며 선택권을 침해해왔다. 그러나 자유민주주의 또는 참여민주주의의 우수한 이념은 자유선거 실시에서 보듯, 위에 소개한 모든 선택 조건을 충족시킴으로써 이상적 선택권을 옹호해왔다. 자유선거는 자발적이며 제한되지 않는 선택을 의미하는 것이다. 그러나 현실적으로 민주주의가 외세에 의해 권위주의 정권을 대체하기 위해 이식된 지역에서는 종종 실패했다. 이는 어느 나라에서든 민주주의가 번창하기를 기대하기 전에 선택을 위한 필수요건들을 실현시키도록 해야 한다는 것을 시사한다.

세 번째 요건은 선택자가 일관된 선호 순서를 갖는 것으로, 이 역시 의사 결정자의 선호 순서를 결정하는 게 간단하거나 쉬운 일이 아니라는 데 문제가 있다. 많은 사람들이 '합리적으로' 행동하는 반면, 다른 사람들은 이타적으로 동기를 부여받기도 하고, 또 다른 사람들은 자기 이익을 단체나 공동체 또는 국가를 위한 집단 이익이라고 간주할지 모른다.

네 번째 필수요건은 정부에 의해 정치적 자유와 법적 자유 그리고 정부에 의한 보호가 있어야 한다는 것으로, 이는 개념적으로든 이론적으로든 간단하고 직설적이다. 그러나 미국을 포함한 전 세계 민주주의는 정부에 의해, 특히 '반자유적(illiberal)' 민주주의 정권에 의해, 저질러진 부정행위 또는 심지어 불법행위와 투쟁해왔다.

'반자유적' 행위는 유권자를 법을 통해 불법적으로 만들고, 유권자의 행위를 정권을 선호하는 방향으로 조종하도록 고안된 허위의 왜곡된 정보를 전파하면서, 유권자를 위협하는 일을 포함한다. 이러한 문제들과 부끄러운 행위들에도 불구하고 미국과 서구 민주주의 국가들은 세계의 민주화 의제를 제시해왔다. 미국이 2003년 이라크를 침공하고 10년이 흐른 뒤 미국은 모든 병력을 철수했다고 선언했고, 전쟁은 2013년 공식적으로 끝났다.

그 10년 동안 부시 행정부는 다음과 같은 몇 가지 '성과'를 기록했다. 사담 후세인은 화학무기와 생물무기를 보유하지 않았으며, 핵무기 제조를 위한 프로그램이나 시설도 갖고 있지 않았다. 이라크가 아마 핵폭탄 같은 대량파괴무기로 미국을 공격할 것이라는 구실은 미국의 침공을 정당화하기 위한 것이었는데 이는 새빨간 거짓말로 드러났다. 후세인이 제거되고 새 정부가 들어섰지만, 그것은 민주 정부로부터 거리가 멀었고, 진정한 참여 민주주의가 보이지 않는다.

침공과 점령은 4,500명에 가까운 미군이 죽고 거의 50,000명이 부상당하는 등 많은 사상자를 냈다. 이라크 민간인 사상자에 대한 공식 집계는 없지만 아마 수십만에서 어쩌면 수백만에 이를 것 같다. 불황에 시달리는 미국 경제는 3조 달러가 훨씬 넘는 비용 증가로 고통을 겪었는데 그 재정적 영향은 앞으로 수십 년 지속될 것이다.

이 모든 게 세계 민주화라는 맹목적 신화와 '악의 축'을 이루는 사담 후세인의 존재를 허용해서는 안 된다는 믿음으로 시작되었다. 선택이 보편적 인권이라는 워싱턴 쪽의 신념은 건전하고 맞았지만, 한 특정한 국가의 특별한 상황에서 민주주의로 나아가는 이정표는 없었다. 민주주의는 군사 침공을 통해서가 아니라 민주적 수단에 의해 이루어져야 한다.

4) 사랑의 권리(the love right)

마지막으로 사랑할 권리는 인권 중에서 가장 고귀하다. 사랑의 경험은 앞장에서 논의한 영혼의 영역에 뿌리를 둔 인간 존재의 한 분야를 대표한다. 사랑은 인권의 한 유형이기에 모든 사람은 사랑할 권리를 갖는다. 내가 사랑에 대한 권위 있는 정의를 제안할 생각은 전혀 없지만, 우리가 사랑할 권리를 주창하기 전에 사랑이 무엇인지 그 개념에 대한 최소한의 합의는 꼭 필요하다.

사랑은 대부분의 다른 개념들과 달리 주관적이지 않다. 사실 개념은 객관적이 아닌 주관적 표현이다. '정의'라는 말의 정의가 '주관적 의미부여(subjective meaning- giving)'이기 때문에, 한 어휘를 정의할 때 그것은 주관적이 되기 마련이다. 달리 말해 객관적 어휘는 정의할 수도 없고 정의해서도 안 된다. 그 말이 정의되는 순간 그건 객관적이지 않기 때문이다. 이러한 의미에서 사랑은 진정 객관적이다. 사랑이란 말은 정의를 거부하기 때문이다. 기독교의 훌륭한 책인 성경조차도 사랑이 아닌 것을 열거할 뿐, 사랑을 정의하지 않는다. 실제로 사랑은 인식의 우주에서 객관적인 유일한 개념이다. 객관적인 것은 사회적 개념이나 문화적 개념에서 다른 개념으로 변화되지 않고 지속적이다. 영혼의 기능으로서 사랑은 시간이나 공간의 모든 종류의 속박과 제약에서 인간을 해방시킨다. 사랑은 인식적이거나 지적인 노력에 의해 만들어지지 않는다. 사랑은 인간관계가 참되고 유익할 때, 누구든지 어디서든지 언제든지 느끼게 된다.

그러면 사랑은 어디서 어떻게 나타나는가? 사랑은 일반적으로 배우자, 연인, 가족 사이 같은 친밀한 인간관계에서 볼 수 있다. 따라서 사랑하는 사람들을 강제로 분리시키는 것은 사랑권의 침해다. 전쟁 같은 정치적 혼란기에 가족이 분리되기 쉽게 되고, 많은 경우 오랫동안 다시 만날 수 없게 된다. 극적인 사례를 20세기 한국 역사에서 찾아볼 수 있다.

1950-1953년 한국전쟁 기간 동안 100만 명 넘는 사람들이 분단을 통해 가족과 헤어졌는데 오늘날까지 전혀 재결합하지 못하고 있다. 한국전쟁 이후 나라의 분단은 60년 넘게 지속되고 있다. 이산가족 대부분은 나이 들어 사망했지만 아직도 이산가족이 많이 남아 있다. 한국의 가족 중심 유교문화에서 1세대 자녀들은 그들 친척 찾기를 간절하게 원한다. 이 모든 사람들은 그토록 오랫동안 사랑권을 박탈당해왔다. 정도는 달라도 세계의 전쟁으로 파괴된 지역에서는 같은 종류의 인권 침해를 겪고 있다. 무력충돌 지역의 난민들은 흔히 가족의 분리를 경험하는데 이러한 경우 역시 인권의 관점에서 다루어져

야 한다.

결혼 문제는 사랑권의 관점에서 맨 먼저 나와야 한다. 앞에서 얘기했듯, 우리 인간의 욕구 인식은 사회조직으로서의 가족이 그 기원에서부터 상호 소속감을 증진시키거나 가족 구성원의 사회 정체성을 촉진하기 위해 고안된 인간의 발명품이라고 결론지었다. 그러므로 사랑이 있는 곳에 사랑을 존경할 수 있는 편의가 있어야 하고, 가족의 형성은 관계기관의 소관에 속해야 한다.

이는 논란이 일고 있는 '동성 결혼'에 대해 직접적 영향을 미칠 수 있다. 정부는 사랑을 '생산'할 수도 없고 그래서도 안 되지만, 공공기관으로서 사랑권 문제를 민간분야에 떠넘기기보다 정당하고 의무적 기능으로 받아들여야 한다.

사랑은 그 개념이나 정의의 변화 없이 그 자체 안에서 진화할 수 있다. 처음에 사랑은 어떤 근본적 이유를 지니고 생긴다. 말하자면 인간은 잘생긴 외모와 성격 같은 개인적 매력, 재정 상태, 교육, 사회적 지위, 종교, 중매결혼의 경우 같은 사회적 압력 등 의식적이거나 무의식적인 이유로 다른 사람을 사랑한다. 이것이 '이성에 근거한' 사랑 또는 '때문에 사랑(because-love)'이다.

이유가 무엇이든 사랑의 뒤에 있는 공학적 힘으로서의 중요성은 시간이 흐르면 사라질 것이다. 그러한 사랑의 기간은 짧아질 수 있고 이혼으로 끝난다. 오늘날 세계 모든 형태의 사회에서 만연하는 이혼 현상은 이를 잘 보여준다. 사실 '때문에 사랑'은 사랑의 한 변형으로도 볼 수 없고, 겉치레 사랑(pretended love)이나 가짜 사랑(pseudo love)이다. 그리고 이유가 부족하거나 이유가 없는 사랑이 있는데, '맹목적 사랑(blind- love)'이라 부를 수 있을 것이다. 이는 진정 낭만적일 수도 있고, 흔히 무감각할 정도로 습관적으로든 사회적 압력에 따라 강제적으로든 사랑의 관계를 지속하는 것일 수도 있다. 이러한 형태의 사랑에 사랑의 결정요인이 전혀 없는 것은 아니다. 사랑은 애정, 배려, 희생할 의지, 서로에 대한 헌신 등을 포함하기 때문이다.

얼마나 많은 배우자들이 그들 자녀들의 행복을 위해 가족으로서의 관계를 지속하는가? 그들은 시간이 흐르면서 어려운 상황을 견뎌내고, 그들의 사랑이 성숙해질 수 있기에, 여기엔 잘못된 게 전혀 없다. 성급한 이혼은 자녀들에게 해를 끼칠 수 있다. 이러한 맹목적 사랑은 가장 '성공적' 결혼이나 실제 사회에서의 지속적 관계를 위한 힘이 될 수도 있다. 가장 훌륭하거나 성숙한 형태의 사랑이 있는데, 그건 '때문에 사랑'과 정반대다.

즉 사랑할 이유가 없거나, 사랑하지 않을 이유가 충분하지만, 모든 소극적이거나 부정적 요인에도 사랑이 느껴지는 것이다. 이러한 형태의 사랑을 나는 '불구하고 사랑 (despite-love)'이라 부르고 싶다. 기독교 신앙에서 예수 그리스도가 그의 생애에서 보여준 사랑이 정확히 이런 종류의 사랑이다. 불교나 이슬람교 같은 다른 종교의 믿음 체계에서도, 사랑이 어떻게 불리든지, 비슷한 개념의 사랑을 찾을 것이다. '불구하고 사랑'엔 사랑하는 사람이 사랑받는 사람 입장에서 상대의 고통과 기쁨을 느끼기 때문에 공감이 필요하다. 이런 일이 일어날 때, 사랑을 주는 사람은 평화와 이타심을 통해 내적 변화를 경

험하고, 앞 장에서 영혼의 기능으로 묘사된 초월적 자유의 영역에 도
달할 것이다.

3. 인권 실현을 위한 전략

이 장에서 인권에 대한 논의는 인권 향상이 인간 존재를 존엄하게
만들 것이라는 전제로 시작했다. 인간 발달이 이루어지면 개인들은
사회의 다른 구성원과의 상호작용을 통해 인간 존엄을 추구한다. 생
명권이 안전하게 확보되고, 정체성의 권리가 안정적으로 확립되며,
선택권이 실현되고, 사랑의 권리가 충족되면, 존엄성이 주어질 것이
다. 그러면 문제는 인권을 어떻게 추구할 것인가이다. 여기서 우리는
정치 공동체의 어떤 다른 구성요소가 인권을 증진시키기 위한 책임
과 기능을 떠맡을지 생각해보자.

1) 국가 또는 정부

우리는 사람들이 인간 발달과 존엄을 추구할 목적으로 국가나 정
부를 세웠다는 점을 결코 잊어서는 안 된다. 국가의 생성과 합법성에
대한 이 원리는 자유민주주의에만 한정되지 않는다. 현대 모든 정치
체제가 이 원리에 동의한다. 정부의 정당한 권력과 기능의 영역엔 이
견이 있을 수 있다. 이 문제에 대해 다양한 정치이념은 서로 다른 입
장을 옹호해왔다. 전체주의적 독재주의는 국가가 국민을 전적으로

통제할 필요성을 주장해온 반면, 자유주의적이거나 다수 사람들이 통치하는 다두(多頭) 정치는 국가권력의 범위를 최소화하려는 경향이 있다. 그러나 중요한 것은 정부의 크기가 아니라 그 성격과 기능이라는 점을 이미 주장했다. 이제 더 구체적으로 정부의 영역과 합법적 역할을 서술하고자 한다. 이 장에서 논의한 것을 바탕으로 다음과 같이 결론지을 수 있다.

① 국가는 국민이 기본적 필요와 서비스를 적절하게 제공받을 수 있도록 권력을 사용해 국민에게 생명권을 보장할 궁극적 책임이 있다. 국가는 다양한 정책 전략과 전술을 사용할 수 있지만, 궁극적으로 국민의 생명권이 가장 잘 보장되도록 해야 한다. ② 권력은 "가치를 권위적으로 배분할 수 있는 힘"이라고 정의되기에, 국가는 자원과 기회의 공정하고 공평한 분배를 창출하고 유지할 책임을 지녀야 한다. ③ 건강관리가 생명의 기본 필수조건으로 남아 있는 한, 국가는 사회의 '모든' 구성원들을 위한 보편적 보건의료를 보장해야 한다. ④ 환경의 질은 모든 국민의 생명권에 직접적 영향을 미치고, 민간영역은 지구 건강의 공공선을 위해 설계되지 않았기에, 국가가 지구를 보호하고 보존할 책무를 져야 한다. ⑤ 정부는 항상 국내외 안보를 책임져왔고, 계속 책임질 것이다. 안보를 민간 부문에 위임하거나 계약을 맺는 게 아니라 필요한 서비스 제공을 전적으로 맡아야 한다. ⑥ 끝으로 국가는 개인을 포함한 모든 민간 부문 주체들이 인권의 모든 구성요소를 잘 제공하도록 규제하고 조정해야 한다.

2) 시민사회

사람들이 정체성의 권리를 추구하면서, 시민사회가 형성되기 쉽다. 시민사회는 자신들이 추구할 이익을 가진 비정부기구들의 공동체다. 이익의 일부는 집권 지도부의 의지에 반하거나 현 정부를 위한 것일 수도 있다. 따라서 시민단체들의 이념이나 정치적 성향은 다양하리라 예상된다. 이러한 단체를 통해 사람들은 자신들의 이익을 명확하게 하고 통합해 정치적 압력단체를 조직한다. 이 과정에서 시민들은 자신의 가치관과 정치적 정체성을 확립한다. 노동조합 결성은 이익집단 활동의 중요한 과정이다. 참여민주주의에서는 사회 모든 영역에서 경제적 이익단체, 문화 기구, 전문적이고 직업적인 조직 등을 포함한 이런 단체들이 확산되리라 예상된다.

3) 사회화의 매체

사회화는 일생 동안 일어난다. 그것은 처음에 순전히 생물학적 존재인 인간이 사회와 정치체제에 널리 퍼진 규범과 가치를 습득하고 내면화하면서 사회적이고 정치적인 존재로 변화하는 것을 겪는 과정이며 경험이다. 이 과정에서 인간은 자신의 사회적, 정치적 정체성을 확립한다. 따라서 가족, 학교, 종교단체 등 사회화 매체들은 각 구성원의 상징적 정체성을 형성하는 데 중요하다. 시민사회의 조직은 생명권, 정체성의 권리, 선택권을 추구하는 사람들의 보금자리다. 낮은 임금과 소득으로 생활이 곤란해지면 단체 교섭은 노동자들의 어려운 생활여건을 개선하기 위한 도구가 된다. 사람들이 선택권을 추구할 때는 사용 가능한 대안의 여지를 확대하려고 시도한다. 흔히 조직은 구성원들에게 의사 결정을 위한 관련 정보와 지침을 제공함으로써 합리적 선택을 하도록 도와준다.

① 가족

가정은 아이가 태어나면 정체성을 제공한다. 특정 사회와 정치체제에서 가족의 규범과 신념체계는 아이에게 사회화가 일어나는 문화적 연계를 제공할 것이다. 아이는 성(姓)을 공유하면서 신체적 정체성을 찾을 것이다. 각 가정은 아이들의 성격과 행동 특성에 영향을 미치는 '문화'를 지니고 있다. 초기 사회화 과정은 길고, 가족의 영향은 인간의 정체성 형성에 지속적 영향을 미친다.

② 교육

학교는 사회와 국가에 대한 학생들의 규범과 신념을 개발하는 데 중요한 역할을 한다. 공립학교나 공공 기금으로 운영되는 학교에서는, 정치체제가 교육기관으로 하여금 학생들에게 국가의 이념 및 정치문화와 일치하고 지지하는 이념과 신념체계를 가르치도록 기대하기 때문에, 학생들의 정치적 사회화가 중요하게 여겨진다. 시민교육을 통해 아이들은 정체체제의 기능적 구성원이 되도록 특별히 사회화된다. 교육은 선택의 조건을 충족시키고, 나아가 참여 민주주의를 실현하는 데 필수적이다. 대부분의 경험적 분석이 확인해주듯, 국민의 교육수준과 생명, 경제, 사회 자본, 정치 민주주의 등 인권의 모든 분야는 긍정적으로 연관되어 있다. 실제로 우리가 인권 준수를 증진하는 가장 중요한 한 가지 요인을 지정한다면, 그것은 아마 교육일 것이다.

③ 종교

사람의 사회화를 위한 궁극적 권위는 종교기관에 있다. 기독교 성경, 이슬람 코란, 불교 부처의 경전, 그리고 종파적 신앙단체들까지 포함한 수많은 다른 종교적 신조 등 모든 종교의 가르침은 규범, 가치, 신념의 포괄적 체계를 포함할 것이며, 종교의 구성원은 그와 동일시 될 것이다. 종교 문명에서 사람의 정체성은 그 가르침과 일치해 형성된다. 종교의 신앙은 사람의 정체성의 강력한 원천이며, 충성을 선택하고 모든 종류의 관계를 이끄는 다른 개인적 특성을 포함하는 태도와 행위에 큰 영향을 미치는 힘이다. 신앙은 교조적이고 다른 모든 가치 체계로부터 자신을 차단할 수 있어, 특정 단체나 국가에 대해 적대적 태도를 유발하고 심지어 전쟁까지 촉발시킬 수 있다. 다음 장에서 논의하듯, 종교 간 대화와 상호 수용이 없는 세상에서는 평화가 유지될 것 같지 않다.

④ 국가

국가는 정치적 사회화의 강력한 매체다. 냉전 정치에 대한 피상적 조사조차도 사람을 '세뇌'한 것은 국가, 특히 전체주의 공산주의 국가들이었다는 것을 보여준다. 국가는 통치할 권위, 강압적 능력, 인구의 모든 영역에 침투할 수 있는 능력을 지니고, 국가는 국민의 마음을 조작하고 형성하는 데 거의 전능적일 수 있다. 국가는 공교육을 이용해 흔히 교과과정을 지시하고, 교과서를 쓰며, 다른 정책을 조작한다. 게다가 국가는 정보 무기로 협박하고 처벌에 대한 두려움을 유발하며, 국민의 편에서 '좋은' 행위에 보상할 수도 있다. 국가의 이러한 특성은 전제군주제와 독재에 국한되지 않고 전 세계에서 보편적으로 관찰된다. 따라서 국가가 이러한 권력의 사용과 남용에 대해 책임지는 것은 절대로 필수적이다. 현재까지는 국가 권력을 감독할 국제적 또는 초국가적 당국은 없는데, 이 주제는 14장에서 다룬다.

4. 분배의 정의와 국가

공동체 안에서 모든 사람이 평등한 조건으로 살아갈 권리는 분배 정의의 문제와 직접 관련이 있다. 이 권리는 흔히 '사회적 권리'나 '경제적 권리'라 불리지만, 생명권의 개념이 더 직접적이고 명확하다. 모든 형태의 정치 체제에서 정부의 역할은 분배 정의를 관리하는 데 있다. '정당한' 분배란 무엇인가? 칼 마르크스가 얘기한 필요에 의한 분배인가? 무정부 같은 적자생존 상태에서 능력에 의한 분배인가? 자본주의 같은 시장의 힘에 의한 분배인가? 사회주의 같은 만인 평등의 원칙에 의한 분배인가? 우리는 위의 모든 분배 방식에 대해 반복적 시행착오를 보아왔지만, 어느 것도 정의롭게 작동하지 않았다. 이 책에서 구상한 대로, 정의로운 분배는 생명, 정체성, 선택, 사랑 등 네 가지 인권 모두 증진되고 보호되고 유지되는 분배이다. 공공부문으로서 국가의 역할과 의무는 인권을 최상으로 실현하기 위해 광범위하고 필수적이다.

1) 생명권과 사회주의

어떤 이념도 어느 시민이든 육체적으로 생존하는 것을 부정해서는 안 된다. 특정한 정책이나 이념적 입장과 관계없이 모든 시민은 생명권을 보장받아야 한다. 식량, 은신처, 의료, 사회 안전, 국가 안보 등을 포함해 생명을 유지하기 위한 최소한의 요구 사항을 제공하는 것은 궁극적으로 공공 부문으로서 정부의 합법적 기능과 의무에 속해야 한다. 사회주의가 그러한 보장을 위한 장치라면, 그것은 합법적으로 받아들여져야 한다. 이 의무를 민간 부문에 맡겨서는 절대 안 된다. 자선 단체가 시민들로부터 자원을 모으고 그것을 가난한 사람들에게 나누어주는 것은 잘못되고 품위를 떨어뜨리는 일이다. 동료 시민들과 민간단체의 자선에 의존하는 것보다 더 품위 없는 일은 없다. 받는 사람이 기여를 했거나 정당한 권리를 좀 느낄 수 있는 정부 혜택을 받는 게 더 좋다. 사회주의적이거나 국가가 통제하는 체계가 어떤 이유로든 반대할 만하다면, 이러한 의무를 이행하기 위해 혼합된 이념 체계를 사용할 수 있지만, 책임은 정부에 남아 있어야 한다. 이는 국가의 권력이 무제한적이거나 꼭 제한이 없어야 한다는 뜻은 아니다. 오히려 국가의 역할은 모든 시민의 생존이나 생명권을 보장

3부 전체적이고 개관적인 해결책을 찾아서 381

하는 데 엄격히 제한되어야 한다. 그럼에도 불구하고 정체성, 선택, 사랑 등 다른 형태의 인권에 대해서는 국가 권력의 범위를 명확히 해야 한다.

2) 정체성의 권리와 다두(多頭) 정치

나치 국가와 공산주의 전체주의 체제에서처럼, 국가가 공식 이념과 강압적 장치를 통해 정체성을 제공하는 경우를 제외하고, 사람들은 '중요한' 다른 사람들과 관련지어 자기 정체성을 추구한다. 따라서 국가는 조직과 단체들이 비교우위와 인민주의(populism)를 주장하며 다투는 다원적 정치공동체 형성을 용인하고 심지어 장려해야 한다. 여기서 '위험'은 지속적 사회 안정과 정중함을 위해 규제되거나 관리될 수 없는 사회적, 정치적 단체와 조직이 대규모로 출현해 무정부주의 상태로 이어질 수 있다는 것이다. 그러나 국가의 역할은 법과 질서를 회복한다는 구실로 단속하기보다는 상호적 활동을 관리하고 규제하는 데 국한되어야 한다. 사회 불안과 불안정의 위험에도 불구하고, 다양한 단체와 조직이 수용되고 조정되는 시민 사회의 발전을 위해 다원적 정치 체제가 훌륭하다. 이 과정에서 시민을 위한 정체성의 권리가 최적으로 성취될 것이다.

3) 선택권과 참여 민주주의

이제 우리는 우리 인권 가운데 세 번째인 선택권을 갖고 있다. 인권 개념에 대한 서유럽, 주로 미국의 해석은 자유 민주주의의 본질이 이 권리에 놓여 있기 때문에 선택권을 크게 선호한다. 널리 알려진 선거 제도에 관한 모든 것은 선택과 관련 있다. 시민들이 이 선택권을 만끽하기 위해 참여 민주주의보다 더 적합한 체제는 없다. 어떤 의사 결정 과정에 참여하는 것은 사용 가능한 대안에서 선택하는 것을 포함한다.

민주주의가 작동하려면 참여 문화가 자리 잡아야 한다. 그러한 문화엔 사람들이 선택할 때 존엄감과 자부심을 찾는 경향이 필요하다. 선택하는 것은 힘을 행사하고 자기 가치를 표현하는 것이다. 문화에 덧붙여, 선택 행위를 시작할 수 있는 대안적 선택과 정치적 장치 그리고 자유와 같은 구조적, 정치적 조건이 있어야 한다. 경제적으로 진보되고 정치적으로 자유로운 체제에서는 시민의 정치 참여를 위한 문화와 구조적 조건 그리고 정치적 자유의 존재를 기대할 수 있다. 덜 발전된 체제에서는 그러한 형태의 정부를 실현하는 데 어려움과 불규칙성을 겪을 것이다.

4) 사랑의 권리와 국가 평화주의

인권의 마지막 구성 요소인 사랑의 권리는 국가가 만들어낼 수 없지만, 국민이 그것을 이루면 이 권리를 보호할 수는 있다. 국가는 국민의 사랑 추구가 실행 가능하고 사랑의 표현이 좌절되지 않는 구조적 환경을 만들 수 있다. 이를 위해 정부는 가족을 정의하려고 시도하기보다 정체성의 권리를 위한 기본 단체로서의 가족 제도를 보호할 수 있다. 이 점은 요즘 미국에서 일고 있는 동성 결혼에 관한 논쟁과 관련이 있다. 국가가 가장 기본적인 가족을 통제한다면, 그 권력은 심각하게 남용된 것이다. 그러므로 국가의 역할은 이러한 상황에서 간섭하지 않는 것이어야 한다. 정치적 환경은 개방적이고 자유로운 연합에 도움이 되어야 하며, 개인들 사이에 사랑하는 상호작용은 생성되고 보존되어야 한다. 이를 위해 국가는 다음 장의 주제인 공동체를 위한 평화의 환경을 조성해야 한다.

　이 장에서는 전체 범위의 인권이 지켜질 수 있는 의미 있는 사회적 관계를 통해 인간 존엄이 성취될 것이라는 견해를 발전시켰다. 앞 장에서 우리는 발전의 핵심 의제로 경제적이거나 제도적인 현대화가 아니라 인간의 발전을 요구했다. 인간의 발전은 공동체의 개별 구성원들이 일련의 '특성'을 획득하도록 돕지만, 그 특성들 자체는 인간 존엄의 개념을 호소하진 않는다. 지금까지 우리는 인간 존엄을 위한 미시적(개인적) 수준과 중간(관계적) 수준에서 인간 발달을 위한 바람직한 과정을 거쳤기에, 앞으로 훌륭한 발전을 완전하게 다루기 위해 거시적 (공동체적) 수준을 얘기해야 한다. 여기서 주창하고 있는 거시적 수준의 현상은 다음 장 주제인 평화의 규범이다.

5. 이념의 복합 체제 사례

　인권의 완전한 범위는 어느 한 이념 체계가 포괄할 수 없는 다양한 사회적, 정치적 맥락과 정책을 필요로 한다. 생명권은 식량, 은신처,

건강관리, 환경 보건 등과 같은 기본적 필요를 제공받으며, 안전하게 보호 받는 공동체도 필요로 한다. 이러한 모든 것들은 정부의 공공분야가 궁극적으로 제공해야하는 공공 재화와 서비스다. 국민은 국가에 대한 충성과 애국심을 확대하고, 세금 납부를 통한 물적 자원뿐만 아니라 군대 복무에 의한 개인적 희생으로 정부를 보조하기도 한다. 정부의 정당한 역할은 국민의 생명권이 확보되고 유지되도록 보장함으로써 국민에 봉사하는 것으로 시작해야 한다. 이는 국가가 국가안보와 공동체의 안전뿐만 아니라 국민의 기본적 필요를 제공하는 것에 대해서도 책임져야 한다는 것을 의미한다. 역사를 통해 시험된 정치 이념들 가운데 사회주의나 복지국가의 원칙은 이 목적을 가장 적절하게 지향하는 것으로 보인다.

그러나 요즘의 세계화 시대에 우리는 특히 공중 보건과 지구 건강을 위해 초국가적인 통치기구를 설립해야 한다. 지구 어느 곳에서든 전염병 발생은 세계적 문제다. 세계보건기구(WHO) 및 세계식량기구(WFO)와 같은 기관들은 올바른 길을 걷고 있지만, 세계의 모든 주권 국가들이 충분히 지원하지 않고 있다. 우리는 지구 건강을 향상시키기 위한 세계적 노력이 필요한데, 이 역시 세계 공동체의 강화된 노력과 가시적 지원을 필요로 한다.

그러나 정체성의 권리는 사회주의나 복지국가에 의해 최적으로 제공되지 않을 것이다. 사람들은 단체와 조직을 만들고 가입함으로써 더 많은 '중요한 다른 사람들'과 관계를 맺기 위해 서로 접근한다. 앞에서 지적했듯, 정부는 사회적, 정치적 단체의 확산을 불편하게 생각하며, 국가의 본능적 반응은 전 세계적으로 많은 중도파 정부가 그랬던 것처럼 그들을 단속하는 것이다. 그러나 국민의 정체성의 권리를 위해 시민사회가 출현할 수 있도록 시민단체와 조직을 허용하는 것이 필수적이다. 따라서 이념은 정치적 다양성을 증진시키기 위해 고안된 다두 정치의 한 형태여야 한다. 이 경우 정부는 활기찬 시민사회에 도움 되는 법적 정치적 환경을 조성하고 보호해야 한다. 이념의 바람직한 형태로 다두 정치가 가장 적합할 수 있다.

인권의 세 번째 요소인 선택권은 참여 민주주의를 필요로 한다. 정치 과정에 참여하는 것은 선택 이외에 아무것도 아니다! 인민에 의한 정부를 전제로 세워진 미국이 세계적으로 선거제도를 주요 외교 정책 목표로 옹호하는 것은 이해할만하지만, 미국은 참여체제를 심어주기 위한 특정한 필수조건이 있다는 것을 깨달아야 한다. 미국은 또한 인권이 선택권보다 많은 것을 포함한다는 것도 깨달아야 한다. 21세기 초 수십년 동안 미국이 이라크, 아프가니스탄, 그리고 한국 등에서 전개한 군사작전은 그러한 정부 체제를 받을 문화적 준비에도 불구하고 참여 민주주의를 확산시키는 데 목표를 두었다. 미국은 참여 민주주의가 총구에서 나오지 않는다는 것을 깨달아야 한다. 그래도 결국엔 선택권의 발전을 위해 참여민주주의가 바람직한 형태의 이념이다.

이제 사랑할 권리가 있다. 이것은 정부가 그저 비켜서면 될 권리다. 사랑은 가장 사적인 특성이며, 정부의 공공 부문은 사람들의 사랑 활동이 거의 항상 국가가 개입된 군사 분쟁과 전쟁에 의해 종종 방해 받아왔다는 사실을 제외하면 관여할 일이 거의 없다. 여기서는 '최소의 정부가 최선의 정부'라는 원칙에 입각한(고전적) 자유민주주의가 가장 바람직한 것 같다.

위의 논의는 이념의 복합적 형태를 합리화한다. 사실, 세계의 대부분 정치 체제는 그들 문제를 다루기 위해 다양한 형태의 이념을 활용하고 있다. 오늘날 지식인들이 다양한 정치체제에서 자신의 체제에 적합한 복합적 이념 체제와 통치 구조를 만들어야 할 때다. 더 중요하게는 세계 공동체가 체제 특정적 이념 구조를 존중하고 다양한 세계 공동체를 포용할 때이기도 하다. 우월성을 놓고 이념 논쟁으로 다투는 시대는 지났다.

우리는 역사에서 이념적, 문화적, 종교적, 심지어 문명적 충돌까지 보아왔다. 아직도 국제 분쟁 없이 평화롭게 사는 데 실패하고 있다. 우리는 정치 이념이 국가 체제에 내재된 정치적 목표를 성취하기 위한 도구적 수단으로 만들어진 단순한 인간의 발명품이라는 것을 명심해야 한다. 우리가 하나의 인류로서 유지되어야 한다면 세계는 다양성을 포용하는 공동체로 진화해야하는데, 우리는 시행착오의 세대를 거치며 역사의 한 지점에 와있다. 이제 평화의 주제를 다음 장에서 다룰 것이다.

제 13 장

공동체를 위한 '안보' 대신 평화

앞 두 장에서, 인간 발달이 발전에 관한 연구의 초점이 되어야하며 사회적 관계나 대인 관계는 인권 실현에 기초한 인간 존엄성 추구에 의해 인도되어야 한다는 점을 밝혔다. 그러면 우리는 건강하고 활발하고 품위 있는 삶을 보장받을 수 있다. 그러나 사회의 거시적 체제는 단일 사회에서 보다 쉽게 실행할 수 있는 변화 수준을 넘어선다. 여기서 나는 세계 차원에서 '공동체'가 건설되어야 한다고 제안하고 싶다. 공동체는 구조적으로 각 부분이 상호 의존적이며 필수 불가결한 부분들의 집합체로 이해되어야 한다. 우리는 이미 경제, 정보, 시장 체제의 측면에서 상호 의존과 상호 신뢰의 세계를 가지고 있다.

그러나 세계 공동체는 각 부분이 전체에 통합됨으로써 더 나아질 수 있는 방식으로 구성하는 부분들을 묶는 문화적 분위기도 지녀야 한다. 앞 장들에서 세계가 경제적 필요와 재정적 편의를 위해 통합된 '지구촌'이 되어온 것을 보여 주었지만, 공동체 자체는 거의 질서가 잡히지 않거나 안정적이지 않다. 우리는 인류에게 가장 큰 도전은 서로를 죽이지 않고 함께 살아가는 방법을 찾는 것이라고 거듭 거듭 떠올린다. 우리가 강압적 힘에 의해 강요된 수직적 세계 질서의 오랜 개념을 통해 안보를 추구하는 한, 세계 안보는 지지될 수 없다는 것이 증명되었다. 이러한 힘은 대개 군사력 형태로 나타나지만, 경제, 정보, 이념, 문화, 심지어 과학과 기술을 통해서도 드러날 수 있다. 어떤 나라는 이러한 수단 가운데 하나 또는 몇 가지 조합을 사용함으로써 다른 국가들에 대한 지배적 위치를 추구한다.

이 세계 질서는 대부분의 세계사에서 가능했지만 21세기 세계 체제에서는 더 이상 작동하지 않는다. 조그만 무장 세력과 군사단체까지 엄청난 파괴력을 동원할 수 있는 점을 감안하면 전쟁은 반드시 중단되어야 한다. 실제로 안보 패러다임은 그 생명을 다 했으며, 전 세계 인구의 안전과 안보를 더 이상 보장할 수 없다. 돌이켜보면 2000년 동안 인류는 안보 체제를 통해 질서 있는 세계를 추구해왔다.

안보 체제는 변화된 식민주의가 불평등하고 불공정한 정치질서에 영속되는 관계의 국제 체제이다. 그러한 정권은 승자와 패자가 세계 질서에서 그들의 적절한 지위를 부여받는 군사 분쟁의 결과로 태어난다. 승자는 패자를 지배해왔고, 패자는 승자에게 복종하는 입장을 취한다. 식민지 시대의 특징처럼, 이 경우 세계 질서는 수평적이 아니라 수직적인데, 패자는 승자에게 착취당하고 조작된다. 승자의 문

화적 분위기는 보호감독과 온정주의뿐만 아니라 인종적이고 이념적
이며 인간적인 우월감을 포함한다. 상호의존적 세계 공동체에서 불
평등과 문화적 제국주의는 세계 여론에 의해 용납되지 않을 것이다.

　오늘날 세계 대중은 정의의 핵심 규범으로 형평의 규범을 깨닫고
있다. 그러나 구세계 질서를 대표하는 정책 입안자들은 자기들이 지
배적 입장에 있다는 것을 알아차리는 안보 체제에 과도하게 집착한
다. '패자'들이 전형적으로 많은 나머지 세계는 구세계 질서를 받아
들이기를 거부한다. 안보 패러다임을 전제로 한 세계 체제는 예측 가
능성, 책임성, 규제된 관계 유형을 제공할 수 있다. 세계화의 억제되
지 않은 진전과 결합된 냉전 세계 질서의 종식으로, 인류 역사는 만
연된 안보 체제가 줄어드는 것을 보여 왔다.

　물리적 힘만으로는 더 이상 안보를 보장할 수 없다는 게 탈냉전
세계의 현실이다. 두 가지 거대한 역사적 힘이 이러한 근본적 변화를
가능케 했다. 첫째, 제2차 세계대전을 종식시킨 원자폭탄의 파괴력
을 세계가 처음 목격한 이후, 지배 국가가 되거나 대리자 입장을 피
하려는 야망을 가진 정부와 비정부 실체들은 핵폭탄 자체를 포함한
대량파괴무기(WMD)를 개발하기 위해 경쟁해왔다. 어떤 국가들은 대
량파괴무기를 갖추는 데 성공했고, 더 많은 국가들은 이렇게 치명적
능력을 획득하기 직전에 있다.

　그러나 이러한 무기들의 본질적으로 비밀스러운 특성은 그들의
폭발적 확산을 관리하거나 줄이는 것을 어렵게 만든다. 이른바 '깡
패' 국가들과 테러 단체들을 포함한 일부 비서구 국가들은 흔히 대량

파괴무기의 획득으로 지위를 향상시키는데, 우리는 완전한 전쟁 없이 그들을 멈출 실행 가능한 수단이 없는 것 같다. 둘째, 흔히 미국과 서유럽 자본주의 경제의 파급 효과로 간주되는 세계화의 거대한 힘은 지역과 토착 문화적 특성이 위협받는 균일한 문화를 창출한다.

전통적 유대교-기독교 문명 외부의 많은 사람들은 세계화를 지배적 탈공업화 세력에 의한 거대한 제국주의 전략으로 간주한다. 이는 그들에게 세계화 또는 '미국화 (Americanization)'의 힘에 맞서는 그들 세력을 동원할 동기를 부여한다. 세계적으로 민족적 종교적 집단의 부활은 그들의 정체성을 회복하고 유지하려는 절박한 욕구가 표출된 것으로 볼 수 있다. 이 사람들 다수에겐 물질적이고 신체적 자산보다 가치와 문화적 정체성이 더 중요하다.

2001년 9.11 테러로 촉발된 '테러와의 전쟁'과 관련해 우리 안보와 세계 안보를 회복하기 위해 군사적 수단에 의존해서는 안 된다. 안보 체제의 운명적 실패를 빨리 깨달을수록 좋다. 전면전에서부터 종족 간 충돌에 이르기까지 모든 종류의 군사적 대결에서 날이 갈수록 더 많은 군인과 민간인이 죽고 다치기에, 우리는 선택의 여지도 없고 낭비할 시간도 없는 것 같다. 안보 패러다임은 우리의 신념 체계와 사회적 정치적 활력에서 그것을 촉진하고 강화하는 일련의 세력으로 자리 잡고, 안보 패러다임의 다음과 같은 기본 전제로 나아간다.

1. 안보 패러다임의 신조

1) 세계 질서는 수직적이어야 한다. 국가 간의 관계가 힘의 위계에 의해 관리된다.

2) 세계는 지배와 복종의 체계이다.

3) 국가나 하위 국가 같은 실체들 사이에 질서 있는 관계를 생성하거나 관리하는 것은 평화적 수단이 아니라 폭력적 수단을 통해 추구된다.

4) 사회적 관계와 인간관계는 어떤 사람의 이기는 만족이 다른 사람의 잃는 고통에 가려지는 영합(零合, zero-sum) 관계로 정의된다. 여기서 강자는 약자를 잡아먹을 것이다.

5) 세상은 승자와 패자만 있고 그들 사이에 중간지대가 없는 이분법적 관점에서 비춰진다.

6) 약자가 강자에게 복종하는 것은 생명 자체를 포함해 더 많은 것을 잃을 두려움 때문에 가능하다. 패자나 잠재적 패자는 강자가 원하는 대로 항복하고 굴복할 수밖에 없는 무력함을 느낀다.

7) 안보 체제는 오보나 허위 정보를 숨기거나 조작하는 비밀과 정보를 필요로 한다.

8) 국가가 창시자이다. 규범으로서의 안보 체제는 비정부 시민들이나 단체가 아니라 정부의 공공 부문에 의해 만들어지고 유지된다.

위 전제는 식민주의와 제국주의 세계 질서의 기초를 다졌다. 식민주의 후기 시대나 우리의 세계적 시대에 이러한 제국주의 세계질서가 지속되는 것은 세계가 변해왔다는 새로운 인식의 출현과 함께 안보 체제의 불안정과 딜레마를 낳았다. 그와 함께 나타난 것은 새로운 세계 문화 또는 세계 공동체 주민들 가운데 새로운 규범적 성향을 지닌 새로운 신념 체계이다. 다시 말해 세상은 새로운 현실을 일깨워왔다.

2. 새로운 현실(역사적 상황의 전환): 테러의 출현

1) 힘, 특히 군사력은 더 이상 강자와 지배자의 안전을 보장할 수 없다. 오늘날 세계 공동체는 조직된 테러와 지배를 기반으로 하는 세계 질서를 거부하며 관습에 얽매이지 않는 약소국들로부터 새로운 취약성을 드러내왔다. 게다가 일부 '테러리스트'들은 자살 폭파범들의 사례가 시사하듯, 다치거나 파괴된다는 두려움에 의해 단념하지 않는다.

2) 강자와 지배자들이 오늘날 세계에서는 꽤 많은 이유로 약소자들을 더 이상 물리적으로 제압할 수 없다. 특히 세계 정보 체제에 대한 시민들의 깨우침 때문에 그렇다. 이러한 깨우침은 전통적 대중매체와 비전통적 전자 통신망(소셜 미디어)의 급증에서 소통의 개방적 기반시설에 의해 가능해졌다. 사람들은 관광 및 편리한 교통 체제의 증가를 통해 다른 사회에 대한 정보도 얻어왔다. 세계의 박탈당한 사람들은 그들의 원인과 행동에 대한

'동맹'을 개발하고 전 세계적으로 반대 의견을 집합하기 위한 그들의 기준 틀을 확장해올 수 있었다. 아랍의 봉기 활동과 운동은 새로운 소통 체제가 없었다면 생각할 수 없었을 것이다.

3) 패자나 잠재적 패자는 자신의 원인이 무력하다고 느끼지 않으며, 순교자로서 원인에 있어서 그리고 잠재의식의 세계에서도 자신의 신념 때문에, 압제자에게 굴복하지 않는다. 자살 폭격을 감행하려는 아들의 몸에 폭발물을 매다는 어머니의 행위를 어떻게 달리 설명할 수 있을까.

4) 비폭력은 마하트마 간디, 마틴 루터 킹, 아웅산 수지, 다이사쿠 이케다 그리고 다수의 평화주의 종교 및 시민 지도자들과 평화주의 단체들의 유산인 시위운동 안에서 강력한 도덕적 가치를 성취했다. 평화주의자들은 더 큰 도덕적 권위를 얻어왔으며, 우수한 지식인들 및 심오한 사상가들과 언제나 연대한다.

5) 세계 정치문화는 보통 사람들과 불우한 사람들에게 주의를 기울여왔다. 2012년 오바마 대통령의 재선과 2013년 프란치스코 교황의 당선은 이 증거가 된다. 보통 사람들이 물질적 박탈과 정치적 소외로 고통당하고 있는 동안 그들은 도덕적 권위를 축적한다.

6) 갈등의 상호 당사자들은 서로 양립할 수 없는 가치와 원칙에 강한 의지를 갖는 경향이 있다. 그래서 협상을 통해 차이점을 해결하는 것은 흔히 극복할 수 없을 만큼 어렵다.

7) 세계의 대중 매체는 갈등의 본질과 구조를 명확하게 밝히고 공

론화하는 데 결정적 역할을 하며, 경쟁 당사자들의 정책적 입장을 드러낸다. 이는 당사자들이 공개된 정책적 입장을 고수해야 하기 때문에 막후 협상을 훨씬 더 어렵게 만든다. 그렇지 않으면 국내의 사람들과 세계 공동체에 체면을 잃을 위험이 있다.

3. 9 · 11부터 북한과 이슬람국가(ISIS)까지

위에서 논의한 역사적 상황의 전환은, 2001년 9 · 11부터 북한 핵무기를 둘러싼 끝없는 위기까지, 21세기가 시작되자마자 일어난 일련의 중요한 역사적 사건들에 의해 분명하게 부각되어왔다. 9 · 11과 북한 둘 다 미국과 연관돼 있다. 9 · 11은 무엇을 의미하는가. 그것은 군사력만으로는 조그만 단체나 개인들의 적대적 행위를 막을 수 없을 것이라는 새로운 시대의 개막을 뜻하며, 안보 패러다임이 그 정당성을 잃고 있음을 의미한다. 이는 또한 특정 국가에 대한 세계 사람들의 태도와 신념이 그 국가의 안보에 효력을 미친다는 것을 뜻하기도 한다. 우리는 21세기와 그 이후에 세계 공동체가 다루어야 할 정치적 테러의 새로운 변화가 시작되는 것을 보아왔다.

정치적 테러는 이념이 아니라 다음과 같은 뚜렷한 특징을 지닌 현상이다. (1) 테러리스트가 등장하는 세계 인구 일부 부문의 생활환경을 둘러싼 '구조적 폭력'에 대한 좌절. 이 구조적 폭력은 빈곤한 경제 상황과 그에 따른 상대적 박탈감을 포함한다. (2) 누가 비난받아야 할지 공통된 개념과 테러리스트 공격의 명확한 목표가 있다. (3) 테러리스트들은 자기들의 존재를 소외시키는 세력으로부터 자기 사람들을 해방시키는 사명을 지니고 있다는 믿음을 갖는다. (4) 테러리스트는 순교자로서의 지위에 자존심도 덧붙인다.

'소셜 미디어'라는 도구를 사용하면, 정치적 경계를 넘어 테러리스트의 감정과 생각이 확산되도록 촉진하며, 테러리스트의 이해관계가 전 세계에 걸쳐 쉽게 모여질 수 있다. 테러리스트와 잠정적 테러리스트들이 모든 종류의 무기에 접근할 수 있고 이용할 수 있는 것은 특히 무기 생산자와 군산 복합체의 정치적 영향력을 고려할 때 가공할 만한 도전을 제기한다. 무기 제조업자의 로비는, 2012년 12월 14일 5-10세 어린이 20명을 포함해 28명이 살해된 코넥티컷 뉴타운에서 발생한 샌디 훅 초등학교 총기사격의 결과로, 가장 기본적 총기 규제 대책조차 상원의 통과를 막을 만큼 강력했다.

테러리스트들은 무기 획득의 어려움 때문에 단념하지 않을 것이다. 게다가 무기의 유용성은 정치적 테러를 설명하는 데 거리가 멀다. 테러의 원인과 동기는 복잡하고 다면적이라 포괄적 연구와 학제간(interdisciplinary) 연구를 요구한다. 우리가 그러한 연구를 하고 테러를 촉발할 만한 요인을 확인하더라도, 모든 정부와 시민 사회의 정치적 의지가 있어야한다. 이런 점에서 현재 상태는 실망스럽고, 개선에 대한 전망은 흐리기만 하다.

9·11 이후, 미국은 세계의 많은 사람들이 국가가 후원하는 테러로 간주하는 행위들을 저질러왔다. 미국은 사담 후세인의 대량파괴

무기 특히 핵폭탄 획득을 막는다는 빌미로 이라크를 침공하고 사담을 포함한 지배구조를 파괴했다. 그러나 10년간의 점령 후에도 미국은 이라크 정권이 대량파괴무기를 보유했다는 의혹을 입증하지 못했다.

여전히, 부시 행정부는 침략 목표를 정권 교체에서 국가 건설로 바꾸면서, 이라크의 '악'한 체제를 민주적 체제로 대체해야 한다는 합리화에 매달렸다. 이와 비슷하게, 테러리스트에 우호적인 탈레반 정권을 제거하기 위한 아프가니스탄에서의 군사행동은 '임무 목표와 수행 방법이 변하는 과정(mission creep)'에서 고통을 겪어왔다. 목표가 점점 더 국가 건설과 전통적 서구 민주주의의 설치로 되어간 것이다. 그 과정에서 인간 생명과 물리적 파괴에 드는 비용은 지속적으로 쌓여갔다.

이라크 전쟁은 수천 명 미군들의 죽음을 불러왔고, 수만 명 부상당한 남녀들은 그들 자신이 육체적 정신적으로 부상당하는 피해를 입고 집에 돌아왔다. 이 군인들과 그 가족들에게 그 고통은 앞으로 수십 년 동안 줄어들지 않을 것이다. 이라크와 아프가니스탄 민간인 사상자는 미국과 나토 군대에 의해 피해당한 사람들보다 훨씬 많은데, 일부 추정에 따르면 이라크 민간인 사상자가 10만 명이나 된다.

이러한 군사 행동은 생명, 화폐, 파괴에 있어서 이러한 종류의 비용을 정당화할 수 있는 어떤 것도 만들어내지 못했다. 냉엄한 현실은 군사적 지배가 더 이상 안보와 안정의 길이 아니라는 점이다. 이러한 현실은 아래와 같이 북한 사례에 의해 훨씬 더 분명하게 확인된다.

북한은 유교 문명의 중심에서 한반도 북부를 차지하고 있는

2,200만 인구의 작은 나라다. 북한은 혹독한 식량 부족으로 가난에 시달린다.

그러면서도 훨씬 더 부유하고 선진적인 이웃 남한에 도전하는 군사적 준비를 지닌 정치 체제다. 북한은 장거리 미사일 체제를 갖춘 사실상 핵보유국이다. 굶주리는 나라가 스스로 가공할 군사력을 지녔다는 비정상을 어떻게 설명할 수 있을까. 더 중요하게 북한은 많은 사람들이 '일반적 규범'과 국제 정치 관행에 대항한다고 생각하는 정책 지향과 정책 행위의 기본적 형태를 보여주어 왔다. 여기서 일반적 규범은 과거 수천 년 동안 세계 정치를 이끌어온 규범으로, 그것은 앞서 언급한 안보 패러다임에서 나온 관행이다. 겉보기에 그 정치 체제의 비합리적 정책 행위를 어떻게 이해해야 할까.

북한 창시자 김일성은 젊은 시절(1912-1945) 일제 식민통치 기간에 중국 동북지역 유격대의 정력적 지도자였는데, 한반도 안팎의 추종자들 사이에서 긍정적 평판을 받았다. 조선로동당(공산당) 대표로 지휘를 맡았을 때 그는 이미 카리스마적 지위를 얻었다. 그는 '주체(자립)'라는 독특한 이념적 성격을 지닌 국가의 창시자로 알려져 있는데, 이는 남한의 이승만 정권과 극명한 대조를 이루었다.

그가 1994년 갑자기 사망하자 그의 아들 김정일이 후계자로 떠올랐다. 김정일은 그 나라 경작지 대부분이 홍수에 휩쓸린 후 즉각 기근의 도전에 직면했다. 그의 정권은 냉전이 끝날 때 소련의 안보 우산이 사라지자 엄청난 안보 도전으로 인식한 것에도 직면했다. 안보 상태와 경제 성장이라는 두 가지 과제가 너무 어려워, 김정일은 핵

능력을 개발함으로써 국가 안보를 우선하기로 선택했다. 핵 프로그
램은 제2차 세계대전 중 히로시마와 나가사키에 사용된 핵폭탄의 위
력에 압도당했던 김일성이 훨씬 일찍 구상하고 시작하였다.

그러나 핵 계획이 우선순위로 추진된 것은 김정일이 통제권을 장
악한 후였다. 이것은 다음과 같은 몇 가지 사실 때문이었다. (1) 소련
이 핵우산과 함께 무너졌다. (2) 핵 과학과 기술이 김일성 시대에 이
미 고유하게 개발되었다. (3) 핵 선택이 자위를 확보하는 데 가장 경
제적이었을 것이다. 김정일은 핵 자위가 국가 정치의 핵심이 된 선군
(先軍) 정치를 위한 대대적 캠페인을 시작했다. 김정일 정권은 다양한
사거리의 미사일을 시험했고, 2006년과 2009년엔 핵 장치도 시험
했다. 그가 2011년 12월 17일 갑자기 사망한 뒤 2013년엔 3차 핵
실험이 뒤따랐다.

김정일 사망 직후 김정은이 29세의 나이에 새 지도자로 취임했다.
북한은 2012년 12월 12일 다단계 장거리 로켓을 우주로 보내는 능
력을 보여주었다. 나아가 김정은은 지하, 이동 발사대, 잠수함 등에
서 발사하는 다양한 사거리의 미사일과 함께 더욱 강력하고 전투 준
비된 폭탄을 시험하며 핵무장을 더 추진할 결의를 과시했다. 미국과
남한 모두 너무 놀라 남북 경계선을 따라 연합군사훈련을 추진했다.
북한 핵미사일을 상쇄할 의도로 남한에 설치된 매우 논쟁적인 고고
도미사일방어체계(THAAD)는 이 지역에서 계속 폭발적인 정치적 다
이너마이트가 될 수 있다. 김정은 정권은 그의 아버지와 할아버지가
개발하는 데는 도움이 되었지만 그들의 통치 기간에 갖지 못했던 자

위 능력을 마침내 성취했다고 확신하는 것 같다. 그는 집권 초기부터 국가 자위의 기초 위에서 자신의 사명이 국가의 경제적 번영을 이루는 것이라고 선언했다. 이를 위해 김정은은 2006년 12월 1차 핵시험 이후 수많게 누적된 유엔과 미국의 제재가 제거되어야 한다는 것을 깨달았다. 그는 65년 된 한반도 정전협정이 무의미하며 지역 안정에 해롭다고 믿고 미국과의 평화협정을 원한다. 그는 북한 국민이 경험한 경제적 어려움의 궁극적 원인이(전쟁도 아니고 평화도 아닌) 교착상태라 생각하고, 이 상태로 돌아가지 않을 것이라고 공개적으로 선언했다.

김정은에 대한 많은 비판과 거친 말에도 불구하고, 냉엄한 현실은 김정은 정권이 한반도와 그 지역에서 미국/유엔의 지배라고 간주되는 것에 대한 도전을 계속하리라는 것이다. 2013년 3-4월 이러한 교착상태와 위기에서 미국은 받아들일 수 없는 것과 원하지 않는 것 가운데 선택해야 하는 난처한 처지에 빠졌다. 미국이 정치적, 전략적, 도덕적 이유로 한반도에서 대규모 전쟁으로 북한을 군사적으로 타격하는 것은 받아들일 수 없다. 또한 특히 북한의 인권 상황이 개탄스럽기 때문에 평화협정을 위한 북한의('강탈'이라고도 불리는) 요구에 굴복하는 것은 너무 굴욕적일 것이다. 우리의 논의의 요점은 미국이 이 세계 공동체의 약소국들을 더 이상 강압할 수 없다는 것이다. 북한의 경우, 전통적 안보 패러다임은 안정과 협력을 보장하기에 충분하지 않다는 점이 분명해 보인다.

400 정치발전 담론: 세계화, 축복인가 저주인가?

4. 이슬람국가(ISIS): 테러의 합법적 진전

오바마 정부가 2011년 5월 2일 빈 라덴을 암살이라는 수단으로 성공적으로 제거했음에도 불구하고, 알카에다 세력은 세계에 걸쳐 더 다양해졌다. (이라크와 시리아 내의) 이슬람 국가는 테러의 다른 유형이다. 이전의 모든 테러 단체와 달리 이슬람국가는 경계가 정해진 영토 안에서 세금수입을 창출할 수 있는 경제 기반을 가지고 출현했다. 이 국가 같은 조직은 반미 및 반서유럽 감정과 테러 의제로 공고해진 이슬람 세계 전역에서 동조자들을 끌어들였다. 군사작전 이외에 미국과 서유럽은 이 파괴적 조직을 다루는 효과적 방법을 찾을 수 없다. 북한의 경우처럼 이슬람국가 문제도 틀에 박힌 군사적 수단으로는 해결할 수 없다. 이러한 안보 딜레마들에 대한 군사적 해결은 없다.

5. 안보가 아니라면, 이제 무엇인가?

이 책에서 안보 패러다임에 의해 질서가 유지되는 세계 공동체는 파산하고, 안보 자체를 만들고 유지하는 것조차 작동하지 않는다고 결론 내렸다. 실제로 정치 역사의 과정에서 우리는 항상 안보 패러다임에 의해 세계질서를 유지해왔다. 때때로 무정부주의의 정치적 혼란 상황이 있었다. 기존 질서가 대체되어야 했을 때는 권위 구조가 확립되지 않고 항상 혼란과 파괴가 있었다. 그러나 무정부 상태는 절대 받아들일 수 없는 정치 질서가 아니었고 앞으로도 그럴 것이다. 이렇게 역사적으로 중대한 시기에, 우리는 역사를 큰 걸음에서 전망해야 하고 세계질서를 위한 대안 패러다임을 제공해야 한다. 우리에게 요구되는 패러다임은 다양한 국가와 이해관계들이 상호 이익이 되어 상생 관계의 체제를 만드는 것이다. 그러한 체제는 안보가 아닌 평화가 무엇보다 중요한 목표가 되는 합법적 평화 체제를 반영한다. 사실 평화와 안보는 두 개의 다른 개념이다. 평화는 갈등이 없는 상태가 아니다. 실제로 안보와 평화는 서로 독립적이다. 다음 14장에서 이러한 적극적 평화의 개념을 알아보겠다.

제 14 장

적극적 평화

우리가 기본적 필요와 육체적 정신적 건강을 얻음으로써 개인적 복지를 성취하고, 고귀한 사회적 대인 관계도 얻으면, 더 큰 공동체는 평화를 위해 노력해야 한다. 평화는 폭력, 살인, 갈등이 없는 것만이 아니다. 평화는 조화이며, 조화는 다양성에서 단일성을 창조하는 것이다. 적극적 평화로서의 조화의 개념은 "평화를 위한 새로운 패러다임"이란 제목으로 만들어진 테드토크(Ted Talk) 프로그램 동영상을 참고하기 바란다 (유투브, A New Paradigm for Peace, Han Park).

다양성은 조화를 위한 필수 조건이다. 완벽한 비유는 오케스트라 음악에서 찾아볼 수 있다. 오케스트라의 특성은 (사람의 목소리도 추가될 수 있는) 다양한 악기, 지휘자, 작곡가들이 사용 가능하도록 만든 악보들을 포함한다. 지휘자는 음악을 배우고 해석하기 위해 연구한다. 악기 연주자들은 특히 자신이 맡은 부분의 음악에 익숙해지도록 노력하고 연습한다. 작곡가는 악보를 만든다. 모든 음악가들은 완벽하도록 연습한다. 지휘자는 통합되고 조화로운 전체를 창조하기 위해 모든 부분을 조정한다. 오케스트라 전체는 작곡가가 구상하고 지휘자가 해석한 대로 음악을 창작하도록 각자의 분야를 조정하는 지휘자의 지도를 따른다. 그러면 청중은 '다양성에서 단일성을 창조'하는 조화로 끌려 들어간다.

여기서 각 구성원은 조정된 조화의 필수적 부분으로서 조화 속으로 '사라진다'는 것을 깨달아야 한다. 모든 부분을 조정하는 위치에 있는 지휘자는 최종 생산물에 대해 책임질 것이다. 실제 공동체에서 다양한 직업 단체와 조직뿐만 아니라 사회 구성원들은 다양하고 다른 악기를 연주하는 음악가들과 비슷하다. 작곡가는 학자, 두뇌 집단 및 정책 자문위원을 포함한 정책 입안자이며, 지휘자의 책임과 기능은 정부가 책임지고 있는 것과 같다. 따라서 '평화 체제'는 오케스트라 음악의 모든 구성 요소와 부분들을 포함해야 한다.

조화로운 관계는 명령이나 중앙 집중적 체제가 아니다. 그것은 상호 보완적이고 평형적인 상태를 지니고 다양한 부분을 조정하는 체제다. 평화 체제에서는 차이가 받아들여지고 존중되며, 지배는 조정과 협력으로 대체되고, 적응은 동화보다 선호되며, 궁극적으로 대화는 그것을 창조하기 위한 유일한 도구로 사용된다. 평화체제는 다양성과 상대주의의 문화를 필요로 한다. 다양성의 문화는 인간의 열망에 합의가 없다는 것을 뜻하지 않으며, 또한 인간 발달과 인간 존엄의 가장 중요한 목표가 상대적이며 다양하게 해석된다는 것을 의미하지도 않는다. 다양성의 문화는 같은 목표가 다른 전략과 전술에 의해 제공될 수 있다는 것을 뜻한다. 생존의 목표는 다양한 종류의 음식 그리고 음식이 소비되는 방식 또는 다양한 종류의 옷에 의해 제공될 수 있을지라도, 물리적 생존의 목표는 같다.

사실, 문화는 발전 목표를 추구하는 과정에서 진화한 행동과 태도의 특성에서 드러난 특정한 징후를 합리화하거나 정당화하는 방법으로 형성된다. 마찬가지로, 다양할 수 있는 사회 기관과 구조 역시 인간 발달의 공통 목표를 성취하기 위한 인간 열망의 목적을 제공하기 위한 목적으로 만들어진다. 그러므로 문화적 제도적 다양성은 폭력적 갈등의 충분한 근거가 되어서도 안 되고 될 수도 없다. 어떤 사람은 우리가 화합과 조절이라는 이름으로 테러 행위를 수용할 수 있고 수용해야 하는지 물을지 모르겠다. 분명히 아니다. 문명 세계에서 테러는 어떤 피신처도 허용되어서는 안 된다.

다양성과 조절의 이름으로, 오케스트라가 어떤 소리 내는 물건을 그냥 받아들일 수는 없다. 사용되는 악기는 음악 그 자체가 요구하는 악기이어야 한다. 테러리스트들은 조화를 깨뜨리고 방해하는 사람들이며, 평화 체제에서 절대 허용되어서는 안 된다. 우리는 테러리스트조차도 적절한 사회화와 교육에 의해 사회의 가치있는 구성원이 되도록 이끌어질 수 있다는 점을 깨달아야 한다. 테러를 제거하려는 노력이 결코 군사적이거나 경제적인 제재를 통한 물리적 강제와 같은 안보 체제의 도구에 의존해서는 절대 안 된다는 점을 이해하는 게 중요하다. 탈냉전 시대에 그 목표를 추구하는 데 어느 것도 효과적으로 작동하지 않았다.

우리 자신과 다르거나 화합이 안 되는 다른 성향을 지닌 사람들을 군사적 위협이나 경제적 처벌에 의해서만 통제할 수 있는 불완전한 인간으로 대우하는 것은 헛된 노력이다. 우리의 강압적 개혁 시도에 반항하는 사람들은 테러 행위나 핵 위협을 통해 그들의 의지를 표현하는 비정규적 수단에 의지하는 바로 그 사람들이다. 우리가 폭도들을 군사적으로나 경제적으로 '처벌'할 수 있는 능력이 부족해서가 아니라, 안보 패러다임에서 빌려온 구식의 비생산적 전략을 사용하고 있기 때문에, 테러와의 전쟁에서 지고 있다.

미국이 평화를 구축하려면 대화에 참여하려는 누구에게든 차별해서는 안 된다. 세계에서 가장 강력한 국가로서 외교를 다른 나라에 맡겨서는 안 된다. 미국이 자신의 외교 문제를 중국과 다른 나라들이 다루도록 위임하면서 북한과의 직접 대화를 피하는 것은 근시안적이다. 유럽연합이 미국을 위해 이란 핵 문제를 취급하도록 기대하는 것은 바람직하지 않다. 안보 패러다임의 비극적 유산은 지배적 국가가 군사 확장을 부채질하기 위해 지속적으로 적을 가져야 한다는 것이다. 소련이 사라지면서 미국에겐 초강대국 지위에 도전할 어떤 나라도 남지 않게 되었지만, 9·11 범죄자들은 미국의 자존심과 안보의식을 어지럽혔다. 안타깝게 부시 행정부는 9·11 사건을 이용하여 전면전으로 밀어붙였는데, 매우 역설적이게도 테러리스트들이 그토록 갈망하던 '합법성'을 제공했다. 안보위협 의식을 자극하고 외부 갈등에 개입하는 것은 역사가 증언하듯 독재를 정당화하고 민주적 규범과 과정을 훼손할 수 있다. '테러와의 전쟁'으로 우리는 '애국자 법 (Patriot Act)'의 수용 및 가짜 도청을 통한 개인정보 보호권리에 대한 최근의 타협에서 구체화한 이 불가피한 결과를 실제로 보고 있다.

미국은 이 전쟁에서 이길 수 없다. 우울한 전망은 전쟁이 젊은 군인들에게 죽음과 부상을 입히며, 자원을 고갈시키고, 세계 여론에서 미국을 소외시키며, 미지의 미래로 표류하리라는 점이다. 미국이 강압적 수단을 통해 안보에 대한 열망을 계속 수행한다면 확실한 몰락에 직면하게 될 것이다.

"우리는 미국을 파괴할 수는 없지만, 미국이 죽도록 피흘리게 만들 것이다"는 오사마 빈 라덴의 싸늘한 말이 떠오른다. 알 카에다와 다른 테러리스트들을 물리치는 것은 평화 구축 캠페인을 수행하고, 무법자들이 그들의 행동을 정당화할 수 있는 위로나 수단을 찾지 못할 문명화된 세계를 창조하는 것을 의미한다. 그렇지 않으면 우리는 이길 수 없는 전쟁을 벌여 그들의 손에 놀아난다. 우리는 미래 세대에게 새로운 세계 질서를 전달하기 위해 도전하는 역사의 기로에 서있다. 이 도전에 직면하는 것은 안보체제의 결점을 깨닫고 받아들이며, 평화 패러다임의 지혜를 소중히 여기는 것으로 시작한다.

평화는 그 자체가 규범적이고 철학적 가치나 신념 체계를 가지고 있지도 않고 가져서도 안 된다. 그러므로 평화는 원칙도 아니고 이념도 아니다. 평화는 문화이다. 다양한 지향성, 생각, 가치, 행동 특성, 그리고 비폭력 생활 방식의 수용을 옹호하는 특별한 문화이다. 평화

3부 전체적이고 개관적인 해결책을 찾아서 407

의 유일한 가치중립적 가치는 공감이다. 이는 우리 자신이 다른 사람들 입장에서 다른 사람들 관점으로 세상을 인식하려는 의지이다. 따라서 평화는 인간 존재의 모든 영역에서 다양성의 조화로운 체계로 정의될 수 있다. 누가 다른 사람들에게 공감할 때, 그가 다른 사람들과 동의하지 않을 수 있지만 다른 사람들을 '이해'할 것이다. 이와 반대로, 합의가 있을 때는 이해가 필요하지 않거나 바람직하지 않다.

조화는 다양성에서 벗어나 더 높은 수준에서 '동일성'을 창조하는 것이다. 이것은 다양성과 차이가 동질적으로 만들어져야 한다는 것을 의미하지 않는다. 다양성이 수용되고 유지될 때만 조화나 평화가 가능하다는 뜻이다. 역사를 통틀어 안보에 기반을 둔 미국 정책을 살펴보면, 안보 패러다임이 그 과정을 거쳤으며 비생산적이 되었다는 것은 충격적으로 분명할 것이다.

1. 중재를 통한 평화

조지 W 부시 대통령은 2002년 1월 29일 연두교서에서 이란, 이라크, 북한 같은 특정 국가들이 테러를 돕고 대량파괴무기를 추구하며 '악의 축'을 구성하고 있다고 선언했다. 그러한 '깡패' 국가들은 미국과 대화할 권리를 얻을 도덕적 자격이 부족하다고 지적한 게 주목할 만하다. 따라서 그 국가들엔 이견에 대한 외교나 협상 해결책이 없을 것이다. 오늘날 세계 정치 지형의 냉엄한 현실은 많은 국가와 정치 실체들이 그들의 적을 테러리스트로 간주하고 외교를 활용할 수 없다는 것이다. 그 대신 '깡패' 국가들의 운명은 미국의 침략과 무의미한 파괴 및 살해를 촉진하는 파괴와 죽음이다. 대화와 협상 해결이 금지된 상황과 사례로, 협상 해결이 제한적이면 출구가 없어 보이는 갈등을 중재할 제3자 중재자를 가져야 한다. 중재의 역할은 제3국, 중립적 조직, 심지어는 평화를 위해 전념하는 개인에게도 맡겨질 수 있다. 중재자는 그들 차이의 본질에 능통해야 하며, 갈등에 개입된 모든 적대적 당사자들에게 신뢰 받아야 한다. 그러한 중재자를 찾는 것은 대부분의 경우 쉽지 않지만, 일단 당사자들이 중재자를 데려오는 데 전념하면 이루어질 수 있다.

2. 평화 패러다임의 신조

앞에서 많은 것을 다루었지만, 이 장에서 논의한 안보 패러다임의 신조는 아래와 같이 평화 패러다임의 핵심 규범과 가치를 구성하는 일련의 필수 사항에 의해 나란히 비교될 수 있다.

1) 세계는 조정된 평형의 체제가(지배-복종 체제가 아니라) 되어야 한다.
2) 주어진 정치체제에서 공동 목표를 성취하기 위해 문화 성향, 사회 구조, 인구 구성, 정책 전략과 전술 등에서의 다양성이 필요하며 촉진되어야 한다.
3) 세계는 다양성의 체제로(획일성이나 이분법의 체제가 아니라) 간주

되어야 한다.

4) 국가나 국가 같은 실체 가운데 질서 있는 관계를 만들고 관리하는 것은 비폭력적이거나 평화적 수단을 통해 추구되어야 한다.

5) 사회적 인간적 관계는 공생 관계의 의미로 정의되어야 한다.

6) 신뢰 문화는(공포의 문화가 아니라) 모든 수준의 관계에서 평화를 위해 필요하다.

7) 차별 없는 문화는 특히 인종, 민족성, 출신 국가, 또는 종교에서 평화를 위해 필수적이다.

8) 평화는 소통에서 투명성을(비밀이 아니라) 요구한다.

9) 국가가 아닌 행위자와 집단이(정부가 아니라) 평화의 창시자가 될 필요가 있다.

10) 세계 질서는 국가 간 관계가 힘의 공평한 분배(힘의 독점이 아니라)에 의해 관리되는 수평적이어야 한다.

3. 갈림길에 선 미국: 미국은 희망이 없는가, 또는 희망이 될 수 있는가?

이 책의 독자는 미국이 추구하는 발전 유형이 몇 가지 주제에 대한 관찰에 의해 묘사되고 비판적으로 평가되었음을 깨달을 것이다.

1) 사회적 정치적 진화의 궤적으로서 인간의 필요와 욕구라는 전제에 바탕을 둔 실증적 발전 이론은 사실 정확히 미국이 걸어

온 궤도였다. 제5장-9장에서 보았듯, 발전이 진행되어온 현상을 둘러싼 이론과 모든 개념들은 대부분 미국 학계의 산물이었다. 그 발전 유형은 인간 삶의 실존 조건의 발전을 설명하지 못했기 때문에 잘못 인도되고 심지어 정확하지 않다고 선언되었다.

2) 20세기 후반과 21세기 초반의 수십 년에 걸쳐 유일의 초강대국으로 떠오른 미국은 안보 패러다임의 모든 전제에 의존하는 세계 질서를 옹호해왔다.

3) '팍스 아메리카나' 시기 세계의 구조적 문화적 변화는 미국과 안보 패러다임에 수많은 도전을 불러왔다.

4) 미국 보호 아래의 안보 패러다임은 세계적으로 안정되고 안전한 생활환경을 만들고 유지하는 데 실패했다.

5) 전체적으로 국가의 경제적 풍요에도 불구하고, 분배적 불공평은 체제 안에서 대중적 반대의 심각한 원천을 만들어왔고, 또한 세계 공동체에 '구조적 폭력'도 창출해 세계 많은 곳에서 만연한 반미 감정과 테러를 초래했다.

6) 미국이 고안하고 이끌어온 발전 과정이 인간 스스로의 절멸과 세계적 재앙을 불러올 수밖에 없다는 것은 너무나 명백하다.

7) 미국의 '성취' 때문에 미국 자신은 더 오래 번영의 여행을 지속할 수 없을지 모른다.

위의 평가는 미국이 잘못된 경로를 밟고 있는 것 같다는 것을 시사한다. 자신의 '성공'이 의무나 책임이 되는 안보 패러다임의 이해관계에 의해 억제되기 때문에, 미국은 잘못된 궤도에 있는 것이다.

미국이 이 곤경에서 벗어나지 않으면, 모든 성취 분야에서 지도적 지위를 유지할 수 있는 능력은 서서히 그리고 확실히 사라질 것 같다. 그러나 미국의 진정한 자산을 찾고 국가 간 평화의 과정을 설계하도록 움직인다면, 미국은 평화 구축을 위한 인류의 운동에 효과적 지도자가 될 수 있음을 깨달아야 한다. 진정한 미국의 자산은 군사, 경제, 기술, 또는 민주주의의 이념에도 있지 않다. 미국의 진정한 자산은 두 가지로, 인구통계학적 다양성과 사회적 수용이다.

1) 다양성: 인구 통계학적 다양성과 문화적 다양성

정치가 맨처음 시작된 때부터 인구 통계학적 다양성은 미국 인구의 DNA에 존재해왔다. 미국 주류는 백인, 유럽의 기독교 계통을 따라 시작되었다. 초기 정착민들이 원주민(인디언)들과 맞닥뜨렸을 때, 강압적인 수단으로 그들 공동체와 싸우고 파괴하며 그들을 고립된 '보호구역(reservations)'으로 떠밀었다. 초기 정착민들이 농장 노동자가 필요할 때, 그들은 아프리카 사람들을 강제로 배에 태워와 농장과 집 노예로 삼았다. 남북전쟁 이후, 노예제도는 공식적으로 허용되지 않았고, 사탕수수 농장에서의 노동과 철도체제 건설에 대한 필요는 충족되지 않았다. 이에 정착민들은 주로 중국, 일본, 한국 등 아시아에서 노동자들을 '수입'했다. 최근에는 생산과 서비스 분야, 특히 위험하고(Dangerous) 더럽고(Dirty) 품위 없는(Demeaning) 3D 직업 영역에서 노동력 부족을 해결하기 위해 값싼 노동자가 필요할 때 미국은 남미에서 라틴 아메리카인들을 데려왔다. 라틴 아메리카인들은 기독교인(카톨릭)으로서 종교적 제휴를 공유한다는 사실 때문에, 대부분 아시아와 아프리카 이민자들이 공유하지 않는 데 반하여, 주류 미국인들에 의해 더 쉽게 받아들여졌다. 세계화의 물결을 탄 외국인 노동자와 이민자의 폭발적 증가는 미국의 인구 통계학 구조를 영구적으로 변화시켜왔다. 이 추세는 계속될 것이다.

결국 미국은 인구 통계학 구조에서 점차 더 다양해질 것이다. 이민자 집단은 어느 정도 기준 수치에 도달하면, 대도시에서 민족 마을을 형성하는 것을 포함해 상호작용의 연락망을 만들어 그들의 민족적 문화적 활동을 수립하는 경향이 있다. 대부분의 이민자들은 그들의 언어와 생활 방식을 유지한다. 뉴욕시의 차이나타운과 같은 민족 마을에서는 문화 활동이 보존되고 정기적으로 전시된다. 그들은 문화적 정치적 이익을 증진시키기 위한 그들 자신의 집단적 노력을 행한다. 그들은 종종 고국으로부터 도움과 협력을 확보한다. 이민자 일부는 많은 직업 분야에서 주류 미국에 성공적으로 통합되지만, 다른 사람들은 자신의 민족적 문화적 정체성을 유지하려고 힘쓴다. 어느 경우든 사회적 문화적 다양성을 풍부하게 함으로써 미국의 이익을 위해 작동할 것이다.

2) 동화와 수용

사회학적으로 동화와 수용은 두 개의 독특하고 대조적인 개념이지만, 인구 통계학적 통합에 적용될 때는 두 과정 다 구체적 역사적 현실에서 선별적으로 활용된다. 한편, 중화인민공화국은 수많은 소수 민족을 다루면서 1950년대 말 대약진운동과 1960년대 중반부터 1970년대 중반까지의 프롤레타리아 문화혁명 기간 동안 동화 모델을 사용했지만, 정치적 안정을 유지하기 위해 다양한 민족을 수용하는 전략이 역사에 걸쳐 더 효과적이었다. 다른 한편, 미국은 문화적 차이가 더 큰 미국 공동체로 동화되는 '용광로' 원리로 시작했다. '용광로'는 미국이 세계화의 중심이 될 때까지 지속된 이상이었는데, 그 이상은 다양한 민족적 문화적 특성을 지닌 이민자 인구의 증가, 특히 이웃 라틴 아메리카 국가들로부터의 이민자들과 마주쳤다. 21세기가 열리면서 많은 미국인, 특히 젊은 사람들은 다양한 민족적, 인종적, 문화적 배경을 지닌 인구의 한가운데에 있음을 알아차렸다. 따라서 다양성을 수용하는 규범은 공동체와 국가의 일반적 가치가 되었다. 사실 이민자의 국가로서 미국은 세계 어느 나라로부터도 이민자들을 받아왔을 뿐만 아니라 외국인 이민자들도 수용해왔다. 그들이 '수용'되는 방식은, 정부에 의해서뿐만 아니라 더 중요하게 비정부기구와 개인들에 의해 수용된, 미국의 예외적 속성이다.

세계 어느 나라에서든 미국만큼 광범위하고 일관된 난민 정책을 찾을 수 없다. 미국 정부는 1948년 65만 명 이상의 유럽 난민을 수용하기 위해 초기 난민법을 시행했다. 나중에 냉전 기간 동안 난민들은 주로 폴란드, 헝가리, 유고슬라비아, 쿠바, 중국 등 공산주의 정권에서 왔다. 1975년 4월 베트남의 몰락으로 미국은 수없이 들어오는 인도차이나인들을 받아들이고 수용하는 엄청난 도전에 직면했고, 이는 1980년 난민법 채택으로 이끌었다. 1975년부터 미국은 300만 명

이상의 난민을 정착시켰는데, 그 중 75% 이상이 인도차이나인들 또는 소련 시민들이었다. 1980년 난민법이 시행된 이후 해마다 수십만 명이 꾸준히 들어왔다. 난민들의 재정착을 위해 미국 정부는 지방정부와 주정부뿐만 아니라 수많은 비정부기구들과 협력해오고 있다. 이민자 수용을 위한 미국의 속성은 여러 다른 분야에서 입증된다. 공립학교와 사립학교에서 외국인 아이들은 그들이 정착할 수 있도록 도와주는 특별히 고안된 프로그램에 따라 특별한 관심과 보살핌을 받는다. 전국적으로 많은 주와 지역에서 여러 언어로 운전면허 시험을 제공하는 것도 이러한 미국의 속성에 대해 간단하지만 중요한 점이다.

필요할 때 도움의 손을 주고 나누고 확장하는 문화는, 전통적 유대-기독교 가치 체제에서 생긴 것으로, 대부분의 미국인들에 의해 널리 공유된다. 그러나 대부분의 다른 나라들, 심지어 기독교 인구가 우세한 유럽 민주주의 국가들도 마찬가지라고 말할 수 없다. 이 훌륭한 속성은 미국인들이 인종 장벽에 대처하는 데 점차적으로 인종을 차별하지 않게 되어왔다는 사실에 의해서도 입증되었고, 2008년 미국 대통령으로 바락 오바마를 선출하고 2012년 그를 다시 선출함으로써 극적으로 입증되었으며, 민주당과 공화당에서 점점 더 많은 소수민족 정치 지도자들의 출현은 말할 것도 없다.

미국 사회의 이 두 가지 속성은 우리가 평화를 구축하려면 세계 공동체에서 필요한 속성과 정확히 같은 종류다. 미국에 대해 진정 위대한 것은 미국이 소유하고 있는 게 아니라 미국인들이 누구인가이다! 군사력과 경제력을 통해 20세기 오랫동안 세계 발전의 과정을 이끌어 온 미국과 평화를 추구하면서 나아가는 세계로의 변화 운동을 이끌기 위한 가장 좋은 위치에 있는 미국은 같다. 미국이 깨어나 이 도전을 받아들이면, 세계 공동체를 위한 평화의 목표는 앞당겨질 것이다. 그렇지 않다면 세계는 여전히 그 끝을 향해 이동해야 할 것이며, 그 길을 따라 더 큰 어려움을 겪어야 할 뿐이다. 세계와 인류는 어떤 다른 대안을 가진 것 같지 않다.

제 15 장

발전과 소통

　앞에서 냉전시대에 지지받은 발전연구 학술분야의 이론적이고 개념적인 대표적 설명들은 유감스럽게 부적절하고 편향되었다는 점을 밝혔다. 농경사회, 산업사회, 그리고 후기산업사회를 거치면서 발전의 확장으로서 세계화의 길을 열고 있는 발전의 실제 과정을 묘사하고 설명하는 더 정확한 수단을 제공했다. 이것은 인간의 필요와 욕구 구조에 바탕을 둔 대안적 발전이론을 제시함으로써 실현되었다. 여기서 발전은 필요와 욕구 충족의 과정으로 정의되었다.

　그리고 이 책은 사회복잡성의 모든 단계에서 바람직하고 의미 있는 발전 과정의 본질과 구조를 식별하기 위한 일련의 아이디어를 탐구했다. 그러한 바람직한 발전과정은 인간 발달이 개별적 차원에서 거론되는 것이라고 단정했다. 즉 인간의 존엄은 인권 획득을 통해 얻어질 수 있고, 평화는 모든 지역사회에서 구축되고 유지되는 것이다. 그러면 우리는 어떻게 거기에 도달할까? 우리가 발전 과정을 설계하면서 따라야 할 지침은 무엇인가? 한 마디로 말해 우리는 소통의 예술과 과학을 실현함으로써 거기에 도달할 수 있다. 소통이나 대화는 사회의 모든 계층과 모든 분야 그리고 궁극적으로 지구공동체의 모든 죄악을 치유할 수 있을 만큼 중요하기에 나는 여기서 그것을 '마법의 탄환' 같은 해결책으로 제시한다. 따라서 나는 발전의 규정적 정의를 개인과 사회, 그리고 지구공동체가 소통할 수 있는 능력과 재능을 개발하는 과정으로 제안할 것이다.

1. 소통을 통한 발전

1) 정의: 소통은 무엇인가?

소통이란 무엇이며, 소통을 위한 필요조건들은 무엇인가? 의사소통 행위는 전달하는 사람의 정체성을 구성하는 가치와 규범 그리고 신념 등을 교환하기 위한 의미 있거나 목적 있는 행동이다. 소통은 인간의 상호작용을 통해 가치의 위치나 견해를 교환할 때 일어난다. 가치와 견해는 자기 동일성의 주요성분이기 때문에 소통은 정체성 교환의 모든 것이다. 따라서 소통의 목적은 사람을 더 똑똑하게 만드는 지식이나 정보를 습득하는 데 있지 않고, 전달하는 사람들끼리 상호 이해의 수준을 높이는 데 있다. 이해하는 것은 동의하든 동의하지 않든 차이를 받아들이는 것이다. 언어 인식론의 대가이며 두 권짜리 명저 『의사소통 행위(Communicative Actions)』의 저자 하버마스 (Habermas)는 "의사소통의 합리성은 다른 정당성의 요구가 갈등에 대한 만족스러운 해결을 불러오는 과정"이라는 견해를 내세웠다. 갈등은 흔히 소통이 깨짐으로써 벌어지는 이해 부족 때문에 생기기 쉽다.

2) 소통의 상관관계

소통을 위한 필수조건은 무엇보다 먼저 자기 정체성을 확립하는 것으로 이것은 12장에서 주장한대로 인권의 가장 중요한 부분이다. 그리고 남의 말을 경청할 의지와 성향, 열린 마음가짐, 다른 사람들의 견해를 고려하거나 받아들일 준비가 된 공감, 언어와 몸짓 같은 상징적 수단을 사용하며 더 중요하게는 다양한 형태의 예술을 통해 소통할 수 있는 능력 등도 필수조건에 포함된다. 개인의 심리적 필수조건에 덧붙여, 의사소통 행위를 위한 일련의 사회적 정치적 조건들도 있다. 사회적으로, 경직된 계급이나 카스트 제도에 의해 계급 이동성이 규제받지 않는 열린사회가 바람직하다. 인구통계학적 사회 이동성 역시 사람들이 다양한 실제상황 그리고 평화의 사활적 요소인 공감을 경험하도록 이끌기에 유용하다. 문화적 영역에서는, 다양성이 의사소통 행위에 중요하다. 또한 차이를 수용할 수 있는 능력도 소통의 상호작용에 참여하는 데 매우 중요하다. 활발한 소통을 위해서는 소통의 도구와 경로를 갖추는 게 필수적이다. 무엇보다 먼저 언어를 효과적으로 사용할 수 있어야 하기에 여러 언어를 구사할 수 있는 능력을 갖는 게 더욱 훌륭하다.

　전통적 미디어뿐만 아니라 사회매체의 유용성과 접근성은 교육과 사회화에 어렴풋이 연결된 필수조건이다. 마지막으로 공공문제에 관해 공개토론에 참여할 수 있는 정치적 자유도 소통에 매우 중요하다. 성숙한 시민사회는 소통에 이바지해야 한다는 점을 제시하는 것이다.

　(1) 심리적 상관물:

　　　　- 열린 마음

　　　　- 공감

　(2) 사회적 상관물:

　　　　- 계급 이동성

　　　　- 사회 이동성

　(3) 문화적 상관물:

　　　　- 성취 지향성

　　　　- 수용 문화

　(4) 도구적 상관물:

　　　　- 교육과 경험적 노출

　　　　- 언어

　　　　- 전통적 미디어와 사회매체

　　　　- 예술

　(5) 정치적 상관물:

　　　　- 소통 행위에 대한 법적 보호

　　　　- 시민사회

결국, 사람들이 소통을 통해 서로 관련될 때 자신들이 평화롭게 공동체 안에서 살고 있다는 것을 알게 될 테고, 배우자와 친구들 그리고 모든 중요한 다른 사람들과의 대인관계, 사회체계와 기관, 또는 지구촌에서도 그러할 것이다.

소통의 역할과 영향은 역사의 모든 요소들이 바람직한 방향으로 나아가는 것과 같을 것이다. 소통이 어떻게 이렇게 할 수 있을까? 사회는 공동체라 불리는 종합 체제를 구성하기 위해 상호 연결될 것이다. 그러므로 발전의 바람직한 정의는 조직 수준에서의 전달 능력일 수 있다. 실제로 이 정의를 인간의 필요와 욕구에 기반을 둔 발전에 대한 정의를 대체할 규범적 개념으로 제안한다. 인간의 필요와 욕구 충족을 추구하는 것은 문명의 종말로 향하는 신호 같은 해로운 조건을 초래한다는 것을 가정하는 것이다. 전달 능력을 활용하는 규범적 정의는 그 방향으로 이끌 것이다.

3) 소통을 통한 발전

만약 정치체제의 세 차원 모두에 근본적으로 영향을 미치는 하나의 개념이 있다면, 그것은 소통이다. 개인 차원의 인간 발달을 위해 소통은 인지 능력과 미학적이고 예술적인 성숙을 촉진시킨다. 사람의 형이상학적 영혼을 풍부하게 하기도 한다. 따라서 소통은 인간의 전체적 발전에 직접 혜택을 줄 것이다. 육체, 마음, 정신, 영혼 등 인간 존재의 네 가지 영역 모두에 결정적으로 영향을 미칠 것이다. 그러나 실제로는, 하버마스가 직접 관찰했듯, 소통은 현대성에 의해 반대로 영향을 받았다. 현대교육의 교과과정과 교육의 실제업무에서 의미 있는 소통은 간과되었다. 11장에서 개념화했듯 교육이 정신과 영혼의 발전을 손상시키며 과학과 직업 훈련을 선호하기 때문이다. 정신적이고 심원한 교육에 대한 태만은 청소년들의 심리 장애와 정서 불안을 야기시킬 수 있기에 미국의 캠퍼스에서 폭발적 범죄와 테러 행위에 대한 중요한 함의를 가질 수 있다. 인간 발달을 촉진하는 소통은 어린이의 조기 사회화와 발전의 초기 단계에서 가족과 함께 시작해야 한다.

단체와 조직 차원에서, 소통은 생명, 정체성, 선택, 사랑 등 12장에서 내세운 대로 인권의 모든 측면을 향상시킨다. 소통은 네 가지 모두에 결정적으로 중요하다. 생명의 기본 욕구를 가장 잘 얻기 위해, 소통은 사람들이 그런 욕구를 추구하는 데 면밀하게 계획할 수 있도록 욕구의 유용성과 접근성에 대한 정보를 접하도록 이끈다. 정체성의 권리를 위해, 소통은 정체성을 확립하고 강화하도록 돕는다. 결국 소통을 통해 공유되어야 하는 게 정체성이다. 정체성의 권리와 소통은 분리될 수 없는 것이다. 소통을 통해 우리는 중요한 타인들과 교류하고, 소통을 통해 새로운 중요한 사람들이나 우리가 우리 자신을 동일시하도록 힘쓰는 사고 체계를 확보할 수 있다.

선택권은 의사 결정 과정을 향상시킬 소통을 통해 추구된다. 사랑은 진정으로 상호 이해를 위한 소통의 완전한 형태라는 사실을 우리는 깨달아야 한다. 결국 우리는 소통을 통해 인간의 발달과 인간의 존엄을 추구하는 것이다. 그렇다면 13장에서 지지했듯, 지구촌의 평화구축을 위해 소통은 어디서 시작할 것인가? 사실 평화구축에 관한 모든 것은 소통과 대화를 필요로 하게 되어 있다. 평화와 조화를 만들고 유지하려면 집중적이고 투명한 소통이 필요하다. 13장에서 얘기했듯, 소통이야말로 평화를 안보와 구별하는 것이다.

4) 소통과 공동체

9장에서 아쉬워했듯, 결국 지구촌의 탄생을 불러온 발전 과정은 과거 우리에게 알려진 공동체를 거의 소멸시켰다. 대부분의 사회학자들은 공동체를 사회 구성원들이 상호 의존적이고, 집단적으로 자족하며, 소통 체계를 통해 서로 연결된 집단적 사회 단위로 정의한다. 공동체(community)와 소통(communication)이라는 두 개념은 같은 어원을 지니고 있다. 우리가 작은사회들(sub-communities)의 다양한 층이 성장할 수 있는 공통의 세계 공동체로 나아가도록 힘쓰기 바란다면, 앞에서 옹호한 소통을 위한 필수조건들을 갖춤으로써 시작해야 한다.

영국 경제학자 슈마허(E.F. Schumacher)가 1999년 발표한 『작은 게 아름답다(Small is Beautiful)』에서 묘사한 공동체와 일치하는 낭만적인 '조그만' 마을로 돌아갈 필요 없이, 우리는 집합적 존재의 질을 향상시키기 위한 소통을 위한 필수조건들을 마련할 수 있다. 우리는 세계 구석구석에서 민속사회와 전통적 공동체들을 체계적으로 파괴시켜온 '클수록 좋다'는 증후군의 거대한 흐름에 이 세계가 휩쓸려온 것을 깨닫고 있다. 요즘 현대적 사회 시민들의 생활양식은 전력과 음식 공급, 전염병, 환경 위생, 안전이나 안보 같은 스스로의 필요를 충족시키는 데 개별 인간들을 전적으로 무력하게 만들고 있다. 현대화와 세계화의 흐름에 편승하는 것은 이 문제를 악화할 뿐이다.

그러나 어느 누구도 21세기에 과거의 조그만 공동체들을 부활시키자고 주창할 수는 없지만, 공동체의 크기에 관계없이 공동체 건설의 엔진이랄 수 있는 소통을 활성화해야 한다. 이젠 소통이 전체적 발전을 위한 확실하고 구체적인 해결책이라고 충분히 명확해졌다. 마지막 중요한 문제는 그러한 발전으로 나아가기 위한 구체적 지침을 어떻게 만들 것인가이다.

제 16 장

새로운 세계질서: 일극체제에서 다극체제로

이 장에서는 세 가지 주제를 진전시키고자 한다. 첫째, 탈냉전시대는 미국 중심주의 시대를 예고했는데, 이미 일어났다 기울고 있다. 둘째, 현존하는 냉전 이데올로기가 결정적으로 소멸되어 새로운 이념이 등장할 여지를 열어놓았다. 셋째, 민족주의의 부활은 세계 이념체계를 다극체제로 이끌고 있다.

이에 과거의 냉전 이데올로기를 대체하는 새로운 이념의 핵심 구성요소로 인권 증진을 제안하고자 한다. 인권의 개념은 앞서 12장에서 발전의 관점으로 논의했기에, 여기서는 새로운 세계질서를 형성할 수 있는 새롭고 매우 중요한 인권 이념의 기반이 될 관점을 재구성하고자 한다.

1. 이념의 시대: 미국의 일극체제의 흥망

냉전시대는 20세기 말 소련과 그 위성국가들이 다양한 형태의 사회주의적 공산주의로부터 전환되면서 사실상 끝났다. 냉전 정치의 종식과 함께 두 가지 획기적 변화가 일어났다. 첫째, 경쟁적 이데올로기에 의한 양극 체제가 실질적으로 분산되고 세계 대부분 국가들의 전형적 정책 행위를 결정하는데 무의미해졌다. 둘째, 군수산업 경제가 전 세계적으로 활성화하고, 이 때문에 군산복합체가 대부분 국가들에서 가공할만한 현상이 되었다.

자본주의적 민주주의와 사회주의적 공산주의의 이념들은 어떻게 세계의 지배적 지도 원칙으로서 실질적 의미를 잃게 되었을까? 냉전시대와 탈냉전 시기에 시장경제가 세계에 널리 퍼졌다. 시장경제가 사회주의 계획경제를 침식하며 궁극적으로 압도했다. 시장경제는 가치와 행동 지향을 조장함으로써 생활환경을 전적으로 변화시켰다. 무엇보다 시장의 역동성은 전통적 질적 가치 대신 양적 가치를 부양했다.

시장의 역동성이 양적인 화폐 척도를 중심으로 돌아가기 때문에 시장의 모든 것은, 심지어 인간의 봉사와 지적 가치도, 화폐 수량으로 간주된다. 모든 형태의 인간 행위와 인간 자체까지 양적으로 값이 매겨진다. 따라서 인간은 '합리적으로' 행동하기 때문에 최소의 비용으로 최대의 이익을 추구하리라 예상되기 마련이다. 합리적 행위자는 다른 사람들과 공유하기 원하지 않고, 공공재와 공동 이익의 건전성에 거의 관심 갖지 않을 것이다. 그 결과 공공재는 양적으로든 질적으로든 악화했다. 환경, 식량을 포함한 기본 필수품의 생산, 깨끗한 공기와 물 같은 공공재에 관한 문제뿐만 아니라 정치적 환경의 안전과 안보도 한결같이 불충분하거나 이 지구 거주자들을 지속시키는 데 부적절하다.

자본주의적 민주주의와 사회주의적 공산주의의 경쟁적 이념들은 시장경제가 초래한 문제들을 극복할 수 없으므로, 소련과 유럽의 사회주의 체제에 이어 이제는 미국의 자본주의적 민주주의가 소멸되기 시작하면서, 인간 역사의 이데올로기 시대는 끝났다. 아직 대안적 이념이 등장하는 것 같지는 않다. 그러나 사회주의적 공산주의와 자본주의적 민주주의가 시장경제로 하여금 전체 인간 공동체의 규범, 가치, 신념체계 등의 문화 발전을 압도하도록 만든 현실을 인식함으로써, 새 이념이 이렇게 복잡한 이념적 공백 상태에서 그 기반을 찾을 수 있는 무대가 마련되었다.

유용하고 바람직한 새로운 이념은 인류를 주요무대로 다시 불러와야 한다. 수입, 재산, 거래량 같은 물질적이고 경제적 지표 대신 인간의 조건에 초점을 맞추어야 한다. 인간 조건의 직접적 지표는 바로 인권이다.

미국이 주도해온 자유민주주의가 분명히 승리하며 냉전이 끝나자, 미국이 세계의 지도력을 맡게 되었고, 세계적으로 미국 중심주의 시대를 예고했다. 이 미국 중심주의는 세계화 그 자체와 다를 바 없다. 미국의 패권에 도전하는 나라는 없었다. 군사력과 경제력에서 절대적으로 우월해 미국의 세계화는 빠른 속도로 번창했고, 이는 궁극적으로 최근에 도널드 트럼프가 주창한대로 '미국 우선' 신화로 이끌었다. 1989-1991년 소련이 해체됨으로써 미국은 이념 체계, 문화 지향, 발전 수준 등에 관계없이 전 세계에 자유롭게 영향력을 행사할 수 있었다.

미국의 자본주의는 종교와 시장 그리고 무기라는 식민주의의 세 가지 첨병으로 세계 곳곳을 침범했다. 흔히 선교사들은 기독교 문화유산을 주입할 의도를 지니고 선정된 국가들에 들어가는 사람들의 첫 번째 그룹이다. 이는 영국 제국이 인도를 비롯한 제3세계 국가들에서 채택했던 식민지화 정책전략에서 드러났다. 영국은 미국에 들어갈 때도 똑같은 전략을 사용했는데, 청교도들은 본질적으로 복음주의 기독교도들이었다. 이 복음주의자들은 다음과 같은 세 가지 임무 위주의 관점을 지녔다.

첫째, 인류는 선택받은 사람들과 버림받거나 없어도 되는 사람들로 이루어져 있는데, 전자는 천국에 가고 후자는 지옥에 간다는 이분법적 세계관이다. 둘째, 선택받은 사람들은 또한 인종차별주의자들로서 백인-남성 지상주의자들이다. 셋째, 모든 인간 갈등은 호전적인 군사적 수단으로 해결할 수 있고 해결되어야 한다고 믿는 군국주의자들이다. 이 연결고리에서 우리는 한 세트의 양날 같은 미국의 '원죄(original sin)'를 떠올려야 한다. 바로 인종차별주의와 군국주의다.

19세기 미국 남부에서의 노예제도는 값싼 농장 노동력의 필요에 의해 촉발되었다. 남부의 농장 소유자들은 아프리카 노동자들을 사고 팔았는데, 노동자들은 공개 시장에서 사유재산으로 취급되었다. 이렇게 비인간적 과정에서 가족들이 분리되었으며, 대부분은 부모와 자식들과 결코 재결합하지 못했다. 노예들에겐 대개 새로운 이름이 주어졌고, 이에 따라 그들은 인종적 정체성을 잃었다. 그들은 그들의 믿음과 행동을 위한 어떠한 선택의 자유도 갖지 못했다.

노예제도는 폐지된 지 오래 됐지만, 노예의 후손들은 선택할 권리 그리고 정치적 영역에서 존재할 수 있는 권리를 얻기 위해 수백 년 동안 투쟁해왔다. 심지어 오늘날에도 투표권을 위한 투쟁은 흑인 소수집단이 차별받지 않기 위한 투쟁이 진행되고 있음을 반영한다.

노예제도는 백인 우월주의자들이 소수민족을 인간 이하로 간주했던 인종차별주의의 저장소였다. 마찬가지로 백인 우월주의의 앵글로색슨 전통이 지속되었는데, 이는 제2차 세계대전 중 나치가 점령한 유럽이 아니라 일본에 원자폭탄을 떨어뜨리는 데 결정적 고려사항이었다.

'원죄'의 다른 요소인 미국의 군국주의는 아메리카 대륙의 토착 원주민에 대한 무차별 대량학살에서 시작되었다. 유럽의 현대 무기를 사용한 아메리카 원주민에 대한 집단학살은 오늘까지 만연되는 미국 군국주의의 기동력이었다. 치명적 무기는 국내에서든 외국에서든 모든 갈등의 기반으로 남아있다.

미국엔 총기 통제 문제에 관한 심각하고 끝나지 않은 논쟁이 있어왔다. 특히 젊은 백인 범죄자들에 의해 속수무책으로 확대되는 대량살인은 오늘날 우리 현실의 표준이 되었다. 그러나 총기 통제만으로는 이 유행병을 해결할 수 없다. 미국은 호전적 (war-loving) 문화를 개발해왔는데, 이는 군국주의에 의해 지속적으로 가열되고, 잘못 인도된 기독교 가치에 의해 정당화되었다. 그러나 진행 중인 미국의 몰락은 변화하는 세계체제의 탓일 뿐만 아니라 더 직접적으로 분배의 부정의와 중산층의 소멸에 의해 생기는 내부 모순의 결과이다.

미국은 두 개의 반쪽 국가가 되었다. 경제적으로 사회적으로 불평등은 양극화된 계급의식이 자리 잡은 지점까지 부와 소득의 극단적 분열에 도달했고, 정치적으로 계층 내 이동은 사실상 존재하지 않으며, 문화적으로 각 계층은 상호 적대감과 폭력적 적개심을 쌓아왔다. 이러한 '구조적 폭력'은 치명적 무기에 대한 미국의 숭배에 의해 가열된 실제의 적대감으로 무르익은 풍토를 만들어왔다.

일단 공개적으로 형성된 '원죄'는 쉽게 씻어질 수 없다. 미국에서 두 가지 원죄는 쉽게 극복되지 않을 것이며, 궁극적으로 실험적 민주주의로서의 미국 체제의 소멸을 촉발하는 대규모 계급 갈등으로 나아갈 것이다. '미국 제일주의(America First)'의 시대가 곧 종식될 것이다.

우리는 소련의 실험적 체제로서 사회주의적 공산주의가 사람들의 커지는 물적 기대를 해결하지 못하는 무능력 때문에 뿌리 뽑혔다고 주장해왔다. 뒤이은 미국주의 체제는 나라 안팎의 요인들에 의해 비롯된 자신의 난제들을 해결하는 데 실패했다고 역시 주장해왔다. 따라서 미국주의 이후 시대를 위한 실행 가능한 비전은 사회주의적 공산주의와 자본주의적 민주주의를 대체하는 이념을 갖추어야 하는데, 그 이념은 사회주의적 공산주의와 자본주의적 민주주의에서 받아들일 수 있고 양립할 수 있어야 한다. 여기서 세계의 다양한 체제에 보편적으로 적용할 수 있는 세계화시대 이후를 위한 이념 체제를 제시해야 한다. 이제 이렇게 야심찬 도전을 위해 인권의, 인권을 위한, 이념을 제안한다.

2. 인권의 이념

인권의 개념에 대한 소개는 1948년 유엔이 창설되는 동안 세계 평화의 실현을 위해 이루어졌다. 세계인권선언은 1948년 12월 10일 유엔총회에서 채택되었다. 앞서 있었던 두 번의 세계전쟁 경험에 의해 유발되어, 세계인권선언은 양도할 수 없는 인권의 종합적 성명에 대한 일반 협정의 산물이었다. 이 협정에 따르면, 세 가지 인권의 본질적 특성이 있다. 1) 보편성, 2) 양도 불가능성, 3) 권리성이다. 보편성은 공동체의 모든 구성원이 조건이나 제한 없이 인권을 누리는 것을 뜻한다. 양도 불가능성은 국가나 고용주 같은 어느 누구도 인권을 빼앗아 갈 수 없음을 뜻한다. 권리성이란 인권을 확보하는 것이 공동체나 국가 전체의 의무라는 점을 뜻한다.

그러면 우리가 생각할 수 있는 모든 종류의 정치 체제와 문화가 받아들일 수 있으며 세 가지 본질적 특성 모두 만족시킬 수 있는 특정한 인권은 무엇인가? 여기엔 광범위한 구체적 인권이 있다. 유엔 인권협약은 한 때 인권에 대한 조작적 정의가 무려 30가지나 된다고 밝혔다. 광범위한 정치 체제와 이념을 고려해 우리는 인권의 실질적이고 설득력 있는 다섯 가지 형태가 있다고 결론 내린다.

1) 생명권

첫째, 사람은 모든 다른 것에 앞서 육체적 생명 그 자체를 유지해야 한다. 기본적인 육체적 존재는 가장 먼저 최소한의 요구다. 육체적 생존은 다음과 같은 기본적 필요를 요구한다. 마실 물을 포함한 음식, 보호처, 숨쉴 깨끗한 공기, 질병에서 벗어나기 위한 보건 의료, 비폭력적 환경에서의 사회 안전, 외부의 실존하는 위협으로부터의 안전, 그리고 이러한 분명한 필요를 지속하기 위한 지구의 건강.

2) 사랑할 권리

둘째, 살아있는 모든 사람들은 사는 것 자체로는 충분하지 않고 '잘' 사는 게 중요하다는 것을 인정할 것이다. 이것은 심리적-사회학적 복합 개념이다. 잘 사는 것은 공동체가 제공할 수 있는 '중요한 다른 사람들'의 존재를 필요로 한다. 중요한 다른 사람들은 가족과 친척, 친구, 동료 등 광범위한 사람들을 포함한다. 이렇게 중요한 다른 사람들은 사회적 문화적 정치적 기관과 단체들로부터 얻어지는데, 이들은 1차적이거나 2차적 기관일 수도 있고, 공식적이거나 비공식적 단체일 수도 있다. 중요한 다른 사람들을 찾고 유지하는 능력은 사랑할 권리라 불린다.

3) 자유권

사람이 육체적으로 생존하는 데 안락하고 다른 사람들과 사랑하는 관계 속에서 행복하게 어울리면, 행동과 선택의 제약으로부터 자유롭게 될 수 있는 권리가 필수적이다. 우리는 일터나 정부 통제로부터의 제약이나 제한에서 자유로운 것을 '소극적(negative) 자유'라 구별하고, 행동하고 선택할 수 있는 자유를 '적극적(positive)' 자유라 한다.

자유의 적극적 본성은 다름 아닌 '선택할' 수 있는 자유 또는 권리다. 선택할 수 있는 권리는 일련의 사회적, 문화적, 경제적 조건을 필요로 한다. 자유를 선택할 수 있는 권리로 개념화하면, 몇 가지 필수적 조건이 있을 것이다. 첫째, 선택이나 대안은 분명히 선택할 게 있어야 한다. 따라서 다양한 사회적 정치적 체제가 필요하다. 다양한 시민사회는 다양한 이념 조직, 다수의 정당, 다양한 종교단체, 경제적 이익집단 등과 함께 도움이 될 것이다. 기존 대안의 선택이 모두 받아들이기 어렵다면, 공동체 구성원들은 새로운 대안을 만들어낼 수 있도록 허용되어야 한다. 시민사회는 대개 시장의 역동성과 건전한 중산계급에 의해 활성화한다. 적극적 자유를 위한 다른 필수 조건은 이용 가능한 선택에 관한 적절하고 믿을 만한 정보와 그들을 비교할 수 있는 능력을 지닌 견문 넓은 사람들이 있어야 한다는 것이다. 따라서 교육은 자유를 위한 필수조건이 된다. 어떠한 의사 결정자가 합리적이고 논리적인 결정을 하기 위해서는 그가 의미 있는 결정을 할 수 있는 능력과 지혜를 가져야 한다.

4) 평등권

고귀한 인생을 위해서는 평등이 있어야 한다. 계층화된 사회나 카스트 제도에서, 자기보다 우월하다고 간주되고 자신의 존엄을 손상시킬 수 있는 위치에 있는 다른 사람들과 함께 살아야 한다면, 자유를 누릴 수 없다. 평등은 동등한 기회나 동등한 분배에서 나온다. 인간 생활의 필수품은 동등한 분배가 이루어져야 하는데, 인간의 욕구는 특정한 사회에서 정의롭고 공평하다고 간주되는 다수의 다양한 전략적 수단에 의해 분배되어야 한다. 예를 들어, 생존을 위한 기본적 필요는 음식, 은신처, 보건의료, 사회 안전, 국가 안보, 환경 유지 등에 대한 기대에 뿌리를 두고 있다. 그러나 이러한 인간 욕구는 자본주의 시장기능과 정부의 배급 같은 다양한 전략 수단을 통해 공평하게 분배되어야 한다. 분배의 정의에서 핵심 문제는 공공 소유나 개인 소유의 개념이다. 이 문제는 이 장 뒤에서 논의하겠다.

평화는 흔히 공동체에서의 불평등에 의해 불안해진다. 불평등한 분배는 사회 정치적 불안정과 동요의 근원으로서 이른바 '구조적 폭력'에 원인이 있다.

5) 국가의 권리(state right): 국가로서의 지위를 위한 권리

인권에 관한 문헌은 세계 공동체 구성원들이 독립적이고 주권이 있는 국가를 가질 권리가 있다는 중요한 인권을 인식하지 못하는 경향이 있다. 자신들의 인종적 민족적 기원을 갖고 있지만 다양한 식민주의적 제한으로 그들 자신의 정치적 독립을 갖지 못한 사람들은, 이

스라엘과 한국 그리고 많은 다른 나라들의 역사에서 보듯, 주권 국가의 중요성을 느낄 것이다. 사람이 외국 정부의 통제 아래 있는 나라에 살아야 한다면, 다른 인권은 실질적으로 의미가 없게 된다. 경제적으로는 발전됐지만 정치적 주권이 미국에 이전된 미국의 두 아시아 동맹국 일본과 한국은 그들의 안보권이 자기들 나라에 있지 않기 때문에 그들의 인권이 손상되었다는 것을 보아왔다.

앞에서 소개한 다섯 가지 인권은 보편적이고 종합적인 인간 특권의 완전한 목록을 구성한다. 어떠한 체제에서 누구든 생존하고(생명권), 중요한 다른 사람들과 어울리며(사랑권), 정부나 다른 기관의 제한으로부터 자유를 누리고(자유권), 다른 사람들과 연합해 존엄한 삶을 살며(평등권), 주권을 가진 독립 정부 아래서 편안하게 지내는(국가권) 모든 조건을 성취한다면, 그 사람은 이상적 삶을 사는 것이다. 이러한 이상적 삶은 미국 지배의 시대 이후에 인권 이념이 만들어내려는 것이다. 이렇게 야심찬 목표는 명백한 것들만 말하자면 자본주의, 사회주의, 자유민주주의, 프롤레타리아 독재, 인민민주주의, 복지 체제, 참여민주주의 등과 같은 다양한 이념적 전략과 다른 전술적 정책 수단들을 통해 추구될 것이다. 여기서 중요한 것은 우리가 인권을 충족시키기 위해, 세계화 이후 시대를 위한 다양한 전략과 접근에 개방적이면서도 하나의 통합된 이념적 목표를 갖고, 나아갈 수 있다는 것이다.

3. 다극 체제와 함께 하나의 이념으로

하나의 이념은 그 이념을 믿는 사람들이 받드는 규범, 가치, 신념 등의 체제를 대표한다. 그러나 그것은 본질적으로 권력의 정치를 정당화하기 위한 도구나 전략적 수단이다. 최근의 역사에서 보아온 대로, 이념이란 민주주의자들과 공산주의자들 그리고 다른 사람들이 예시하였듯, 특정한 사상가 그룹을 위한 권력의 추구와 획득 그리고 행정을 합법화하기 위한 체제들에 의해 채택되어진 것이다. 이념은 목적 그 자체가 아니다. 그것은 인권을 포함한 특정한 가치 체제를 제공하기 위해 고안된 도구적 또는 전략적 수단이다. 사회주의와 자본주의는 앞에서 얘기한 다섯 가지 인권을 위해 손잡고 함께 작동할 수 있다.

본질적으로 이 이념들이 인권 증진을 위한 같은 목표를 제공하는 한 이념적 가치들이 충돌하거나 경쟁할 이유가 없다. 다섯 가지 인권은 사회주의와 자본주의 또는 공공소유와 개인소유처럼 전형적으로 조작된 이분법에서 제기된 것처럼 서로 간에 상호 양립할 수 없거나 모순되는 게 전혀 아니다. 사실 평등을 지향하는 사회주의와 자유를 지향하는 자본주의는 상호 긍정적 합 관계를 찾을 수 있다. 이념은 상호 갈등 속에 있지 않다. 그것은 서로 양립할 수 없는 것처럼 의도적으로 만들어진 자신들의 이념을 편드는 사람들의 관심이다. 그러므로 우리가 이념의 부조화를 초월하면 이념 자체는 조화될 수 있다. 이것은 유럽의 자본주의 및 중국과 러시아의 사회주의가 변화하는 현실 정치에서 일어나고 있다.

오늘날 실제로 일어나고 있는 것은 미국 중심의 일방주의 체제에서 다자 체제로 변화하는 세계 질서의 충격적 변형이다. 2022년 3월 러시아 군대와 미국이 후원하는 우크라이나 군대의 대결로 시작된 우크라이나에서의 전쟁 때문에, 양극체제의 명백한 부활과는 정반대로 냉전 세계 질서가 되풀이되지 않을 것이다. 그 대신 우리가 전혀 예상하지 않았던 새로운 세계 질서는 현실이 되고 있다. 다극적 세계 질서로의 길을 인도하고 있는 것이다. 이러한 새로운 세계 질서는 다음과 같은 특징을 가질 것이다.

1) 진보된 자본주의와 발전적 사회주의 사이에 더 이상 긴장은 없다.

2) 세계 모든 지역에서 국내의 정치적 역동성은 시장이 모든 상호작용의 기능적 중심인 자본주의 경제 관계의 노선을 따라 급속도로 비슷해지고 있다.

3) 국제 영역에서 안보동맹과 군사협력은 점점 더 피상적으로 된다.

4) 정교해지는 무기 기술은 약소국이나 심지어 빈곤한 국가들도 한 때 지배적이던 나라들을 위협할 수 있을 정도다.

5) 대량파괴무기 확산은 멈출 수 없다.

6) 세계 경제가 아주 밀접하게 연결돼서 어느 국가의 경제도 독립적일 수 없다.

7) 공산주의와 민주주의의 전통적 정치 이념들은 그 역사적 맥락을 잃을지 모르고, 다양한 형태의 민족주의도 지배적 세계정치 지도에서 사라질지 모른다.

8) 국가는 항상 정치의 과정을 결정할 인종 및 민족적 정체성과 문화적 문명적 특성을 갖출 것이다.
9) 종교적 믿음과 의례적 조직들은 역사와 대외정책의 과정에 영향을 미치는데, 특히 미국의 기독교와 중국의 유교가 주목할 만하다.

4. 중국 이야기

민족주의의 부활과 그와 함께 따라오는 인종적 문화적 특성은 지구 공동체를 지배할 것이다. 이러한 특성은 인간 존재의 양적 측면이 아니라 질적 측면이다. 인간의 능력과 특성은 수량적으로 측정하거나 비교할 수 없다. 그것은 질적인 것이다. 이 책 11장에서 다루었듯, 인간의 특성을 인간 존재의 본류로 되돌려야 할 시간이다. 인간의 삶과 생활환경에 관한 모든 것을 계량화하는 세계적 덫으로부터 인류를 자유롭게 할 시간이 이미 늦어졌다. 이 장에서 선택한 인권들이 새로운 세계적 이념의 궁극적 목표가 될 것이라고 진전시킨 제안은 인간 자신들에게 인류의 주의를 환기시키는 진정한 노력이다.

세계 모든 국가들 가운데서 중국만큼 지속적으로 오해받은 나라는 거의 없다. 중화인민공화국 설립을 이끈 마오주의 혁명은 공산주의 혁명에 반대되는 진정한 민족주의 혁명이었다. '인민(people)'이란 말을 만들어낸 것은 레닌-스탈린주의의 '노동자(proletariat)'로부터의 출발이었다. 그것은 '인민'이 56개 소수 민족공동체 전부를 포함한 모든 중국인들을 통틀어 마오와 그의 동료들 마음속에 있던 방식으로 이루어졌다. 하나의 국가로서 중국은 다음과 같이 여러 가지 중요한 민족적 특성을 보여주며 독특하게 강력하다.

1) 세계에서 가장 많은 인구, 14억 5천만 명으로 전 세계 인구의 19%
2) 충분히 경작할 수 있는 광활한 땅
3) 신장 자치지역과 내몽골 자치지역 같은 영토 경계 지역을 따라 전략적으로 자리 잡은 56개 소수민족
4) 93%에 이르는 한족 동종의 인구
5) 하나의 통일된 언어
6) 실질적 종교로서의 유교
7) 압도적인 경제 거인
8) 가장 진전된 군사력
9) 거부권을 가진 유엔 안전보장이사회 상임이사국

민족적 특성은 사회적 문화적 정치적 변화의 과정에 영향을 미쳐왔다. 그것은 중국 민족주의가 미국 이후의 시대에 세계에서, 특히 우크라이나에서의 전쟁 이후의 세계 정치에서, 압도적 세력으로 등장하는 방식으로 이루어졌다. 중국은 경제적 군사적 세력으로서 확실히 '깨어나는 용'이다. 그러나 중국은 자국의 우월한 문화적 문명적 영역에 있을 것이다.

문화적으로 중국은 지배적인 물리적 우위보다 도덕적 우월성을

믿으면서 대개 '칼'의 물리적 힘보다 '펜'의 외교 편에 서왔다. 정부가 소수민족들을 다룰 때는 강압보다 설득하기를 선호했다. 중국은 지도력에 관계없이 문화적 우월성과 도덕적 권위를 내세울 수 있는 가치와 아이디어를 가진 국가로 간주되길 원한다.

중국은 각각 2,500만 인구를 가진 신장과 내몽골 지방을 포함한 큰 민족 집단을 다루는데 오랜 성공적인 역사를 가지고 있다. 이러한 지역에서 종교, 문화, 언어 등의 다양성을 수용하기 위해 지배층은 그 지역에 전통적으로 '자치' 지위를 부여해왔다. 베이징 당국과 어느 정도 어려움이 있음에도 불구하고, 이 지역들은 국가의 평화와 조화를 유지하기 위해 일반적으로 동화보다 관용의 원칙으로부터 혜택을 받아왔다. 이와 비슷하게 관리되어온 자치 지역, 현, 읍이 많이 있다. 자치 구역에 사는 사람들은 그들 자신의 학교를 갖고 민족문화 활동을 할 수 있도록 허용된다. 게다가 그들 자신의 언어와 방언을 중국어와 함께 그들의 공식 언어로 사용하는 게 허용된다. 소수 민족들에겐 특별한 배려가 주어지기도 한다. 중국이 '한 가정 한 자녀" 정책을 채택했을 때 그들은 원하는 만큼 많은 자녀를 기르는 게 허용되었다. 중국이 성공적으로 발전시켜온 수용의 정치는 국제 영역으로 확장될 수 있을 것이다.

우크라이나 상황에서, 국제 정세와 미국의 확장주의 패러다임을 다루는 데, 중국은 미국의 군사 개입에 군사적으로 맞설 것 같지 않다. 심지어 대만과의 논쟁적 문제에서도 중국은 대만을 흡수하기 위해 군사 작전을 사용하지 않을 것이다. 베이징 당국은 '일국양제(한

국가 두 체제)' 원칙을 변경하지 않을 것이며, 시간이 걸리는 만큼 기다리도록 준비할 것이다. 대만 사람들이 중국 본토로 돌아오기 원할 때 그들은 거기서 자신들의 고향을 찾을 것이다. 다른 한편, 그들이 원하는 만큼 자본주의 체제에서 살기 바란다면, 그 역시 완벽하게 받아들여질 것이다.

현재의 중국 체제는 모든 국가가 다섯 가지 인권에 대해 자국의 문제를 갖고 있다는 점을 받아들인다. 나아가 모든 국가가 주권을 갖고 독립적이어야 한다는 점도 믿는다. 또한 어떤 주권 국가든 민족적 특성의 독특한 상황에서 외세의 간섭 없이 자신의 전략과 정책을 추진할 수 있도록 허용되어야 한다. 이러한 의미에서 중국은 아메리카, 러시아, 인도, 인도네시아, 남한, 북한, 그리고 모든 다른 국가들에서 일어나는 다양한 형태의 민족주의를 촉진시키기 위한 세계적 캠페인에서 지도력을 획득해왔다. 이 원칙은 제국주의적이지 않으며, 세계는 중국을 다섯 가지 인권을 중심으로 하는 새로운 세계질서를 창조하기 위한 본보기로 삼아야 한다.

5. 나이프-포크 대 젓가락

여러 방면에서 중국과 다른 나라들 사이의 차이점은 젓가락과 나이프(칼)-포크 문화의 대비로 묘사될 수 있다. 5천 년 이전부터 중국에서 발달하고 널리 퍼진 젓가락 사용은 공자의 관찰로부터 생겨났다. 그는 칼과 포크를 사용해 음식을 자르고 찌르는 데서 반영된 야만행위를 지적했던 것이다. 칼과 포크 사용이 음식에 대한 내재된 폭력과 파괴 그리고 지배를 반영한다면, 젓가락 사용은 공동 목표를 성취하기 위한 협력과 협동 그리고 조화의 원칙을 구체화한다. 많은 아시아 지역에서 보여주는 이른바 '젓가락 문화'는 특히 미국 이후의 시대에 세계 질서와 발전을 위한 중국의 접근에 대한 적절한 은유다.

게다가 중국은 패권이나 제국주의 권력을 잡기 위해 군사적 경제적 영향력에 의존할 것 같지 않다. 중국은 세계 공동체 구성원들이 그들 자신의 민족주의 체제를 발전시키도록 권하면서 중국의 국가 이익을 추구할 것이다. 이는 강력한 군사동맹이 없이 전체적으로 다극 체제로 나아갈 것이다.

6. 조선민주주의인민공화국(북한)에 관해

최근의 세계사에서 명백한 형태의 민족주의가 광범위하게 드러났다. 아메리카, 러시아, 중국, 유럽연합, 이란, 인도 등 많은 지역에서다. 그러나 조선민주주의인민공화국(북한)만큼 독특하고 명백하게 중요한 정치 체제는 없다. 미국과 한국에 의해 조작된 오보와 허위 정보는 조선은 인권이 없는 나라라는 인상을 준다. 그러나 그 체제에 대한 통찰력 있는 관찰은 그 가부장제적 독재 체제에 대해 완전히 다른 사실의 그림을 열어준다. 조선민주주의인민공화국은 제2차 세계대전 종식 이후 분단 국가가 되었고, 법적으로는 아직도 1950년 시작된 전쟁 중에 있다. 서구 미디어에 따르면 북한은 세계 공동체 국가들 가운데 생각할 수 있는 모든 측면에서 받아들일 수 없는 국가다. 경제적으로 대부분의 국민이 가난하고 굶주린다. 정치적으로 법에 의한 통치나 사법체제가 없이 현존하는 지도력의 영구화를 위해 국민이 동원되는 무자비하고 권위적인 독재주의이다; 사회적으로 모든 세대의 사람들이 정부의 교화 프로그램에 강제로 따라야 한다. 문화적으로 모든 국민은 과중한 세뇌 프로그램 아래 놓여 있다. 따라서 전체적으로 보통 사람들에겐 생지옥과 다름없다.

그러나 대부분의 사회주의 체제 국가들은 북한의 효과적 사회주의 공화국을 찬양한다. 북한에 대한 서구의 인식은 쉽게 바뀌어질 수 없다. 그 폐쇄된 체제에 대해 믿을만한 정보가 거의 없어서 아무도 많이 알지 못하기 때문이다. 게다가 정치적 탈북자들이 전하는 것처럼 그 체제에서 나오는 듯한 사소한 정보는 서구와 남한의 편견으로 크게 왜곡된다.

그럼에도 불구하고 이 장에서 소개한 다섯 가지 인권의 렌즈를 통해 조선민주주의인민공화국을 살펴보면, 너무 형편없지 않다. 이 특별한 주제는 이 책의 범위를 넘어서지만, 여기서 중요한 점은 우리가 자유 민주주의나 독재 사회주의의 좁은 시야에서 벗어나 인권의 관점을 채택하면 정말 다양한 형태의 정치 체제를 더 공정하고 사실적으로 평가할 수 있다는 것이다.

제 17 장

발전을 위한 사회공학

앞에서 우리는 인류의 멸종과 역사의 종말을 피하도록 인류 역사의 발전 과정을 다른 방향으로 지시하기 위해 무엇을 해야 할지 식별했다. 이제 이 마지막 장에서 나는 인간 존재의 다양한 집단 영역에서 문제 해결을 위한 개요 또는 전체적 접근을 위한 구체적인 단계를 제시할 것이다. 이 단계는 적절한 사회 정치 공학을 위해 실행 가능한 권고다. 어떤 지침도, 특히 개인과 단체 그리고 조직과 정부의 공공분야를 위해 실행 가능한 권고를 하는 거대한 과제를 위한 지침은, 정당하게 완성될 수 없다. 아래 추천하는 행위는 매우 불완전한데, 그러한 게 어떻게 수행될 수 있는지에 대한 사례를 제공하기 위한 것이다. 이 사례들은 세계의 모든 사회와 관련 있음을 뜻하지만, 어떤 사회엔 더 직접적으로 관련이 있다.

집단1. 초기 사회화: 가족과 초등학교

1) 저녁 식탁에서 대화를 나눈다. 그날 일어난 일들에 대한 경험이나 어떠한 주제에 관한 이야기든 공유한다.

2) 될수록 아이들의 의견과 선호도를 존중한다. 공동체나 국가와 관련된 주제를 선택하고 모든 사람의 의견을 요청한다.

3) 무엇이 인간의 삶을 가장 충족시키고 즐겁게 만드는지에 관해 얘기한다. 인간 발달에 관한 주제로 토론한다.

4) 오늘날 세계의 인물과 역사적 인물 가운데서 '롤 모델'에 관해 얘기한다.

5) 아이들에게 그날 또는 그 주의 주요 소식들로부터 공익에 관한 주제를 소개한다.

6) 학기 초에 집단 신체훈련 과정의 일정을 짠다.

7) 모든 학교 아이들을 위한 하나의 미술 과목을 필수로 정한다.

8) 아이들을 위한 부모의 음악과 같은 예술 훈련을 장려한다.

9) 학생들을 다양한 세계에 경험적으로, 인지적으로, 정서적으로 노출시킨다. 아이들의 세계적 참고 영역을 넓히기 위해 역사와 사회에 관해 비교적 관점에서 가르친다.

10) 학생들이 오랜 시간 동안 자기 개발을 유도하도록 하고, 영합 게임(zero-sum gaming)의 환경으로부터 자유롭게 되도록 훈련시킨다. 결코 학생들의 성과를, 특히 양적으로, 다른 학생들과 비교하며 평가하지 않는다.

11) 의사소통 능력을 가르친다. 소통엔 언어보다 더 이상이 요구
되기에, 무엇보다 먼저 자신의 부적절함을 인정하고 다른 사
람들의 독특한 가치를 인정하는 게 필요하다. 소통은 우리의
열린 마음가짐, 우리 자신을 변화시키려는 의지, 그리고 입장
을 바꿔놓고 생각해보려는 의지(공감)를 요구한다.

12) 적어도 한 가지 외국어를 가르친다.

13) 학생들의 독특한 특성을 더욱 개발하고 개인의 정체성을 형성
하도록 과외 프로그램과 활동을 확대한다.

14) 계약을 바탕으로 아이들에게 보상하지 않는다. 아이들과 흥정
하지 않는다. 그들이 필요한 것은 무조건 제공되어야 한다.

15) 아이들이 자연과 지구의 경이로움 그리고 우주와 상호 작용하
도록 돕는다.

집단2. 추가적 사회화: 대학교와 고등교육 기관

16) 논리적 사고를 촉진하고, 삶의 세계의 실제를 확장하며, 공공
문제에 관한 신뢰할만한 의견을 형성함으로써 인간의 발전을
더욱 촉진한다.

17) 학생들이 모든 사회적 맥락에서 유능한 여론 주도자가 되고,
자신들과 다른 사람들의 사회적 활동을 위한 청사진을 설계
하면서 선택할 수 있는 대안을 모색하는 데 창의적 사상가가

될 수 있도록, 소통 능력을 향상시킨다.

18) 자신의 인생 경험의 범위를 확장하기 위해 전략적으로 선택된 과목들을 필수과목으로 만든다. 몇 과목만 예를 들면, 세계사, 예술사, 고고학, 철학, 세계종교, 비교문학, 세계정치학 등이다.

19) 모든 학생들이 특정 기간 동안 자신의 관심 분야를 위해 전략적으로 선택된 장소들을 찾아 해외로 나가도록 하는 게 좋은 생각일 것이다.

20) 학생들이 선택한 전문 분야에서 유능한 문제 해결사가 되도록 가르치고 훈련시킨다.

21) 예를 들면 사친회(PTA) 같이 가족과 학교 간의 상호 작용을 촉진시키는 기능적 기관에 대한 예산을 할당하거나 늘린다.

22) 교사들은 회의를 하기 위해 학생들의 가족을 반드시 방문해야 한다.

23) 교수들은 특히 정년을 보장 받으면 자신들의 학문, 가치관, 이념 경향 등에서 다양성을 보여 주어야 한다.

집단3. 단체와 사회

24) 상업적이거나 거래적인 대화뿐만 아니라 소통을 위한 대화를 확대한다.

25) 노인 인구가 경험과 지혜의 원천이므로 그들의 중요성을 존중

하고 인정한다. 노인을 수용하고 돌보는 가정에 세금 감면과
정부 보조금을 제공하는 것을 고려한다.

26) 종교 기관들은 인간 실존의 영적 감정적 차원만 돌보아야 한
다. 그들이 경제적 정치적 활동에 종사하지 않아야 한다.

27) 농업 부문은 보조금과 다른 수단을 통해 정부에 의해 보호받
을 필요가 있도록 공공 부문의 관심사여야 한다.

28) 군대는 직접적으로든 간접적으로든 정치적 경제적 활동에 개
입하는 것을 금지해야 한다. 군대의 유일한 목적은 외부 침략
으로부터 국민을 보호하는 범위 이내에 엄격하게 제한되어야
한다. 군사-산업-정치의 삼각관계는 강화되기는커녕 해체되
어야 한다.

29) 전장 또는 전쟁 지역은 군인들만 국가의 안보 관련 업무를 수
행하도록 허용된 곳이어야 한다. 군사 계약자들이 현역 군인
을 교체하는 것은 절대 안된다.

30) 군대와 법 집행 기관 그리고 그와 관련된 개인들만 군사용 무
기를 소유하고 사용할 권리를 가져야 한다. 이러한 종류의 무
기는 정치적 권위로 다루어야 한다. 여기서 권위는 합법적 권
력으로 정의되며, 합법성은 피지배자의 동의에 의해서만 만들
어진다.

31) 정치 이념은 국민의 정체성의 권리를 확장하는 도구가 될 수
밖에 없다. 인권 증진을 위한 전략적 수단인 이념은 인권의
조건이 진화하는 데 따라 바뀔 수 있다. 그러므로 이념적 논

쟁은 교육 경험의 일부가 되어야 하며, 교육기관에서나 일반
대중에 의해서도 권장되어야 한다. 학교 교과과정이나 과외
프로그램은 다양한 이념을 비교하는 데 초점을 맞추는 것을
포함해야 한다.

32) 시장제도는 결코 중산층을 파괴하도록 설계되어서는 안 된다.
중산층은 정부의 추출적 정책과 재분배적 정책을 통해 증
진되고 보호되어야 한다. 이런 관점에서 소기업 활동과 이익
이 강화되어야 한다.

33) 대중매체의 역할은 '객관성'을 지니고 '보도'만 하는 것이 아
니라 공교육을 포함해야 한다. 공중매체는 의견을 형성하는
데 가장 강력한 세력이다. 그러기에 공중매체는 그 영향에 대
해 어느 정도 도덕적 책임을 져야 한다. 이를 위해 매체의 윤
리적 중요성을 감독하기 위한 공공위원회 창설을 고려할 수
있다. 이 위원회는 방송 내용을 안내하는 데 상당한 권한을
부여받을 수 있다. 여기엔 비디오와 오디오 그리고 인쇄 매체
가 포함되어야 한다.

집단4. 공공 부문: 정부

34) 모든 사람의 생명권을 보장하기 위해, 필수품으로 간주되는
기본 음식과 옷은 최소한 부분적으로 정부의 보조를 받을 수

있다. 아이들의 옷은 세금이 면제되어야 한다. 그러나 '과시적'으로 간주되는 상품에는 세금이 무겁게 부과되어야 한다.

35) 공립학교는 전적으로 일반 대중 또는 정부의 자금 지원을 받아야 한다.

36) 지방정부부터 국제 통치기구에 이르기까지 모든 공공기관은 식량의 생산과 분배를 감시하고 모든 사람의 육체적 생존의 최대 수준을 보장하는 책임을 져야 한다.

37) 위의 내용은 건강관리를 포함한 다른 형태의 기본 필요 사항에 적용되어야 한다. 건강관리와 봉사는 치료뿐만 아니라 또한 예방을 위해서도 제공되어야 한다.

집단5. 환경

38) 대대적 장려(incentive) 제도가 다양한 기관에서 개발되어야 하고, 이를 정부가 자체의 장려 구조로 촉진해야 한다.

39) 예술적이고 미학적으로 매력적인 외모를 가진 재활용 쓰레기통은, 일부 유럽 도시에서 볼 수 있듯, 마을 전체에 배치될 수 있다. 환경 의식을 고취시키고 학생들의 미적 감각을 향상시키기 위해, 재활용 쓰레기통에 예술작품을 공모하는 것은 훌륭한 아이디어일 수 있다.

40) 정부나 자원봉사 시민단체들은 재활용 쓰레기를 구매할 수 있

는 제도를 개발할 수 있다.

41) 쓰레기 수수료는 발생하는 오염에 비례하여 징수되어야 한다. 수익은 환경 재건을 위한 것이어야 한다.

42) 돈을 버는 이 지구의 모든 사람들은 환경세를 부과 받아야 하는데, 이를 위해 세계적 관리 체제가 바람직하다.

43) 세계 환경기구(A World Organization for the Environment)가 창설될 수 있다. 이 기구는 신중하게 만들어진 관리 체제에 따라 정부와 기업 그리고 개인들로부터의 세수입에 의해 보조금을 받을 수 있다. 이 기구는 지구의 관리를 책임져야 한다.

집단6. 평화 구축

44) 안보 패러다임은 평화 패러다임으로 대체되어야 한다. 이 사실은 학교 안팎에서 교육의 주제가 되어야 한다. 안보 동맹이 아니라, 평화 '동맹' 또는 평화 체제가 창설되어야 한다.

45) 상호 적대적인 실체들이 지니고 있는 견해 교환을 극대화하기 위해, 트랙2(반관반민) 포럼이 장려되어야 한다. 트랙2 대화는 비공개, 비공식, 비격식, 무책임 등 비밀의 원칙을 기반으로 해야 한다.

46) 트랙2와 함께, 스포츠 트랙, 예술 (특히 음악) 트랙, 공통 관심사에 대한 공동 연구, 그리고 다양한 형태의 연예와 같은, 평

화 구축을 위한 다수의 외교 트랙을 탐구하고 활용해야 한다.

47) 조용한 외교나 물밑 외교를 더욱 광범위하게 탐구하고 활용해야 한다.

48) 특정한 갈등을 해결하기 위해 제3자에 의한 중재를 활용해야 한다.

집단7. 세계의 거대한 도전

49) 가치와 서비스의 세계적 분배 구조를 감시할 목적으로, 세계식량기구(WFO), 유엔환경기구(UNEO), 세계보건기구(WHO)와 같은 세계적 감시 체제를 설립하거나 활성화해야 한다. 그들이 조사한 내용은 공개적으로 유포되어야 한다. 세계적 테러는 더 깊은 문제의 징후로 조사되어야 한다. 세계적 차원에서 테러를 효과적으로 줄이기 위한 목적으로 테러에 관한 조직이 창설될 수 있다.

50) 세계적 구조적 폭력 역시 감시하고 대책을 강구해야 한다. 이는 특히 공평한 분배를 위한 목적으로, 각국이 자국의 처지를 알면서 상황을 해결하고 개선하기 위해 무엇이 필요한지 알 수 있도록 하기 위해서다.

위에 번호 매긴 항목들은 이 책의 제3부(11-14장)에서 제기한 규범적 패러다임에 기반을 둔 사회와 세계를 창조하기 위한 제안이다. 그것들은 사회공학을 위한 조치의 완전한 목록이 아니라 실제 사례가 될 수 있다는 것을 의미한다. 그러나 그 아이디어들이 발전의 대안 패러다임을 분명히 대표하기를 희망한다.

　나는 이 책이 많은 학문의 수많은 분야와 하위 분야의 전문가들이 실증해야 하는 설계 구조를 정당화하려고 고안된 것이라고 밝혀야 한다. 내가 이 책에서 제안한 발전 패러다임을 구성하기 위해 사용한 풍부하고 다양한 개념과 이론들에 대해 전문가인 체하는 것은 결코 아니다.

후기

　역사는 진화나 혁명을 통해 변한다. 인간의 삶은 대부분의 시간 동안 역사의 흐름이 거의 통제되지 않는 가운데 역사의 조류와 함께 흐른다. 학계의 사명은 그러한 역사의 조류의 본질과 영향을 서술하고 설명하며 예측하는 것이다. 그 영향이 파괴적이고 조류의 진행에 따라 문제가 발견되면, 지식인들의 도전은 그 문제를 해결하거나 예방하는 것이다.

　지난 세기에 칼 마르크스는 생산수단이 없는 사람들의 착취 문제를 보았고, 역사적 변화 과정에 대한 설명을 제공했다. 마르크스는 자본주의 체제에 내재된 문제를 바로잡기 위해 자신의 사회 변화의 패러다임이나 이론을 바탕으로 한 프롤레타리아 혁명의 형태로 실행 가능한 수단을 옹호했다. 마르크스주의와 그 변형에 따라, 세계의 절반은 냉전 시대가 시작된 이후 약 50년 동안 소련의 후견 아래 경제적 사회주의와 정치적 공산주의로 휩싸여 들어갔다. 그 지역에서는 대안의 이론적 설명을 위한 여지가 거의 없이, 그 시대를 사회과학과 행동과학의 암흑기로 만들었다.

　그 동안에 세계의 다른 절반은 미국과 서구 동맹국들의 지도 아래 자유민주주의의 이상에 의해 지배되었다. 소비에트 세력권과 달리 서구 세력권은 사회 변화와 발전에 관한 수많은 이론을 만들어냈지만, 대부분은 서구의 경험을 정당화하기 위해 고안되었다. 따라서 이 이론들은 '서구 편향'된 것으로 규정된다. 이러한 편향된 개념적 이론적 탐구는 대체로 부정확하고 부적절하며 사회 변화와 발전 과정을 설명할 수 없다. 그 결과, 실제 역사의 현실 문제는 방치되었고 종종 무시되었다. 더 나쁘게, 지도적인 서구 학자들은 과학적 또는 논리적 자기 평가로 자신들의 단점을 인정하기를 거부한다. 그 대신 그들 중 일부, 특히『역사의 종말』을 펴낸 프란시스 후쿠야마와『제3의 물결』저자 새뮤얼 헌팅턴은, 서구의 민주화가 역사적 현실일 뿐만 아니라 불가피한 것이라고 관측한다. 21세기의 학문은 많은 실제 문제를 다룰 준비가 전혀 되어 있지 않은데, 준비가 되었든 아니든, 생명을 위협하는 문제는 심화하고 확산되었다.

　이 책은 다음과 같은 노력을 기울였다. 첫째, 발전 연구를 위한 서구 학문의 부적절한 상태를 평가한다. 둘째, 발전과정에 대해, 그게 실제 일어난 대로, 큰 설명력을 지닌다고 여기서 주장한 발전 이론을 형성한다. 셋째, 발전의 바람직한 과정을 위한 이론적 설계를 제공한다. 마지막으로, 사회공학의 과정을 인류를 위한 이상적 공동체의 가능성 쪽으로 바꾸기 위한 구체적 행동의 사례와 함께 발전의 대안적 개념과 이론을 제안한다.

　이러한 아이디어들은 개인적 경험과 꽤 오랜 기간의 지적 여행을 통해 내 일생 동안 영혼을 찾아온 결과물이다. 그 동안 나는 1949년 마오쩌둥의 중국을 낳은 중국 내전 중 중국에서 어린 시절을 보내고, 한반도의 대분열과 한국전쟁에 따른 이산가족의 고뇌를 겪었으며, 1965년 나의 교육을 더 넓히기 위해 미국으로 건너와, 40년 이상 조지아대학교에서 가르쳤다. 미국에 있는 동안, 나는 워싱턴과 평양 사이의 외교적 정치적 교착 상태의 진화를 목격했는데, 이는 나로 하여금 외교적 교착 상태의 원인에 대한 심층적 지식을 얻기 위해 북한을 여러 번 방문하도록 촉진했다. 이러한 개인적 경험들은 나를 더 박식하게 만들었을 뿐만 아니라 더 현명하게 만들었다. 이 책에 사용한 많은 아이디어들은 나의 풍부하고 고통스러운 경험의 결과물이지만, 나는 또한 학생으로든 교육자로든 미국에서의 교육에 의해 엄청나게 혜택 받았다.

　이 책에 담긴 아이디어들이 광범위한 독자층에 걸쳐 진지한 토론과 영혼 탐색을 불러일으키는 게 나의 바람이자 희망이다. 결국, 우리가 인류를 소멸시키기 위해 작동하는 세력에 굴복하지 않고, 인류 역사의 지속을 볼 수 있게 되길 나는 희망한다.

참고문헌

Allen, George C. *A Short Economic History of Modern Japan,* 1867-
1937. London: Routledge, 1946.

Almond, G. and J. Coleman, eds. *The Politics of the Developing Areas.*
Princeton, NJ: Princeton University Press, 1960.

Almond, G, and G. B. Powell. *Comparative Politics: A Developmental
Approach.* Boston: Little Brown, 1966.

Almond, G., and S. Verba. *The Civic Culture.* Princeton, NJ: Princeton
University Press, 1963.

Almond, Gabriel A, and G. Powell. "Determinancy-Choice, Stability-
Change: Some Thoughts on a Contemporary Polemic in Political
Theory," *Government and Opposition,* Vol. 5, No.1(Winter 1969-
70): 22-40.

Almond, Gabriel A. "The Development of Political Development." *A
Discipline Divided: Schools and Sects in Political Science.* Sage
Publications, 1990.

Almond, Gabriel A. "Capitalism and Democracy." *PS: Political Science
and Politics* 3 (1996): 467-474.

Appadurai, Arjun. "Disjuncture and Difference in the Global Cultural
Economy." *Public Culture* 2, no.3 (1990): 1-24.

Apter, David E. *The Politics of Modernization.* Chicago: University of
Chicago Press, 1966.

Apter, David E. *Some Conceptual Approaches to the Study of
Modernization.* Englewood Cliffs, NJ: Prentice-Hall, 1968.

Apter, David E. "Norms, Structure, and Behavior and the Study of
Political Development," In Nancy Mammond, eds., *Social Science
and the New Societies.* East Lansing, MI: Social Science
Research Bureau, Michigan State University, 1973.

Aron, R. *Progress and Disillusion: The Dialectics of Modern Society.*

New York: Praeger, 1978.

Banks, Arthur S. *Cross Polity Time Series Data.* Cambridge, MA: The MIT Press, 1971.

Banks, Arthur S. and Robert B. Textor. *A Cross-Polity Survey.* Cambridge, MA: The MIT Press, 1963.

Barber, Benjamin R. *Jihad vs. McWorld.* New York: Ballantine, 1996.

Barnet, Richard J. *The Economy of Death.* New York: Atheneum, 1969.

Barnet, Richard J., and Ronald E. Muller. *Global Reach: The Power of the Multinational Corporations.* New York: Simon and Schuster, 1974.

Baudrillard, Jean. "The Precession of Simulacra." *Simulacra and Simulation.* Ann Arbor: University of Michigan Press, 1981.

Bauer, P. T. and B. S. Yamey, "Against the New Economic Order," *Commentary* 63, no. 4 (1977): 25-31.

Beck, Ulrich. *What Is Globalization?* Cambridge: Polity Press, 2000.

Bell, Daniel. *The Coming of Post-Industrial Society.* New York: Basic Books, 1973.

Bell, Daniel. *End of Ideology.* New York: Collier Books, 1969.

Berger, Bennett M. "The Sociology of Leisure," in Erwin O. Smigel, eds. *Work and Leisure.* New Haven, CT: College and University Press, 1963.

Berger, Peter L, and Samuel P. Huntington. *Many Globalizations: Cultural Diversity in the Contemporary World.* Oxford University Press, 2002.

Bertsch, Gary K, and Thomas W. Ganschow, eds. *Comparative Communism.* San Francisco: W.H. Freeman and Company, 1976.

Beynon, John, and David Dunkerley, eds. *Globalization: The Reader.* London: Athlone, 2000.

Bill, James A, and Robert L. Hardgrave. *Comparative Politics: The Quest for Theory.* Columbus, OH: Charles E. Merrill, 1973.

Binder, Leonard. *Crisis and Sequences in Political* Development.

Princeton: Princeton University Press, 1971.

Blaney, Harry G, III. *Global Challenges.* New York: New Viewpoints, 1979.

Blau, Peter M, and Otis D. Duncan. *The American Occupational Structure.* New York: John Wiley and Sons, Inc, 1976.

Boorstin, Daniel J. *The Republic of Technology.* New York: Harper and Row, 1978.

Bosworth, David. "The Spirit of Capitalism, 2000." *The Public Interest* 138(2000): 3-28.

Brandt, Willy. *North-South: A Program for Survival.* Cambridge, MA: MIT Press, 1980.

Breeze, Gerald. *Urbanization in Newly Developing Countries.* Englewood Cliffs, NJ: Prentice Hall, 1966.

Brickman, Philip, and Donald T. Campbell. "Hedonistic Relativism and Planning of the Good Society," in M. H. Appley, ed., *Adaptation -Level Theory.* New York: Academic Press, 1971.

Brodbeck, May. "Methodological Individualism: Definition and Reduction." *Philosophy of Science* 25, no.1. (1958): 1-22.

Brown, Lester R. and Christopher Flavin. "A New Economy for a New Century." *State of the World* (1999): 3-21.

Buchanan, James M. and Gordon Tullock. *The Calculus of Consent.* Michigan: University of Michigan Press, 1967.

Campbell, Angus. *The American Voter.* New York: Wiley, 1960.

Caporaso, James A. "Dependency Theory: Continuities and Discontinuities in Development Studies." *International Organization* 39 (1980): 605-628.

Carothers, Thomas. "The End of the Transition Paradigm." *Journal of Democracy* 13, no.1 (2002): 5-21.

Charlesworth, James C, ed. *Contemporary Political Analysis.* New York: The Free Press, 1967.

Charlesworth, James C, ed. *Leisure in America: Blessing or Cure?* 1964.

Chilcote, Ronald H. *Theories of Development and Underdevelopment.*

Boulder, CO: Westview Press, 1984.

Chilton, Stephan. *Defining Political Development*, Boulder & London: Lynne Rienner, 1988.

Chilton, Stephan. *Grounding Political Development*, Boulder & London: Lynne Rienner, 1991.

Converse, Philip E. "The Nature of Belief Systems in Mass Public," in David E. Apter, eds. *Ideology and Discontent*. New York: The Free Press, 1967.

Collier, David, and Steven Levitsky. "Democracy with Adjectives: Conceptual Innovation in Comparative Research." *World Politics* 49 (1997): 430-451.

Cooling, Benjamin F., ed. *War, Business, and American Society*. New York: Kennikat Press, 1977.

Dahl, Robert. *Democracy in America*. Chicago: Rand McNally, 1973.

Dahl, Robert, and Charles Lindblom. *Politics, Economics and Welfare*. New York: Harper and Row, 1958

Dahl, A. Robert. "Development and Democratic Culture." In Larry Diamond, Marc F. Plattner, Yun-han Chu, and Hung-mao Tien, eds., *Consolidating Third Wave Democracies: Themes and Perspective*. Baltimore and London: The John Hopkins University Press, 1997.

Dahl, A. Robert. *Dilemmas of Pluralist Democracy*. New Haven: Yale University Press, 1982.

Dahrendorf, Ralf. *Class and Class Conflict in Industrial Society*. Stanford, CA: Stanford University Press, 1959.

Dallmayer, Fred R., ed. *From Contract to Community*. New York: Marcel Dekker, Inc., 1978.

Davies, James C. "A Formal Interpretation of the Theory of Relative Deprivation," *Sociometry* 22 no.4 (1959): 280-296.

Davies, James C. *Human Nature and Politics*. New York: John Wiley and Sons, Inc., 1963.

Davies, James C. "Toward a Theory of Revolution" in James C. Davies, ed. *When Men Revolt and Why*. New York: The Free Press, 1971.

Deutsch, Karl W. "Social Mobilization and Political Development." *American Political Science Review* 55 (1961): 493-514.

Deutsch, K.W. *Political Community and the North Atlantic Area: International Organization in the Light of Historical Experience*. Princeton, NJ: Princeton University Press, 1957.

Diamant, Alfred. "The Nature of Political Development" in Jason L. Finkle and Richard W. Gable, eds. *Political Development and Social Change*. New York: John Wiley, 1966.

Diamond, Larry. "Introduction: In Search of Consolidation." In Larry Diamond, Marc F. Plattner, Yun-han Chu, and Hung-mao Tien, eds. *Consolidating Third Wave Democracies: Regional Challenge*. Baltimore and London: The Johns Hopkins University Press, 1997.

Diamond, Larry. "Is the Third Wave Over?" *Journal of Democracy* 7, no. 3(1996): 20-37.

Diamond, Larry. "Introduction: Political Culture and Democracy." In Larry Diamond, ed. *Political Culture and Democracy in Developing Countries*. Boulder and London: Lynne Rienner Publishers, Inc., 1994.

Diamond, Larry. "Causes and Effects." In Larry Diamond, ed. *Political Culture and Democracy in Developing Countries*. Boulder and London: Lynne Rienner Publishers, Inc., 1994.

Diamond, Larry. "Introduction: Persistence, Erosion, Breakdown." In Larry Diamond, Juan J. Linz, and Seymour Martin Lipset, eds. *Democracy in Democratic Countries: Asia*. Boulder and London: Lynne Rienner Publishers, Inc., 1989.

Domhoff, William. *The Higher Circles*. New York: Random House, 1970.

Dorsey, John T., Jr. "The Bureaucracy and Political Development in Viet Nam," in Joseph LaPalombara, eds. *Bureaucracy and Political Development.* Princeton, NJ: Princeton University Press, 1963.

Downs, Anthony. *An Economic Theory of Democracy.* New York: Harper and Row, 1957.

Dube, S. C. *Modernization and Development: The Search for Alternative Paradigms.* London: Zed Books, 1988.

Durkheim, Emile. *The Division of Labor in Society.* New York: Macmillan Co., 1933.

Durkheim, Emile. *The Rules of Sociological Method.* New York: Free Press, 1938.

Easton, David. A *Framework for Political Analysis.* Englewood, NJ: Prentice-Hall, 1965.

Easton, David. *The Political System: An Inquiry into the State of Political Science.* NY: Knopf, 1953.

Eckstein, Harry. "The Idea of Political Development: From Dignity to Efficiency." *World Politics* 34 (1982): 451-486.

Edwards, Alba. A *Social and Economic Grouping of the Gainfully Employed Workers in the United States.* Washington, D.C.: Bureau of Census, 1938.

Eisenstadt, S. N. "Theories of Social and Political Evolution and Development," in *The Social Science: Problems and Orientations.* The Hague: Mouton, 1968.

Eisenstadt, S. N. "Problems of Emerging Bureaucracies in Developing Areas In New States," in Bert F. Hoselitz and Wilbert E. Moor eds., *Industrialization and Society.* Paris: UNESCO., 1963.

Eisenstadt, S. N. "Breakdowns of Modernization," *Economic Development and Cultural Change* 12 no.4 (1964): 345-367.

Enloe, Cynthia H., The Politics of Pollution in a Comparative Perspective. New York: David McKay Co., Inc., 1975.

Erikson, Erik. *Childhood and Society.* New York: W. W. Norton and

Co., Inc., 1950.

Estall, R. C., and R. Ogilive Buchanan. *Industrial Activity and Economic Geography.* London: Hutchinson University Library, 1961.

Frank, Andre Gunder. *Capitalism and Underdevelopment in Latin America: Historical Studies of Chile and Brazil.* New York: Monthly Review Press, 1967.

Friedman, Milton. *Essays in Positive Economics.* Chicago: University of Chicago Press, 1953.

Falk, R. A. *A Study of Future Worlds.* New York: The Free Press, 1975.

Finkle, J. A., and R. W. Gable, eds. *Political Development and Social Change.* New York: John Wiley and Sons, Inc., 1966.

Finkle, Jason L. and Richard W. Gable, eds., *Political Development and Social Change.* New York: Wiley and Sons, 1966.

Flanigan, William, and Edwin Fogelman. "Functional Analysis" in James C. Charlesworth, ed. *Contemporary Political Analysis.* New York: Free Press, 1967.

Fukuyama, Francis. *The Great Disruption.* New York: Free press, 1999.

Fukuyama, Frances. *The End of History and the Last Man.* New York: Avon, 1992.

Fukuyama, Frances. "The End of History?" *National Interest* 16 (1989): 3-18.

Galtung, Johan, and Richard C. Vincent. *Global Glasnost: Toward a New World Information and Communication Order?* Cresskill, NJ: Hampton Press, 1992.

Gappert, Gary. *Post Affluent America: The Social Economy of the Future.* New York: New Viewpoints, 1979.

Gerth, H. H., and C. Wright Mills. *From Max Weber: Essays in Sociology.* London: Oxford University Press, 1946.

Giddens, Anthony. *The Consequences of Modernity.* Cambridge: Polity Press, 1990.

Gillespie, J. V., and B. A. Nesvold, eds. *Macro Quantitative Analysis.*

Beverly Hills, CA: Sage Publications, 1971.

Goldsworthy, David. "Thinking Politically About Development." *Development and Change* 19 (1988): 504-530.

Golembiewski, Robert T., William A. Welsh, and William J. Crotty. A *Methodological Primer for Political Scientists*. Chicago: Rand McNally, 1969.

Goslin, D. A., ed. *Handbook of Socialization Theory and Research*. Chicago: Rand McNally, 1969.

Goulet, Denis. "Development for What?" *Comparative Political Studies* 1, no. 2(1968): 295-312.

Goulet, Denis. *The Cruel Choice: A New Concept in the Theory of Development*. New York: Atheneum, 1971.

Groth, Alexander J. "Structural Functional Analysis and Political Development: Three Problems," *Western Political Quarterly* 23 no. 3 (1970): 485-499.

Gurr, Ted. "A Causal Model of Civil Strife: A Comparative Analysis Using New Indices." *The American Political Science Review* 62 (1968): 1104-1124.

Gurr, Ted. *Why Men Rebel*. Princeton, NJ: Princeton University Press, 1970.

Hagopian, Frances. "Political Development, Revisited." *Comparative Political Studies* 33 no. 6 (2000): 880-911.

Hansen, Birthe, and Bertel Heurlin. *The New World Order: Contrasting Theories*. New York: St. Martin's Press, 2000.

Hardt, Michael, and Antonio Negri. *Empire*. Cambridge, MA: Harvard University Press, 2000.

Harris, Dale. "Problems in Formulating a Scientific Concept of Development." in *The Concept of Development: An Issue in the Study of Human Behavior*. Minneapolis: University of Minnesota Press, 1967.

Harvey, David. *The Condition of Postmodernity*. Cambridge, MA: Blackwell, 1990.

Harvey, Robert. *Global Disorder*. New York: Carroll & Graf, 2003.

Hauser, Philip. "The Analysis of 'Over-Urbanization'." *Economic Development and Cultural Change* 12 (1964): 113-22.

Heilbroner, Robert. *An Inquiry into the Human Prospect*. New York: Norton, 1974.

Held, David. *Global Transformations: Politics, Economics and Culture*. Stanford, CA: Stanford University Press, 1999.

Hempel, Carl G. and Paul Oppenheim. "Studies in the Logic of Explanation," *Philosophy of Science* 15 no. 2 (1948): 135-175.

Hempel, Carl G. "The Logic of Functional Analysis" in May Brodbeck, eds. *Readings in the Philosophy of the Social Sciences*. New York: Macmillan, 1968.

Hertzler, J. O. *Social Institutions*. Lincoln: University of Nebraska Press, 1946.

Hirschman, Albert O. "The Changing Tolerance for Income Inequality in the Course of Economic Development," *Quarterly Journal of Economics* 87 no. 4(1973): 544-566.

Ho Ping-ti. *The Ladder of Success in Imperial China*. New York: Columbia Press, 1962.

Holsti, K. J. "Underdevelopment and the 'Gap' Theory of International Conflict." *American Political Science Review* 69 no. 3 (1975): 827-839.

Holt, Robert T., and John E. Turner. *The Political Basis of Economic Development*. Princeton, NJ: D. Van Nostrand Co., Inc., 1966.

Holt, Robert T., and John M. Richardson. "Competing Paradigms in Comparative Politics." in Holt and Turner, eds. *The Methodology of Comparative Research*.New York: The MacMillan Co., 1968.

Holton, Robert. "Understanding Globalization: History and Representation in the Emergence of the World as a Single Place." in *Globalization and the Nation-State*. New York: St. Martin's Press. 1998.

Horowitz, L. Donald. "Democracy in Divided Societies." in Larry Diamond and Marc F. Plattner, eds. *Nationalism, Ethnic Conflict, and Democracy.* Baltimore and London: The Johns Hopkins University Press, 1994.

Hoselitz, B.F., and W.E. Moor, eds. *Industrialization and Society.* Paris: UNESCD and Mouton, 1963.

Huntington, Samuel P. "Political Development and Political Decay." *World Politics* 17 (1965): 386-430.

Huntington, Samuel P. "The Change to Change." *Comparative Politics* 3 no. 3(1971): 283-322.

Huntington, Samuel P. *Changing patterns of military politics.* New York: Free Press of Glencoe, 1962.

Huntington, Samuel P. "The Clash of the Civilizations?" *Foreign Affairs* 72 no. 3(1993): 22-49.

Huntington, Samuel P. "Democracy for the Long Haul." *Journal of Democracy* 7, no. 2(1996): 3-13.

Huntington, Samuel P. *The Third Wave: Democratization in the Late Twentieth Century.* Oklahoma: University of Oklahoma Press, 1991.

Huntington, Samuel P. "Will More Countries Become Democratic?" *Political Science Quarterly* 99 no. 2 (1984): 193-218.

Isaak, Alan C. *Scope and Method of Political Science.* Homewood, IL: The Dorsey Press, 1969.

Jaguaribe, Helio. *Political Development.* New York: Harper and Row, 1973.

Jameson, Frederic. "The Cultural Logic of Late Capitalism." in *Postmodernism, or The Cultural Logic of Late Capitalism.* Durham: Duke University Press, 1991.

Johnson, Dale L. "Dependency and the International System," in James D. Cockcroft ed., *Dependence and Underdevelopment.* New York: Anchor Books, 1972.

Johnson, John J. ed., *The Role of the Military in Underdeveloped Countries*. Princeton, NJ: Princeton University Press, 1962.

Kalb, Don. ed., *The Ends of Globalization: Bringing Society Back In*. Lanham, MD: Rowman & Littlefield Publishers, Inc., 2000.

Kaplan, Abraham. *The Conduct of Inquiry*. San Francisco: The Chandler Publishing Company, 1964.

Karatnycky, Adrian. "The Decline of Illiberal Democracy." *Journal of Democracy* 10 no. 1 (1999): 112-125.

Kautsky, John H. *Communism and Politics of Development*. New York: John Wiley and Sons, 1968.

Kautsky, John H. *Political Change* in *Underdeveloped Countries*. New York: Wiley, 1962.

Kennedy, Gavin. *The Economics of Defense*. Great Britain: Western Printing Service, 1975.

Kennedy, Paul and Dirk Messner, and Franz Nuscheler. eds., *Global Trends and Global Governance*. London: Pluto Press, 2002.

Kline, Wanda. *Latin American Politics and Development*. Cambridge: MIT Press, 1979.

Kohlberg, Lawrence and June L. Tapp. "Developing Senses of Law and Legal Justice." *Journal of Social Issues* 27 no. 2 (1971): 66-91.

Kohlberg, Lawrence. "State and Sequence: The Cognitive Developmental Approach to Socialization," in D. Goslin, ed., *Handbook of Socialization Theory and Research*. Chicago: Rand McNally, 1969.

Kuhn, Thomas S. *The Structure of Scientific Revolutions*. Chicago, IL: University of Chicago Press, 1962.

Kupchan, Charles A. *The End of the American Era*. New York: Alfred A. Knopf, 2002.

Lane, Robert E. "Political Belief Systems," in Jeanne D. Knutson ed., *Handbook of Political Psychology*. San Francisco: Jossey-Bass, 1973.

Lane, Ruth. "Structural-Functionalism Reconsidered: A Proposed Research Model." *Comparative Politics* 26 no. 4 (1994): 461-477.

LaPalombara, Joseph ed., *Bureaucracy and Political Development.* Princeton, N.J.: Princeton University Press, 1967.

Lasswell, Harold. *Politics: Who Gets What, When, How.* New York: Meridian Books, 1958.

Lawson, Stephanie. "Conceptual Issues in the Comparative Study of Regime Change and Democratization." *Comparative Politics* 23 (1993): 183-205.

Lens, Sidney. *The Military-Industrial Complex.* Pilgrim Press, 1970.

Lenski, Gehard E. *Power and Privilege.* New York: McGraw-Hill Book Co., 1966.

Lerner, Daniel. *The Passing of Traditional Society.* New York: The Free Press, 1958.

Levy, Marion J. Jr. "Patterns (Structures) of Modernization and Political Development," *The American Academy of Political and Social Science* 358(1965): 30-40.

Li, Dun J. *The Ageless Chinese.* New York: Charles Scribner's Sons, 1971. Lindblom, Charles E. *The Intelligence of Democracy.* New York: The Free Press, 1965.

Linz, J. Juan. "Transition to Democracy." *The Washington Quarterly* 13 (1990):143-164.

Linz, J. Juan, and Alfred Stephan. "Toward Consolidated Democracies." *Journal of Democracy* 7 no.2 (1996): 14-33.

Lunden, Walter A. *The Suicide Cycle.* Montezuma, Iowa: The Sutherland Printing Co., 1977.

Manent, Pierre. "Democracy without Nations?" *Journal of Democracy* 8 no. 2(1997): 92-102.

Mannheim. Karl. *Ideology and Utopia.* New York: Harcourt, Brace and World Inc., 1939.

Martindale, Don. *American Society.* New York: D. Van Nostrand

Company, 1960.

Martindale, Don. *Community, Character, and Civilization.* New York: The Free Press, 1963.

Martindale, Don. *Social Life and Cultural Change.* New York: D. Van Nostrand Company, 1962.

Masannat, George S. ed., *The Dynamics of Modernization and Social Change.* Pacific Palisades, California: Goodyear Publishing Company, 1973.

Maslow, Abraham H. *Motivation and Personality.* New York: Harper and Row Publishers, Inc., 1954.

Mayer, Lawrence C. *Comparative Political Inquiry: A Methodological Survey.* Homewood, IL: Dorsey Press, 1972.

McClelland, David C. *The Achieving Society.* Princeton, NJ: Van Nostrand, 1961.

McPhee, John. *The Curve of Binding Energy.* New York: Ballantine, 1974.

Meadows, Donella H., Jorgen Randers, and Dennis Meadows L. *The Limits to Growth.* New York: Signet Books, 1974.

Mendlowitz, S. H. *On the Creation of a Just World Order.* New York: The Free Press, 1975.

Merelman, Richard. "The Development of Policy Thinking in Adolescence," *American Political Science Review* 65 no. 4 (1971): 1033-47.

Milbrath, Lester W. *Political Participation.* Chicago: Rand McNally and Co., 1965.

Mische, Gerald. *Toward a Human World Order.* New York: Paulist Press, 1977.

Mitchels, Robert. *Political Parties: A Sociological Study of the Oligarchical Tendencies of Modern Democracies.* Trans. by Eden and Cedar Paul. Glencoe, IL: The Free Press, 1949.

Mitchell, William C. *Public Choice in America.* Chicago: Markham

Publishing Co., 1971.

Morris, Morris David. *Measuring the Condition of the World's Poor: The Physical Quality of Life Index.* New York: Pergamon Press, 1979.

Muthu, Sankar. *Enlightenment Against Empire.* Princeton University Press, 2003.

Nagel, E. *The Structure of Science.* New York: Harcourt, Brace and World Inc., 1961.

Neibuhr, Reinhold. *Moral Man and Immoral Society.* New York: Charles Scribner's Sons, 1932.

Nesvold, B. and J. Gillespie, eds. *Marco Quantitative Analysis.* Beverly Hills, CA: Sage Publications, 1970.

N.O.R.C. "Jobs and Occupations: A Popular Evaluation," *Opinion News,* 1947.

Nodia, Ghia. "Nationalism and Democracy." in Larry Diamond and Marc F.

Plattner, eds. *Nationalism, Ethnic Conflict, and Democracy.* Baltimore and London: The Johns Hopkins University Press, 1994.

Nye, Joseph S. and John D. Donahue, eds., *Governance In a Globalizing World.* Cambridge, MA: Visions of Governance for the 21st Century, 2000.

O'Donnell, Guillermo A. "Delegative Democracy." *Journal of Democracy* 5 no. 1(1996): 55-69.

O'Donnell, Guillermo A. "Illusions about Consolidation." *Journal of Democracy* 7 no. 2 (1996): 34-51.

Ohmae, Ken'ichi. *Borderless World: Power and Strategy in the Interlinked Economy.* London: Fontana, 1990.

O'Neill, Bard. "Towards a Typology of Political Terrorism: The Palestinian Resistance Movement." *Journal of International Affairs* 32 no. 1 (1978): 17-26.

Organski, A. F. K. *The Stages of Political Development.* New York:

Alfred Knopf, 1965.

Owen, John D. *The Price of Leisure*. The Netherlands: Rotterdam University Press, 1969.

Parenti, Michael. *Democracy for the Few.* New York: St. Martins, 1977.

Park, Han S. "Development and Global Consequences," in *Human Needs and Political Development: A Dissent to Utopian Solutions*. Cambridge, MA: Schenkman Books, 1984.

Park, Han S. *Human Needs and Political Development: A Dissent to Utopian Solutions*. Cambridge, MA: Schenkman Books, 1984.

Park, Han S. *North Korea: The Politics of Unconventional Wisdom*. Boulder, CO: Lynne Rienner Publishers, 2002.

Park, Han S. *North Korea Demystifies*. Amherst, NY: Cambria Press, 2012.

Park, Han S. "Socio-Economic Development and Democratic Performance: An Empirical Study." *International Review of Modern Sociology* 6 no. 2 (1976): 349-361.

Parker, Richard. *The Myth of the Middle Class*. New York: Harper and Row, 1972.

Parsons, Talcott. *Essays* in *Sociological Theory: Pure and Applied*. Glencoe: The Free Press, 1949.

Parsons, Talcott. *The Social System*. New York: The Free Press, 1951.

Parsons, Talcott. *The Structure of Social Action*. New York: The Free Press, 1937.

Pennock, J. Roland. "Political Development, Political Systems and Political Goods." *World Politics* 18 no. 3 (1966): 415-434.

Peterson, John M. and Ralph Gray. *Economic Development of the United States*. Homewood, IL: Richard D. Irwin Inc., 1969.

Piaget, Jean. *The Origins of Intelligence in Children*. New York: W. W. Norton and Co. Inc., 1952.

Piaget, Jean. Psychology of Intelligence. New Jersey: Littlefield, Adams, 1963.

Pieterse, Jan P. Nederveen. *Empire & Emancipation: Power and Liberation on a World Scale.* New York: Praeger, 1989.

Plamenatz, John. *Man and Society.* New York: McGraw-Hill Book Co., 1963.

Przeworski, Adam and Henry Teune. *The Logic of Comparative Social Inquiry.* New York: Wiley-Interscience, 1970.

Przeworski, Adam, Michael Alvarez, Jose Antonio Cheibub, and Fernand Limongi. 1996. "What Makes Democracies Endure?" in Larry Diamond, Marc F.Plattner, Yun-han Chu, and Hung-mao Tien, eds. *Consolidating Third Wave Democracies: Regional Challenge.* Baltimore and London: The John Hopkins University Press, 1996.

Purcell, Victor. *The Boxer Uprising.* Cambridge: The University Press, 1963.

Pursell, Carol W. *The Military-Industrial Complex.* New York: Harper and Row, 1972.

Putnam, D. Robert. "Bowling Alone: America's Declining Social Capital." *Journal of Democracy* 6 (1995): 65-78.

Pye, Lucien. *Politics, Personality, and Nation Building.* New Haven: Yale University Press, 1962.

Pye, Lucien. *Aspects of Political Development.* Boston: Little Brown, 1966.

Pye, Lucien. "The Concept of Political Development." *The Annals of the American Academy of Political and Social Science* 358 (1965): 1-13.

Renshon, Stanley A. *Psychological Needs and Political Behavior: A Theory of Personality and Political Efficacy.* Riverside, N.J.: Macmillan Publishing Co., 1974.

Rieff, David. "A Global Culture?" *World Policy Journal* 10 no. 4 (1993): 73-81.

Rike, William H. *The Theory of Political Coalition.* New Haven: Yale University Press, 1962.

Riggs, Fred W. "Agraria and Industria-Toward a Typology of Comparative Administration" in William Siffin ed., *Toward the Comparative Study of Public Administration.* Bloomington: Indiana University Press, 1957.

Riggs, Fred W. *Administration in Developing Countries: The Theory of the Prismatic Society.* Boston: Houghton Mifflin, 1964.

Riggs, Fred W. "The Dialectics of Developmental Conflict," *Comparative Political Studies* 1 no. 2 (1968): 197-228.

Robertson, Ronald. *Globalization: Social Theory and Global Culture.* Sage Publication, 1992.

Rokeach, Milton. *The Open and Closed Mind.* New York: Basic Books, 1960.

Rosenau, James N. "The Complexities and Contradictions of Globalization." *Current History.* 96 no. 613 (1997): 360-364.

Rostow, Walt W. *The Process of Economic Growth.* Cambridge: Cambridge University Press, 1952.

Rostow, Walt W. *The Stages of Economic Growth: A Non-Communist Manifesto.* Cambridge: Cambridge University Press, 1960.

Rousseau, J. *The Social Contract* trans. by G. D. Cole. E. P. Dutton and Company, 1762.

Russett, Bruce M. *Trends in World Politics.* New York: The Macmillan Co., 1965.

Russett, Bruce M. *World Handbook of Political and Social Indicators.* New Haven: Yale University Press, 1964.

Rustow, Dankwart A. "Transitions to Democracy: Toward a Dynamic Model." *Comparative Politics* 2 no. 3 (1970): 337-363.

Rustow, Dankwart A., and R. E. Ward. *Political Modernization in Japan and Turkey.* Princeton: Princeton University Press, 1964.

Rustow, Dankwart A. and R. E. Ward. A *World of Nations: Problems of Political Modernization.* Washington: Brookings Institute, 1967.

Sadowski, M. Christine. "Autonomous Groups as Agents of Democratic

Change in Communist and Post-Communist Eastern Europe" in Larry Diamond ed., *Political Culture and Democracy in Developing Countries*. Boulder and London: Lynne Rienner Publishers, Inc., 1994.

Sampson, Anthony. *The Sovereign State of ITT.* New York: Stein and Day, 1973.

Satori, Giovanni. "Politics, Ideology, and Belief Systems," *American Political Science Review* 63 no. 2 (1969): 398-411.

Schedler, Andreas. "What is Democratic Consolidations?" *Journal of Democracy* 9 no. 2 (1998): 91-107.

Schlesinger, Arthur Jr. "Has Democracy a Future?" *Foreign Affairs* 76 no.5(1997): 2-12.

Schmitter, C. Philippe. "Dangers and Dilemmas of Democracy." *Journal of Democracy* 5 no. 2 (1994): 57-74.

Schmitter, C. Philippe. "The International Context of Contemporary Democratization." *Stanford Journal of International Affairs* 2 (1993): 1-34.

Schmitter, C. Philippe. "More Liberal, Preliberal, or Postliberal?" *Journal of Democracy* 6 no. 1 (1995): 15-22.

Schmitter, C. Philippe, and Terry Lynn Karl. "What Democracy Is·····nd Is Not." *Journal of Democracy* 2 (1996): 75-88.

Scholte, Jan Aart. *Globalization: A Critical Introduction.* Palgrave Macmillan, 2000.

Schumacher, E. F. *Small Is Beautiful: Economics as if People Mattered.* New York: Harper and Row, 1973.

Sederberg, Peter C. "The Betrayed Ascent: The Crisis and Transubstantiation of the Modern World." *The Journal of Developing Areas* 13 no. 2 (1979): 127-142.

Sigmund, Paul, ed., *The Ideologies of the Developing Nations.* New York: Praeger Publishers, 1967.

Smelser, Neil J. "Mechanisms of Change and Adjustment to Change" in Bert F. Hoselitz and Wilbert E. Moor eds., *Industrialization and Society.* The

Hague: UNESCO and Mouton, 1963.

Snyder, Jack. *Myths of Empire.* Cornell University Press, 1991.

Sørensen, George. *Democracy and Democratization.* Boulder: Westview Press, 1993.

Sussman, Marvin B. and Ethel Shanas eds. *Family, Bureaucracy, and the Elderly.* Durham, NC: Duke University Press, 1977.

Sutton, Frank X. "Social Theory and Comparative Politics" in Harry Eckstein and David Apter eds. *Comparative Politics: A Reader.* New York: Free Press, 1963.

Teng Ssu-yu and John K. Fairbank. *China's Response to the West.* New York: Atheneum, 1954.

Teune, H. and Adam Przworski. *The Logic of Comparative Social Inquiry.* New York: Wiley Interscience, 1970.

Thurow, Lester C., *The Zero-Sum Society.* New York: Basic Books, 1980.

De Tocqueville, Alexis. *The Old Regime and the French Revolution.* Trans. by John Bonner. New York: Harper, 1856.

Treadgold, Donald. *Twentieth Century Russia.* Chicago: Rand-McNally and Company, 1964.

Veblen, Thornstein. *The Theory of the Leisure Class: An Economic Study of Institutions.* New York: Macmillan and Co., 1912.

Verba, Sidney and Norman H. Nie. *Participation in America.* New York: Harper and Row, 1972.

Verba, Sidney, Norman H. Nie, and Jae-on Kim. *The Modes of Democratic Participation.* Beverly Hills, California: Sage Publications, 1971.

Virilio, Paul. *Polar Inertia.* London: Sage Publications, 2000.

Vosburgh, William. *Social Class and Leisure Time.* Thesis. Yale University, 1960.

Wallerstein, Immanuel. *The Modern World System. Vol.1.* New York: Academic Press, 1974.

Ware, Alan. "Liberal Democracy: One Form or Many?" *Political Studies*

40(1992): 130-145.

Warner, W. Lloyd, Marchia Meeker, and Kenneth Eells. *Social Class in America: A Manual Procedure for the Measurement of Social Status.* New York: Harper and Row, 1960.

Waters, Malcolm. *Globalization.* London and New York: Routledge, 1995.

Weber, Max. *The Methodology of the Social Sciences.* New York: The Free Press, 1949.

Weber, Max. *The Theory of Social and Economic Organization.* New York: The Free Press, 1947.

Weiner, Myron. "Political Integration and Political Development." *Annals of the American Academy of Political and Social Science* 358 (1965): 53-64.

Weis, Paul. "A Philosophical Definition of Leisure," in James C. Charlesworth, ed., *Leisure in America: Blessing or Curse?* Philadelphia: American Academy of Political and Social Science, 1964.

Willrich, Mason and Theodore B. Taylor. *Nuclear Theft: Risks and Safeguards.* Cambridge, MA: Ballinger Publishing Co., 1974.

Yanaga, Chitoshi. *Japanese People and Politics.* New York: John Wiley and Sons Inc., 1956.

Young, Michael. *The Rise of Meritocracy.* New York: Penguin Books, 1958.

Zakaria, Fareed. "The Rise of Illiberal Democracy." *Foreign Affairs* 76 no. 6(1997): 22-43.

저자 소개

박한식

1939년 만주에서 3남3녀 중 셋째로 태어났다. 1945년 해방과 더불어 중국에서 평양으로 건너온 가족들이 1948년 38선을 넘어 조부의 고향인 경상도로 내려가 대구에 터를 잡았고 박한식도 그곳에서 성장했다. 그 후 서울대학교 정치학과를 졸업하고 1965년 미국으로 건너가 배우자 전성원과 유학생활을 시작했다. 아메리칸 대학교에서 정치학석사를, 미네소타 대학교에서 정치학박사 학위를 받고, 1970년부터 2015년까지 조지아대학교 국제관계학과 교수로 수많은 후학을 양성했다.

1981년 북한으로부터 학자로 초청받아 평양 등을 50여 차례 방문하고 직접 교류·연구하여 ABC, CNN, BBC, Aljazeera를 비롯한 전 세계 유력 언론들로부터 인터뷰·출연·기고 등을 요청받으며 북한 전문가로 인정받았다. 북·미 관계에 위기가 있을 때마다 피스메이커의 역할을 하였다. 1994년 미국이 평양 폭격을 준비할 때 카터 전 대통령의 방북을 주선해 한반도전쟁 위기를 해소하고, 2009년 미국 언론인 2명이 평양에 구금됐을 때 클린턴 전 대통령의 방북을 주선해 북·미 갈등을 해결하도록 했다.

1996년 미국 정부의 요청으로 애틀랜타 올림픽에 북한 선수단 참가를 주선하기도 했다. 델타항공과 코카콜라 등 애틀랜타 대기업들의 협찬을 받아내며 70여 명의 대규모 선수단이 참가할 수 있도록 이끈 것이다. 또한 북한 기아 완화를 위해 북·미 농업대표단의 상호 방문과 교류를 추진했으며, 조지아대학교에 국제문제연구소 (GLOBIS)를 설립하여 학생들의 국제 평화에 대한 안목을 증진시켰다. 2003년엔 북·미 간, 2011년엔 남·북·미 간 트랙II 회담을 추진해 '북·미 평화의 설계자'로 불렸다. 이런 업적을 인정받아, 2010년 예비 노벨평화상이라 평가받는 간디·킹·이케다 평화상을 받았다.

2024년 현재 조지아대학교 명예교수이며, 각종 미디어와 저술 활동으로 한반도 통일과 평화에 대한 방안을 꾸준히 역설하고 있다. 영문 저서로 *North Korea: The Politics of Unconventional Wisdom* (2002), *Human Needs and Political Development* (1984), *Globalization: Blessing or Curse?* (2018, 2022 증보판), 한글 저서로 『선을 넘어 생각한다』 (부키, 2018), 『평화에 미치다』 (삼인, 2021), 『안보에서 평화로』 (열린서원, 2022), 『인권과 통일』 (열린서원, 2024)등이 있다.

강경숙

원광대학교 중등특수교육과 교수. 2024년 조국혁신당 국회의원 당선인. 이화여대에서 2006년 특수교육학 박사학위를 받았다. '교육', '사회복지', 그리고 '장애'분야 전문가이다. 대학 졸업후 NGO, 장애학생 교사, 교육부 교육연구사를 두루 거쳐 2006년부터 원광대학교에 재직했다. 특수교육 전공도서로 『지적장애학생 교육』 외 다수를 썼고, 〈프레시안〉에 칼럼을 기고하면서 사회에 복지 사각지대에 있는 이들을 위한 목소리를 내왔다. 원광대학 교수 재임시 이재봉 교수와의 만남을 통해 한반도 통일과 평화에 깊은 관심을 갖게 되었고, 개성공단 김진향 전 이사장과 함께 〈한반도평화경제회의〉 상임대표로 활동했다. 〈통일TV 협동조합〉의 전무이사를 맡아 〈통일TV〉의 정착과 발전을 위해 활동했다. 2024년 평화교육, 교육소외 계층, 위기에 처한 사각지대 학생, 특별한 교육 요구가 있는 학생들을 위한 법령과 정책을 개발하고 제안할 다짐으로 국회에 입성했고, 교육위원회에서 일할 계획이다.

도영인

영국 University of Wales에서 사회경제학 석사학위 (1984)를 받고 미국 Washington University in St. Louis에서 사회복지학 박사학위 (1989)를 받았다. 미국 University of Southern Maine, School of Social Work의 Director직을 마지막으로 30년간의 해외동포 생활을 접고 2010년에 귀국하였다. 사회복지학 교수로 재직하면서 한국사회의 제반 문제의 근원이 남북분단에 있다고 결론짓게 되었다. 또한, 남북의 평화공존과 통일은 무엇보다도 인간의 영성적 진보에 기반해서 이루어질 때 지속 가능한 평화와 한민족 및 인류사회의 번영이 가능하다고 본다. 국제사회복지학회와 영성과 보건복지학회 회장직을 역임하였다. 다양한 주제의 사회복지 관련 논문들 이외에 대표 공저서로 『일상의 빅퀘스천-호모 스피리투스의 여정』이 있고 대표 번역서로 『SQ21: 온전한 삶을 위한 21 영성 지능기술』이 있다. 은퇴 후에 인권 보호 및 공익확장을 위한 사회활동가와 칼럼니스트로 활동하고 있다.

이재봉

원광대학교 정치외교학·평화학 명예교수. 미국 하와이대학교에서 1994년 정치학 박사 학위를 받았다. 1996년부터 원광대학교에서 정치외교학 교수로 미국정치, 국제관계, 북한사회, 통일문제, 평화학 등을 강의하다 2020년 정년퇴임했다. 〈남이랑북이랑〉, 〈남북평화재단〉, 〈통일경제포럼〉, 〈통일맞이〉, 〈한반도평화경제회의〉 등 시민단체를 통해 평화운동가, 통일운동가로 활동해왔다.

'평화적 수단에 의한 통일'을 주장하며 민족화해와 평화통일을 추구한 노력으로 2019년 한겨레통일문화상을 받았다. 번역한 책으로 『평화적 수단에 의한 평화』 (2000), 지은 책으로 『두 눈으로 보는 북한』 (2008), *Korea: The Twisting Roads to Unification* (2011), 『이재봉의 법정증언』 (2015), 『문학과 예술 속의 반미』 (2018), 『평화의 길, 통일의 꿈』 (2019), 『통일대담』 (2020), 『종교와 평화: 평화와 통일을 위한 종교의 역할』 (2021), 『한반도 중립화: 평화와 통일의 지름길』 (2023) 등이 있다.

정치발전 담론

지 은 이 박한식
옮 긴 이 강경숙, 도영인, 이재봉 역
펴 낸 이 이명권
펴 낸 곳 열린서원
발 행 일 2024년 5월 18일 초판1쇄 발행
주   소 서울특별시 종로구 창덕궁길 117, 102호
전   화 010-2128-1215
전자우편 imkkorea@hanmail.net
등   록 제300-2015-130호(1999.3.11.)

값 25,000원
ISBN 979-11-89186-49-4 03340